ARBITRAGEM NO BRASIL E NO DIREITO COMPARADO

ARBITRAGEM NO BRASIL E NO DIREITO COMPARADO

REFLEXÕES SOBRE DIREITO EMPRESARIAL, SOCIETÁRIO, CONSUMIDOR, INTERNACIONAL E NOVAS TECNOLOGIAS

2023

Flávio Luiz Yarshell
Paulo Henrique dos Santos Lucon
Giovanni Bonato
Rodolfo da Costa Manso Real Amadeo
Viviane Siqueira Rodrigues
Luis Fernando Guerrero
Fábio Peixinho Gomes Corrêa
Coordenadores

ALMEDINA

ARBITRAGEM NO BRASIL E NO DIREITO COMPARADO
REFLEXÕES SOBRE DIREITO EMPRESARIAL, SOCIETÁRIO, CONSUMIDOR, INTERNACIONAL E NOVAS TECNOLOGIAS

COORDENADORES: Flávio Luiz Yarshell, Paulo Henrique dos Santos Lucon, Giovanni Bonato, Rodolfo da Costa Manso Real Amadeo, Viviane Siqueira Rodrigues, Luis Fernando Guerrero e Fábio Peixinho Gomes Corrêa

DIRETOR ALMEDINA BRASIL: Rodrigo Mentz
EDITORA JURÍDICA: Manuella Santos de Castro
EDITOR DE DESENVOLVIMENTO: Aurélio Cesar Nogueira
ASSISTENTES EDITORIAIS: Larissa Nogueira e Letícia Gabriella Batista
ESTAGIÁRIA DE PRODUÇÃO: Laura Roberti

REVISÃO: Nome do revisor
DIAGRAMAÇÃO: Almedina ou Nome do diagramador
DESIGN DE CAPA: FBA ou Roberta Bassanetto

ISBN: 9786556278582
Junho, 2023

Dados Internacionais de Catalogação na Publicação (CIP)
(Câmara Brasileira do Livro, SP, Brasil)

Arbitragem no Brasil e no direito comparado : reflexões sobre direito empresarial, societário, consumidor, internacional e novas tecnologias / coordenadores Flávio Luiz Yarshell...[et al.]. -- 1. ed. -- São Paulo : Almedina, 2023.
Outros coordenadores: Paulo Henrique dos Santos Lurcon, Giovanni Bonato, Rodolfo da Costa Manso Real Amadeo, Viviane Siqueira Rodrigues, Luis Fernando Guerrero e Fábio Peixinho Gomes Corrêa.

ISBN 978-65-5627-858-2

1. Arbitragem (Direito) 2. Arbitragem (Direito) - Brasil 3. Arbitragem (Direito) - Leis e legislação - Brasil 4. Direito comparado - Brasil 5. Direito empresarial - Brasil I. Yarshell, Flávio Luiz. II. Lurcon, Paulo Henrique dos Santos. III. Bonato, Giovanni. IV. Amadeo, Rodolfo da Costa Manso Real. V. Rodrigues, Viviane Siqueira. VI. Guerrero, Luis Fernando. VII. Corrêa, Fábio Peixinho Gomes.

23-150243 CDU-347.918

Índices para catálogo sistemático:

1. Arbitragem : Direito processual civil 347.918
Henrique Ribeiro Soares - Bibliotecário - CRB-8/9314

Este livro segue as regras do novo Acordo Ortográfico da Língua Portuguesa (1990).

EDITORA: Almedina Brasil
Rua José Maria Lisboa, 860, Conj.131 e 132, Jardim Paulista | 01423-001 São Paulo | Brasil
www.almedina.com.br

SOBRE OS COORDENADORES

Flávio Luiz Yarshell
Professor Titular do Departamento de Processual da Faculdade de Direito da USP. Membro do Instituto Ibero Americano de Direito Processual e da American Law Institute. Advogado e árbitro.

Paulo Henrique dos Santos Lucon
Professor Associado do Departamento de Direito Processual da Faculdade de Direito da USP. Presidente do Instituto Brasileiro de Direito Processual – IBDP (2016-2018; 2019-2022). Vice-Presidente (2016-2022) do Instituto Ibero-Americano de Direito Processual – IIDP. Advogado.

Giovanni Bonato
Doutor em Direito Processual Civil pela Università degli Studi di Roma La Sapienza e Universidade de Paris 8. Professor de Direito Processual e Arbitragem na Universidade Paris-Nanterre. Professor Visitante na Faculdade de Direito da Universidade de São Paulo. Advogado.

Rodolfo da Costa Manso Real Amadeo
Doutor em Direito Processual pela Faculdade de Direito da USP. Professor dos cursos de pós-graduação da Faculdade de Direito da USP e da Fundação Getulio Vargas. Advogado.

Viviane Siqueira Rodrigues
Doutora em Direito Processual pela Faculdade de Direito da USP. Mestre em Ciências Jurídico-Civilísticas pela Faculdade de Direito da Universidade do Porto, Portugal. Advogada.

Luis Fernando Guerrero
Doutor em Direito Processual pela Faculdade de Direito da USP. Professor de contratos e solução de conflitos da Fundação Instituto de Administração – Proced. Advogado.

Flávio Peixinho Gomes Correia
Doutor em Direito Processual pela Faculdade de Direito da USP. Mestre em direito norte-americano (LL.M.) pela Regent University. Professor do curso de pós-graduação da Faculdade de Direito da USP. Advogado.

SOBRE OS AUTORES

Amanda Arraes de Albuquerque Maranhão
Mestranda em Direito do Comércio Internacional pela Universidade de São Paulo (USP). Advogada. Especialista em Arbitragem Internacional pela London School of Economics and Political Science (LSE). Diretora da ABEArb. Treinadora da equipe que representou a Universidade Federal de Pernambuco (UFPE) no Willem C. Vis International Arbitration Moot.

Amanda Bueno Dantas
Graduada em Direito pela Universidade Presbiteriana Mackenzie. Pós--graduada em Direito dos Contratos pela Fundação Getúlio Vargas. Mestranda em Direito do Comércio Internacional pela Universidade de São Paulo. Advogada em São Paulo.

Ana Cláudia de Moura Oliveira Querido
Graduada pela Universidade Presbiteriana Mackenzie. Pós-graduada em Direito Processual Civil pela Escola Paulista da Magistratura. Mestre em Direito Comparado pela Cumberland School of Law. Mestranda em Direito Processual Civil pela USP. Juíza de Direito.

Antonia Quintella de Azambuja
Advogada atuante na área de Contencioso e Arbitragem e mestranda em Direito Comercial na Faculdade de Direito da Universidade de São Paulo.

Bernardo Vieira Klüppel Carrara
Mestrando no Departamento de Direito Processual Civil da Faculdade de Direito da Universidade de São Paulo. Especialização em Compliance e

Governança Corporativa pela Universidade de Brasília. Graduado pela Universidade de Brasília. Advogado no escritório Wald Antunes Vita & Blattner Advogados em São Paulo.

Caio César Bueno Schinemann
Mestrando em Direito Processual Civil pela Faculdade de Direito da USP. Bacharel em Direito pela UFPR. Advogado.

Daniel Chacur de Miranda
Advogado. Mestre e Doutorando em Direito Processual Civil pela Universidade de São Paulo. Mestre (LL.M.) pela Columbia Law School. Pesquisador visitante na Université Jean Moulin Lyon III.

Guilherme Alexandre França de Lacerda
Bacharel em Direito pela Universidade de Brasília (UnB). Mestrando em Direito Processual Civil pela Universidade de São Paulo (USP). Advogado e Sócio da Lacerda & França Advogados. Treinador e Patrocinador do Grupo de Estudos em Arbitragem e Direito Empresarial da Universidade de Brasília (GEA-UnB). Coordenador do Grupo de Estudos Avançados em Processo e Tecnologia (GEATEP) da Fundação Arcadas.

Iván Fonseca
Bacharel em Direito pela Universidad Nacional Federico Villareal (UNFV), com diploma revalidado pela Universidade de São Paulo (FDUSP). Mestrando do Programa de Pós-Graduação da Faculdade de Direito da Universidade de São Paulo. Advogado peruano.

Luis Fernando Guerrero
Mestre e Doutor em Direito Processual Civil pela Faculdade de Direito da Universidade de São Paulo. Especialista em Mediação de Conflitos pela Northwestern University. Árbitro Mediador. Professor Universitário. Advogado Sócio da área de Solução de Conflitos de Lobo De Rizzo Advogados.

Luiza Romanó Pedroso
Advogada em BMA Advogados. Bacharel pela USP e Mestranda em Direito do Comércio Internacional pela USP.

Luiza Silva Rodrigues
Doutoranda em Direito Processual Civil pela Universidade de São Paulo – USP. Mestre em Direito pela Universidade Federal de Santa Catarina – UFSC. Professora em cursos de Graduação e de Pós-Graduação. Advogada.

Mariana de Araújo Mendes Lima Di Pietro
Graduada em Direito pela Universidade de São Paulo. Possui pós-graduação em Teoria e Prática do Direito da Integração Regional pela Cátedra Jean Monnet (Universidade Alcalá de Henares – Madri – Espanha). Mestra em Direito Internacional pela Universidade de São Paulo. Doutoranda em Direito Internacional pela Universidade. Bolsista do Programa CAPES/PROEX. Advogada.

Mario Vitor M. Aufiero
Doutor e Mestre em Direito Processual pela Universidade de São Paulo – USP. Professor da Universidade do Estado do Amazonas – UEA. Membro do Instituto Brasileiro de Direito Processual – IBDP e da Associação Brasileira de Direito Processual – ABDPRO. Associate CIArb. Advogado.

Pedro Siqueira de Pretto
Doutorando em Direito Processual Civil pela Universidade de São Paulo. Mestre em Sistema Constitucional de Garantia de Direitos pela ITE/Bauru. Juiz de Direito no Estado de São Paulo. Professor Assistente do Curso de Especialização em Direito Processual Civil da Escola Paulista da Magistratura (EPM) em Jaú.

Rafael Ribeiro Rodrigues
Mestre e Doutorando em Direito Processual Civil pela Faculdade de Direito da Universidade de São Paulo. Especialista em Direito Processual Civil pela Escola Paulista de Magistratura. Bacharel em Direito pela Faculdade de Direito da Universidade Mackenzie. Associado do Instituto Brasileiro de Direito Processual. Advogado.

Viviane Siqueira Rodrigues
Mestre e Doutora em Direito Processual pela Faculdade de Direito da Universidade de São Paulo. Mestre pela Faculdade de Direito da Universidade do Porto (Portugal). Advogada.

APRESENTAÇÃO

Desde a promulgação da Lei 9.307/1996 e do reconhecimento de sua constitucionalidade pelo Supremo Tribunal Federal na SEC 5206-7, em 2001, a arbitragem brasileira vem crescendo a passos largos, tornando o Brasil um dos países que mais utilizamesse meio de resolução de litígios em todo o mundo, como frequentemente têm demonstrado os dados anuais da Corte Internacional de Arbitragem da Câmara de Comércio Internacional (ICC).

Como se sabe, a arbitragem é frequentemente utilizada para resolver disputas que envolvem interesses transfronteiriços, colocando em contato operadores do direito de diferentes culturas jurídicas. Além disso, sendo a arbitragem fundada, sobretudo, na autonomia da vontade das partes, a utilização de instrumentos processuais já experimentados, de forma exitosa, na realidade jurídica de outros países é facilitada, permitindo a grande maleabilidade do processo arbitral pelas partes e pelos árbitros, objetivando a modelagem casuística e mais eficiente do instituto, o que torna o seu estudo sob o viés do direito comparado de suma relevância.

Diante dessa realidade, o Departamento de Direito Processual da Faculdade de Direito da Universidade de São Paulo passou a oferecer no Curso de Pós-Graduação a disciplina intitulada *Arbitragem no Brasil e no Direito Comparado*, em cujo programa temas complexos da arbitragem foram abordados sempre sob a perspectiva do método comparatístico entre o ordenamento jurídico brasileiro e outros ordenamentos de paísesonde o instituto apresentou sensível desenvolvimento.

Os artigos que compõem este volume estão entre os que mais se destacaram na referida disciplina, além de conter contribuições de alguns dos coordenadores. São abordados temas da maior relevância, como a possibilidade de renúncia à ação anulatória de sentença arbitral, as particularidades das arbitragens realizadas *on line*, arbitragem nas relações de consumo, arbitragem envolvendo empresas insolventes, arbitragem e corrupção, homologação de sentença arbitral estrangeira, limites da jurisdição arbitral, consentimento tácito à cláusula arbitral, vinculação ou não dos árbitros aos precedentes judiciais, arbitragem e administração pública, produção antecipada de provas na arbitragem, utilização de *discovery* para a produção de provas na arbitragem e temas de arbitragem societária.

A expectativa dos coordenadores que subscrevem esta breve apresentação é de que este livro seja o primeiro de vários, não apenas representando importante subsídio para a análise dos relevantes temas aqui abordados, mas também servindo de estímulo para o contínuo aprofundamento do estudo da arbitragem sob a perspectiva do direito comparado.

Os coordenadores
Flávio Luiz Yarshell
Paulo Henrique dos Santos Lucon
Giovanni Bonato
Rodolfo da Costa Manso Real Amadeo
Viviane Siqueira Rodrigues
Luis Fernando Guerrero
Fábio Peixinho Gomes Corrêa

SUMÁRIO

CAPÍTULO 1
A RENÚNCIA AO PROCESSO DE ANULAÇÃO DE SENTENÇA ARBITRAL: UMA ANÁLISE DA ORDEM JURÍDICA BRASILEIRA E DO DIREITO COMPARADO

Amanda Arraes de Albuquerque Maranhão

1. Introdução

A arbitragem é uma questão contratual, e a jurisdição dos árbitros funda-se na máxima da arbitragem que é o consentimento das partes[1]. O consentimento é produto da manifestação de vontade. A vontade é o elemento essencial do ato jurídico[2], caracterizando a possibilidade de exercerem as partes, livremente, a escolha a quais regras queiram se submeter. Tal escolha, no entanto, é limitada, de um lado, pela noção de ordem pública e, de outro, pelas leis imperativas[3].

[1] Born, Gary B. ***International Commercial Arbitration***. 2nd edition. Alphen aan den Rijn: Kluwer Law International, 2014.

[2] Amaral, Francisco. **Direito Civil**: introdução. 4. ed. Rio de Janeiro: Renovar, 2002. Ademais, "[a] vontade é a mola mestra do ato e do negócio jurídico". Casillo, João. **O Erro como Vício da Vontade**. São Paulo: Revista dos Tribunais, 1982. p. 7.

[3] Carmona, Carlos Alberto. **Arbitragem e processo**: um comentário à Lei nº 9.307/96. 3. ed. rev., atual. e ampl. São Paulo: Atlas, 2009.

Nesse contexto, é válido ressaltar que a arbitragem se apresenta como uma fonte atrativa de investimentos estrangeiros, dado o seu caráter de foro imparcial, a especialidade dos árbitros e a celeridade na obtenção de uma sentença definitiva. No entanto, apesar de grande parte das sentenças arbitrais serem cumpridas voluntariamente, isto porque as partes que optam pela arbitragem geralmente estão convencidas de este ser o método mais eficiente e especializado para aquela demanda, é comum o uso de mecanismos para se evitar cumprir uma sentença desfavorável.

Nesse sentido, há uma tendência crescente, pelas partes e pelas instituições arbitrais, em limitar o escopo da revisão judicial das sentenças arbitrais[4], visando justamente enaltecer a eficiência e finalidade da arbitragem, bem como promover segurança jurídica. Ou seja, as partes – a partir do consentimento expresso ou tácito[5] – e as instituições – por meio dos seus regulamentos – passam a adotar a *renúncia ao processo de anulação de sentença arbitral*[6], que se consolida em decorrência da vontade dos contratantes.

Alguns fatores podem explicar, em certa medida, essa tendência. A atração de investimentos estrangeiros é o principal deles. Acredita-se que as partes internacionais terão a maior probabilidade de escolherem determinado país se puderem ter a certeza de que os tribunais locais não estarão envolvidos. O desejo das partes em diminuir o papel dos tribunais locais pode surgir da vontade de se desvincularem de qualquer atuação do judiciário ou de elevarem a arbitragem além de qualquer ordem legal nacional.

Nesse ponto, faz-se necessária uma reflexão sobre a permissibilidade ou a limitação de tal renúncia diante da ordem pública brasileira. O interesse do Estado em obter um processo objetivo e justo deve ser

[4] Bratic, Catherine. *'The Parties Hereby Waive All Recourse... But Not That One'. Why parties adopt exclusion agreements and why courts hesitate to enforce them.* ***Dispute Resolution International***, London, 5 out. 2018.

[5] Nesse sentido, o consentimento é tácito quando se pode deduzir a vontade do interessado a partir de atos por ele realizados. Segundo o que Carlos Roberto Gonçalves esclarece, o cometimento tácito é "a declaração não realizada expressamente, mas que a lei deduz de certos comportamentos do agente". Gonçalves, Carlos Roberto. **Direito Civil Brasileiro.** 1. Parte Geral. 8. ed. São Paulo: Saraiva, 2010. p. 349.

[6] O significado dado à renúncia ao processo de anulação de sentença arbitral é no sentido *latu sensu*, não se referindo à ação de anulação de sentença constante do art. 966 ao 975 do Código de Processo Civil [Lei nº 13.105/15].

avaliado, levando-se em consideração o interesse legítimo das partes em obter um processo arbitral eficiente que os leve a uma sentença final e vinculativa[7].

Como parte da presente construção, é imprescindível analisar as diferenças e as semelhanças do reconhecimento e execução de uma sentença arbitral estrangeira em relação à anulação de uma sentença arbitral estrangeira. Por essa razão, a análise dos efeitos e motivações da anulação de uma sentença arbitral, bem como o estudo das principais jurisdições que tratam sobre o tema, é sobremaneira relevante para o presente trabalho.

Assim, neste trabalho, investiga-se, à luz do direito comparado, se as partes, ao escolherem a arbitragem como método de resolução de disputas, podem renunciar de forma válida ao seu direito de revisão da sentença arbitral e, por conseguinte, se esta renúncia deve ser reconhecida pela ordem jurídica brasileira.

2. Os efeitos e as motivações da anulação da sentença arbitral

Preliminarmente, como substrato ao presente trabalho, é imprescindível tratar da Convenção de Nova Iorque (CNY), esta que visa facilitar o comércio internacional por meio da utilização da arbitragem, trazendo maior segurança jurídica para o processo de homologação de sentenças arbitrais estrangeiras[8]. O Brasil é signatário da CNY desde o ano de 2002, após o depósito de sua ratificação perante a Organização das Nações Unidas (ONU).

A CNY adotou que cada Estado signatário reconhecerá as sentenças arbitrais como obrigatórias e as executará em conformidade com as regras de procedimento do território no qual a sentença é invocada, conforme Artigo III do texto da Convenção[9]. Ou seja, para fins de reco-

[7] LAWLER, Jennifer. ***Implied Waiver of Right to Challenge an Arbitral Award:*** *An Analysis of the Swedish Approach in Comparison with the UNCITRAL Model Law.* Tesis in Procedural Law. Stockholm University, Faculty of Law, Stockholm, 2014. Disponível em: http://www.diva-portal.se/smash/get/diva2:798391/FULLTEXT01.pdf. Acesso em: 7 jan. 2021.

[8] CARVALHO, R. R. F.; LOPES, M. L. P. A lei da arbitragem e a Convenção de Nova Iorque à luz do STJ: efeitos da Emenda Constitucional nº 45. Revista CEJ, Brasília, a. 17, n. 60, p. 16-28, mai./ago. 2013.

[9] BRASIL. Decreto nº 4.311, de 23 de julho de 2002. Promulga a Convenção sobre o Reconhecimento e a Execução de Sentenças Arbitrais Estrangeiras. **Diário Oficial da União:**

nhecimento e execução de sentenças arbitrais estrangeiras, devem ser obedecidas as regras procedimentais do país no qual está sendo invocada a sua execução.

Como a arbitragem tem como um de seus princípios basilares a autonomia privada, é possível que as partes taticamente escolham que a execução da sentença arbitral seja realizada no local mais favorável ao cumprimento da obrigação. Assim, os critérios legais a serem observados no momento de execução de uma sentença arbitral são aqueles do país no qual se tenciona realizar a execução da sentença.

Por outro lado, cumpre pontuar que o Artigo V da referida Convenção também prevê certas hipóteses, a exemplo de o reconhecimento de uma sentença poder ser indeferido, a pedido da parte contra a qual ela é invocada, se esta parte fornecer, à autoridade competente no local onde se tenciona alcançar/obter o reconhecimento da sentença e realizar/dar início a/à execução, "prova de que: [...] e) a sentença [...] foi anulada ou suspensa por autoridade competente do país em que, ou conforme a lei do qual, a sentença tenha sido proferida."[10]. Essas hipóteses, inclusive, de acordo com a CNY, são exaustivas e encontram-se delimitadas unicamente em seu Artigo V.

Nesse mesmo sentido, o art. 38, VI, da Lei de Arbitragem Brasileira [Lei nº 9.307/96][11], preconiza que poderá ser negada a homologação de

seção 1, Brasília, p. 3, 24 jul. 2002. Do original em inglês: "*Article III Each Contracting State shall recognize arbitral awards as binding and enforce them in accordance with the rules of procedure of the territory where the award is relied upon [...]*". Cf. UNITED NATIONS. ***United Nations Convention on the Recognition and Enforcement of Foreign Arbitral Awards.*** New York, 10 June 1958. Disponível em: http://www.newyorkconvention.org/english. Acesso em: 7 jan. 2021.

[10] BRASIL. Decreto nº 4.311, de 23 de julho de 2002. Promulga a Convenção sobre o Reconhecimento e a Execução de Sentenças Arbitrais Estrangeiras. **Diário Oficial da União**: seção 1, Brasília, p. 3, 24 jul. 2002. Artigo III (1) (e). Do original em inglês: "*Article V. 1. Recognition and enforcement of the award may be refused, at the request of the party against whom it is invoked, only if that party furnishes to the competent authority where the recognition and enforcement is sought, proof that: [...] (e) The award has not yet become binding on the parties, or has been set aside or suspended by a competent authority of the country in which, or under the law of which, that award was made.*". Cf. UNITED NATIONS. ***United Nations Convention on the Recognition and Enforcement of Foreign Arbitral Awards.*** New York, 10 June 1958. Article III, (1) (e). Disponível em: http://www.newyorkconvention.org/english. Acesso em: 7 jan. 2021.

[11] BRASIL. Decreto nº 9.307, de 23 de setembro de 1996. Promulga a Convenção sobre o Reconhecimento e a Execução de Sentenças Arbitrais Estrangeiras. Diário Oficial da União: seção 1, Brasília, p. 18897, 24 set. 1996.

sentença arbitral estrangeira quando o réu demonstrar que "a sentença tenha sido anulada ou suspensa por órgão judicial do país onde a sentença arbitral foi prolatada". Tem-se, assim, a incorporação dos ditames da Convenção pela Lei de Arbitragem Brasileira.

Percebe-se que a CNY determina o reconhecimento da nulidade de sentenças arbitrais que foram assim consideradas pelo judiciário da sede da arbitragem. Com isso, as sentenças arbitrais que tenham sido levadas à anulação/suspensão em um país diverso daquele da sede não devem ter eficácia para afastar a execução dessas mesmas sentenças em um país signatário da Convenção. Em outras palavras, apenas a anulação de uma sentença arbitral na sede tem o condão de impedir o seu reconhecimento no exterior.

A esse respeito, pontua-se que existem precedentes internacionais nesse sentido. Como exemplo, o Tribunal de Apelações dos EUA[12] para o Quinto Circuito reconheceu a exequibilidade de uma sentença arbitral proferida em Genebra, na Suíça, mas que havia sido anulada por um Tribunal indonésio[13], considerando que apenas a anulação na sede seria capaz de impedir o seu reconhecimento. Assim, conforme Albert Jan van den Berg ressalta, um princípio geralmente aceito na arbitragem internacional é o de que os tribunais do país de origem têm compe-

[12] *"In the federal system, 94 district courts are organized into 12 circuits, or regions. Each circuit has its own Court of Appeals that reviews cases decided in U.S. District Courts within the circuit. The U.S. Court of Appeals for the Federal Circuit brings the number of federal appellate courts to 13. This court takes cases from across the nation, but only particular types of cases. [...] The Supreme Court of the United States hears about 100 to 150 appeals of the more than 7,000 cases it is asked to review every year. That means the decisions made by the 12 Circuit Courts of Appeals across the country and the Federal Circuit Court are the last word in thousands of cases."*. Cf. UNITED STATES COURTS. *About the U.S. Courts of Appeals.* **United States Courts**, Washington, D.C., c2021. Disponível em: https://www.uscourts.gov/about-federal-courts/court-role-and-structure/about-us-courts-appeals. Acesso em: 23 mar. 2021.

[13] *"Karaha Bodas Company, LLC v Perusahaan Pertambangan Minyak Dan Gas Bumi Negara and PT Pln (Perseo), 364 F3d 274, 308–10 (5th Cir 2004). Similarly, the US Court of Appeals for the Third Circuit declined to accept that the award had been set aside by a competent authority of the country in which it was made, where the award was made in Singapore, but had been set aside by a Philippine court. Steel Corp of Philippines v Intl Steel Servs, Inc, 354 F Appx 689, 692–4 (3rd Cir 2009)."*. Cf. BERG, Albert Jan van den. ***Should the Setting Aside of the Arbitral Award be Abolished?*** *[ICSID Review, p. 1-26, 14 April 2014].* Oxford: Oxford University Press, 2014. p. 4. Doi: 10.1093/icsidreview/sit053. Disponível em: http://www.hvdb.com/wp-content/uploads/2014-AJvdB-Should-the-Setting-Aside-of-the-Award-be-Abolished.pdf. Acesso em: 7 jan. 2021.

tência exclusiva para decidir sobre a anulação de uma sentença arbitral. Inclusive, essa é uma premissa subjacente do Artigo V (1) (e) da CNY[14].

Portanto, conforme afirma Pieter Sanders, se uma sentença é anulada no país de origem, "Os tribunais [...] recusarão a execução da sentença arbitral como se esta não mais existisse e a execução de uma sentença arbitral inexistente seria uma impossibilidade ou mesmo contra a ordem pública do país de execução."[15].

Neste ponto, cumpre fazer uma importante ponderação: a ação anulatória no país de sede da arbitragem não se confunde com a possibilidade de defesa no local de execução da sentença. Com isso, não tendo a sentença sido anulada no país da sede da arbitragem, ela poderá ser executada em outro país, momento no qual a parte derrotada poderá também suscitar pontos de nulidade que gerariam o não reconhecimento da sentença arbitral a qual se pretendia executar.

Nesse sentido, observa-se que a renúncia à ação anulatória não exclui completamente a revisão judicial, já que a sentença arbitral ainda pode ser contestada na execução. Ou seja, mesmo que haja a renúncia à ação anulatória de sentença arbitral contratualmente estipulada, a revisão judicial ainda será possível durante o procedimento de reconhecimento e execução de uma sentença arbitral.

Tem-se, assim, que o efeito que uma anulação de sentença no país de origem tem em outros países não é o mesmo que o de uma recusa de exe-

[14] Tradução livre de: *"It is also the underlying premise of Article V(1)(e) of the New York Convention."*. Cf. Berg, Albert Jan van den. ***Should the Setting Aside of the Arbitral Award be Abolished?*** *[ICSID Review, p. 1-26, 14 April 2014]*. Oxford: Oxford University Press, 2014. p. 4. Doi: 10.1093/icsidreview/sit053. Disponível em: http://www.hvdb.com/wp-content/uploads/2014-AJvdB-Should-the-Setting-Aside-of-the-Award-be-Abolished.pdf. Acesso em: 7 jan. 2021.

[15] *"Pieter Sanders, 'New York Convention on the Recognition and Enforcement of Foreign Arbitral Awards' (1959) 6 Netherlands Intl L Rev 43, 55 (emphasis added); Pieter Sanders, 'The New York Convention' in Pieter Sanders (ed), Arbitrage International Commercial – International Commercial Arbitration, vol. 3 (Martinus Nijhoff 1960) 293, 321."*. [Tradução livre de: *"Courts will...refuse the enforcement as there does no longer exist an arbitral award and enforcing a non-existing arbitral award would be an impossibility or even go against the public policy of the country of enforcement."*]. Cf. Berg, Albert Jan van den. ***Should the Setting Aside of the Arbitral Award be Abolished?*** *[ICSID Review, p. 1-26, 14 April 2014]*. Oxford: Oxford University Press, 2014. p. 5. Doi: 10.1093/icsidreview/sit053. Disponível em: http://www.hvdb.com/wp-content/uploads/2014-AJvdB-Should-the-Setting-Aside-of-the-Award-be-Abolished.pdf. Acesso em: 7 jan. 2021.

cução, visto que, sob a égide da CNY[16], apenas a anulação da sentença arbitral no foro de origem impedirá o seu reconhecimento no exterior.

Assim, embora certas jurisdições permitam a renúncia à ação anulatória como forma de evitar que aquela sentença seja anulada no foro de origem e não possa mais ser reconhecida no exterior, o que geraria perda de tempo e de valores significativos, isto não significa necessariamente que a sentença será efetivamente executada no exterior. Isto, porque, para tornar uma sentença arbitral verdadeiramente final e definitiva, excluindo-se todas as revisões judiciais, as partes teriam de garantir que o tribunal do local de execução também reconhecesse e executasse a sentença sem qualquer objeção.

Cabe ressaltar que, no presente momento, nenhuma jurisdição importante permite essa renúncia em sede de execução. Inclusive, a maioria das jurisdições que permitem que as partes renunciem ao direito de anular a sentença na sede afirma que as partes não podem renunciar antecipadamente ao seu direito de se opor à execução de uma sentença[17].

Porém, é inegável que a renúncia ao procedimento de ação anulatória no local da sede tem se tornado um mecanismo de extrema relevância para que as partes possam levar essa sentença à execução em outro país, o que se fará sem prejuízo da observância aos critérios de homologação de uma sentença arbitral estrangeira pelo país onde se tenciona realizar a execução. Trata-se, portanto, de uma renúncia que não implica a ausência ilimitada de controle das formas grosseiras de injustiça processual, visto que os critérios definidos em lei pelo país de execução ainda serão observados nesse momento processual.

Nesse contexto, cumpre mencionar que a permissibilidade da renúncia ao procedimento de ação anulatória fica a critério de cada Estado soberano. Tem-se, a princípio, que os Estados possuem sua própria autodeterminação para demarcar a amplitude material da possibilidade de renúncia à prestação jurisdicional que aceitam e incentivam, bem como

[16] *"Such a refusal in the country of origin is not a ground for refusal of enforcement abroad under the New York Convention."*. Ibid., p. 7.

[17] Bratic, Catherine. *'The Parties Hereby Waive All Recourse... But Not That One'. Why parties adopt exclusion agreements and why courts hesitate to enforce them.* ***Dispute Resolution International***, London, Vol. 12, No 2, p. 105-129, 5 Oct. 2018. p. 119.

para elaborar mecanismos de proteção que considerem adequados[18]. Assim, os critérios de renúncia à ação anulatória de sentença arbitral dependerão do modelo adotado por cada país.

Nesse sentido, faz-se necessária uma análise da construção da renúncia à ação anulatória, assim como um exame das principais jurisdições que permitem (ou não) esse mecanismo, a fim de se compreender a sua adequabilidade ao sistema jurídico brasileiro.

3. A construção da renúncia à ação anulatória

Para a compreensão da possibilidade de renúncia ao procedimento de anulação de sentença arbitral celebrada entre as partes, convém discorrer acerca de dois aspectos dos quais não se pode prescindir quando se cogita a efetividade da referida renúncia. Trata-se da autonomia da vontade e da ordem pública.

3.1. Autonomia da vontade

Considerando-se que a *autonomia privada das partes* e o *consentimento* são dois elementos que fundam a arbitragem, surge o questionamento sobre a possibilidade (ou não) de esses dois elementos serem capazes de autorizar a renúncia ao processo de anulação de sentença arbitral.

Conforme o que Patrick Atiyah esclarece, o autor Pothier "foi a primeira pessoa a dar expressão à noção de que o contrato é primordialmente um acordo baseado na intenção das partes, e esta vontade cria uma obrigação legal entre os contratantes"[19].

Nesse contexto, o desenvolvimento da arbitragem internacional tem levado as partes a limitarem a possibilidade de contestar uma sentença, com o intuito de se promover uma sentença final e vinculativa em conformidade com o princípio da autonomia das partes[20]. Portanto, se as

[18] Valença Filho, Clávio de Melo. **A Arbitragem em Juízo**. 2015. 288 f. Tese (Doutorado em Direito) – Universidade de São Paulo, São Paulo, 2015.

[19] Tradução livre de: *"[...] a contract is primarily an agreement based on the intention of the parties, and that it is their will which creates the legal obligation [...]"*. Cf. Atiyah, P. S. ***The Rise and Fall of Freedom of Contract***. Oxford: Oxford University Press, 1979. p. 399-400.

[20] *"Heuman, Skiljemannarätt, p. 587; Dir. 2014:16 p.8."*. [Tradução livre de: *"The development in international arbitration has been to limit the parties right to challenge an award to further the goal of a final and binding award in compliance with the principle of party autonomy"*]. Cf. Lawler, Jennifer. ***Implied Waiver of Right to Challenge an Arbitral Award***: *An Analysis of the Swedish Approach in*

partes formalmente expressam a sua vontade livremente estipulada em instrumento jurídico, o princípio do *pacta sunt servada* [brocardo jurídico que significa: "os pactos devem ser cumpridos] atuará para forçar que as partes cumpram estritamente o que foi estipulado na convenção.

Na Suécia, a Lei de Arbitragem Sueca enfatiza o princípio da autonomia das partes. O legislador sueco, ao inserir a possibilidade de renúncia na *General Arbitration Act of 1929*[21], visou proibir que uma parte, tendo conhecimento de um erro processual, não o suscitasse no momento correto, levando a conhecimento apenas no final do procedimento para garantir a anulação da sentença arbitral proferida[22]. Assim, a introdução legislativa foi realizada, tendo em vista proibir uma parte de contestar estrategicamente a sentença em caso de derrota tão somente para esta não ser executada.

Nesse sentido, a alteração legislativa sueca objetivou garantir que as partes apresentem suas objeções prontamente, em vez de preservá-las para momento posterior, caso a sentença seja contrária à parte. Percebe-se, portanto, que a permissibilidade dessa renúncia teve como finalidade privilegiar a autonomia privada das partes em almejar um processo justo e coerente[23].

Comparison with the UNCITRAL Model Law. Tesis in Procedural Law. Stockholm University, Faculty of Law, Stockholm, 2014. p. 2. Disponível em: http://www.diva-portal.se/smash/get/diva2:798391/FULLTEXT01.pdf. Acesso em: 7 jan. 2021.

[21] *GENERAL Act of Arbitration (Pacific Settlement of International Disputes), of 26 September 1928 [Entry into force in 16 August 1929, in accordance with article 44. Registration in 16 August 1929, No. 2123].* ***League of Nations****, Geneva, Treaty Series*, vol. 93, p. 343. Disponível em: https://treaties.un.org/pages/LONViewDetails.aspx?src=LON&id=573&chapter=30&clang=_en. Acesso em: 7 jan. 2021.

[22] *"NJA II 1929 p. 49. Section 21 of the 1929 Act on Arbitrators provided for when a party may be deemed waived the right to challenge an award."*. Cf. LAWLER, Jennifer. ***Implied Waiver of Right to Challenge an Arbitral Award****: An Analysis of the Swedish Approach in Comparison with the UNCITRAL Model Law*. Tesis in Procedural Law. Stockholm University, Faculty of Law, Stockholm, 2014. p. 28. Disponível em: http://www.diva-portal.se/smash/get/diva2:798391/FULLTEXT01.pdf. Acesso em: 7 jan. 2021.

[23] Do original em inglês: "*The waiver furthers the purpose of the parties acting in good faith during the proceedings.*". Cf. LAWLER, Jennifer. ***Implied Waiver of Right to Challenge an Arbitral Award****: An Analysis of the Swedish Approach in Comparison with the UNCITRAL Model Law*. Tesis in Procedural Law. Stockholm University, Faculty of Law, Stockholm, 2014. p. 49. Disponível em: http://www.diva-portal.se/smash/get/diva2:798391/FULLTEXT01.pdf. Acesso em: 7 jan. 2021.

Outrossim, ainda sobre as motivações para a permissibilidade estatal dessa renúncia, Catherine Bratic faz o seguinte apontamento em relação aos Estados Unidos:

> O desejo, conforme declarado por um tribunal de apelações dos EUA que reconheceu a permissibilidade de tal renúncia, é permitir que as partes não se sujeitem aos "padrões prontos para uso" fornecidos pela legislação nacional, aliada à capacidade das partes de acordarem com as regras processuais sob as quais a arbitragem será conduzida[24].

A referida autora chega ainda a apresentar a seguinte afirmação:

> Muito embora a abordagem de jurisdições restritivas seja frequentemente a de impor limites à autonomia das partes, raramente é o caso de países impedirem as partes de renunciarem à ação de anulação de sentença arbitral, se assim o desejarem. Afinal, as partes podem evitar regras locais que proíbem esses acordos, optando por arbitrar em jurisdição em que se permite a renúncia[25].

Dessa forma, ficam claros o posicionamento sueco e o americano em preferir o livre poder de negociação entre as partes, visando coibir práticas de não cooperação processual, em detrimento de legislações nacionais de uso comum, introduzindo essa possibilidade na legislação ou, ainda que a legislação do país seja omissa, permitir essa prática a partir de decisões judiciais.

[24] *"Roadway Package Sys. Inc. v Kayser, 257 F.3d 287, 292–93 (3d Cir. 2001)."* [Tradução livre de: *"The desire, as stated by a US court of appeals that recognised the permissibility of such waivers, is to allow parties to 'opt out' of 'off-the-rack vacatur standards' provided under national law, consistent with parties' ability to contract for the procedural rules under which their arbitration will be conducted."*. Cf. BRATIC, Catherine. *'The Parties Hereby Waive All Recourse... But Not That One'. Why parties adopt exclusion agreements and why courts hesitate to enforce them.* ***Dispute Resolution International***, London, Vol. 12, No 2, p. 105-129, 5 Oct. 2018. p. 118.

[25] Tradução livre de: "*While the approach of restrictive jurisdictions is often described as imposing limits on party autonomy, it will rarely be the case that such laws prevent parties from waiving annulment of an award if they so desire. After all, parties can avoid local rules prohibiting exclusion agreements by choosing to arbitrate in jurisdictions that permit waiver.*". Cf. Ibid., p. 118-119.

3.2. Ordem pública

Não obstante o fato de certos países levarem em consideração a autonomia das partes em um ato jurídico, a autonomia privada pode ser limitada pelo princípio da ordem pública, já que há certas restrições quanto à liberdade em determinados aspectos da vida privada[26] que visam garantir segurança jurídica.

Conforme o que José Augusto Fontoura Costa ressalta, cabe questionar a relação de oposição entre segurança jurídica e justiça, tendo em mente que, "se ora a segurança jurídica é descrita pela certeza sobre as decisões, ora será a adaptação à realidade que permitirá que atinja as suas finalidades – entre as quais a de dar estabilidade às relações sociais"[27]. Em outros termos, nem sempre manter a segurança jurídica da ordem pública, ou manter a ordem pública infinitamente, de modo que esta seja preservada, leva à justiça.

A esse respeito, cabe pontuar que uma das características basilares da ordem pública é justamente a sua relatividade e instabilidade. A ordem pública é variável de uma região para outra, alterando-se conforme os conceitos e as evoluções dos fenômenos sociais de cada região. Ademais, a contemporaneidade é um aspecto que deve ser observado, pois é esta que estabelece o estado da situação à época da ocorrência do fato ou ato jurídico para determinar a ocorrência ou não do que seria uma violação à ordem pública[28]. Partindo-se de um posicionamento mais conservador, Kelsen afirma que o Estado é o detentor e o aplicador do Direito[29] e, portanto, retirar o controle e a jurisdição de um país completamente seria uma afronta aos princípios gerais do direito e da segurança jurídica. Contudo, embora existam entendimentos divergentes e países que

[26] Ferreira, Adriano Fernandes. **Elementos de Direito Internacional Privado.** Timburi/SP: Per Juris, c2016.

[27] Costa, José Augusto Fontoura. Análise Econômica do Direito: entre a segurança e a adaptação. **Rev. Fac. Direito de Sorocaba**, Sorocaba, Ano 1, n. 1, p. 149-175, 2001. p. 156. Disponível em: https://www.academia.edu/28641620/An%C3%A1lise_Econ%C3%B4mica_do_Direito_entre_seguran%C3%A7a_e_adapta%C3%A7%C3%A3o. Acesso em: 27 out. 2020.

[28] Dolinger, Jacob; Tiburcio, Carmem. **Direito Internacional Privado.** 15. ed. Rio de Janeiro: Forense, 2020. p. 449.

[29] Kelsen, Hans. **Teoria Geral do Direito e do Estado.** Tradução de Luís Carlos Borges. São Paulo: Martins Fontes, 1990.

expressamente vedam essa opção de anulação de sentença arbitral celebrada entre as partes, como se verificará, há uma tendência crescente dos Estados em permiti-la, de modo a garantir o pleno gozo da autonomia privada e a atração de investimentos externos.

Não é à toa que os dois países que lideram o ideal da liberalização de renúncias às ações anulatórias – França e Suíça – são os mais frequentemente escolhidos como sede de arbitragem por conveniência ou por sua neutralidade, mesmo quando os ativos não estão localizados nesses territórios[30]. Neste ponto, cumpre realizar uma análise dessas duas jurisdições.

4. Direito comparado

Dado o relevante papel que a renúncia à ação anulatória tem desempenhado no contexto internacional, convém analisar a sua possibilidade de realização em território nacional, neste caso brasileiro, levando-se em consideração como esse mecanismo tem sido aplicado em certas jurisdições. Para tanto, a partir de dados do Direito Comparado, dar-se-á destaque a dois principais foros de execução de sentenças arbitrais, quais sejam, a Suíça e a França.

4.1. Suíça

A Suíça foi um dos primeiros países a promulgar uma legislação específica que prevê a possibilidade de renúncia à ação anulatória de sentenças arbitrais [*set-aside proceedings*]. O artigo 192 da Lei de Direito Internacional Privado da Suíça [*Swiss Private International Law Act* (Swiss *PIL Act or PILA*)] de 1987[31] prevê que as partes que não tenham domicílio, residência normal ou estabelecimento comercial na Suíça (ou seja, partes estrangeiras) podem: "excluir qualquer ação para anular a sentença arbitral por meio de uma declaração explícita na convenção

[30] *"Julien Burda, 'La renunciation au recours en annulation dans le nouveau droit français de l'arbitrage' (2013) RTD Com. 653."*. Cf. Bratic, Catherine. *'The Parties Hereby Waive All Recourse... But Not That One'. Why parties adopt exclusion agreements and why courts hesitate to enforce them.* ***Dispute Resolution International***, London, Vol. 12, No 2, p. 105-129, 5 Oct. 2018. p. 112.

[31] SWISS. *The Federal Assembly of the Swiss Confederation.* ***Federal Act on Private Internacional Law (PILA) of 18 December 1987*** *(Status as of 1 February 2021)*. Disponível em: https://www.fedlex.admin.ch/eli/cc/1988/1776_1776_1776/en. Acesso em: 22 jun. 2021.

de arbitragem ou em um acordo subsequente por escrito; podem também limitar a exclusão a determinados motivos de anulação descritos no artigo 190, § 2"[32].

A *ratio* por trás dessa regra foi permitir que partes estrangeiras possam arbitrar na Suíça sem qualquer interferência dos tribunais locais. Conforme aludido por Carl Ulrich Mayer, em "*Exclusion Agreements According to Article 192 of the Swiss Private International Law Act*"[33], as partes optam pela arbitragem para evitarem procedimentos judiciais que podem não fornecer a flexibilidade e a privacidade que desejam. Isto é especialmente verdade para partes estrangeiras, que não possuem conexão com a Suíça, mas que podem, entretanto, desejar se valer da infraestrutura da arbitragem para disputas comerciais em uma das principais sedes arbitrais do mundo.

Outrossim, há argumentos que levam à premissa de que a permissão da renúncia na Suíça tenha se dado também por motivos administrativos. Isto é, a renúncia permitiria uma maior eficiência da arbitragem internacional, uma vez que a Suprema Corte Suíça seria dispensada de analisar anulatórias nos casos em que as partes tivessem concordado contratualmente em excluir a revisão judicial[34].

[32] "[...] *exclude any action to set aside the arbitral award by an explicit declaration in the arbitration agreement or in a subsequent written agreement; they may also confine the exclusion to specified grounds for action to set aside described in Article 190, paragraph 2*". SWISS. *The Federal Assembly of the Swiss Confederation.* ***Federal Act on Private Internacional Law (PILA) of 18 December 1987*** *(Status as of 1 February 2021)*. Article 190, paragraph 2. Disponível em: https://www.fedlex.admin.ch/eli/cc/1988/1776_1776_1776/en. Acesso em: 22 jun. 2021.

[33] Cf. Lalive, Pierre. *Du Nouveau Sur Les Tribunaux Arbitraux "Tronqués"?* ***ASA Bulletin***, Genève, Vol. 17, Issue 2, p. 211-219, 1999. Disponível em: https://kluwerlawonline.com/journalarticle/ASA+Bulletin/17.2/ASAB1999012. Acesso em: 7 jan. 2021.

[34] "*Report by the Federal Council on the PIL Bill of November 10, 1982, FF 1983 I 255, paragraph 2101.27.*". Cf. Hirsch, Laurent. *Exclusion of Annulment Action in Switzerland. In*: Bray, Devin; Bray, Heather L. (eds.). ***Post-Hearing Issues in International Arbitration***. New York: JurisNet, c2013. p. 89. Disponível em: https://books.google.com.br/books?id=-R4PBAAAQBAJ&pg=PA89&lpg=PA89&dq=Federal+Council+on+the+PIL+Bill+of+10+Nov.+1982,+FF+1983+I+255,+para.+2101.27&source=bl&ots=e9cpLykRKZ&sig=ACfU3U0KT3cMFxkEyDKQdFlJhIZRl80nlA&hl=pt-BR&sa=X&ved=2ahUKEwihpLrL2cHuAhXBE7kGHXHpAeEQ6AEwAHoECAUQAg#v=onepage&q=Federal%20Council%20on%20the%20PIL%20Bill%20of%2010%20Nov.%201982%2C%20FF%201983%20I%20255%2C%20para.%202101.27&f=false. Acesso em: 7 jan. 2021.

Para que as partes possam renunciar ao procedimento de ação anulatória nos termos da *PILA* da Suíça, é necessário que a renúncia seja feita de forma clara no contrato e que reflita a verdadeira intenção das partes. A esse respeito, a Suprema Corte Suíça entendeu que cláusulas gerais ou que façam apenas referência às regras institucionais não são suficientes para se realizar a renúncia. Ademais, cabe também pontuar que a legislação suíça não permite que a renúncia seja feita por meio de uma cláusula padrão, tendo em vista que podem ser impostas unilateralmente e, portanto, não estariam refletindo a verdadeira intenção das partes[35].

Um objetivo compartilhado entre as partes interessadas ao se pensar sobre a renúncia à ação anulatória é em tornar a arbitragem mais eficiente. Assim, quando o legislador permite que a renúncia seja feita, acredita-se que é visando o aumento da eficiência dos processos de execução. Isto, porque se evita a "dupla revisão" judicial das sentenças, no foro da arbitragem e no local de execução[36]. É o que ocorre na Suíça. Ao adotar a PILA 192, que permitiu a renúncia à ação anulatória de sentença arbitral, o legislador suíço buscou aumentar a eficiência da arbitragem, na esperança de libertar as partes e os tribunais da duplicidade de ações, a ação anulatória no foro da arbitragem e a resistência da parte derrotada no local de execução [*objetion to enforcement and recognition*][37].

Um contraponto ao exposto é que há quem defenda que a permissão dessa renúncia possa paradoxalmente aumentar a carga de trabalho dos tribunais, dando-lhes a tarefa de determinar se as renúncias foram feitas de forma válida (ou não)[38].

Em casos individuais, as circunstâncias de cada caso definem se a renúncia à ação anulatória melhora (ou não) a eficiência da arbitragem.

[35] SWISS. *The Federal Assembly of the Swiss Confederation.* ***Federal Act on Private Internacional Law (PILA) of 18 December 1987*** *(Status as of 1 February 2021).* Disponível em: https://www.fedlex.admin.ch/eli/cc/1988/1776_1776_1776/en. Acesso em: 22 jun. 2021.

[36] *"BGer 22 Mar. 2007, ATF 133 III 235."*. Cf. BRATIC, Catherine. *'The Parties Hereby Waive All Recourse... But Not That One'. Why parties adopt exclusion agreements and why courts hesitate to enforce them.* ***Dispute Resolution International,*** London, Vol. 12, No 2, p. 105-129, 5 Oct. 2018. p. 126.

[37] *"BGer 31 Oct. 2005, Arrêt 4P_198/2005, consid. 2.1."*. Cf. Ibid., loc. cit.

[38] *"Joachim Knoll, 'Waivers of Recourse in International Arbitration – Where Switzerland and Tunisia Meet' (2012) 4 Int'l J. Arab. Arb. 5, 24 n 91."*. Cf. BRATIC, loc. cit.

Como exemplo, é possível mencionar que a renúncia poderá promover eficiência quando a sentença for executada em país diverso ao da sede da arbitragem. Isso, porque a renúncia feita no país da sede da arbitragem permitirá que a revisão da sentença apenas possa ser feita no país de execução [estrangeiro] por meio de objeção ao reconhecimento e execução, aumentando, assim, a eficiência na execução daquela sentença.

Nesse ponto, é importante rememorar que a renúncia à anulatória não exclui completamente a revisão judicial, já que a sentença arbitral ainda pode ser contestada na execução. Ou seja, mesmo que haja a renúncia à ação anulatória de sentença arbitral contratualmente estipulada, a revisão judicial ainda será possível durante o procedimento de reconhecimento e execução de uma sentença arbitral.

Portanto, é evidente que a legislação suíça foi criada com o intuito de garantir maior autonomia às partes que escolhem a arbitragem como forma de se desvincularem de um foro estatal. Isto, principalmente visando atrair investidores estrangeiros, uma vez que a renúncia é apenas permitida para partes sem ligações com a Suíça.

4.2. França

De forma bastante semelhante, o Código Civil francês prevê que as partes em arbitragem internacional podem renunciar ao direito de promover uma ação anulatória. Em específico, estabelece a seguinte diretriz:

> 'Por meio de um acordo específico, as partes podem, a qualquer momento, renunciar expressamente ao seu direito de propor uma ação de anulação de uma sentença arbitral' e 'onde tal direito foi renunciado, as partes, no entanto, mantêm o direito delas de apelar de uma ordem de execução com base em um dos fundamentos estabelecidos no Artigo 1520'[39].

[39] "*'[b]y way of a specific agreement the parties may, at any time, expressly waive their right to bring an action to set aside an award' and '[w]here such right has been waived, the parties nonetheless retain their right to appeal an enforcement order on one of the grounds set forth in Article 1520'*". Cf. TAN, Weiyi. *'Allowing the Exclusion of Set-Aside Proceedings: An Innovative Means of Enhancing Singapore's Position as an Arbitration Hub'*. *In*: Boo, Lawrence; BORN, Gary B. (eds). **Asian International Arbitration Journal** [Vol. 15, Issue 2]. Alphen aan den Rijn: Kluwer Law International, 2019. p. 96. Disponível em: https://kluwerlawonline.com/journalarticle/Asian+International+Arbitration+Journal/15.2/AIAJ2019007. Acesso em: 7 jan. 2021.

Como se denota, embora a parte possa realizar a renúncia à ação anulatória na sede da arbitragem, isto é, no local onde a arbitragem foi realizada, tal ato não implicará em uma renúncia a eventual recurso/defesa a ser interposto/a no local de execução da sentença. No entanto, a previsão francesa apenas permite que a renúncia seja realizada em arbitragens qualificadas como "internacionais" na acepção do Código Francês.

Outrossim, é importante pontuar que a previsão francesa se assemelha à previsão suíça ao exigir que a renúncia seja feita de forma específica e clara no acordo. Ademais, doutrinadores afirmam que também não é possível realizar a renúncia por meio de incorporações às regras institucionais[40], de forma semelhante ao que ocorre na Suíça.

Por outro lado, a abordagem francesa difere da suíça ao não limitar a renúncia aos estrangeiros, permitindo que esta seja feita também por nacionais nas arbitragens qualificadas como internacionais. Nota-se, portanto, uma abordagem ainda mais liberal, permitindo que os próprios franceses possam renunciar à ação anulatória de sentença arbitral. Porém, há doutrinadores que questionam essa abordagem, uma vez que os precedentes indicam que o direito de renúncia raramente é usado por partes domésticas[41].

[40] *"Emmanuel Gaillard & Pierre de Lapasse, Commentaire analytique du décret du 13 janvier 2011 portant réforme du droit français de l'arbitrage, 2 Cahiers de l'Arbitrage 328 (2011); SARL Farmex Tech. v. Rep. Armenia, FFPMC, Cour de'appel de Paris, 3 Apr. 2014, No. 13/22288."*. Cf. TAN, Weiyi. *'Allowing the Exclusion of Set-Aside Proceedings: An Innovative Means of Enhancing Singapore's Position as an Arbitration Hub'*. *In*: BOO, Lawrence; BORN, Gary B. (eds). **Asian International Arbitration Journal** [Vol. 15, Issue 2]. Alphen aan den Rijn: Kluwer Law International, 2019. p. 96; 118. Disponível em: https://kluwerlawonline.com/journalarticle/Asian+International+Arbitration+Journal/15.2/AIAJ2019007. Acesso em: 7 jan. 2021; BRATIC, Catherine. *'The Parties Hereby Waive All Recourse... But Not That One'. Why parties adopt exclusion agreements and why courts hesitate to enforce them.* ***Dispute Resolution International***, London, Vol. 12, Nº 2, p. 105-129, 5 Oct. 2018. p. 115.

[41] *"Ch. Jarrosson & J. Pellerin, Le droit français de l'arbitrage après le décret du 13 janvier 2011, Rev. Arb. n. 104, at 5 (2011)."* [Do original em inglês: *"The French provision differs from the Swiss approach in that the right to exclude set- aside proceedings is not limited to foreign parties. This reflects a much more liberal approach, although commentators have questioned the necessity of this approach as it appears from empirical evidence that the right to a waiver is rarely used by domestic parties."*]. Cf. TAN, op. cit., p. 96; 118.

Neste ponto, cumpre pontuar que a França preconiza o ideal de que a arbitragem internacional é baseada em uma ordem jurídica autônoma[42]. Inclusive, diferentemente das demais jurisdições, a legislação francesa prevê que uma sentença anulada no foro arbitral pode, entretanto, ser reconhecida e executada na França[43]. Dessa forma, é coerente com a noção de que as sentenças arbitrais internacionais[44] são decisões verdadeiramente internacionais e, portanto, não estão sujeitas a qualquer lei nacional específica, de modo que as partes têm a liberdade de excluir contratualmente os procedimentos de anulação na sede da arbitragem se assim desejarem na França.

O desejo das partes em diminuir o papel dos tribunais locais pode surgir da vontade de se desvincularem de qualquer atuação do judiciário ou de elevarem a arbitragem além de qualquer ordem legal nacional. Inclusive, a legislação francesa, que permite essa renúncia, busca justamente tratar as sentenças arbitrais como fruto de uma ordem jurídica internacional, desvinculada de qualquer Estado[45]. Assim, com a possibilidade de renúncia à anulatória, a sentença é deslocada no sentido de que nenhum tribunal nacional terá o poder de anular a sentença em definitivo.

A intenção por trás disso tudo é que as partes possam escolher retirar o poder de revisão das cortes da sede da arbitragem, consolidando a revisão perante os tribunais no local de execução. Isto, uma vez que a sede da arbitragem pode ter pouca conexão com as partes em comparação com o local de execução, que provavelmente será onde uma das partes possui ativos substanciais. Sabe-se que o local da execução é

[42] "*Alexis Mourre & Janice Feigher, Can the Statutory Grounds for Review of Arbitral Awards Be Changed by the Parties? A French Law Perspective, 18 Am. Rev. Int'l Arb. 279 (2007).*". Cf. TAN, op. cit., p. 97; 118.

[43] "*See eg. OTV v. Hilmarton, Cour de Cassation, Cass. Civ. 1, 10 June 1997, 1997 Rev. Arb. 376, in which the Cour de cassation upheld the decision of the Court of Appeal enforcing an award which was rendered and annulled in Switzerland.*". Cf. TAN, loc. cit.

[44] "*Putrabali v. Rena Holding et al., Cour de cassation, Cass. Civ. 1, 29 June 2007, 2008 Rev. Arb. 263.*". Cf. TAN, loc. cit.

[45] "*Christophe Seraglini, 'L'efficacité et l'autorité renforcées des sentences arbitrales en France après le décret nº 2011-48 du 13 janvier 2011' (2011) 2 Cahiers de l'arbitrage 375 (2011).*". Cf. BRATIC, Catherine. *'The Parties Hereby Waive All Recourse... But Not That One'. Why parties adopt exclusion agreements and why courts hesitate to enforce them.* ***Dispute Resolution International***, London, Vol. 12, Nº 2, p. 105-129, 5 Oct. 2018. p. 128.

também indiscutivelmente mais importante, tendo em vista que será onde o credor receberá a reparação devida[46].

4.3. Brasil

O questionamento que surge é se as partes internacionais, ao escolherem a arbitragem como meio de resolução de disputas, podem renunciar de forma válida ao seu direito de revisão da sentença arbitral e, por conseguinte, se esta renúncia será reconhecida pela ordem jurídica brasileira.

Sabe-se que o Brasil se coloca em uma posição de *player* internacional, sendo um dos maiores líderes de exportação de *commodities* e importação de produtos variados, o que lhe põe em posição de interdependência internacional[47]. Assim, sendo a arbitragem internacional um foro neutro para os investidores internacionais, o que significa segurança e imparcialidade nas controvérsias[48], além de ser capaz de oferecer mitigação de riscos[49] e de evitar sentenças radicais[50], a escolha por um foro doméstico atrativo à arbitragem garante segurança jurídica às partes contratantes[51].

[46] Tan, Weiyi, op. cit., p. 87-118. Disponível em: https://kluwerlawonline.com/journalarticle/Asian+International+Arbitration+Journal/15.2/AIAJ2019007. Acesso em: 7 jan. 2021.

[47] FUNDAÇÃO GETÚLIO VARGAS. **Indicador de Comércio Exterior (ICOMEX)**. Rio de Janeiro: FGV, 2020. Disponível em: https://portalibre.fgv.br/sites/default/files/2020-07/boletim-de-comercio-exterior-julho-2020.pdf. Acesso em: 10 maio 2021.

[48] Dave, Dushyant. *Practical Perspectives on Recognition and Enforcement in a Modern World: a review of most common grounds for refusing enforcement including "public policy". In*: Foyle, Andrew (coord.). ***Dispute Resolution International***, Londres: IBA, v. 2, n. 1, maio 2008. p. 134.

[49] Costa, José Augusto Fontoura. A Autonomia da Nova Lex Mercatoria e a Estabilização das Relações Comerciais Internacionais. **Revista do Instituto do Direito Brasileiro - RIDB**, Faculdade de Direito da Universidade de Lisboa, Lisboa, Ano 2, n. 6, 4783-4810, 2013. p. 4796. Disponível em: https://www.academia.edu/10701544/A_autonomia_da_nova_lex_mercatoria_e_a_estabiliza%C3%A7%C3%A3o_das_rela%C3%A7%C3%B5es_comerciais_internacionais. Acesso em: 27 out. 2020.

[50] Ibid., p. 4795.

[51] A esse respeito, a eficiência e a qualidade das decisões dos tribunais desempenham um papel importante no processo de desenvolvimento econômico e produtivo de um país e assumem uma postura mais atrativa para a economia externa. Isso, porque um melhor acesso à justiça efetiva reduz a volatilidade do crescimento da empresa e atrai investimentos. Cf. WORLD BANK. ***Doing Business 2020***. Wasington, DC: World Bank, 2020. p. 33-34.

Nessa ordem de ideias, o regramento jurídico detém relação com a atividade econômica desempenhada, uma vez que o conceito jurídico de contrato, malgrado detenha certa autonomia para tutela de aspectos existenciais, guarda uma relação instrumental com uma realidade de interesses, relações e situações econômicas[52]. Pode-se dizer que os contratos são instrumentalizados para a tutela das operações econômicas, sendo a normativa de determinado ordenamento razão de atratividade para as ações desempenhadas. O reconhecimento da interação entre direitos, custos e atividades econômicas permite vislumbrar o surgimento de um processo de concorrência entre ordens jurídicas, representado pela possibilidade de evasão de capital daquelas ordens reputadas como economicamente desvantajosas no contexto de globalização econômica[53].

Nesse sentido, a necessidade de cumprir com o que foi escolhido pelas partes – seja por meio de cláusulas de renúncia incorporadas à própria convenção de arbitragem, seja por previsão em regulamento de câmaras escolhidas – serve como insumo para o reconhecimento dessa renúncia pela ordem jurídica brasileira. Ademais, convém que haja a previsão de renúncia no Brasil, sob pena de outras ordens jurídicas virem a usurpar fontes econômicas brasileiras.

As barreiras impostas pela ordem pública funcionam como um limite à possibilidade de renúncia ao processo de anulação de sentença arbitral que visa resguardar direitos fundamentais. Nestes termos, na realidade jurídica nacional, o princípio da inafastabilidade da jurisdição (Art. 5º, inciso XXXV, da Constituição da República Federativa do Brasil de 1988 – CRFB/88) seria um provável obstáculo para a validade da renúncia feita pelas partes à anulação de sentença arbitral. Inclusive, a Lei de Introdução às normas do Direito Brasileiro (LINDB)[54] dispõe que as sentenças de outro país, bem como quaisquer declarações de vontade, não terão eficácia no Brasil, quando ofenderem a soberania nacional, a ordem pública e os bons costumes.

[52] ROPPO, Enzo. **O Contrato**. Tradução de A. Coimbra e M. J. C. Gomes. Coimbra: Almedina, 2009.

[53] FEITOSA, Maria Luiza Pereira de A. Mayer. O Papel Acentuado do Juiz e da Jurisprudência na Atualidade dos Contratos. Uma tendência jus-realista? **Boletim da Faculdade de Direito**, Coimbra, v. LXXX, p. 679-693, 2004. p. 691.

[54] BRASIL. Decreto-Lei n. 4.657, de 4 de setembro de 1942. Lei de introdução ao Código Civil Brasileiro. **Diário Oficial da União**: seção 1, Rio de Janeiro, p. 13635, 9 set. 1942.

Contudo, há quem defenda que o princípio constitucional da inafastabilidade da jurisdição tenha sido destinado à proteção do cidadão de atos ilegais do Poder Público. Isto, porque a CRFB/88, surgida após 21 anos de ditadura militar, visou instrumentalizar formas de ruptura com o período ditatorial. Com isso, argumenta-se no sentido de que o princípio em questão não teria o condão de proibir que as partes, valendo-se da sua prerrogativa de autonomia privada e liberdade contratual, optem pela renúncia à ação anulatória.

Ressalta-se que a abolição de direitos fundamentais por via de reforma constitucional é inadmissível em decorrência do limite imposto pelo Art. 60, § 4º, IV, da CRFB/88; em outros termos, um direito fundamental não pode ter seu conteúdo essencial afetado por limitações desmedidas[55]. Contudo, a própria dignidade da pessoa humana e o princípio da autonomia e de autodeterminação individual decorrem do poder de disposição do titular, inclusive no tocante ao enfraquecimento do seu direito, quando se espera obter benefícios de outra forma[56], sendo justamente esta a pretensão quando se opta por renunciar ao direito de anulação de sentença arbitral.

Nesse mesmo sentido, estudiosos defendem que os direitos fundamentais servem para impor limitações ao Estado e aos particulares [terceiros] – mas não aos próprios titulares do direito[57]. Portanto, é de se apontar que a liberdade decisória das partes, desde que não atinja o núcleo essencial dos direitos fundamentais – por conseguinte, irrenunciável – pode ser relativizada de modo a permitir a renúncia ao processo de anulação de sentença arbitral devidamente pactuada por ambas as partes em seu pleno gozo da autonomia privada.

Cumpre mencionar que, ao traçar a evolução histórica da arbitragem, uma das grandes vantagens do método era justamente não depender da força e autoridade do Estado, já que as partes se dirigiam voluntariamente a um terceiro de confiança, para que resolvesse de forma defini-

[55] Hesse, Konrad. **Temas Fundamentais do Direito Constitucional**. Textos selecionados e traduzidos por Carlos dos Santos Almeida, Gilmar Ferreira Mendes, Inocêncio Mártires Coelho. São Paulo: Saraiva, 2009. p. 23-72.

[56] Novais, Jorge Reis. **Direitos Fundamentais**: trunfos contra a maioria. Coimbra: Coimbra Editora, 2006. p. 235.

[57] Alexy, Robert. **Teoria dos Direitos Fundamentais**. 2. ed. Tradução de Virgílio Afonso da Silva. São Paulo: Malheiros Editores, 2011. p. 456.

tiva aquele conflito, "cumprindo as partes *bona fide* o preceito ditado pelo árbitro"[58]. Nesse sentido, é de se sustentar a relevância de um novo conceito de ordem pública que venha a ser verdadeiramente internacional[59] e, por conseguinte, que possa aperfeiçoar as relações comerciais internacionais e a cooperação jurídica brasileira para reconhecer as delimitações postas pelas partes em contratos internacionais – desde que não violem o núcleo essencial dos direitos fundamentais.

No que tange à ordem pública, é de se apontar que esta não possui uma estrutura normativa prefixada; seu conteúdo deve ser considerado no momento da análise específica da renúncia[60], o que permite – e obriga – que não seja engessada, mas moldada aos parâmetros necessários e contemporâneos à época da análise do pedido de renúncia à revisão de sentença arbitral.

Segundo o que Teresa Arruda Alvim Wambier esclarece, a falta de previsão legal no contexto brasileiro não constitui um óbice ao reconhecimento da possibilidade de renúncia abstrata ao controle judicial da sentença arbitral. Porém, faz a ressalva que a renúncia não operaria efeitos nas hipóteses de anulação referentes (i) à ausência de arbitrabilidade da questão decidida (o que levaria à inexistência de sentença, por ter sido prolatada por um "não juiz") e (ii) à ofensa à ordem pública,[61] casos em que não seria possível renunciar à possibilidade de anular a sentença antes de sua prolação.

[58] CARMONA, Carlos Alberto. Arbitragem e Jurisdição. **Revista os Tribunais – Revista de Processo**, São Paulo, v. 58, p. 33-40, abr. 1990. Disponível em: https://edisciplinas.usp.br/pluginfile.php/293080/mod_resource/content/0/CARMONA%20-%20Arbitragem%20e%20jurisdi%C3%A7%C3%A3o.pdf. Acesso em: 29 set. 2020.

[59] Dolinger sustenta que "se cada Estado considerar somente a sua ordem pública, o futuro trará graves distúrbios à ordem pública internacional. Um novo conceito de ordem pública, a ordem pública verdadeiramente internacional, exige que os Poderes Legislativo e Judiciário de cada Estado levem em consideração os interesses públicos de outras soberanias, bem como os de comunidades regionais". DOLINGER, Jacob. Ordem Pública Mundial: ordem pública verdadeiramente internacional no Direito Internacional Privado. **Revista de Informação Legislativa**, Brasília, ano 23, n. 90, abr./jun. 1986. p. 231-232.

[60] DOLINGER, Jacob. **Direito Internacional Privado.** 5. ed. Rio de Janeiro: Renovar, 1997. p. 352-353.

[61] WAMBIER, Teresa Arruda Alvim. A discussão sobre a disponibilidade do controle judicial da sentença arbitral e seus limites. **Revista Brasileira de Arbitragem**, São Paulo, v. 13, n. 50, p. 7-32, abr./jun. 2016, p. 22-32.

Nota-se, portanto, que há posições doutrinárias que já caminham no sentido de ser possível o reconhecimento da renúncia no contexto brasileiro, embora haja respeitável entendimento doutrinário em sentido contrário. Assim, a conclusão que pode ser extraída é que a omissão legislativa sobre a permissibilidade (ou não) da renúncia ao procedimento de anulatória no Brasil, bem como o princípio da inafastabilidade da jurisdição, embora consistam possíveis óbices, não impediriam, *a priori*, a validade dessa cláusula no país.

Nesse sentido, é possível argumentar que o Brasil, que se coloca em posição de codependência econômica internacional[62], poderia estabelecer regras jurídicas em consonância com as regras jurídicas internacionais, de modo a propagar a sua receptividade à arbitragem e, consequentemente, atrair investimentos estrangeiros[63]. Entende-se por investimento estrangeiro o efetivo trânsito de capital para o interior de um Estado – no Brasil, ocorre a partir de um registro[64]. A visão voltada para o presente e para o futuro, de reconhecimento de um ordenamento jurídico internacional em expansão, inclina os juristas à reflexão de novas tendências acerca de regras internacionais. Assim, um dos caminhos seria que o Brasil pudesse se espelhar no sentimento de florescimento internacional e não se fechasse à ordem jurídica internacional, sendo a renúncia à ação anulatória de sentença arbitral um forte atrativo no contexto econômico global.

[62] BRAZILIAN Government. ***A Country in Motion***. c2005. Disponível em: https://archive.is/20070615145847/http://www.brasil.gov.br/ingles/about_brazil/. Acesso em: 1 out. 2020; SOY, oil, iron ore and pulp are Brazil's top exports. **Agência Brasil**, Brasília, 25 jul. 2018. Disponível em: Disponível em: http://www.brazil.gov.br/about-brazil/news/2018/07/soy-oil-iron-ore-and-pulp-are-brazils-top-exports. Acesso em: 27 out. 2020.

[63] A esse respeito, José Augusto Fontoura Costa esclarece que "[...] a expressão 'investimento estrangeiro' é claramente diversa de 'investimento internacional'. Estrangeiro significa originário de outro país, o que é quase sempre o caso das aplicações financeiras e produtivas. Investimento internacional, entendido como o feito entre Estados, deve ser utilizado apenas para o caso de ajuda pública oferecida por um ente soberano a outro – diretamente ou por intermédio de agências públicas – ou do investimento de organizações internacionais, como o Banco Mundial e o Banco Interamericano de Desenvolvimento, bem como as garantias da Agência Multilateral de Garantia de Investimentos". Costa, José Augusto Fontoura. **Direito Internacional do Investimento Estrangeiro**. Curitiba: Juruá Editora, 2010. p. 32. Disponível em: https://www.jurua.com.br/bv/conteudo.asp?id=21479&pag=32. Acesso em: 1 nov. 2020.

[64] Ibid., p. 32.

Conclusões

No presente artigo, procurou-se desenvolver uma discussão a respeito da arbitragem, tomando como parâmetro o Direito Comparado. Como se viu, a vontade das partes em diminuir a interferência dos tribunais judiciais tem levado à adoção da renúncia ao processo de anulação de sentença arbitral, que se consolida em decorrência da vontade dos contratantes.

A partir da análise feita, notou-se que certas jurisdições internacionais estão cada vez mais porosas à possibilidade de renúncia à ação anulatória, seja para partes domésticas ou apenas para partes internacionais. Em razão dessa opção legislativa, a França e a Suíça estão inseridas no contexto de jurisdições amigáveis à arbitragem, o que passa a garantir uma maior recepção de investimentos, uma vez que é defendido que as partes internacionais terão a maior probabilidade de escolherem determinado país se puderem ter a certeza de que os tribunais locais não estarão envolvidos.

Da análise feita do contexto brasileiro, cabe pontuar que as partes internacionais, ao escolherem a arbitragem como meio de resolução de disputas, podem renunciar de forma válida ao seu direito de revisão da sentença arbitral no Brasil. É possível argumentar que a ordem pública brasileira, que está por trás da permissibilidade de tal renúncia, deve ser porosa às influências da ordem pública verdadeiramente internacional, assegurando um ambiente propício para a eficiência e a finalidade da arbitragem enquanto método de resolução de disputas internacionais.

Referências

ALEXY, Robert. **Teoria dos Direitos Fundamentais**. 2. ed. Tradução de Virgílio Afonso da Silva. São Paulo: Malheiros Editores, 2011.

AMARAL, Francisco. **Direito Civil**: introdução. 4. ed. Rio de Janeiro: Renovar, 2002. Ademais, "[a] vontade é a mola mestra do ato e do negócio jurídico". CASILLO, João. **O Erro como Vício da Vontade**. São Paulo: Revista dos Tribunais, 1982.

ATIYAH, P. S. ***The Rise and Fall of Freedom of Contract***. Oxford: Oxford University Press, 1979.

BERG, Albert Jan van den. ***Should the Setting Aside of the Arbitral Award be Abolished?*** *[ICSID Review, p. 1-26, 14 April 2014]*. Oxford: Oxford University Press, 2014. Doi: 10.1093/icsidreview/sit053. Disponível em: http://www.hvdb.com/

wp-content/uploads/2014-AJvdB-Should-the-Setting-Aside-of-the-Award--be-Abolished.pdf. Acesso em: 7 jan. 2021.

Born, Gary B. ***International Commercial Arbitration***. 2nd edition. Alphen aan den Rijn: Kluwer Law International, 2014.

BRASIL. Decreto-Lei n. 4.657, de 4 de setembro de 1942. Lei de introdução ao Código Civil Brasileiro. **Diário Oficial da União**: seção 1, Rio de Janeiro, p. 13635, 9 set. 1942.

______. Decreto nº 9.307, de 23 de setembro de 1996. Promulga a Convenção sobre o Reconhecimento e a Execução de Sentenças Arbitrais Estrangeiras. Diário Oficial da União: seção 1, Brasília, p. 18897, 24 set. 1996.

______. Decreto nº 4.311, de 23 de julho de 2002. Promulga a Convenção sobre o Reconhecimento e a Execução de Sentenças Arbitrais Estrangeiras. **Diário Oficial da União**: seção 1, Brasília, p. 3, 24 jul. 2002.

Bratic, Catherine. *'The Parties Hereby Waive All Recourse... But Not That One'. Why parties adopt exclusion agreements and why courts hesitate to enforce them.* ***Dispute Resolution International***, London, 5 out. 2018. Disponível em: https://www.ibanet.org/Article/NewDetail.aspx?ArticleUid=c8d82ee3-cb34-4113-a63c-7fff919639ee. Acesso em: 1 set. 2020.

BRAZILIAN Government. ***A Country in Motion***. c2005. Disponível em: https://archive.is/20070615145847/http://www.brasil.gov.br/ingles/about_brazil/. Acesso em: 1 out. 2020.

Carmona, Carlos Alberto. Arbitragem e Jurisdição. **Revista os Tribunais – Revista de Processo**, São Paulo, v. 58, p. 33-40, abr. 1990. Disponível em: https://edisciplinas.usp.br/pluginfile.php/293080/mod_resource/content/0/CARMONA%20-%20Arbitragem%20e%20jurisdi%C3%A7%C3%A3o.pdf. Acesso em: 29 set. 2020.

______. **Arbitragem e processo**: um comentário à Lei nº 9.307/96. 3. ed. rev., atual. e ampl. São Paulo: Atlas, 2009.

Carvalho, R. R. F.; Lopes, M. L. P. A lei da arbitragem e a Convenção de Nova Iorque à luz do STJ: efeitos da Emenda Constitucional nº 45. Revista CEJ, Brasília, a. 17, n. 60, p. 16-28, mai./ago. 2013.

Costa, José Augusto Fontoura. Análise Econômica do Direito: entre a segurança e a adaptação. **Rev. Fac. Direito de Sorocaba**, Sorocaba, Ano 1, n. 1, p. 149-175, 2001. Disponível em: https://www.academia.edu/28641620/An%C3%Allise_Econ%C3%B4mica_do_Direito_entre_seguran%C3%A7 a_e_adapta%C3%A7%C3%A3o. Acesso em: 27 out. 2020.

______. **Direito Internacional do Investimento Estrangeiro**. Curitiba: Juruá Editora, 2010. Disponível em: https://www.jurua.com.br/bv/conteudo.asp?id=21479&pag=32. Acesso em: 1 nov. 2020.

______. A Autonomia da Nova Lex Mercatoria e a Estabilização das Relações Comerciais Internacionais. **Revista do Instituto do Direito Brasileiro – RIDB**, Faculdade de Direito da Universidade de Lisboa, Lisboa, Ano 2, n. 6, 4783-4810, 2013. Disponível em: https://www.academia.edu/10701544/A_autonomia_da_nova_lex_mercatoria_e_a_estabiliza%C3%A7%C3%A3o_das_rela%C3%A7%C3%B5es_comerciais_internacionais. Acesso em: 27 out. 2020.

Dave, Dushyant. *Practical Perspectives on Recognition and Enforcement in a Modern World: a review of most common grounds for refusing enforcement including "public policy"*. *In*: Foyle, Andrew (coord.). ***Dispute Resolution International***, Londres: IBA, v. 2, n. 1, maio 2008.

Dolinger, Jacob. Ordem Pública Mundial: ordem pública verdadeiramente internacional no Direito Internacional Privado. **Revista de Informação Legislativa**, Brasília, ano 23, n. 90, abr./jun. 1986.

______. **Direito Internacional Privado**. 5. ed. Rio de Janeiro: Renovar, 1997.

Dolinger, Jacob; Tiburcio, Carmem. **Direito Internacional Privado**. 15. ed. Rio de Janeiro: Forense, 2020.

Feitosa, Maria Luiza Pereira de A. Mayer. O Papel Acentuado do Juiz e da Jurisprudência na Atualidade dos Contratos. Uma tendência jus-realista? **Boletim da Faculdade de Direito**, Coimbra, v. LXXX, p. 679-693, 2004.

Ferreira, Adriano Fernandes. **Elementos de Direito Internacional Privado**. Timburi/SP: Per Juris, c2016.

FUNDAÇÃO GETÚLIO VARGAS. **Indicador de Comércio Exterior (ICOMEX)**. Rio de Janeiro: FGV, 2020. Disponível em: https://portalibre.fgv.br/sites/default/files/2020-07/boletim-de-comercio-exterior-julho-2020.pdf. Acesso em: 10 maio 2021.

GENERAL Act of Arbitration (Pacific Settlement of International Disputes), of 26 September 1928 [Entry into force in 16 August 1929, in accordance with article 44. Registration in 16 August 1929, No. 2123]. ***League of Nations***, *Geneva, Treaty Series*, vol. 93. Disponível em: https://treaties.un.org/pages/LONViewDetails.aspx?src=LON&id=573&chapter=30&clang=_en. Acesso em: 7 jan. 2021.

Gonçalves, Carlos Roberto. **Direito Civil Brasileiro**. 1. Parte Geral. 8. ed. São Paulo: Saraiva, 2010.

Hesse, Konrad. **Temas Fundamentais do Direito Constitucional**. Textos selecionados e traduzidos por Carlos dos Santos Almeida, Gilmar Ferreira Mendes, Inocêncio Mártires Coelho. São Paulo: Saraiva, 2009. p. 23-72.

Hirsch, Laurent. *Exclusion of Annulment Action in Switzerland*. *In*: Bray, Devin; Bray, Heather L. (eds.). ***Post-Hearing Issues in International Arbitration***. New York: JurisNet, c2013. Disponível em: https://books.google.com.br/books?id=-R4PBAAAQBAJ&pg=PA89&lpg=PA89&dq=Federal+Council+on+the+PIL+Bill+of+10+Nov.+1982,+FF+1983+I+255,+para.+2101.27&source=bl&ots=e9cp

LykRKZ&sig=ACfU3U0KT3cMFxkEyDKQdFlJhIZRl80nlA&hl=pt-BR&sa=X&ved=2ahUKEwihpLrL2cHuAhXBE7kGHXHpAeEQ6AEwAHoECAUQAg#v=onepage&q=Federal%20Council%20on%20the%20PIL%20Bill%20of%2010%20Nov.%201982%2C%20FF%201983%20I%20255%2C%20para.%202101.27&f=false. Acesso em: 7 jan. 2021.

KELSEN, Hans. **Teoria Geral do Direito e do Estado**. Tradução de Luís Carlos Borges. São Paulo: Martins Fontes, 1990.

LALIVE, Pierre. *Du Nouveau Sur Les Tribunaux Arbitraux "Tronqués"?* ***ASA Bulletin***, Genève, Vol. 17, Issue 2, p. 211-219, 1999. Disponível em: https://kluwerlawonline.com/journalarticle/ASA+Bulletin/17.2/ASAB1999012. Acesso em: 7 jan. 2021.

LAWLER, Jennifer. ***Implied Waiver of Right to Challenge an Arbitral Award****: An Analysis of the Swedish Approach in Comparison with the UNCITRAL Model Law*. Tesis in Procedural Law. Stockholm University, Faculty of Law, Stockholm, 2014. Disponível em: http://www.diva-portal.se/smash/get/diva2:798391/FULLTEXT01.pdf. Acesso em: 7 jan. 2021.

NOVAIS, Jorge Reis. **Direitos Fundamentais**: trunfos contra a maioria. Coimbra: Coimbra Editora, 2006.

ROPPO, Enzo. **O Contrato**. Tradução de A. Coimbra e M. J. C. Gomes. Coimbra: Almedina, 2009.

SOY, oil, iron ore and pulp are Brazil's top exports. **Agência Brasil**, Brasília, 25 jul. 2018. Disponível em: Disponível em: http://www.brazil.gov.br/about-brazil/news/2018/07/soy-oil-iron-ore-and-pulp-are-brazils-top-exports. Acesso em: 27 out. 2020.

SWISS. *The Federal Assembly of the Swiss Confederation.* ***Federal Act on Private Internacional Law (PILA) of 18 December 1987*** *(Status as of 1 February 2021)*. Disponível em: https://www.fedlex.admin.ch/eli/cc/1988/1776_1776_1776/en. Acesso em: 22 jun. 2021.

TAN, Weiyi. *'Allowing the Exclusion of Set-Aside Proceedings: An Innovative Means of Enhancing Singapore's Position as an Arbitration Hub'*. *In*: BOO, Lawrence; BORN, Gary B. (eds). **Asian International Arbitration Journal** [Vol. 15, Issue 2]. Alphen aan den Rijn: Kluwer Law International, 2019. p. 96. Disponível em: https://kluwerlawonline.com/journalarticle/Asian+International+Arbitration+Journal/15.2/AIAJ2019007. Acesso em: 7 jan. 2021.

UNITED NATIONS. ***United Nations Convention on the Recognition and Enforcement of Foreign Arbitral Awards***. New York, 10 June 1958. Disponível em: http://www.newyorkconvention.org/english. Acesso em: 7 jan. 2021.

UNITED STATES COURTS. *About the U.S. Courts of Appeals.* **United States Courts**, Washington, D.C., c2021. Disponível em: https://www.uscourts.gov/about-federal-courts/court-role-and-structure/about-us-courts-appeals. Acesso em: 23 mar. 2021.

VALENÇA FILHO, Clávio de Melo. **A Arbitragem em Juízo**. 2015. 288 f. Tese (Doutorado em Direito) – Universidade de São Paulo, São Paulo, 2015.

WAMBIER, Teresa Arruda Alvim. A discussão sobre a disponibilidade do controle judicial da sentença arbitral e seus limites. **Revista Brasileira de Arbitragem**, São Paulo, v. 13, n. 50, p. 7-32, abr./jun. 2016, p. 22-32.

WORLD BANK. ***Doing Business 2020***. Washington, DC: World Bank, 2020.

CAPÍTULO 2
ARBITRAGEM COMERCIAL *ON-LINE*. TECNOLOGIAS ADOTADAS POR INSTITUIÇÕES BRASILEIRAS E ESTRANGEIRAS E BARREIRAS PARA A SOLIDIFICAÇÃO DA *E*-ARBITRAGEM

AMANDA BUENO DANTAS

1. Introdução. Tecnologia e solução de conflitos.

A tecnologia não é, há muito, atributo estranho à resolução de conflitos – seja pela via judicial ou extrajudicial. Tome-se como exemplo a implantação do processo eletrônico no Brasil, que se iniciou com a promulgação da Lei nº 11.419/2006, e substituiu os autos em papel pelo processo digital e o protocolo físico pelo peticionamento eletrônico.

O Brasil é pioneiro quando o assunto é processo eletrônico. Em 1991 (quando ainda não havia *internet* para fins comerciais no Brasil), o Superior Tribunal de Justiça (STJ) já dispunha de consulta processual por meio da Rede Nacional de Comunicação de Dados por Comutação de Pacotes (Renpac).[1]

[1] A Renpac consiste em rede de transferência de dados ofertada pela empresa Embratel, que se utilizava da tecnologia francesa de "comutação por pacotes" *(Packet Switched Network)*.

Em 1996, um ano após o lançamento da *internet* para fins comerciais no país, o STJ lançou seu primeiro *website*. Em 1998, foi criado o sistema *push* – que enviava (e envia até os dias atuais) *e-mails* com alertas para os advogados sobre os andamentos de seus processos.[2].

O STJ foi também a primeira corte superior a virtualizar todos os processos em tramitação em seu respectivo país, atingindo tal marca antes da Corte de Cassação francesa[3] – um dos primeiros tribunais no mundo a iniciar um projeto de digitalização dos processos.

O Código de Processo Civil (CPC) de 2015 também impulsionou o uso de tecnologias na solução de conflitos ao dar preferência para citações e intimações por meio eletrônico[4] e permitir a realização da audiência de conciliação ou mediação pela via digital[5].

A Lei nº 13.140/2015 (Lei de Mediação)[6], promulgada poucos meses depois do CPC, autoriza a condução de mediação pela *internet* ou qualquer outro meio de comunicação à distância mediante acordo das Partes.

O emprego de ferramentas tecnológicas ganha novo grau de relevância quando se dá no próprio processo de solução de conflitos, para a prática de atos processuais. Elimina a necessidade de locomoção das partes até determinada sede para tratativas e/ou julgamento e otimiza a instrução por meio da oitiva de testemunhas que, de outra maneira, não poderiam ser ouvidas.

Tais artifícios tornam desnecessária a existência de estrutura física para administração e condução do caso, abrindo espaço para procedimentos totalmente *on-line*. Segundo Humberto Dalla Pinho, *"(...) o procedimento on-line impulsionou o surgimento de plataformas digitais de resolução de conflitos (...) fomentando a mediação digital!"*[7]. Dados confirmam a conclusão do autor.

[2] *A era digital*. Disponível em: <https://www.stj.jus.br/sites/portalp/Institucional/Historia/A-era-digital>. Acesso em: 21 jun. 2021.

[3] Carrá, Bruno Leonardo. *Anotações sobre o processo eletrônico no Brasil e nos EUA*. Disponível em: <https://www.conjur.com.br/2012-jul-06/bruno-carra-anotacoes-processo-eletronico-brasil-eua#_ftn1>. Acesso em: 21 jun. 2021.

[4] *Vide* arts. 232, 246, inciso V e § 1º, 270, 272 e 275.

[5] *Vide* art. 334, § 7º.

[6] *Vide* art. 46.

[7] Pinho, Humberto Dalla. *Manual de Mediação e Arbitragem*. São Paulo: Saraiva, 2019, p. 208.

No final do ano de 2018, a Associação Brasileira de *Lawtechs* e *Legaltechs* (AB2L), criada em 2017, registrava 17 *startups* jurídicas que se autointitulavam provedoras de serviços nesse segmento[8].

Uma simples busca por "mediação *online*" gera centenas de resultados levando o usuário às páginas de câmaras virtuais, como a do IMA – Instituto e Câmara de Mediação Aplicada, que tem como função disseminar a mediação[9]. O IMA foi fundado em 2010, oferecendo procedimento presencial, e a MOL – Mediação *Online*[10], implementada em 2014.

Em 2019, a MOL anunciou que sua taxa de acordo era de 60% e que a duração média do processo de negociação ou mediação era de um mês. Metades dos casos levados à plataforma eram cíveis, envolvendo instituições financeiras. As demais matérias estavam ligadas aos setores de educação, varejo, telefonia, saúde e questões trabalhistas[11].

A taxa de êxito da MOL é alta quando comparada à do Poder Judiciário. De acordo com o relatório "Justiça em Números"[12], editado anualmente pelo Conselho Nacional de Justiça (CNJ), apenas 12,5% dos processos foram solucionados por conciliação o ano de 2019, percentual que sofreu redução pelo terceiro ano seguido.

Em dezembro de 2020, o CNJ editou a Resolução nº 358[13], que delegou aos Tribunais Estaduais a função de disponibilizar sistema informatizado para resolução de conflitos por meio da conciliação e mediação (SIREC).

Ainda é cedo para identificar os frutos dessa iniciativa, sobretudo porque a Resolução estabeleceu prazo de dezoito meses para implementação da ferramenta pelos tribunais, mas o resultado tende a ser positivo.

[8] ROSA, Camila da; SPALER, Mayara Guibor. Experiências privadas de ODR no Brasil. *Revista Jurídica da Escola Superior de Advocacia da OAB-PR*, v.3, n. 3, Curitiba: OABPR, dez. 2018, p. 236.
[9] Disponível em: <https://imainstituto.com.br/mediacao-online/>. Acesso em: 21 jun. 2021.
[10] Disponível em: <https://www.mediacaonline.com>. Acesso em: 21 jun. 2021.
[11] Disponível em: <https://www.conjur.com.br/2019-dez-13/plataforma-mediacao-online-fez-35-mil-acordos-tres-anos>. Acesso em: 21 jun. 2021.
[12] CNJ. *Relatório Justiça em Números,* (ano-base 2019). Brasília: CNJ, 2020. Disponível em: <https://www.cnj.jus.br/wp-content/uploads/2020/08/WEB-V3-Justiça-em-Números-2020-atualizado-em-25-08-2020.pdf>. Acesso em: 21 jun. 2021.
[13] Disponível em: <https://www.oabrj.org.br/sites/default/files/resolucao_358_cnj.pdf>. Acesso em: 21 jun. 2021.

Primeiro porque o procedimento online "*traz uma excelente expectativa de que a mediação abranja também as pequenas comarcas, onde o magistrado não conta com profissionais devidamente treinados e capacitados nas técnicas de mediação*"[14].

Além disso, não apenas a experiência das plataformas digitais privadas brasileiras tem sido bem-sucedida, como a prática internacional confirma sua eficiência.

O case *Modria* é representativo do sucesso do ODR, sigla em inglês para *On-line Dispute Resolution* (em tradução livre: resolução de disputas *on-line*), para solução de disputas consumeristas no exterior.

Modria é uma plataforma idealizada por Colin Rule, responsável pela criação dos sistemas de resolução de conflitos do *E-bay* e do *Paypal* de 2003 a 2011. *E-bay* e *Paypal* processam cerca de 60.000.000 de conflitos por ano, dos quais 90% são solucionados por automação, via ODRs.

O *Modria* fornece uma estrutura *on-line* para que as partes submetam seus casos a um mediador, além de ferramentas para avaliação do mérito da disputa.

O sistema contém uma funcionalidade chamada *Fairness Engine* (em tradução livre, "mecanismo de justiça"), que identifica os principais pontos de mérito e dados financeiros da disputa para viabilizar acordos.

Um módulo de diagnóstico reúne as informações relevantes; outro módulo, de negociação, mapeia os pontos de consenso e dissenso e sugere solução dos pontos em que há discordância. Se nenhuma das soluções propostas for aceita, um módulo de mediação é ativado, em que um terceiro neutro – humano – auxilia nas tratativas.

Nesse aspecto, o *Modria* está um passo à frente das demais tecnologias disponíveis, porque se vale de inteligência artificial para resolver disputas sem a intervenção de um mediador humano, que é convocado apenas em última hipótese.

Instituições como o *Singapore Mediation Center* e o *Center for Effective Dispute Resolution* (CEDR) aderiram ao uso do *Modria*[15].

[14] NOBRE, Marcelo. Novas considerações sobre a mediação on-line. In: ROCHA, Caio Cesar Vieira; SALOMÃO, Luis Felipe (coords.) *Arbitragem e Mediação – A Reforma da Legislação Brasileira*, 2. ed. São Paulo: Atlas, 2017, p. 255.

[15] Informações constantes do site da *Tyler Technologies*, hoje detentora da *Modria*. Disponível em: <https://www.tylertech.com/resources/resource-downloads/brochure-online-dispute-resolution-proven-technology>. Acesso em: 21 jun. 2021.

Na América Latina, o Mercado Livre soluciona aproximadamente 8 milhões de disputas por ano por meio de ODR[16]. Amazon, B2W, NetShoes, Dafiti e outros portais adotam sistemas semelhantes ao do Mercado Livre[17].

No âmbito público, estados e municípios dos Estados Unidos da América implementaram sistemas de ODR. Nova Iorque possui parceria com a *American Arbitration Association* (AAA) e o *Modria* para solução de disputas securitárias[18]. O *software* foi implantado em 2016 e, naquele ano, gerou aumento de 17% no número de casos. Em 2017, 290.486 casos foram iniciados no *Modria*; 45% deles foram resolvidos em menos de trinta dias por conciliação[19].

No Reino Unido, o *Traffic Penalty Tribunal* é exemplo de solução *on-line* de conflitos de trânsito. Em Singapura, existe plataforma virtual para casos civis envolvendo pequenos valores (até 10.000 dólares de Singapura) e disputas de vizinhança[20].

Quando o foco do uso de novas tecnologias passa para a condução de procedimentos arbitrais, contudo, o ritmo de implementação e, principalmente, de abandono das formas tradicionais dos atos processuais, parece ser outro.

2. Tecnologia e arbitragem

Existem plataformas para solução de conflitos pela arbitragem que, desde sua concepção, são exclusivamente digitais. No âmbito da União Europeia, foi criada em 2013, por meio do Regulamento UE 524/2013[21], a plataforma de Resolução de Litígios em Linha (RLL) para a compra de bens e serviços pela internet (*e-commerce*).

[16] MARQUES, Ricardo Dalmaso. A resolução de disputas online (ODR): do comércio eletrônico ao seu efeito transformador sobre o conceito e a prática do acesso à justiça. *Revista de Direito e as Novas Tecnologias*, v. 5/2019, out./dez. 2019.

[17] Id.

[18] Confira em: <https://aaa-nynf.modria.com/>. Acesso em: 21 jun. 2021.

[19] KÖMEL, Luíza; POLIDORO, Maúra Guerra. Notas sobre o 19º Congresso Internacional de Arbitragem do CBAr – "Arbitragem e Transformação Digital". *Revista Brasileira de Arbitragem*, n. 68, 2020, p. 244.

[20] LOEBL, Zbyněk. *Designing Online Courts: The Future of Justice is Open to All*. Kluwer Law International: Kluwer Law International, 2019, p. 83-85.

[21] Disponível em: <https://eur-lex.europa.eu/legal-content/PT/TXT/PDF/?uri=CELEX:32013R0524&from=EL>. Acesso em: 21 jun. 2021.

Desde 2016, ela é utilizada pelos Estados-membros da União Europeia para solucionar conflitos "*por uma rede eletrônica de transmissão de dados*"[22] que observa os procedimentos estabelecidos pela Diretiva 2013/11/EU[23] para resolução de disputas consumeristas.

Francisco Cahali descreve esse modelo de arbitragem *on-line* como: (i) menos burocrático; (ii) mais informal e (iii) menos oneroso. Por esses motivos, seria adequado para tratar das demandas de consumo. Além disso, a plataforma RLL reforçaria "*a confiança no comércio eletrônico transfronteiriço*" e incentivaria o "*Mercado Único Digital*" europeu.

O uso da *e*-arbitragem também é comum para resolução de disputas sobre nomes de domínio de *websites*[24]. A *Internet Corporation for Assigned Names and Numbers* (ICANN) instituiu espécie de arbitragem internacional compulsória para a matéria, com base na *Uniform Dispute Resolution Policy* – UDRP.[25]

No Brasil, há o exemplo da Arbitranet[26]. Em 2018, a câmara virtual computava um histórico de aproximadamente 170 procedimentos arbitrais[27]. Não foram disponibilizados dados sobre qual a natureza dessas disputas.

Não obstante, presume-se, à luz da experiência internacional, que concluiu que ODRs são "*(...) melhor empregados para ajudar a resolver grandes volumes de disputas de valor relativamente baixo*"[28], que a maioria dos

[22] Cahali, Francisco José. A resolução de litígios on-line da União Europeia em contraste com a arbitragem nos contratos de consumo no Brasil. *Revista de Direito do Consumidor*, v. 131, set,/out. 2020, p. 385-415.

[23] Disponível em: <https://eur-lex.europa.eu/legal-content/PT/TXT/PDF/?uri=CELEX:32013L0011&from=LT>. Acesso em: 21 jun. 2021.

[24] Arbix, Daniel; Maia, Andrea. Uma introdução à resolução on-line de disputas. *Revista de Direito e as Novas Tecnologias*, v. 3, abr./jun. 2019.

[25] Fontes, Marcos Rolim Fernandes. Arbitragem on-line: o sistema de resolução de disputas sobre nomes de domínio da ICANN – vícios e virtudes. *Revista de Arbitragem e Mediação*, v. 4, jan./mar. 2005, 2005, p. 62-81. *Vide* também: LOEBL, Zbyněk. *Op. cit.*, p. 3-24.

[26] Disponível em: <https://arbitranet.com.br>. Acesso em: 21 jun. 2021.

[27] Rosa, Camila da; Spaler, Mayara Guibor. *Op. Cit*, p. 255.

[28] Tradução livre de: "(...) is best placed to help settle high volumes of relatively low value disputes." ONLINE DISPUTE RESOLUTION ADVISORY GROUP. *Online dispute resolution for low value civil claims*. 2015. Disponível em: <https://www.judiciary.uk/wp-content/uploads/2015/02/Online-Dispute-Resolution-Final-Web-Version1.pdf>. Acesso em: 22 jun. 2021.

conflitos julgados por intermédio da Arbitranet sejam de pequeno porte – envolvendo relações de consumo ou contratos de locação, por exemplo.

Para disputas comerciais de alta complexidade, com valores substanciais envolvidos, e tradicionalmente submetidas à arbitragem institucional, o emprego dessas tecnologias ainda é tímido e rodeado de incertezas.

3. A digitalização da arbitragem institucional

O uso de ferramentas *on-line* não é alheio à arbitragem comercial institucional. A prática de determinados atos de forma digital, tal como cumprimento de prazos por correio eletrônico, é bem aceita pela comunidade arbitral, desde que sucedida de protocolo físico.

Os Regulamentos da Corte Internacional de Arbitragem da Câmara de Comércio Internacional (CCI), que entrou em vigor em 2017 e permaneceu vigente até 2021[29]; do Centro de Arbitragem e Mediação da Câmara de Comércio Brasil-Canadá (CAM-CCBC), em vigência desde 1º de janeiro de 2012[30]; e da Câmara de Conciliação, Mediação e Arbitragem da FIESP/CIESP (FIESP)[31], vigente desde agosto de 2013, por exemplo, contemplam a necessidade de protocolo de vias físicas em quantidade suficiente para todos os envolvidos no procedimento arbitral.

As partes podem, evidentemente, abdicar dessas regras em prol daquelas criadas por elas próprias para o seu procedimento, que hão de prevalecer sobre as institucionais. Isso implica, contudo, abandonar outras normas previamente estabelecidas em regulamento, como a de contagem de prazos no caso da Câmara de Conciliação, Mediação e Arbitragem da FIESP/CIESP[32].

Também é corriqueira a condução de conferências telefônicas ou de vídeo para discussão e assinatura do termo de arbitragem, em detrimento da audiência presencial.

[29] Artigo 3. I. Disponível em: < https://iccwbo.org/content/uploads/sites/3/2020/12/icc-2021-2017-arbitration-rules-compared-version.pdf>. Acesso em: 21 jun. 2021.

[30] Artigo 6.3. Disponível em: https://ccbc.org.br/cam-ccbc-centro-arbitragem-mediacao/resolucao-de-disputas/arbitragem/regulamento-2012/>. Acesso em: 21 jun. 2021.

[31] Artigo 9.3. Disponível em: <http://www.camaradearbitragemsp.com.br/pt/arbitragem/regulamento.html>. Acesso em: 21 jun. 2021.

[32] Artigo 9.2.

A tomada de depoimentos ou oitiva de testemunhas por videoconferência é aceita, mas geralmente reservada para hipóteses em que a pessoa a ser ouvida encontra-se impossibilitada de comparecer ao local designado para as oitivas, embora os regulamentos institucionais, em regra, não vedem a colheita da prova oral por transmissão de áudio e/ou vídeo em tempo real para outras situações.

A maioria das normas atribui ao Tribunal Arbitral poderes para deferir todas as provas que reputar úteis, necessárias e pertinentes para o julgamento do feito, assim como a forma em que serão produzidas[33].

Ainda que, no caso do sistema legal brasileiro, se entenda que a tradição exija uma ou outra forma de colheita da prova oral, a doutrina explica que "*a ideia está mais ligada a uma preferência a ser escutado em tempo real do que com a presença física dos participantes da arbitragem*"[34].

No âmbito internacional, o Regulamento da CCI, que vigeu de 2017 até 2021, contém disposição de natureza similar que permite ao tribunal arbitral a adoção dos meios necessários para estabelecer, da forma mais célere possível, os fatos do caso concreto. O Regulamento do *International Centre for Dispute Resolution* (ICDR) de 2014 não apenas não veda, como incentiva o uso de tecnologia para assegurar a eficiência do procedimento em seu artigo 20.2[35].

Àquela altura, em tempos pré-pandêmicos, embora diversas instituições cogitassem a adoção sistemas de protocolo de petições e documentos em via exclusivamente digital, acesso remoto aos autos dos procedimentos ou a implementação de ferramentas para condução de audiências completas por videoconferência, a automatização mais robusta dos procedimentos não parecia ser prioridade.

Com a propagação da COVID-19, que assumiu dimensões supra continentais no início do ano de 2020, a necessidade de atendimento às medidas de distanciamento social tornou-se o principal propulsor do emprego de ferramentas tecnológicas até o então utilizadas em caráter subsidiário ou de teste.

[33] Ex.: artigo 7.4.1 do Regulamento do CAM-CCBC e o artigo 10.4 do Regulamento da FIESP.

[34] JUNQUEIRA, Gabriel Herscovici. *Arbitragem brasileira na era da informática*: um estudo das principais questões processuais. São Paulo: Atlas, 2015, p. 112.

[35] Disponível em: < https://www.icdr.org/sites/default/files/document_repository/International_Dispute_Resolution_Procedures_Portuguese_0.pdf>. Acesso em: 22 jun. 2021.

Nesse aspecto, é elogiável a agilidade das instituições arbitrais diante da necessidade patente de se valer da via virtual para que os procedimentos arbitrais em curso não sofressem impactos significativos.

As instituições domésticas, inclusive, saíram na frente de muitas câmaras estrangeiras na edição de normas transitórias para o período afligido pela crise de saúde da COVID-19. É o caso do CAM-CCBC que, em 16 de março de 2020, emitiu a primeira Resolução Administrativa (de nº 39/2020) sobre o trâmite e instauração de procedimentos arbitrais de forma totalmente remota[36].

A Resolução contava com estímulo à realização de audiências virtuais, tutorial para o uso da plataforma vinculada à câmara para realização de videoconferência e instruções para o protocolo de requerimento de instituição de novos procedimentos de forma totalmente digital, em detrimento do que dispõe o artigo 4.1 do seu Regulamento.

A FIESP também divulgou sua primeira Resolução – nº 1/2020 – em 16 de março de 2021[37]. A Resolução suspendeu todas as audiências agendadas e os protocolos físicos, sem interromper os prazos em curso, que deveriam ser cumpridos de forma digital.

A LCIA, em 18 de março de 2020, atualizou seus serviços disponíveis em virtude da pandemia do coronavírus[38]. O comunicado da LCIA apenas descrevia que as peças e decisões dos procedimentos arbitrais em curso, bem como requerimentos de instauração de novos casos, deveriam ser submetidos por *e-mail* à secretaria.

Em 9 de abril de 2021, a Corte da CCI emitiu Nota de Medidas de Mitigação dos Efeitos do COVID-19[39]. A Nota, de teor mais detalhado do que as Resoluções Administrativas do CAM-CCBC e da FIESP, estipula que as partes e o tribunal arbitral devem definir, previamente à realização de qualquer audiência virtual, protocolo cibernético.

[36] Disponível em: <https://ccbc.org.br/cam-ccbc-centro-arbitragem-mediacao/ra-39-2020-covid-19/>. Acesso em: 25, jun. 2021.

[37] Disponível em: <http://www.camaradearbitragemsp.com.br/pt/res/docs/arbitragem/Resolucao_da_Presidencia_1_de_2020.pdf>. Acesso em: 25 jun. 2021.

[38] Disponível em: <https://www.lcia.org/lcia-services-update-covid-19.aspx>. Acesso em: 25 jun. 2021.

[39] A Nota contempla, ainda, em seu Anexo II, cláusulas padrão cuja inclusão é sugerida nos protocolos cibernéticos que regerão as audiências virtuais. Disponível em: <https://iccwbo.org/content/uploads/sites/3/2020/04/guidance-note-possible-measures-mitigating-effects-covid-19-portuguese.pdf>. Acesso em: 25 jun. 2021.

O rápido avanço no uso dos meios virtuais para condução dos procedimentos arbitrais, sobretudo a realização de audiências remotas, foi sem dúvidas proveitoso para os procedimentos arbitrais.

Por outro lado, não fosse a crise sanitária do COVID-19, tais tecnologias provavelmente não seriam regra no setor. E, mesmo considerando os recentes avanços, a utilização dessas ferramentas na arbitragem institucional ainda se mostra tardia e tímida. Possíveis motivos serão analisados a seguir.

A) Celeridade e eficiência da arbitragem em seu formato físico

O primeiro (e mais óbvio) motivo é que a "*arbitragem no seu modelo convencional (físico), com autos materializados em papel, ainda é mais rápida que o Poder Judiciário*".[40]

Estudo realizado pelo Conselho Nacional das Instituições de Mediação e Arbitragem (CONIMA) em 2012 revelou que, em média, a duração dos procedimentos administrados pela Câmara de Mediação e Arbitragem Empresarial (CAMARB) era de treze meses. No mesmo ano, o CAM-CCBC possuía média de duração de casos de catorze meses[41].

Números do Centro de Arbitragem da Câmara Americana de Comércio (AMCHAM) de 2014 revelaram que a duração média dos procedimentos era de quinze meses[42]. Dados mais recentes do CAM-CCBC indicam que o tempo médio dos casos iniciados entre 2017 e 2019 e já encerrados foi em torno de treze meses[43], representando redução frente ao ano de 2012.

[40] Teixeira, Tarcisio. *Direito Digital e Processo Eletrônico*. 5. ed. São Paulo: Saraiva Educação, 2020, p. 263.

[41] Bernardino, Marcos Felipe Guimarães Fernandes; Bento, Daniel Freitas Drumond. Viabilidade jurídica e econômica da arbitragem – uma análise econômica do instituto. Disponível em: <http://www.congresso.amde.org.br/index.php/CONGRESSO/VI_AMDE/paper/viewFile/65/35>.Acesso em 22 jun. 2021.

[42] AMCHAM. *Centro de Arbitragem AMCHAM inclui serviço de mediação extrajudicial em seu portfólio*, 2014. Disponível em: <https://www.amcham.com.br/noticias/juridico/centro-de-arbitragem-amcham-passa-a-oferecer-servico-de-mediacao-extrajudicial-em-seu-portfolio-6084.html>. Acesso: em 22 jun. 2021.

[43] CAM-CCBC. Disponível em: <https://ccbc.org.br/cam-ccbc-centro-arbitragem-mediacao/wp-content/uploads/sites/10/2020/07/CAM_AR-versão-final-PORT-040720.pdf>, Acesso em: 23 jun. 2021.

Para fins de comparação com o âmbito internacional, a média de duração dos procedimentos arbitrais administrados pelo *Singapore International Arbitration Centre* (SIAC) é de cerca de 11,7 meses; procedimentos administrados pelo *Stockholm Chamber of Commerce* (SCC) levam em média 13,5 meses; no *Hong Kong International Arbitration Centre* (HKIAC), a duração costuma ser de 11,6 meses; a LCIA apresenta média de dezesseis meses[44] e a CCI de nove meses[45].

De acordo com os dados do CNJ, no ano de 2015 (escolhido para manter proximidade com a data-base dos dados obtidos para as instituições arbitrais), o tempo médio para que sobreviesse sentença de primeiro grau num processo de conhecimento no Tribunal de Justiça de São Paulo era de três anos e três meses[46].

A estatística representa aproximadamente três vezes a duração média dos procedimentos arbitrais nas instituições analisadas. Isso desconsiderando os recursos inerentes ao processo estatal que têm o condão de estender indefinidamente sua duração.

Embora os dados ora apresentados sejam referentes ao trâmite processual brasileiro, a morosidade da justiça não é exclusividade do Brasil. Em 2011, organização *The World Justice Project* realizou uma pesquisa com intuito de medir a efetividade da justiça em diversas nações, sendo que o Brasil se encontrava em 26º lugar no *ranking*, próximo à países como a Itália (23º), Chile (22º), e à frente da Argentina (49º) e México (52º)[47].

Assim, a resistência na adoção de novas tecnologias em larga escala na arbitragem pode residir, ao menos em parte, no fato de que o sistema funciona bem em seu formato original, notadamente se comparado ao seu equivalente mais próximo, o processo estatal.

[44] Dados de 2015 e 2016. Ascoli, Aurélie. *Custo e Duração da Arbitragem*, 2017. Disponível em <https://www.international-arbitration-attorney.com/pt/cost-duration-arbitration/>. Acesso em 22 jun. 2021.

[45] Dados de 2014, extraídos de: Bernardino, Marcos Felipe Guimarães Fernandes; Bento, Daniel Freitas Drumond. *Op. Cit.*

[46] CNJ, *Relatório Justiça em Números*, (ano-base 2015), 2016. Disponível em <https://www.conjur.com.br/dl/justicaemnumeros-20161.pdf>. Acesso em 22 jun. 2021.

[47] THE WORLD JUSTICE PROJECT, *Ranking Mundial pela Média de Pontuação*, 2011. Disponível em: <https://www.conjur.com.br/dl/ranking-mundial-media-pontuacao.pdf>. Acesso em 22 jun. 2021.

B) *Cybersecurity, confidencialidade e proteção de dados*

A reticência ao uso das tecnologias atualmente disponíveis pelas instituições arbitrais parece ter um dos pilares na segurança cibernética. A concentração dos atos procedimentais em via eletrônica garante celeridade e acessibilidade. Na mesma medida em que a eficiência aumenta, também se eleva o risco de ataques cibernéticos[48].

A experiência internacional não deixa mentir: em 2015, durante uma audiência realizada na Corte Permanente de Arbitragem de Haia (PCA), em disputa entre as Filipinas e a China sobre ao território do Mar da China Meridional (ou Mar do Sul da China), o *site* do PCA ficou indisponível. A China foi acusada de ter iniciado um ataque cibernético.

Foi constatado que os *hackers* infectaram o sítio da PCA com um *malware*, de modo que qualquer pessoa que acessasse o *site* ficaria instantaneamente sujeito ao roubo de dados[49]. Segundo Marie-Isabelle Delleur, os *hackers* utilizaram técnica chamada *watering hole* – consistente em um programa maligno que, uma vez instalado em uma página, garante ao *hacker* acesso ao sistema de quem acessá-la.

No caso em questão, o objetivo era acessar os sistemas dos escritórios e advogados envolvidos no procedimento, de representantes de países asiáticos que tinham interesse na disputa e entraram no *site* da PCA, jornalistas etc[50].

Esse não é o único exemplo de ataque cibernético em arbitragem. Já houve invasão aos dados armazenados pelo Cazaquistão, com intuito de obter comunicações entre o Estado e o escritório que lhe assistia em arbitragens de investimento. Em 2016, 46 escritórios de advocacia

[48] *Vide* a fala de Luiza Kömel no Painel "Segurança Cibernética na Arbitragem Internacional", ocorrido no VII Congresso Internacional de Arbitral do Comitê Brasileiro de Arbitragem. A transcrição foi publicada em: VISCONTE, Debora. NANNI, Giovanni Ettore; DINIZ, Lucas de Medeiros (coords.). *Trabalhos do XVII Congresso Internacional de Arbitragem do Comitê Brasileiro de Arbitragem – CBAr: A Cultura na Arbitragem Internacional.* São Paulo: Comitê Brasileiro de Arbitragem, 2019, p. 10.

[49] MOSQUERA, Rebeca E. Cybersecurity in Times of Virtual Hearings. In: GONZÁLEZ-BUENO, Carlos (ed.). *40 under 40 International Arbitration.* Dykinson: S.L, 2021, p. 202.

[50] APRIGLIANO, Ricardo; KÖMEL, Luiza; DELLEUR, Marie-Isabelle; GRECO, Felipe. Painel I – Segurança Cibernética na Arbitragem Internacional. In: VISCONTE, Debora. NANNI, Giovanni Ettore; DINIZ, Lucas de Medeiros (coords.). *Op. Cit.*, p. 11.

norte-americanos, que também atuam em arbitragem, foram vítimas de ataques cibernéticos[51].

Acurada a fala de Marie-Isabelle Delleur no sentido de que "*a arbitragem é um ambiente em que os hackers têm muito interesse em penetrar, porque os atores em geral são muito importantes*"[52]. Além disso, a arbitragem enfrenta um obstáculo (que a justiça estatal enfrenta em grau infinitamente menor): a confidencialidade.

Enquanto no processo judicial a regra é a da publicidade dos atos praticados, na arbitragem a norma é o sigilo. Significa que, para preservar o sigilo das arbitragens e, ao mesmo tempo, permitir a digitalização dos atos processuais, faz-se necessário grande investimento em segurança cibernética.

Surge, também, dúvida sobre quem carrega a responsabilidade pela segurança cibernética na arbitragem. No início de 2020, o *International Centre for Commercial Arbitration* (ICCA), a *New York City Bar* (NYC Bar) e o *International Institute for Conflict Prevention & Resolution* (CPR) lançaram o Protocolo para Segurança Cibernética na Arbitragem Internacional[53]. O Protocolo estabelece, em seu artigo 17, que a segurança cibernética seria responsabilidade conjunta de todos os participantes do procedimento arbitral.

Quando o armazenamento dos dados da arbitragem não é centralizado e é feito substancialmente *off-line*, é mais simples concluir que cada parte do procedimento fica responsável por assegurar a confidencialidade dos documentos que tenham sido trocados no curso da demanda e estejam em sua posse.

Nas hipóteses em que, contudo, a instituição arbitral disponibiliza, *e.g.*, plataforma capaz de receber protocolos de manifestações, *upload* de documentos, comunicações e decisões referentes à arbitragem em tempo real e de forma compartilhada com outros participantes, a divisão da responsabilidade pela segurança dos dados armazenados deixa de ser tão evidente.

[51] Mosquera, Rebeca E. *Op. Cit.*, p. 203.

[52] Ibid., p. 13.

[53] Disponível em: <https://cdn.arbitration-icca.org/s3fs-public/document/media_document/icca-nyc_bar-cpr_cybersecurity_protocol_for_international_arbitration_-_print_version.pdf>. Acesso em: 25 jun. 2021.

Nesse cenário de incertezas, acaba recaindo sobre a instituição a obrigação de investir na prevenção de ataques cibernéticos e ter mecanismos previamente estabelecidos para controle de danos caso esses ataques venham a acontecer. O uso do *Virtual Private Network* (VPN), *blockchain* e a realização de testes regulares de invasão para aferir a segurança do sistema são essenciais. Existe, ainda a possibilidade de contratação de seguro contra ataques cibernéticos.

As partes e seus advogados também devem agir com cautela. Atitudes simples, como não acessar dados críticos de redes de *internet* públicas, verificar o destinatário de *e-mails* antes de abri-los ou clicar em *links* que tenham sido enviados, podem ser a diferença entre a higidez do feito e o vazamento de informações.

Em 2019, o escritório Bryan, Cave, Leighton & Paisner divulgou pesquisa intitulada *"International Arbitration Survey: Cybersecurity In International Arbitration"*[54], segundo a qual 90% dos entrevistados enxergam a segurança cibernética como questão importante na arbitragem internacional.

Além disso, 11% dos entrevistados tiveram alguma experiência com violação de segurança cibernética em procedimentos arbitrais. O percentual elevado demonstra a necessidade urgente de implementação de medidas e regras de *cybersecurity*[55].

Implementar essas medidas não é tarefa simples. Ao passo que 96% e 94% dos entrevistados, respectivamente, concordam que as partes precisariam se envolver ativamente no processo de segurança cibernética, apenas 56% entendem que seria muito ou relativamente fácil obter consenso de todos os envolvidos no que diz respeito aos protocolos a serem adotados.

Esses corroboram a importância da intervenção das instituições nessa regulamentação. A existência de regras previamente estipuladas pelas câmaras arbitrais, que seriam aceitas pela adesão aos seus respectivos regulamentos, eliminaria dificuldades inerentes à sua elaboração

[54] Disponível em: <https://www.bclplaw.com/images/content/1/6/v2/160089/Bryan-Cave-Leighton-Paisner-Arbitration-Survey-Report-2018.pdf>. Acesso em: 25 jun. 2021.

[55] WESTGAVER, Claire Morel de. *Cybersecurity in International Arbitration: Don't be the Weakest Link*, 15 fev. 2019. Disponível em: <http://arbitrationblog.kluwerarbitration.com/2019/02/15/cybersecurity-in-international-arbitration-dont-be-the-weakest-link/>. Acesso em: 25 jun. 2021.

pelas partes e árbitros após da instauração do litígio. Inclusive, 41% dos entrevistados entendem que tal regulação deveria ficar a cargo das instituições arbitrais.

Regulamentos mais recentes, como o da LCIA, de 2020[56], no seu artigo 30.A, já contemplam regras sobre *cyber* segurança, mas a maioria das instituições ainda há de revisar seus regulamentos e fazer as inclusões pertinentes.

A implementação dessas regras, geralmente acompanhadas de sistemas e mecanismos de proteção, não é rápida nem barata. Demanda pesquisa, testes e investimentos, que serão posteriormente repassados às partes nos custos administrativos. Isso justifica, em significante medida, a lenta caminhada da via arbitral nesse rumo.

C) Arbitragem on-line e validade do procedimento arbitral

Por fim, há possibilidade dessas tecnologias macularem a higidez do procedimento e da sentença arbitral dele proveniente, especialmente quando deixam de ser auxiliares à condução do feito e passam a substituir, em todo ou em parte, a cognição do árbitro.

Dada a prevalência da autonomia privada, a arbitragem *on-line* não seria, *per se,* empecilho à validade ou legalidade do procedimento arbitral[57]. Cortes estrangeiras têm entendido que o compromisso e a sentença arbitral executados virtualmente preenchem os requisitos formais da Convenção de Nova York de 1958[58].

Além disso, a *United Nations Convention on the Electronic Communications in International Contracts*[59] foi concebida em 2005 com o objetivo de

[56] Disponível em: <https://www.lcia.org/Dispute_Resolution_Services/lcia-arbitration-rules-2020.aspx>. Acesso em: 25, jun. 2021.

[57] TEIXEIRA, Tarcisio. *Op. Cit.,* p. 263.

[58] Nesse sentido: DINIZ, Gustavo Saad; SIQUEIRA, Caio Henrique Carvalho de. Arbitragem como alternativa para solução de litígios de micro e pequenas empresas. *Revista de Arbitragem e Mediação,* v. 54, jul./set. 2017, p. 151-175; BETANCOURT, Julio César; ZLATANSKA, Elina. Online Dispute Resolution (ODR): What is it, and is it the Way Forward? *International Journal of Arbitration, Mediation and Dispute Management,* Issue 3, 2013. Disponível em: <https://papers.ssrn.com/sol3/papers.cfm?abstract_id=2325422>. Acesso em 22 jun. 2021.

[59] UNCITRAL. *United Nations Convention on the Electronic Communications in International Contracts.* Nova York, 2005. Disponível em: <http://www.uncitral.org/uncitral/en/uncitral_texts/electronic_commerce/2005Convention.html>. Acesso em: 24 jun. 2021.

facilitar a aceitação de comunicações eletrônicas, acordos ou sentenças arbitrais digitais no lugar de seus equivalentes por escrito.

Prevê regras sobre quando um registro ou contrato eletrônico é funcionalmente equivalente a um contrato físico. Essa validação dos documentos digitais é importante para a arbitragem porque a Convenção de Nova York exige que a cláusula compromissória tenha sido pactuada por escrito[60], nos termos do seu artigo II.1[61].

Assim, o resultado de disputas internacionais resolvidas com uso de ferramentas tecnológicas de apoio será, ao menos em tese, passível de homologação e execução em mais de 100 países signatários da Convenção de Nova York, incluindo o Brasil, que a incorporou no ordenamento jurídico pátrio por meio do Decreto nº 4.311/2002.

A conclusão difere quando a virtualização da arbitragem atinge seu máximo grau, com a substituição de árbitros humanos por algoritmos, que solucionam litígios de forma totalmente robotizada.

A *European General Data Protection Regulation* (GDPR)[62], por exemplo, faculta às partes o direito de afastar a eficácia das decisões proferidas de forma totalmente automatizada, bem como permite que as partes exijam a intervenção de um humano para validar e/ou contestar eventual decisão emitida por algoritmo[63].

Apesar do dissenso doutrinário sobre a aplicação da GDPR à arbitragem envolvendo partes europeias, não se pode descartar sua incidência, ainda que por analogia, aos procedimentos arbitrais[64].

[60] NG, Irene; Del Rio, Valeria Benedetti. Chapter 8: When the Tribunal Is an Algorithm: Complexities of Enforcing Orders Determined by a Software under the New York Convention. In: Gomez, Katia Fach; Lopez-Rodriguez, Ana M. (eds.). *60 Years of the New York Convention*: Key Issues and Future Challenges. Kluwer Law International: Kluwer Law International, 2019, p. 127-128.

[61] "1. Cada Estado signatário deverá reconhecer o acordo escrito pelo qual as partes se comprometem a submeter à arbitragem todas as divergências que tenham surgido ou que possam vir a surgir entre si no que diz respeito a um relacionamento jurídico definido, seja ele contratual ou não, com relação a uma matéria passível de solução mediante arbitragem."

[62] Disponível em: <https://gdpr-info.eu>. Acesso em: 24 jun. 2021.

[63] *Vide*, nesse sentido, os artigos 22.1 e 77 da GDPR.

[64] Maxwell, Winston. Vannieuwenhuyse, Gauthier. Robots Replacing Arbitrators: Smart Contract Arbitration. *ICC Dispute Resolution Bulletin*, issue 1, Paris: International Chamber of Commerce (ICC), 2018, p. 30.

Também há casos em que a legislação arbitral estabelece expressamente que o árbitro deve ser uma pessoa. É o caso da Lei nº 9.307/1996 (Lei de Arbitragem), em seu artigo 13[65], do artigo 20 do Decreto Legislativo nº 1071, de 27 de junho de 2008, que regula a arbitragem no Peru[66], e do artigo 1450 do Código de Processo Civil francês, com redação dada pelo Decreto nº 2011-48 de 13 de janeiro de 2011 (relativamente à arbitragem doméstica)[67].

Nessas hipóteses, a eficácia da sentença proferida poderia ser questionada com base no artigo V.1.d da Convenção de Nova York[68].

Quando a lei aplicável não prevê expressamente que o árbitro deve ser uma pessoa, como é o caso do *Federal Arbitration Act* norte-americano[69] e do *English Arbitration Act de 1996*[70], a solução da disputa sem a interferência de humanos pode ser mais bem recebida.

Mesmo assim, a sentença arbitral proferida ou fundada em algoritmos não estaria livre de ressalvas de outras ordens, como a ausência de imparcialidade e independência do árbitro (ou do algoritimo) e afronta ao devido processo legal.

[65] "Art. 13. Pode ser árbitro qualquer pessoa capaz e que tenha a confiança das partes."

[66] "20. Pueden ser árbitros las personas naturales que se hallen en el pleno ejercicio de sus derechos civiles, siempre que no tengan incompatibilidad para actuar como árbitros. Salvo acuerdo en contrario de las partes, la nacionalidad de una persona no será obstáculo para que actúe como árbitro". Disponível em: <https://www.cbar.org.br/PDF/Ley_Peruana_de_Arbitraje_2008.pdf>. Acesso em: 24 jun. 2021.

[67] "Art. 1450.- La mission d'arbitre ne peut être exercée que par une personne physique jouissant du plein exercice de ses droits". Disponível em: <https://www.legifrance.gouv.fr/affichTexteArticle.do;jsessionid=BEDB00A2F94E3B75AC05BD3BB4B61C6F.tplgfr41s_2?cidTexte=JORFTEXT000023417517&idArticle=LEGIARTI000023419086&dateTexte=20110114&categorieLien=cid#LEGIARTI000023419086>. Acesso em: 24 jun. 2021.

[68] "1. O reconhecimento e a execução de uma sentença poderão ser indeferidos, a pedido da parte contra a qual ela é invocada, unicamente se esta parte fornecer, à autoridade competente onde se tenciona o reconhecimento e a execução, prova de que: (...) d) a composição da autoridade arbitral ou o procedimento arbitral não se deu em conformidade com o acordado pelas partes, ou, na ausência de tal acordo, não se deu em conformidade com a lei do país em que a arbitragem ocorreu (...)"
Sobre o tema: NG, Irene; DEL RIO, Valeria Benedetti. Op. Cit., p. 134-135 e MAXWELL, Winston. VANNIEUWENHUYSE, Gauthier. *Op. Cit.*, p. 31.

[69] Disponível em: <https://www.law.cornell.edu/uscode/text/9>. Acesso em: 24 jun. 2021.

[70] Disponível em: <https://www.legislation.gov.uk/ukpga/1996/23/contents>. Acesso em: 24 jun. 2021.

Ante a ausência de jurisprudência específica sobre o uso de inteligência artificial na prolação de decisões arbitrais, Maxwell e Vannieuwenhuyse[71] analisaram o precedente *State v. Loomis*[72], da Suprema Corte de Wisconsin, nos Estados Unidos.

Trata-se de caso em que Eric Loomis foi acusado pelo Estado de Wisconsin de cometer cinco crimes envolvendo tiroteio no município de La Crosse. A disputa não centrou-se, propriamente, no uso de algoritmo para prolação de sentença, mas no emprego de ferramenta de armazenamento e tratamento de dados para aferição de risco de reincidência do réu como fundamento para a decisão.

A sentença de primeiro grau utilizou resultados fornecidos pelo programa digital COMPAS – um sistema de avaliação de risco projetado pela *Northpointe, Inc.* para auxiliar as autoridades a encontrarem a melhor solução para casos penais – para fundamentar a condenação de Loomis.

O COMPAS reúne informações do histórico criminal do réu e, quando há prática de uma infração, emite relatório que calcula a chance de reincidência com base na comparação de dados de indivíduos que se enquadrem naquele perfil (mesmo gênero, idade etc).

Loomis recorreu sob alegação que o uso da avaliação de risco do COMPAS como fundamento na sentença violaria seu direito ao devido processo legal e de ser julgado com base em informações precisas. Afirmou que o COMPAS não permitiria ao réu acesso total às informações utilizadas para gerar seus relatórios. Além disso, arguiu que o resultado do COMPAS teria influenciado diretamente a conclusão do seu julgamento.

A Suprema Corte de Wisconsin concluiu que o juiz usou a ferramenta para obter informações, mas tomou uma decisão independente sobre qual sentença era apropriada para aquele indivíduo. Se usado de forma adequada, observadas as limitações do sistema e cautelas na avaliação dos resultados, o uso do relatório COMPAS para fundamentar sentenças não violaria o direito dos réus ao devido processo legal.

[71] *Op. Cit.*, p. 31.

[72] Suprema Corte de Wiscosin. State of Wisconsin v. Eric L. Loomis, 881 N.W.2d 749 (Wis. 2016) 754 (US). Julgado em: 13 jul. 2016. Disponível em: https://www.courts.ca.gov/documents/BTB24-2L-3.pdf>. Acesso em: 24 jun. 2021.

Críticas à decisão de *State v. Loomis* vão no sentido de que a Suprema Corte de Wisconsin não enfrentou o problema da confiança depositada pelos juízes nas ferramentas de inteligência artificial.

Veja-se que o caso *State v. Loomis* envolvia o uso de um mecanismo virtual auxiliar na formação da convicção do julgador – o COMPAS – e já foi suficiente para colocar em xeque a regularidade do processo decisório.

Os problemas que podem surgir quando um processo é submetido a uma decisão totalmente mecanizada, isto é, uma decisão "*code-only*"[73], são de uma dimensão muito maior. Não é exagero dizer que os possíveis desdobramentos do uso desse tipo de tecnologia na prolação de sentenças arbitrais sequer foram mapeados pela doutrina.

É incerto em que medida uma parte, na qualidade de empresária, sem *expertise* nessas tecnologias, pode consentir com seu uso na arbitragem[74]. Além disso, não parecem existir parâmetros objetivos para aferição da imparcialidade e independência dos dados utilizados pela inteligência artificial.

Tais dados são extraídos de fontes alimentadas por pessoas naturais que, em sua essência, estão sujeitas a influências externas do meio em que estão inseridas e dos sujeitos com quem convivem. Há, em tese, risco de que os dados utilizados por determinado sistema sejam tendenciosos e/ou distorcidos, de forma consciente ou inconsciente.

As legislações também precisam evoluir para assegurar a usabilidade dessas tecnologias. Afinal, máquinas e *softwares* não são passíveis de responsabilização civil, penal ou administrativa; pessoas (físicas e/ou jurídicas) são. Sequer é certo quem responderia por eventual irregularidade (e prejuízo decorrente) das sentenças arbitrais proferidas por inteligência artificial.

Conclusões

Permanece atual a conclusão de Beth Trent e Colin Rule de que "*a arbitragem online não se tornará regra porque a sociedade global está se acostumando com a tecnologia. Se tornará regra porque provará a sua utilidade e efetividade repetidamente*"[75].

[73] Isto é, sem a intervenção de humanos.

[74] MARROW, Paul Bennett; KAROLT, Mansi Karolt. *Op Cit.*, p. 37.

[75] Tradução livre de: "*(...) online arbitration will not become the norm purely because our global society is becoming more comfortable with technology. It will become the norm because it will prove*

O desenvolvimento da arbitragem *on-line*, particularmente no âmbito da arbitragem comercial institucional, não seguiu o mesmo ritmo de outros meios de solução de conflitos.

Dentre as barreiras para a solidificação da *e*-arbitragem comercial estão: (i) a eficiência do procedimento arbitral em seu modelo tradicional; (ii) segurança cibernética e proteção de dados e (iii) o risco de vício ao procedimento ou sentença arbitral pela adoção de artifícios tecnológicos na solução do conflito.

Não obstante, algumas das tecnologias forçosamente adotadas para mitigar os da pandemia do coronavírus no curso dos procedimentos arbitrais institucionais vieram para ficar. A dúvida está em que intensidade.

A necessidade de protocolos vinculantes de segurança cibernética é eminente. Poucas são as regras institucionais que abordam a questão.

Por fim, antes de dar um passo a mais rumo à automação da arbitragem, é imperioso identificar os potenciais riscos decorrentes do uso de ferramentas de inteligência artificial na higidez do feito, bem assim formas eficazes de mitigá-los.

Referências

AMERICAN ARBITRATION ASSOCIATION. *Modria Resolution Center for the American Arbitration Association.* [Sem data]. Disponível em: <https://aaa-nynf.modria.com/>. Acesso em: 21 jun. 2021.

Aprigliano, Ricardo; Kömel, Luiza; Delleur, Marie-Isabelle; Greco, Felipe. Painel I – Segurança Cibernética na Arbitragem Internacional. In: Visconte, Debora. Nanni, Giovanni Ettore; Diniz, Lucas de Medeiros (coords.). *Trabalhos do XVII Congresso Internacional de Arbitragem do Comitê Brasileiro de Arbitragem – CBAr: A Cultura na Arbitragem Internacional.* São Paulo: Comitê Brasileiro de Arbitragem, 2019.

ARBITRANET. *Portal Arbitranet.* Disponível em: <https://arbitranet.com.br>. Acesso em: 21 jun. 2021.

Arbix, Daniel; Maia, Andrea. Uma introdução à resolução on-line de disputas. *Revista de Direito e as Novas Tecnologias*, v. 3, abr./jun. 2019.

Ascoli, Aurélie. *Custo e Duração da Arbitragem*, 2017. Disponível em <https://www.international-arbitration-attorney.com/pt/cost-duration-arbitration/>. Acesso em 22 jun. 2021.

its usefulness and effectiveness again and again.". Trent, Beth; Rule, Colin. Moving arbitration online: the next frontier. *New York Law Journal, abr. 2013.* Disponível em: <http://www.newyorklawjournal.com/PubArticleNY.jsp?id=1202594177637>. Acesso em: 25 jun. 2021.

BERNARDINO, Marcos Felipe Guimarães Fernandes; BENTO, Daniel Freitas Drumond. *Viabilidade jurídica e econômica da arbitragem – uma análise econômica do instituto*. Disponível em: <http://www.congresso.amde.org.br/index.php/CONGRESSO/>. Acesso em: 21 jun. 2021.

BETANCOURT, Julio César; ZLATANSKA, Elina. Online Dispute Resolution (ODR): What is it, and is it the Way Forward? *International Journal of Arbitration, Mediation and Dispute Management*, Issue 3, 2013. Disponível em: <https://papers.ssrn.com/sol3/papers.cfm?abstract_id=2325422>. Acesso em 22 jun. 2021.

BRASIL. Resolução nº 358. 2 de dezembro de 2020. Disponível em: <https://www.oabrj.org.br/sites/default/files/resolucao_358_cnj.pdf>. Acesso em: 21 jun. 2021.

BRYAN, CAVE, LEIGHTON & PAISNER. *International Arbitration Survey: Cybersecurity In International Arbitration* (ano-base 2019), 2020. Disponível em: <https://www.bclplaw.com/images/content/1/6/v2/160089/Bryan-Cave-Leighton-Paisner-Arbitration-Survey-Report-2018.pdf>. Acesso em: 25 jun. 2021.

CÂMARA AMERICANA DE COMÉRCIO - AMCHAM. *Centro de Arbitragem AMCHAM inclui serviço de mediação extrajudicial em seu portfólio*, 2014. Disponível em: <https://www.amcham.com.br/noticias/juridico/centro-de-arbitragem-amcham-passa-a-oferecer-servico-de-mediacao-extrajudicial-em-seu-portfolio-6084.html>. Acesso: em 22 jun. 2021.

CÂMARA DE CONCILIAÇÃO, MEDIAÇÃO E ARBITRAGEM DA FIESP/CIESP. *Regulamento de Arbitragem*. 2012. Disponível em: <http://www.camaradearbitragemsp.com.br/pt/arbitragem/regulamento.html>. Acesso em: 21 jun. 2021.

______________. Resolução nº 1/2020, 16 mar. 2020. Disponível em: <http://www.camaradearbitragemsp.com.br/pt/res/docs/arbitragem/Resolucao_da_Presidencia_1_de_2020.pdf>. Acesso em: 25 jun. 2021.

CARRÁ, Bruno Leonardo. *Anotações sobre o processo eletrônico no Brasil e nos EUA*. 6 jul. 2012. Disponível em: <https://www.conjur.com.br/2012-jul-06/bruno-carra-anotacoes-processo-eletronico-brasil-eua#_ftn1 >. Acesso em: 21 jun. 2021.

CENTRO DE ARBITRAGEM E MEDIAÇÃO DA CÂMARA DE COMÉRCIO BRASIL-CANADÁ - CAM-CCBC. Disponível em: <https://ccbc.org.br/cam-ccbc-centro-arbitragem-mediacao/resolucao-de-disputas/arbitragem/regulamento-2012/>. Acesso em: 23 jun. 2021.

________________. *Resolução Administrativa nº 39/2020*. 16 mar. 2020. Disponível em: <https://ccbc.org.br/cam-ccbc-centro-arbitragem-mediacao/ra-39-2020-covid-19/>. Acesso em: 25, jun. 2021.

CONSELHO NACIONAL DE JUSTIÇA. *Mediação Digital*. Disponível em: <https://www.cnj.jus.br/mediacaodigital/>. Acesso em: 21 jun. 2021.

________________. *Relatório Justiça em Números.* 2016 (ano-base 2015). Brasília: CNJ. 2016. Disponível em: <https://www.conjur.com.br/dl/justicaemnumeros-20161.pdf>. Acesso em: 22 jun. 2021.

________________. *Relatório Justiça em Números.* 2020 (ano-base 2019). Brasília: CNJ, 2020. Disponível em: <https://www.cnj.jus.br/wp-content/uploads/2020/08/WEB-V3-Justiça-em-Números-2020-atualizado-em-25-08-2020.pdf>. Acesso em: 21 jun. 2021.

Diniz, Gustavo Saad; Siqueira, Caio Henrique Carvalho de. Arbitragem como alternativa para solução de litígios de micro e pequenas empresas. *Revista de Arbitragem e Mediação,* v. 54, jul./set. 2017.

ESTADOS UNIDOS DA AMÉRICA. *Federal Arbitration Act,* 1990. Disponível em: <https://www.law.cornell.edu/uscode/text/9>. Acesso em: 24 jun. 2021.

________________. Suprema Corte de Wiscosin. *State of Wisconsin v. Eric L. Loomis, 881 N.W.2d 749 (Wis. 2016) 754 (US).* Julgado em: 13 jul. 2016. Disponível em: https://www.courts.ca.gov/documents/BTB24-2L-3.pdf>. Acesso em: 24 jun. 2021.

Fontes, Marcos Rolim Fernandes. Arbitragem on-line: o sistema de resolução de disputas sobre nomes de domínio da ICANN – vícios e virtudes. *Revista de Arbitragem e Mediação,* v. 4, jan./mar. 2005, p. 62-81.

FRANÇA. *Decreto nº 2011-48 – Portant Réforme de L'arbitrage.* 2011. Disponível em: <https://www.legifrance.gouv.fr/affichTexteArticle.do;jsessionid=BEDB00A2F94E3B75AC05BD3BB4B61C6F.tplgfr41s_2?cidTexte=JORFTEXT000023417517&idArticle=LEGIARTI000023419086&dateTexte=20110114&categorieLien=cid#LEGIARTI000023419086>. Acesso em: 24 jun. 2021.

Gonzales, Wendy; Masumy, Naimeh. *Online Dispute Resolution Platforms: Cybersecurity Champions in the COVID-19 Era? Time for Arbitral Institutions to Embrace ODRs,* 25 set. 2020. Disponível em: <http://arbitrationblog.kluwerarbitration.com/2020/09/25/online-dispute-resolution-platforms-cybersecurity-champions-in-the-covid-19-era-time-for-arbitral-institutions-to-embrace-odrs/>. Acesso em: 25 jun. 2021.

INTERNATIONAL CENTRE FOR COMMERCIAL ARBITRATION – ICCA; NEW YORK CITY BAR; INTERNATIONAL INSTITUTE FOR CONFLICT PREVENTION & RESOLUTION – CPR. *Cybersecurity Protocol for International Arbitration,* 2020. Disponível em: <https://cdn.arbitration-icca.org/s3fs-public/document/media_document/icca-nyc_bar-cpr_cybersecurity_protocol_for_international_arbitration_-_print_version.pdf>. Acesso em: 25 jun. 2021.

INTERNATIONAL CENTRE FOR DISPUTE RESOLUTION. *Procedimentos para a Resolução de Disputas Internacionais (incluindo o Regulamento de Mediação e Arbitragem).* 2014. Disponível em: <https://www.icdr.org/sites/default/files/document_repository/International_Dispute_Resolution_Procedures_Portuguese_0.pdf>. Acesso em: 22 jun. 2021.

INTERNATIONAL CHAMBER OF COMMERCE. *Nota de Medidas de Mitigação dos Efeitos do COVID-19 pela Corte da CCI.* 9 abr. 2020. Disponível em: <https://iccwbo.org/content/uploads/sites/3/2020/04/guidance-note-possible-measures-mitigating-effects-covid-19-portuguese.pdf>. Acesso em: 25 jun. 2021.

______________. *Rules of Arbitration of the International Chamber of Commerce* 2017 *& 2021 – Compared Version,* 2021. Disponível em: <https://iccwbo.org/content/uploads/sites/3/2020/12/icc-2021-2017-arbitration-rules-compared-version.pdf>. Acesso em: 21 jun. 2021.

JUNQUEIRA, Gabriel Herscovici. *Arbitragem brasileira na era da informática*: um estudo das principais questões processuais. São Paulo: Atlas, 2015.

KÖMEL, Luíza; POLIDORO, Maúra Guerra. Notas sobre o 19º Congresso Internacional de Arbitragem do CBAr – "Arbitragem e Transformação Digital". *Revista Brasileira de Arbitragem,* n. 68, 2020.

LOEBL, Zbyněk. *Designing Online Courts: The Future of Justice is Open to All.* Kluwer Law International: Kluwer Law International, 2019.

LONDON COURT OF INTERNATIONAL ARBITRAITON. *LCIA Arbitration Rules,* 2020. Disponível em: <https://www.lcia.org/Dispute_Resolution_Services/lcia-arbitration-rules-2020.aspx>. Acesso em: 25, jun. 2021.

_________________. *Service Updates: Covid 19.* 18 mar. 2020. Disponível em: <https://www.lcia.org/lcia-services-update-covid-19.aspx>. Acesso em: 25 jun. 2021.

MARQUES, Ricardo Dalmaso. A resolução de disputas online (ODR): do comércio eletrônico ao seu efeito transformador sobre o conceito e a prática do acesso à justiça. *Revista de Direito e as Novas Tecnologias,* v. 5/2019, out./dez. 2019.

MARROW, Paul Bennett; KAROLT, Mansi Karolt. Artificial Intelligence and Arbitration: The Computer as an Arbitrator–Are We There Yet? *Dispute Resolution Journal,* v. 74, issue 4, 2019.

MAXWELL, Winston. VANNIEUWENHUYSE, Gauthier. Robots Replacing Arbitrators: Smart Contract Arbitration. *ICC Dispute Resolution Bulletin,* issue 1, Paris: International Chamber of Commerce (ICC), 2018.

MEDIAÇÃO ONLINE – MOL. *Website Mediação Online,* [Sem data]. Disponível em: <https://www.mediacaonline.com>. Acesso em: 21 jun. 2021.

MOSQUERA, Rebeca E. Cybersecurity in Times of Virtual Hearings. In: GONZÁLEZ-BUENO, Carlos (ed.). *40 under 40 International Arbitration.* Dykinson: S.L, 2021.

NG, Irene; DEL RIO, Valeria Benedetti. Chapter 8: When the Tribunal Is an Algorithm: Complexities of Enforcing Orders Determined by a Software under the New York Convention. In: GOMEZ, Katia Fach; LOPEZ-RODRIGUEZ, Ana M. (eds.). *60 Years of the New York Convention*: Key Issues and Future Challenges. Kluwer Law International, 2019.

Nobre, Marcelo. Novas considerações sobre a mediação on-line. In: Rocha, Caio Cesar Vieira; Salomão, Luis Felipe (coords.) *Arbitragem e Mediação – A Reforma da Legislação Brasileira*, 2. ed. São Paulo: Atlas, 2017, p. 255.

ONLINE DISPUTE RESOLUTION ADVISORY GROUP. *Online dispute resolution for low value civil claims.* 2015. Disponível em: <https://www.judiciary.uk/wp-content/uploads/2015/02/Online-Dispute-Resolution-Final-Web-Version1.pdf>. Acesso em: 22 jun. 2021.

PERU. *Decreto Legislativo nº 1071 – Nueva Ley Peruana de Arbitraje.* 2008. Disponível em: <https://www.cbar.org.br/PDF/Ley_Peruana_de_Arbitraje_2008.pdf>. Acesso em: 24 jun. 2021.

Pinho, Humberto Dalla. *Manual de Mediação e Arbitragem.* São Paulo: Saraiva, 2019.

REINO UNIDO. *English Arbitration Act,* 1996. Disponível em: <https://www.legislation.gov.uk/ukpga/1996/23/contents>. Acesso em: 24 jun. 2021.

Rodas. Sergio. *Plataforma de mediação online fez 32 mil acordos em 3 anos,* 2019. Disponível em: <https://www.conjur.com.br/2019-dez-13/plataforma-mediacao-online-fez-35-mil-acordos-tres-anos>. Acesso em: 21 jun. 2021.

Rosa, Camila da; Spaler, Mayara Guibor. Experiências privadas de ODR no Brasil. *Revista Jurídica da Escola Superior de Advocacia da OAB-PR,* v.3, n. 3, Curitiba: OABPR, dez. 2018.

SUPERIOR TRIBUNAL DE JUSTIÇA. *A era digital.* [Sem data]. Disponível em: https://www.stj.jus.br/sites/portalp/Institucional/Historia/A-era-digital>. Acesso em: 21 jun. 2021.

Teixeira, Tarcisio. *Direito Digital e Processo Eletrônico.* 5. ed. São Paulo: Saraiva Educação, 2020.

THE WORLD JUSTICE PROJECT, *Ranking Mundial pela Média de Pontuação,* 2011. Disponível em: <https://www.conjur.com.br/dl/ranking-mundial-media-pontuacao.pdf>. Acesso em 22 jun. 2021.

Trent, Beth; Rule, Colin. Moving arbitration online: the next frontier. *New York Law Journal, abr. 2013.* Disponível em: <http://www.newyorklawjournal.com/PubArticleNY.jsp?id=1202594177637>. Acesso em: 25 jun. 2021.

TYLER TECHNOLOGIES. *Brochure: Online Dispute Resolution – Proven Technology,* 2017. Disponível em: <https://www.tylertech.com/resources/resource-downloads/brochure-online-dispute-resolution-proven-technology>. Acesso em: 21 jun. 2021.

UNCITRAL. *United Nations Convention on the Electronic Communications in International Contracts.* Nova York, 2005. Disponível em: <http://www.uncitral.org/uncitral/en/uncitral_texts/electronic_commerce/2005Convention.html>. Acesso em: 24 jun. 2021.

UNIÃO EUROPEIA. *Diretiva 2013/11/UE do Parlamento Europeu e do Conselho.* Estrasburgo, 2013. Disponível em: <https://eur-lex.europa.eu/legal-content/PT/TXT/PDF/?uri=CELEX:32013L0011&from=LT>. Acesso em: 21 jun. 2021.

________________. *General Data Protection Regulation – GDPR.* 2016. Disponível em: <https://gdpr-info.eu>. Acesso em: 24 jun. 2021.

________________. *Regulamento (UE) nº 524/2013 do Parlamento Europeu e do Conselho.* Estrasburgo, 2013. Disponível em: < https://eur-lex.europa.eu/legal-content/PT/TXT/PDF/?uri=CELEX:32013R0524&from=EL>. Acesso em: 21 jun. 2021.

WESTGAVER, Claire Morel de. *Cybersecurity in International Arbitration: Don't be the Weakest Link,* 15 fev. 2019. Disponível em: <http://arbitrationblog.kluwerarbitration.com/2019/02/15/cybersecurity-in-international-arbitration-dont-be-the-weakest-link/

CAPÍTULO 3
A TUTELA INDIVIDUAL DO CONSUMO NA ARBITRAGEM: ANÁLISE COMPARATÍSTICA DOS SISTEMAS ESPANHOL E BRASILEIRO

Ana Cláudia de Moura Oliveira Querido

1. Introdução

O presente trabalho tem por objetivo analisar comparativamente o ordenamento jurídico da Espanha e do Brasil no que diz respeito ao desenvolvimento da arbitragem de consumo nos litígios individuais, buscando identificar os valores e princípios que norteiam as escolhas legislativas da exitosa experiência espanhola, para examinar, a partir daí, a possibilidade de desenvolvimento de modelo similar no ordenamento jurídico brasileiro.

No Brasil, embora não seja vedada a arbitragem para solução de demandas consumeristas, ainda não se desenvolveu a cultura (ou incentivo adequado) de buscar a solução de tais disputas pela via arbitral.

A dificuldade brasileira decorre, em parte, da força das normas de proteção ao consumidor, que têm natureza de ordem pública, podendo ser cogitado um aparente conflito de "filosofia" com os valores que regem a justiça privada[1].

[1] "Existe, de fato, certo conflito de 'filosofia' entre a arbitragem e o Direito do Consumidor. Isso porque o Direito do Consumidor, assim como toda a proteção que o Estado pretende ofe-

De outra parte, faltam incentivos adequados à efetividade da arbitragem de consumo no Brasil. A ausência de balizas normativas seguras cria um ambiente instável para o consumidor, não havendo estruturação institucional e tampouco mecanismos efetivos de fiscalização em prol do consumidor.

Por outro lado, existem outros meios aparentemente menos custosos e de baixo risco à disposição da parte vulnerável, seja na via extrajudicial, com a conciliação e mediação, seja na via judicial, mediante isenções de custeio do litígio perante o Juizado Especial ou em decorrência da justiça gratuita, onde o consumidor terá, ainda, a vantagem da facilitação da sua defesa em juízo, inclusive com a possibilidade de inversão do ônus da prova (art. 6º, VII, do Código de Defesa do Consumidor).

Tais circunstâncias tornam o desenvolvimento da arbitragem nas relações de consumo um grande desafio para o legislador brasileiro.

A Espanha, ao revés, é um país pioneiro em matéria de arbitragem de consumo, tendo constituído um Sistema de Arbitragem de Consumo célere e gratuito, que vem sendo efetivo e vantajoso para o consumidor espanhol. Tal modelo indica algumas respostas para as dificuldades brasileiras e demonstra que é possível aprimorar o processo de resolução de conflitos consumeristas por meio da arbitragem, sem que a justiça privada represente ofensa ao acesso à justiça.

Daí reside o interesse na comparação entre os sistemas jurídicos de tais países, buscando identificar e entender as dificuldades e óbices à instauração de arbitragem de consumo no Brasil, bem como as soluções apresentadas pelo sistema espanhol.

Ressalta-se a existência de pontos de contato entre os dois países, tanto no que diz respeito à proteção constitucional do consumidor quanto ao desenvolvimento da arbitragem nas últimas décadas, com aproximação de conceitos, origens e preocupação protetiva, o que torna viável a análise em perspectiva comparatística para a identificação

recer ao consumidor, encontra-se inserido num conceito de um Estado proativo e interventor. Muito diferentemente, a Lei de Arbitragem, Lei 9.307, de 23.09.1996, segue o caminho de um Estado menos intervencionista, que permita às partes, sem a sua participação, dirimir os conflitos, transferindo o poder jurisdicional à esfera privada". Neves, José Roberto de Castro. Arbitragem nas relações de consumo – uma nova esperança. In: Rocha, C. C. V.; Salomão, L. F. (coord). *Arbitragem e Mediação. A reforma da legislação brasileira.* 2. ed. São Paulo: Atlas, 2017. p. 192.

dos sucessos e fracassos no direito estrangeiro, na busca por soluções e modelos que permitam aprimorar o direito pátrio[2].

2. Aspectos gerais da arbitragem de consumo no Brasil e Espanha

O ponto central de contato entre Brasil e Espanha na análise da arbitragem de consumo é a preocupação constitucional de ambos os países com a proteção e defesa do consumidor, como atividade de política social e princípio da ordem econômica a ser promovida pelo Poder Público.

No Brasil, a proteção do consumidor está prevista na Constituição Federal de 1988, constituindo garantia fundamental a ser promovida pelo Estado e cuja defesa é princípio geral da ordem econômica:

> Art. 5º. (...) XXXII- o Estado promoverá, na forma da lei, a defesa do consumidor.
> Art. 170. A ordem econômica, fundada na valorização do trabalho humano e na livre iniciativa, tem por fim assegurar a todos existência digna, conforme os ditames da justiça social, observados os seguintes princípios: V – defesa do consumidor[3].

A Constituição Espanhola de 1978, promulgada dez anos antes da brasileira, já previa a defesa do consumidor como princípio diretor da política social e econômica, no seu ar. 51, que estabelece caber aos Poderes Públicos a garantia de defesa dos consumidores, bem como a promoção de informação e educação dos consumidores:

> Artículo 51 1. Los poderes públicos garantizarán la defensa de los consumidores y usuarios, protegiendo, mediante procedimientos eficaces, la seguridad, la salud y los legítimos intereses económicos de los mismos. 2. Los poderes públicos promoverán la información y la educación de los consumidores y usuarios, fomentarán sus organizaciones y oirán a éstas en las cuestiones que puedan afectar a aquéllos, en los términos que la

[2] "O direito comparado não pretende a universalização do direito positivo, mas o conhecimento do que se passa alhures, para a escolha de caminhos convenientes e seguros na produção e interpretação do direito local". Dinamarco, Cândido Rangel. *Fundamentos do processo civil moderno.* Tomo I. 6. ed. São Paulo: Malheiros Editores. p. 166.

[3] BRASIL. Constituição Federal de 1988. Disponível em: http://www.planalto.gov.br/ccivil_03/constituicao/constituicao.htm, Acesso em: 10/06/2021.

> ley establezca. 3. En el marco de lo dispuesto por los apartados anteriores, la ley regulará el comercio interior y el régimen de autorización de productos comerciales[4].

Os ordenamentos jurídicos dos dois países, em outro ponto de contato, admitem amplamente a arbitragem como método extrajudicial de solução de conflitos, instrumento que vem se desenvolvendo nas últimas décadas. Entretanto, no que diz respeito à arbitragem de consumo, embora seja permitida nos dois sistemas, o seu desenvolvimento legislativo e prático adota caminhos muito distintos.

2.1. Brasil

Em solo brasileiro, o Código de Defesa do Consumidor, no art. 4º, V, estabelece como princípio da política nacional de consumo o incentivo à criação pelos fornecedores de mecanismos alternativos de solução de conflitos de consumo. Entretanto, a lei consumerista traz apenas um dispositivo a respeito da arbitragem no âmbito do consumo, no art. 51, VII, que estabelece ser nula a cláusula contratual relativa ao fornecimento de produtos ou serviços que determinem a utilização compulsória da arbitragem[5].

A Lei Brasileira de Arbitragem (LBA) – Lei 9.307, 23 de setembro de 1996, tampouco traz disposição específica a respeito da arbitragem de consumo. No campo da arbitrabilidade, estabelece que: *"Art. 1º As pessoas capazes de contratar poderão valer-se da arbitragem para dirimir litígios relativos a direitos patrimoniais disponíveis"*.

A respeito da cláusula compromissória firmada em contratos de adesão em geral, a LBA, em seu art. 4º, § 2º[6], estabelece duas situações para contratos de adesão: a primeira para cláusula inserida em contrato de

[4] ESPANHA. Constitución Española de 1978. Disponível em: https://www.tribunalconstitucional.es/es/tribunal/normativa/Normativa/CEportugu%C3%A9s.pdf, Acesso em: 10/06/2021.

[5] BRASIL. Lei nº 8.078, 11 de setembro de 1990. Código de Defesa do Consumidor. "Art. 51. São nulas de pleno direito, entre outras, as cláusulas contratuais relativas ao fornecimento de produtos e serviços que: VII – determinem a utilização compulsória de arbitragem".

[6] BRASIL. Lei nº 8.078, 11 de setembro de 1990. Código de Defesa do Consumidor. "Nos contratos de adesão, a cláusula compromissória só terá eficácia se o aderente tomar a iniciativa de instituir a arbitragem ou concordar, expressamente, com a sua instituição, desde que

adesão sem qualquer destaque, a qual terá eficácia suspensa até que o aderente tome a iniciativa de instituir a arbitragem; e a segunda para cláusula expressa em destaque, a qual terá eficácia plena e imediata, com efeito vinculante para ambas as partes[7].

Transpondo o referido dispositivo para a relação de consumo, não parece haver grande celeuma em relação à primeira situação, na medida em que se trata de concordância expressa do consumidor *a posteriori*, dando início ao procedimento arbitral, o que evidencia a sua vontade inequívoca.

A segunda hipótese é mais controversa, já que permite a concordância do consumidor logo no momento da adesão, desde que por escrito em documento apartado e destacado. A razão de ser da norma é assegurar manifestação de vontade qualificada do aderente, indicando ter absoluto conhecimento da estipulação. Contudo, tal dispositivo recebe contundentes críticas no que diz respeito a sua aplicabilidade nas relações de consumo, em especial diante do art. 51, VII, do CDC, já que, no momento da formação do contrato, o consumidor, em regra, é a parte mais vulnerável e pode ser conduzido a firmar a cláusula compromissória sem entender o seu real alcance e os impactos da renúncia à via judicial[8].

Diante desse cenário legislativo de aparente contradição das normas da LBA e do CDC, formaram-se duas correntes doutrinárias e jurisprudenciais de interpretação dos referidos dispositivos.

De um lado, parcela da doutrina entende que o art. 51, VII, do CDC, teria sido revogado pela LBA, lei esta posterior e incompatível com aquela, a qual disciplina a arbitragem em contratos de adesão em geral, sejam eles de consumo ou não. Tal corrente doutrinária entende válida a cláusula contratual que determine a utilização da arbitragem, desde que respeitadas as condições do § 2º do art. 4º da LBA. É nesse sentido o entendimento de Lemes:

por escrito em documento anexo ou em negrito, com a assinatura ou visto especialmente para essa cláusula".

[7] Lemes, Selma. *Arbitragem e Direito do Consumo.* Palestra proferida no II Congresso do Comitê Brasileiro de Arbitragem – CBAR, Florianópolis, 22 a 24 de set. de 2002. Disponível em: http://www.selmalemes.adv.br/artigos/artigo_juri19.pdf. Acesso em: 06.06.2021. p. 3-4.

[8] Neves. Arbitragem nas relações de consumo – uma nova esperança, cit, p. 201-202.

> [...] com a devida vênia e no que pesem opiniões divergentes, não vemos como afirmar que o artigo 51, inciso VII do CDC não está revogado, posto que é cediço que uma lei se revoga quando outra posterior dá tratamento diferente à mesma situação. A lei nova disciplina sobre contratos de adesão, sejam ou não sob a ótica das relações de consumo, a teor do disposto nos artigos 2º e 3º do CDC. Aliás, os contratos de adesão quase na totalidade prevêem matérias afetas às relações de consumo. Também temos que considerar que a arbitragem é instituto que está sujeito à regulamentação do direito processual; o modo, a forma de constituição e as conseqüências são fixadas pelo direito adjetivo[9].

Entretanto, entende a autora que, mesmo nesses casos, a cláusula compromissória não pode ser abusiva ou representar óbice ou dificuldade ao acesso à justiça pelo consumidor, fixando sede de arbitragem em local distante, por exemplo[10].

Ao contrário, vem prevalecendo o entendimento doutrinário e jurisprudencial no sentido de que é inválida a cláusula compromissória compulsória firmada no momento da avença, ainda que em termo apartado e destacado, garantindo-se a prevalência do art. 51, VII, do CDC.

O Superior Tribunal de Justiça firmou entendimento nesse sentido, afirmando a compatibilidade do §2º do art. 4º da LAB com o art. 51, VII, do CDC, mediante a aplicação do princípio da especialidade das normas. Vale dizer, a regra geral obriga a observância da arbitragem quando pactuada pelas partes; a regra específica, aplicável à contratos de adesão genéricos, restringe a eficácia da cláusula compromissória (art. 4º, §2º, LAB); e, por fim, a regra ainda mais específica, incidente nas relações contratuais consumeristas, impõe a nulidade de cláusula compulsória de arbitragem (art. 51, VII, CDC)[11].

[9] LEMES. *Arbitragem e Direito do Consumo.* Palestra proferida no II Congresso do Comitê Brasileiro de Arbitragem – CBAR, Florianópolis, 22 a 24 de set. de 2002, cit, p. 5. No mesmo sentido: NEVES. Arbitragem nas relações de consumo – uma nova esperança, cit., p. 204.

[10] Vale dizer, o acesso à via arbitral deve ser simples e facilitado. Assim, por exemplo, a cláusula de arbitragem não pode estabelecer que a arbitragem deve ser processada em uma Câmara de Arbitragem no Rio de Janeiro, se o produto foi adquirido em São Paulo. LEMES. *Arbitragem e Direito do Consumo.* Palestra proferida no II Congresso do Comitê Brasileiro de Arbitragem – CBAR, Florianópolis, 22 a 24 de set. de 2002, cit., p. 4.

[11] ANDRIGHI, Fátima Nancy. Arbitragem nas relações de consumo: uma proposta concreta. *Revista de Arbitragem e Mediação.* A. 3, n. 9, abr./jun. Brasília: 2006. p. 8. No mesmo sentido:

No entender daquela Corte, *"usualmente, no ato da contratação, o consumidor carece de informações suficientes para que possa optar, de maneira livre e consciente, pela adoção dessa forma de resolução de conflitos"*[12]. Na mesma linha, o STJ vem confirmando a legalidade de procedimento arbitral instaurado para dirimir controvérsia de consumo nos casos em que os consumidores, em momento *posterior* ao contrato de adesão, ou seja, em razão do litígio, assinem espontaneamente termo de arbitragem, anuindo à solução da controvérsia pela via extrajudicial:

> É possível a utilização de arbitragem para resolução de litígios originados de relação de consumo quando não houver imposição pelo fornecedor, bem como quando a iniciativa da instauração ocorrer pelo consumidor ou, no caso de iniciativa do fornecedor, venha a concordar ou ratificar expressamente com a instituição (REsp 1785783/GO, Rel. Ministra Nancy Andrighi, TERCEIRA TURMA, julgado em 05/11/2019, DJe 07/11/2019)[13].

A vedação à arbitragem compulsória tem por objetivo proibir que fornecedores ou prestadores de serviço, como forma de escapar das regras protetivas do consumidor, imponham a via arbitral como condição da contratação. A preocupação tem razão de ser, na medida em que, considerada a realidade brasileira, na qual a arbitragem é mais custosa do que a justiça pública, o instrumento poderia dificultar o acesso do consumidor à resolução dos seus conflitos[14].

Na tentativa de sanar o problema, foi proposta a reforma da Lei de Arbitragem, pela Lei nº 13. 129/2015, que trouxe no projeto a seguinte proposta de §3º para o art. 4º da LAB: *"§3º Na relação de consumo estabelecida por meio de contrato de adesão, a cláusula compromissória só terá eficácia se o aderente tomar a iniciativa de instituir a arbitragem ou concordar expressamente com a sua instituição."*

Grinover, Ada Pellegrini, et al. *Código Brasileiro de Defesa do Consumidor comentado pelos autores do anteprojeto.* 9. ed. Rio de Janeiro: Forense Universitária, 2007, p 592-593.

[12] STJ. REsp 1628819/MG, Rel. Ministra Nancy Andrighi, TERCEIRA TURMA, julgado em 27/02/2018, DJe 15/03/2018).

[13] No mesmo sentido: STJ. REsp 1742547/MG, Rel. Ministra Nancy Andrighi, TERCEIRA TURMA, julgado em 18/06/2019, DJe 21/06/2019. No mesmo sentido: REsp 1.169.841, j. 14.11.2012; REsp 1.189.050, j. 14.03. 2016.

[14] Neves. Arbitragem nas relações de consumo – uma nova esperança, cit., p 192.

Segundo o dispositivo, a cláusula compromissória não seria nula *ab initio*, porém sua eficácia estaria condicionada à aceitação do consumidor à instauração da arbitragem, no momento posterior, com litígio existente. A aceitação se daria quando o próprio consumidor desse início ao procedimento ou quando anuísse expressamente, por qualquer meio, a sua instauração pelo fornecedor[15].

Para surpresa de muitos, o dispositivo foi vetado, sob o fundamento de que autorizaria amplamente a arbitragem nos contratos de adesão de consumo, sem deixar claro que a manifestação de vontade do consumidor deve se dar também no momento posterior ao surgimento da controvérsia, o que poderia ferir a garantia de proteção[16].

O veto foi muito criticado por parcela consistente da doutrina, sob o fundamento de que a alteração proposta agregaria valiosa proteção ao consumidor, na medida em que a proposta normativa era clara no sentido de que o procedimento somente seria iniciado pelo consumidor ou somente teria prosseguimento com sua concordância, garantindo-lhe a voluntariedade. Nas palavras de TUCCI:

> Assim sendo, retrocesso, na verdade, é impedir que o consumidor passe a dispor da arbitragem, inexistindo a possibilidade de qualquer abuso, visto que deteria ele o monopólio exclusivo da opção por um outro caminho, podendo inclusive aceitar ou simplesmente desprezar o juízo arbitral instaurado pelo outro contratante[17].

[15] Neves. Arbitragem nas relações de consumo – uma nova esperança, cit., p. 203.

[16] "Razões dos vetos: 'Da forma prevista, os dispositivos alterariam as regras para arbitragem em contrato de adesão. Com isso, autorizariam, de forma ampla, a arbitragem nas relações de consumo, sem deixar claro que a manifestação de vontade do consumidor deva se dar também no momento posterior ao surgimento de eventual controvérsia e não apenas no momento inicial da assinatura do contrato. Em decorrência das garantias próprias do direito do consumidor, tal ampliação do espaço da arbitragem, sem os devidos recortes, poderia significar um retrocesso e ofensa ao princípio norteador de proteção do consumidor'". Mensagem nº 162, de 26 de maio de 2015, da Presidência da República ao Presidente do Senado Federal.

[17] Tucci, José Rogério Cruz e. Vetos inusitados conspiram contra o futuro promissor da arbitragem. *Revista Consultor Jurídico*, 20 de junho de 2015. Disponível em: http://www.conjur.com.br/2015-jun-02/paradoxo-corte-vetos-inusitados-conspiram-futuro-promissor-arbitragem. Acesso em 08/06/2021. No mesmo sentido: "Busca-se, com isso, evitar qualquer forma de abuso, na medida em que se confere ao consumidor o poder de escapar da via arbitral para solucionar eventual lide com o prestador de serviços ou fornecedor, caso assim deseje. O consumidor não precisa apresentar qualquer motivo para discordar da instituição

Em sentido oposto, outra parcela da doutrina manifestou apoio ao veto, entendendo justificado na vulnerabilidade do consumidor, que deveria ser protegido da permissão genérica de inclusão da cláusula em contrato de adesão, de maneira prévia, instituindo a arbitragem como forma obrigatória de solução de litígios[18]. Tal entendimento não parece ser o mais adequado, na medida em que o dispositivo vetado não deixava margem para dúvida de que, ainda que a cláusula compromissória seja celebrada no momento da adesão, somente terá eficácia mediante anuência expressa do consumidor em momento posterior, com o surgimento do litígio, o que representaria avanço na proteção do consumidor pela via arbitral.

Assim é que a sistemática em vigor no Brasil é de conjugação do art. 51, VII, do CDC, com o §2º do art. 4º da LBA, possibilitando instauração de procedimento arbitral nas relações de consumo, desde que a manifestação a favor da arbitragem não seja feita pelo consumidor no momento da celebração da avença (compulsória), e sim *a posteriori*. No mais, aplicam-se à arbitragem de consumo as mesmas regras da arbitragem geral, não havendo um sistema institucional e próprio para garantir maior proteção ou facilitação da defesa do consumidor.

Atualmente, há estudo em andamento perante a Secretaria Nacional de Consumo (SENACON), órgão integrante do Ministério da Justiça[19], buscando avaliar a viabilidade da criação de centros de arbitragem de

da arbitragem". NEVES. Arbitragem nas relações de consumo – uma nova esperança, cit., p. 203.

[18] MIRAGEM, Bruno. *Curso de Direito do Consumidor.* 6ª. Ed., São Paulo: Revista dos Tribunais, 2016, p. 406. *Vide* ainda: CANTO, Flávia do; SQUEFF, Tatiana Cardoso. As limitações do uso da arbitragem nas relações de consumo. *Revista Consultor Jurídico,* 18 de novembro de 2020. Disponível em: https://www.conjur.com.br/2020-nov-18/garantias-consumo-limitacoes-uso-arbitragem-relacoes-consumo, Acesso em 08/06/2021. E ainda: GREGORI, Maria Stella; FRAGATA, Mariângela Sarrubbo. Mediação e arbitragem nas relações de consumo. *Revista Consultor Jurídico,* 20 de janeiro de 2021, Disponível em: https://www.conjur.com.br/2021-jan-20/garantias-consumo-mediacao-arbitragem-relacoes-consumo, Acesso em 08/06/2021.

[19] "O presente trabalho tem por objetivo a elaboração de um relatório final, constando análise conclusiva acerca da viabilidade jurídica e operacional do uso da arbitragem e da mediação no âmbito do direito do consumidor. Serão perpassadas sugestões de alteração ou de inovação normativa, bem como a integração de ferramentas publicas ou privadas já existentes com a plataforma do "consumidor.gov". Estudo disponível em: https://www.defesadoconsumidor.gov.br/images/2020/Consultoria_Produto_Me%CC%81todos_Alternativos.pdf, Acesso em 04.06.2021.

consumo, mantidos por empresas, que somente poderiam ser acionados pelos consumidores ("unidirecionalidade"), bem como a ampliação da plataforma de conciliação "consumidor.gov.br"[20], para abarcar meios de solução de conflito on-line, inclusive a arbitragem de consumo.

2.2. Espanha

Diferente do Brasil, a Espanha conta com lei específica para arbitragem de consumo, em paralelo à lei geral de arbitragem e à lei geral de proteção ao consumidor.

Atualmente, a arbitragem de consumo está regulamentada pelo *Real Decreto* nº 231/2008 (RDAC)[21], que regula a organização do Sistema Arbitral de Consumo[22] e o procedimento da arbitragem de consumo, estabelecendo regras gerais de aplicação, indicando as matérias arbitráveis e excluídas da arbitragem, estabelecendo a estrutura de funcionamento e, ao final, prevendo as arbitragens especiais eletrônicas e coletivas.

Em caráter supletivo, também são aplicáveis às arbitragens de consumo as Lei nº 60/2003 – Lei Geral de Arbitragem[23] e Lei Orgânica nº 11/2007 – Lei de Acesso a Serviços Públicos[24], em casos de lacuna da RDAC.

Diferente da legislação brasileira, arbitragem de consumo é prevista expressamente na Lei Geral de Defesa dos Consumidores e Usuários – Decreto Real Legislativo 1/2007[25], que traz previsão geral sobre Sistema Arbitral de Consumo, em seu capítulo II.

A arbitragem de consumo espanhola desenvolve-se pelo regime público e institucional, tem natureza voluntária, unidirecional (que somente pode ser instaurada pelo consumidor). O processo é gratuito ou

[20] O "consumidor.gov.br" é uma plataforma digital pública destinada à autocomposição relações de consumo, nos termos do Decreto nº 10.197, de 02 de janeiro de 2020.

[21] ESPANHA. Disponível em: https://www.boe.es/buscar/doc.php?id=BOE-A-2008-3527, Acesso em 10/06/2021.

[22] ESPANHA. Sistema Arbitral de Consumo. Disponível em: https://www.mscbs.gob.es/consumo/resolucionConflictos/sistemaArbitral/home.htm. Acesso em: 07 jun. 2021.

[23] ESPANHA. Ley 60/2003. Disponível em: < https://www.boe.es/buscar/doc.php?id=BOE-A2003-23646>. Acesso em: 07/06/ 2021.

[24] ESPANHA. Real Decreto Legislativo 1/2007. Disponível em: < https://www.boe.es/buscar/act.php?id=BOE-A-2007-20555>. Acesso em: 07 jun. 2021.

[25] ESPANHA. Disponível em: https://www.boe.es/buscar/act.php?id=BOE-A-2007-20555. Acesso em 11/06/2021.

de baixo custo, informal e mais célere do que a justiça tradicional[26], contando com uma fase de mediação prévia e voluntária[27].

A estrutura é organizada e financiada pela administração pública, e instituída no âmbito nacional ou no das comunidades e dos municípios, mediante Juntas Arbitrais. Cada ente pode organizá-la livremente de acordo com os princípio e características de um órgão arbitral, desde que respeitadas as regras gerais da RDAC[28].

As Juntas são os órgãos administrativos de gestão da arbitragem institucional de consumo, prestando o assessoramento técnico, administrativo e de secretaria para as partes e árbitros. Existem outros órgãos que atuam em paralelo visando ao bom funcionamento do Sistema, que garantem a segurança para as partes, como as Comissões das Juntas Arbitrais e o Conselho Geral do Sistema Arbitral de Consumo. Será competente para o conflito a Junta escolhida de comum acordo pelas partes e, não havendo consenso, aquela localizada no domicílio do consumidor[29].

O Sistema é destinado exclusivamente para disputas entre o consumidor ou usuário e as empresas ou os profissionais, no âmbito de contrato ou matérias afetas ao consumo. Similar à legislação brasileira de arbitragem, são admissíveis somente matérias que sejam de livre disposição do consumidor, contudo, o RDCA veda, expressamente, a submissão à arbitragem dos conflitos que versem sobre intoxicação, lesão ou morte, e quando exista indícios de algum crime, incluída a responsabilidade por danos e prejuízos deles derivados[30].

[26] Faure, María Costanza Garcia. El arbitraje de consumo desde una perspectiva comparada: derechos español, portugués y argentino. *Revista Internacional de Doctrina y Jurisprudencia*, v. 15. Espanha: mayo/2017, p. 15.

[27] Faure. El arbitraje de consumo desde una perspectiva comparada: derechos español, portugués y argentino, cit., p. 27-28.

[28] Gouvêa Neto, Flávio de Freitas. Arbitragem de consumo como a da Espanha aceleraria resolução de demandas. *Revista Consultor Jurídico*, 14 de novembro de 2015. Disponível em: https://www.conjur.com.br/2015-nov-14/flavio-gouvea-arbitragem-consumo-aceleraria-resolucao-demandas, Acesso em 08/06/2021.

[29] Faure. El arbitraje de consumo desde una perspectiva comparada: derechos español, portugués y argentino, cit., p. 19-20.

[30] "Artículo 2. Materias objeto de arbitraje de consumo. 1. Unicamente podrán ser objeto de arbitraje de consumo los conflictos a que se refiere el artículo 1.2 que versen sobre materias de libre disposición de las partes conforme a derecho. 2. No obstante lo previsto en el apartado anterior, no podrán ser objeto de arbitraje de consumo los conflictos que versen sobre intoxicación, lesión, muerte o aquéllos en que existan indicios racionales de delito,

Assim como no Brasil, a legislação espanhola de defesa do consumidor estabelece que não serão vinculantes para os consumidores os compromissos arbitrais formalizados antes do surgimento do conflito (art. 57.4 do Decreto Real Legislativo 1/2007) e que possam representar abuso.

O procedimento de arbitragem tem a característica de ser unidirecional, ou seja, apenas os consumidores podem instaurar a arbitragem contra o fornecedor[31]. Já os empresários podem aderir ao Sistema pela aceitação à arbitragem instaurada pelo consumidor ou mediante oferta pública prévia de adesão, casos em que não haverá necessidade de formalização de compromisso arbitral[32]. Neste último caso, as empresas poderão receber como benefício um certificado de adesão ao Sistema Arbitral de Consumo, que poderá ser ostentado como um selo de qualidade, informando aos consumidores que eventuais conflitos podem ser resolvidos de uma forma eficaz e rápida pela arbitragem[33].

A decisão do órgão arbitral é vinculante para as partes, sem necessidade de homologação judicial. A arbitragem, em regra, será de equidade, salvo se as partes optarem expressamente por arbitragem de direito. As decisões serão motivadas e proferidas por um único árbitro ou colegiado. Será unipessoal em causas de menor valor e complexidade, salvo se as partes optarem por árbitro colegiado. Sendo órgão colegiado, um deles será indicado pela administração pública, outro pela representação do empresarial e outro pela associação de proteção dos consumidores, pluralidade que contribui para o equilíbrio e impar-

incluida la responsabilidad por daños y perjuicios directamente derivada de ellos, conforme a lo previsto en el artículo 57.1 del Real Decreto Legislativo 1/2007, de 16 de noviembre, por el que se aprueba el texto refundido de la Ley General para la Defensa de los Consumidores y Usuarios y otras leyes complementarias." ESPANHA. Disponível em: https://www.boe.es/buscar/doc.php?id=BOE-A-2008-3527, Acesso em 10/06/2021.

31 Faure. El arbitraje de consumo desde una perspectiva comparada: derechos español, portugués y argentino. cit., p. 24-25.

32 A título ilustrativo, a voluntariedade é excepcionada na legislação portuguesa, que instituiu a arbitragem obrigatória para os prestadores de serviço público essencial, os quais estão obrigados a submeter-se a arbitragem de consumo sempre que instaurada pelo consumidor. Faure. El arbitraje de consumo desde una perspectiva comparada: derechos español, portugués y argentino, cit., p. 25

33 Gouvêa Neto. Arbitragem de consumo como a da Espanha aceleraria resolução de demandas. cit.

cialidade. O árbitro indicado pela administração pública terá sempre formação jurídica[34].

Em razão da segurança e confiança que o sistema inspira, a arbitragem de consumo espanhola tornou-se um método alternativo de solução de conflitos muito popular, com grande utilização por parte do consumidor e com forte adesão pelos empresários. Em 2020, foram 52.823 solicitações recebidas e 46.559 atendidas, com adesão de 17.836 empresas ao Sistema[35].

Entendidas as linhas gerais do cenário jurídico dos países em comparação, passamos a analisar as principais dificuldades para criar um sistema funcional de arbitragem de consumo no Brasil, considerando o modelo espanhol.

3. Desafios para arbitragem de consumo no Brasil à luz do modelo espanhol

A arbitragem na seara do consumo deve ser regida por regras e princípios específicos, adequados à peculiaridade das relações de consumo, com especial atenção à proteção do consumidor vulnerável e hipossuficiente, para que não se instaure um sistema permeado pela abusividade e exclusão.

No sistema brasileiro ainda são muitos os obstáculos para que a arbitragem de consumo se torne um instrumento eficiente e conte com a credibilidade dos consumidores. Como visto, falta estruturação de um sistema de arbitragem institucional, pautado em legislação específica e com garantia de fiscalização, possibilitando a previsibilidade e fomentando a informação aos consumidores.

Um grande desafio é a criação de um sistema atrativo em relação ao sistema judicial existente, que garanta aos consumidores a segurança jurídica, possibilite a previsibilidade, a gratuidade e a facilitação da defesa em juízo, sem desnaturar a arbitragem como instituto de direito

[34] Gouvêa Neto. Arbitragem de consumo como a da Espanha aceleraria resolução de demandas, cit. *Vide* também: Faure. El arbitraje de consumo desde una perspectiva comparada: derechos español, portugués y argentino, cit., p. 30-31

[35] Dados disponíveis em: https://www.mscbs.gob.es/gl/consumo/resolucionConflictos/sistemaArbitral/docs/210505_actividadSistemaArbitral2020.pdf, Acesso em 24.06.2021

privado. Ainda, o sistema deve ser capaz de criar os incentivos adequados aos fornecedores para que direcionem investimentos para esse instrumento de solução de conflitos.

Serão abordados neste trabalho alguns dos pontos que parecem carecer de maior atenção do legislador brasileiro para o desenvolvimento de um sistema de arbitragem de consumo eficiente.

3.1. Voluntariedade

Uma premissa fundamental que deve reger a arbitragem de consumo é a voluntariedade da escolha do método extrajudicial para o consumidor, no sentido de que cabe exclusivamente a este decidir pela utilização da arbitragem para solução do litígio.

Em solo nacional, como visto, vigora a voluntariedade, não havendo a possibilidade de arbitragem compulsória. Ainda que exista a cláusula compromissória no contrato de adesão, o que importa é a manifestação de vontade do consumidor no momento da instauração do procedimento, o qual não poderá ser compelido a utilizá-la[36].

A voluntariedade do procedimento é evidenciada também na legislação espanhola, seja mediante a concordância expressa das partes, seja pela prévia aceitação da arbitragem pelo empresário mediante adesão ao Sistema pelo mecanismo de oferta pública. Mais ainda do que a voluntariedade, vigora no sistema espanhol o princípio da "unidirecionalidade", segundo o qual a arbitragem de consumo somente pode ser instaurada pelos consumidores e usuários de serviços, ou seja, somente o consumidor pode ocupar o polo ativo, embora o Sistema admita a reconvenção[37].

[36] STJ. REsp 1785783/GO, j. 05/11/2019; REsp 1742547/MG, j. 18/06/2019; REsp 1.169.841, j. 14.11.2012; REsp 1.189.050, j. 14.03. 2016.

[37] Soares, Dennis Verbicaro. A arbitragem de consumo no direito comparado: um modelo possível para o Brasil? *Revista de Direito do Consumidor.* v. 106, Julho-Agosto 2016. Em complemento, apenas para traçar um paralelo, e sem pretender aprofundar na questão que não é objeto da comparação, o sistema português, para proteger os usuários de serviço público, apresenta um sistema de arbitragem compulsória para o fornecedor nos litígios de consumo envolvendo tais serviços essenciais, em centros de arbitragem especializados, desde que a arbitragem seja instaurada por consumidor pessoa física, ou seja, também vigora a voluntariedade e unidirecionalidade no sistema português. Faure. El arbitraje de consumo desde una perspectiva comparada: derechos español, portugués y argentino, cit., p. 34.

Não se verifica a exigência de unidirecionalidade no Brasil, em que a jurisprudência apenas exige a anuência do consumidor no momento da instauração do litígio. Por outro lado, não há esclarecimento a respeito da possibilidade de reconvenção, fazendo presumir que a arbitragem de consumo é regida pelas mesmas regras das demais arbitragens, de acordo com a regulamentação das câmaras ou da convenção de arbitragem.

A voluntariedade, na forma como vigora no Brasil, não parece garantir ao consumidor a independência e igualdade no procedimento. A falta de estrutura institucional independente, de fiscalização e regulamentação mínima, torna difícil ao consumidor vulnerável e hipossuficiente realizar escolhas importantes para reger o procedimento, tais como a escolha de árbitros, de câmaras, de arbitragem de direito ou equidade, balizas probatórias, parecendo colocá-lo em flagrante desvantagem.

3.2. Fiscalização

Outra preocupação em torno do tema é evitar, no ambiente privado, o abuso do fornecedor ou prestador do serviço em face do consumidor, parte vulnerável da relação, seja *"pela capacidade econômica, nível de informação/cultura, dependência do produto, natureza adesiva do contrato imposto, pelo monopólio da produção do bem ou sua qualidade insuperável ou até mesmo pela extremada necessidade do bem ou serviço"*[38].

A alternativa parece ser a arbitragem institucionalizada, seja organizada e custeada pelo Estado, como ocorre na Espanha, ou ao menos com a sua participação fiscalizatória, tendo em vista a relevância constitucional atribuída ao Estado na defesa do consumidor.

No Brasil, a Lei de Arbitragem não apresenta respostas satisfatórias para tanto. Não há regulamentação específica sobre a criação e funcionamento de órgãos arbitrais de consumo. Para além, o art. 13 estabelece que qualquer pessoa capaz que tenha a confiança das partes pode funcionar como árbitro, não havendo regime fiscalizatório para evitar abusos ou condutas lesivas aos consumidores[39].

Na Espanha, para coibir tais possíveis abusos, a prestação do serviço é realizada pelo Estado, mediante organização institucional, com for-

[38] Andrighi. Arbitragem nas relações de consumo: uma proposta concreta, cit., p. 13.

[39] Andrighi. Arbitragem nas relações de consumo: uma proposta concreta, cit., p. 13-14.

mação equilibrada da Junta Arbitral, e indicação de árbitros pela representação dos consumidores, dos fornecedores e do Estado, sistema este que garante maior transparência e independência dos árbitros[40].

No Brasil, há quem entenda que o sistema institucional organizado e custeado pelo Estado é o mais adequado para garantir a independência dos árbitros e a transparência do sistema, por dificultar os abusos que podem decorrer do poderio dos empresários no que diz respeito ao custeio ou nomeação de advogados e árbitros. Segundo essa visão, somente um sistema público é capaz de inspirar a confiança ao consumidor e assegurar a higidez do sistema[41].

Contudo, vincular a arbitragem de consumo à organização e manutenção pela Administração Pública não parece uma tarefa fácil no Brasil, ante a existência de outros mecanismos já custeados pelo Estado, como se verá analisado no tópico a seguir.

Para outros, um sistema institucional independente, com representação igualitária dos consumidores e fornecedores, e participação da administração pública, seria suficiente para garantir a lisura. Ressaltam a necessidade de regras quanto à nomeação de árbitros e duração dos mandatos para garantir a independência e a imparcialidade[42].

Quanto ao regime fiscalizatório, uma possível solução aventada pela doutrina brasileira é a participação do Ministério Público, por intermédio das Promotorias de Justiça de Defesa do Consumidor, junto aos órgãos arbitrais, na atividade fiscalizatória, conforme já determina o art. 5º, II, do CDC[43].

Outro caminho seria a regulação, mediante a imposição de normas mais rígidas aos tribunais arbitrais privados, para garantir a independência dos árbitros e das instituições, nos moldes do que vem sendo realizado pelas normativas europeias para resolução alternativa de conflitos de consumo, Diretiva 2013/11/EU, que possibilita que a remuneração das instituições arbitrais e dos árbitros seja custeada exclusivamente

[40] Gouvêa Neto. Arbitragem de consumo como a da Espanha aceleraria resolução de demandas, cit.

[41] Nessa linha: Gregori; Fragata. Mediação e arbitragem nasrelações de consumo, cit.

[42] Gouvêa Neto. Arbitragem de consumo como a da Espanha aceleraria resolução de demandas, cit.

[43] Andrighi. Arbitragem nas relações de consumo: uma proposta concreta, cit. p. 13-14.

pelos empresários, desde que respeitem determinados parâmetros para garantir a independência e imparcialidade[44].

Tais instrumentos permitiriam a organização de um sistema seguro e confiável, prevenindo que as decisões proferidas em arbitragem desaguem no Poder Judiciário, causando grande insegurança jurídica.

3.3. Financiamento

No Brasil, o financiamento de um sistema de arbitragem específico para o consumo é um dos grandes obstáculos à arbitragem.

O primeiro problema diz respeito à previsibilidade do custo. A Lei de Arbitragem não estabeleceu critérios para o custeio do procedimento, seja a respeito dos custos administrativos dos órgãos, seja a respeito dos honorários dos árbitros e da necessidade de contratação de advogado. Tampouco há clareza legislativa a respeito do responsável pelo pagamento das despesas, cabendo a cada Câmara ou Conselho definir tais critérios[45].

Por outro lado, por ora, não há gratuidade no âmbito da arbitragem de consumo ou que atribua o ônus financeiro ao fornecedor, o que implica na conclusão de que o procedimento será custeado pelas partes, e em alguns casos até mesmo com adiantamento das custas pelo consumidor quando der início ao procedimento.

Difícil, portanto, ao consumidor prever qual será o valor necessário ao custeio da arbitragem, a fim de motivá-lo à utilização de tal instrumento.

Nesse ponto, como já antecipado, a Espanha conta com um sistema gratuito, tanto para consumidor quanto para fornecedor, estruturado pelo Poder Público. Para reduzir os impactos financeiros e viabilizar o acesso à justiça, os litigantes devem arcar somente com os custos relativos à eventual produção de provas, o que, de certa forma, torna atrativo o Sistema para o consumidor e empresário, ante a previsibilidade e baixo custo[46]. Não se pode perder de vista, nesse ponto, que a Espanha não conta com um procedimento judicial simplificado, gratuito e (pre-

[44] Gouvêa Neto. Arbitragem de consumo como a da Espanha aceleraria resolução de demandas, cit.

[45] Andrighi. Arbitragem nas relações de consumo: uma proposta concreta. p. 9-10

[46] Andrighi. Arbitragem nas relações de consumo: uma proposta concreta, cit., p. 10

tensamente) ágil, como os Juizados Especiais brasileiros, o que acaba por impulsionar a busca por alternativas para a solução dos conflitos consumeristas, dentre elas com opção pela arbitragem[47].

A dificuldade de adoção do mesmo modelo no Brasil reside no fato de que o Poder Judiciário já subsidia mecanismos judiciais de baixo custo e risco, não parecendo haver incentivos adequados para a criação de mais uma estrutura gratuita ou parcialmente subsidiada, nem haver conveniência para a sociedade.

De um lado, existem os instrumentos voltados à assistência jurídica gratuita e integral (art. 5º, LXXIV, CF). A assistência jurídica é prestada pela Defensoria Pública, enquanto que a justiça gratuita é concedida em juízo mediante declaração de insuficiência de recursos, com presunção de veracidade (art. 98 e seguintes do Código de Processo Civil). Trata-se de sistema de facilitação de acesso à justiça, mediante isenção de custeio perante o Poder Judiciário, possibilitando ao consumidor litigar gratuitamente (em caso de concessão dos benefícios), com constituição de Defensor para defesa de seus direitos e isenção do pagamento de custos e despesas processuais.

Se não bastasse, os consumidores ainda podem acessar o Poder Judiciário por meio dos Juizados Especiais, órgão judicial sem custo em primeira instância (ressalvada a má fé), informal e relativamente célere. Trata-se de sistema já eficiente para os consumidores, em certa medida[48].

No sistema judicial, os consumidores contam ainda com a facilitação de sua defesa, inclusive com possibilidade de inversão do ônus da prova (art. 6º, VIII, do CDC). Além disso, as decisões são públicas, em regra, possibilitando maior fiscalização e auxiliando na previsibilidade, em contraposição à confidencialidade que costuma reger as relações arbitrais.

[47] Gouvêa Neto. Arbitragem de consumo como a da Espanha aceleraria resolução de demandas, cit.

[48] "[...] a arbitragem, ao menos na forma como ela existe no Brasil hoje, é, em comparação com o Judiciário, um meio mais oneroso financeiramente. Pela via judicial, o consumidor tem como se socorrer de juizados especiais, relativamente ágeis e sem maiores custos, para solucionar os conflitos com o fornecedor. Se o consumidor tivesse que se valer da arbitragem, ficaria com ônus de arcar com os custos dessa instituição, o que representaria um desestímulo ou mesmo um impedimento para discutir seu direito." Neves. Arbitragem nas relações de consumo – uma nova esperança, cit., p 192.

Para Cahali e Teodoro, admitida a arbitragem de consumo, o litígio deve ser solucionado pela aplicação das normas do Código de Defesa do Consumidor, as quais, por disposição legal, são qualificadas como normas de ordem pública, inafastáveis por vontade das partes[49]. Contudo, deve-se ponderar em que medida a aplicação do CDC pode desnaturada a arbitragem como instituto de direito privado, calcado na autonomia da vontade. Para além, na prática, paira a incerteza quanto à aplicabilidade ou não do CDC, tornando difícil a avaliação de risco pelas partes.

Nesse cenário, parece difícil a instituição de uma arbitragem de consumo competitiva com sistema judicial brasileiro.

A doutrina vem acenando para a criação de uma rede extrajudicial de solução de consumo pela aliança dos setores públicos e privados. Sugere-se o incentivo às empresas mediante estratégia de marketing, com a utilização de selos de qualidade, em sistema similar ao espanhol, demonstrando o compromisso assumido pelo fornecedor perante o consumidor, o que seria benéfico para a melhoria da sua imagem e confiança[50]:

> Como incentivo ao uso da arbitragem em relações de consumo, poderia ser firmado o Convênio Arbitral com as empresas dos setores de serviços e fornecimento de bens. Desta forma, para elas, a arbitragem teria efeito vinculante, se o consumidor aceitasse submeter o conflito à arbitragem. Essas empresas poderiam divulgar a possibilidade de solucionar eventuais conflitos por meio de arbitragem nas Comissões ou Juntas Arbitrais que funcionariam nos Centros Judiciários e ostentariam nos seus produtos um Selo de Qualidade esclarecendo ser empresa que pratica a Oferta de Arbitragem[51].

Desenvolve-se nesse sentido o estudo perante a SENACON, sugerindo a criação e institucionalização de Centros de Arbitragem Consu-

[49] Cahali, Francisco José; Teodoro, Viviane Rosolia. A resolução de litígios on-line da União Europeia em contraste com a arbitragem nos contratos de consumo no Brasil. *Revista de Direito do Consumidor*, v. 131, 2020. p.5

[50] Lemes, Selma. *Arbitragem e Direito do Consumo*. Palestra proferida no II Congresso do Comitê Brasileiro de Arbitragem – CBAR, Florianópolis, 22 a 24 de set. de 2002, cit., p. 13.

[51] Lemes, Selma. *Arbitragem consumerista*. Poderia ser realidade no Brasil? Disponível em: http://www.selmalemes.adv.br/artigos/Arbitragem%20Consumerista.pdf. Acesso em 06.06.2021. p. 8.

meristas, geridos pela iniciativa privada e regulamentados em âmbito federal. Os Centros poderiam determinar detalhes de seu próprio procedimento, desde que seguissem os princípios e as regras instituídos em regulamentação federal, inclusive no que diz respeito ao custo, o que possibilitaria a competição entre eles, "*direcionando-os à adoção das melhores práticas na arbitragem*". O estudo sugere o pagamento do custo pelo fornecedor no momento do início do procedimento, mas não descarta possibilidade de parcial subsídio estatal[52].

Por outro lado, um dos possíveis incentivos para a empresa seria a obtenção de um selo de "Empresa Amigável ao Consumidor", a depender do seu grau de litigiosidade e de seu índice de composição amigável dos conflitos, em paralelo com o sistema espanhol[53].

Na Espanha, o selo acaba sendo uma importante métrica em prol do consumo, na medida em que, para mantê-lo, o empresário terá demonstrar que atua segundo os princípios de proteção ao consumidor, podendo perder o distintivo se descumprir reiteradamente os laudos ou praticar reiteradas infrações classificadas como graves em matéria de proteção ao consumidor, ou ainda realizar práticas que lesionem gravemente os direitos e interesses legítimos dos consumidores e usuários[54].

Embora tal sistema seja talvez o mais interessante para a realidade brasileira, ainda não parece conter incentivos suficientes para que o

[52] Produto 4. Disponível em: https://www.defesadoconsumidor.gov.br/images/2020/Consultoria_Produto_Me%CC%81todos_Alternativos.pdf, Acesso em 04.06.2021, p. 40-42.

[53] Produto 4. Disponível em: https://www.defesadoconsumidor.gov.br/images/2020/Consultoria_Produto_Me%CC%81todos_Alternativos.pdf, Acesso em 04.06.2021, p. 45.

[54] Artículo 30. Retirada del distintivo de empresa adherida al Sistema Arbitral de Consumo. 1. Se perderá el derecho al uso del distintivo de empresa adherida y, en su caso, se procederá a la baja en el registro público de empresas adheridas al Sistema Arbitral de Consumo por las siguientes causas: a) Expiración del plazo para el que se realizó la oferta pública de adhesión o denuncia de dicha oferta, conforme a lo previsto en el artículo anterior. b) Utilización fraudulenta o engañosa del distintivo. c) Incumplimiento reiterado de los laudos. d) Reiteradas infracciones calificadas como graves o muy graves en materia de protección al consumidor y usuario, sancionadas, con carácter firme, por las Administraciones públicas competentes. e) Realización de prácticas, constatadas por las Administraciones públicas competentes en materia de protección al consumidor y usuario, que lesionen gravemente los derechos e intereses legítimos de los consumidores y usuarios. Espanha. Disponível em: https://www.boe.es/buscar/doc.php?id=BOE-A-2008-3527, Acesso em 10/06/2021.

empresário seja estimulado a nele investir, em especial considerando o baixo custo e demais incentivos na via judicial. Por outro lado, a criação de centros de arbitragem custeados pelo fornecedor não tem cabimento sem a contrapartida da regulação e fiscalização, sob pena de franquear o abuso.

Conclusões

Os ordenamentos jurídicos do Brasil e da Espanha demonstram a preocupação constitucional com a proteção e defesa do consumidor, como atividade de política pública. Ao mesmo tempo, admitem amplamente a arbitragem para solução de conflitos relacionados aos direitos disponíveis.

No âmbito da arbitragem de consumo, embora os países em comparação adotem legislação e organização distintas, a preocupação de ambos está centrada na garantia do amplo acesso à justiça e de proteção ao consumidor, mesmo no ambiente privado, reconhecendo a sua posição de vulnerabilidade e hipossuficiência. O cerne da questão é compatibilizar a liberdade contratual em ambiente de arbitragem com a proteção do consumidor vulnerável, balizando os limites da intervenção estatal nas relações arbitrais consumeristas.

A Espanha desenvolveu um sistema legislativo e organizacional bem estruturado, ao contrário do Brasil. As regras espanholas são claras e protetivas ao consumidor, em atendimento ao comando constitucional daquele país. A organização da estrutura incumbe ao Poder Público, o que representa equilíbrio entre as partes em conflito e possibilita a fiscalização. Para além, os julgamentos são realizados por árbitros representantes de ambas as categorias e por representante do Poder Público, que evita eventuais abusos. Os empresários são estimulados a aderir ao Sistema mediante recebimento de selos de qualidade.

Há, portanto, clareza legislativa, organização pública, fiscalização apropriada e gratuidade. Tal estruturação possibilita a realização de políticas públicas voltadas à informação e orientação dos consumidores, e torna o mecanismo extrajudicial atrativo para as partes envolvidas.

O sistema brasileiro tem, sem dúvida, fértil campo de pesquisa no sistema espanhol para, talvez, aprimorar e ampliar a arbitragem de consumo em solo nacional.

A maior dificuldade brasileira não parece ser a questão cultural, decorrente da excessiva proteção ao consumidor ou de eventual preconceito com a arbitragem envolvendo pessoas vulneráveis. A questão principal parece ser a falta de incentivos corretos, decorrentes (i) da inexistência de estrutura adequada (legislativa e organizacional), (ii) da existência de outros mecanismos mais vantajosos e (iii) da inexistência de incentivos para que os fornecedores ou empresários invistam recursos num sistema arbitral de consumo competitivo com o sistema judicial.

Ainda pairam muitas dúvidas para as partes envolvidas na arbitragem de consumo: a qual estrutura de arbitragem recorrer; quais são os custos envolvidos; haverá ou não necessidade de contratação de advogado e, em caso negativo, quem realizará o assessoramento; caberá gratuidade dentro do sistema arbitral e mediante quais critérios; de que forma são escolhidos os árbitros e quem custeia os seus honorários; de que forma haverá fiscalização do sistema para evitar abusos; haverá facilitação de defesa do consumidor na arbitragem, inclusive mediante inversão do ônus da prova.

Tais dúvidas, dentre muitas outras, devem ser esclarecidas pelo legislador, possibilitando a criação de política pública de informação e educação do consumidor para que conheça adequadamente o sistema de arbitragem e entenda com clareza os benefícios e potenciais riscos envolvidos. Somente com clareza legislativa, transparência na formação e estruturação dos órgãos arbitrais e informação ampla e adequada, o consumidor estará apto a realizar a escolha livre e consciente.

Outro aspecto mais desafiador é a criação de sistema de arbitragem competitivo com o sistema judicial, o qual apresenta proteções e benefícios às partes litigantes (em especial ao consumidor), ainda que mais lento e burocrático.

Não parece haver viabilidade para instituição de um sistema público e gratuito, tal como na Espanha, que não conta com mecanismo judicial com características semelhantes ao Juizado Especiais brasileiros. A alternativa de financiamento do sistema pelo empresário é mais concreta para a realidade brasileira, mediante a criação de mecanismos de incentivo adequados, tal como vem sendo sugerido no estudo em desenvolvimento no âmbito da SENACON.

A confiança do consumidor somente será conquistada se houver a percepção de que, no dia a dia do consumo, o custo-benefício envolvido no sistema de arbitragem lhe é favorável. Isso porque, aos olhos do vulnerável, parece preferível um sistema inteiramente gratuito, previsível e sem risco (no mais das vezes), do que um sistema célere, duvidoso e custoso. Na perspectiva do fornecedor, o baixo custo da demanda judicial (em especial no JEC) e a morosidade do Judiciário são aspectos favoráveis, em certa medida, porque reduzem riscos, desestimulam investimentos em melhorias dos produtos e serviços e possibilitam a postergação das obrigações.

Nesse cenário, a arbitragem de consumo, embora represente realidade e tenha um funcionamento muito eficaz em outros países, parece enfrentar árduas barreiras no sistema jurídico brasileiro.

De qualquer modo, não se pode perder de vista que a ideia é ampliar a rede de acesso dos consumidores à justiça, promover a facilitação da defesa de seus direitos e buscar alternativas à via judicial, sem impedir que os consumidores optem por esta última, favorecendo o sistema multiportas[55]. Tais escopos parecem justificar os esforços em prol da arbitragem de consumo, ainda mais diante do êxito que vem sendo observado no Direito Comparado.

Embora ainda existam barreiras efetivas e de difícil enfrentamento no Brasil, a estruturação de uma arbitragem de consumo competitiva poderá beneficiar o consumidor com a rápida solução das controvérsias de consumo; contribuir para a redução da morosidade no âmbito do Poder Judiciário (especialmente do Juizado); e poderá gerar incentivos aos empresários para que melhorem o atendimento ao consumidor (como no caso de selo de qualidade espanhol). As características específicas do procedimento arbitral, como a liberdade, a agilidade, a informalidade, têm enorme valia para a solução de litígios dessa natureza, elevando o ganho social.

[55] Nesse sentido: O que se busca com a implementação da arbitragem de consumo – e com o desenvolvimento de todo um amálgama de métodos de resolução de conflitos consumeristas – não é reduzir a acessibilidade à justiça, compelindo os consumidores insatisfeitos com a prestação de serviços a recorrerem "às câmaras arbitrais pagas pelos fornecedores". A ideia que está sendo proposta diverge diametralmente dessa suposição: partimos da premissa de empoderar e de informar o consumidor de forma a enfrentar o problema real que é um sistema que demora para resolver os conflitos e tem um custo elevadíssimo para a sociedade. Casado Filho, Napoleão; et al. As virtudes da arbitragem nas relações de consumo. *Revista Consultor Jurídico*, 11 de fevereiro de 2021. Disponível em: https://www.conjur.com.br/2021-fev-11/opiniao-virtudes-arbitragem-relacoes-consumo, Acesso em 08/06/2021.

Referências

ANDRIGHI, Fátima Nancy. Arbitragem nas relações de consumo: uma proposta concreta. *Revista de Arbitragem e Mediação*. A. 3, n. 9, Brasília: abr./jun, 2006.

BRANCHER, Paulo M. R. Ilegalidade prima facie como limitador do princípio da competência-competência. Uma análise em relação a matérias de ordem pública. *Revista de Arbitragem e Mediação*, v. 53, 2017. p. 315-332.

CAHALI, Francisco José; TEODORO, Viviane Rosolia. A resolução de litígios on-line da União Europeia em contraste com a arbitragem nos contratos de consumo no Brasil. *Revista de Direito do Consumidor*, v. 131, 2020, p. 385-415.

CASADO FILHO, Napoleão; et al. As virtudes da arbitragem nas relações de consumo. *Revista Consultor Jurídico*, 11 de fevereiro de 2021. Disponível em: https://www.conjur.com.br/2021-fev-11/opiniao-virtudes-arbitragem-relacoes-consumo, Acesso em 08/06/2021.

CANTO, Flávia do; SQUEFF, Tatiana Cardoso. As limitações do uso da arbitragem nas relações de consumo. *Revista Consultor Jurídico*, 18 de novembro de 2020. Disponível em: https://www.conjur.com.br/2020-nov-18/garantias-consumo-limitacoes-uso-arbitragem-relacoes-consumo, Acesso em 08/06/2021.

GRINOVER, Ada Pellegrini, et al. *Código Brasileiro de Defesa do Consumidor comentado pelos autores do anteprojeto*. 9. ed. Rio de Janeiro: Forense Universitária, 2007.

GOUVÊA NETO, Flávio de Freitas. Arbitragem de consumo como a da Espanha aceleraria resolução de demandas. *Revista Consultor Jurídico*, 14 de novembro de 2015. Disponível em: https://www.conjur.com.br/2015-nov-14/flavio-gouvea-arbitragem-consumo-aceleraria-resolucao-demandas, Acesso em 08/06/2021.

GREGORI, Maria Stella; FRAGATA, Mariângela Sarrubbo. Mediação e arbitragem nas relações de consumo. *Revista Consultor Jurídico*, 20 de janeiro de 2021. Disponível em: https://www.conjur.com.br/2021-jan-20/garantias-consumo-mediacao-arbitragem-relacoes-consumo, Acesso em 08/06/2021.

FAURE, María Costanza Garcia. El arbitraje de consumo desde una perspectiva comparada: derechos español, portugués y argentino. *Revista Internacional de Doctrina y Jurisprudencia*, v. 15. Espanha: mayo/2017, págs. 01-37.

GUERRERO, Luis Fernando. Arbitrabilidade: Algo de Revolucionário nos 5 anos da lei nº 13.129, de 26 de maio de 2015? In: FERREIRA, Olavo A. V. A.; LUCON, P. H. dos S. (coord). *Arbitragem: 5 anos da Lei nº 13.129, de 26 de maio de 2015*. Ribeirão Preto/SP: Editora Migalhas, 2020.

JUNQUEIRA DE AZEVEDO, A. A arbitragem e o Direito do Consumidor. *Revista da Faculdade de Direito*, Universidade de São Paulo, v. 91, p. 265-275, 1996. Disponível em: https://www.revistas.usp.br/rfdusp/article/view/67337. Acesso em: 6.06.2021.

LEMES, Selma. *Arbitragem e Direito do Consumo*. Palestra proferida no II Congresso do Comitê Brasileiro de Arbitragem – CBAR, Florianópolis, 22 a 24 de set. de

2002. Disponível em: http://www.selmalemes.adv.br/artigos/artigo_juri19.pdf. Acesso em: 06.06.2021.

______________. Arbitragem consumerista. Poderia ser realidade no Brasil? Disponível em: http://www.selmalemes.adv.br/artigos/Arbitragem%20 Consumerista.pdf. Acesso em: 06.06.2021.

______________. O uso da arbitragem nas relações de consumo. Disponível em: http://www.selmalemes.adv.br/artigos/artigo29.pdf. Acesso em: 06.06.2021.

MIRAGEM, Bruno. *Curso de Direito do Consumidor.* 6ª. Ed., São Paulo: Revista dos Tribunais, 2016.

NEVES, José Roberto de Castro. Arbitragem nas relações de consumo – uma nova esperança. In: ROCHA, C. C. V.; SALOMÃO, L. F. (coord). *Arbitragem e Mediação. A reforma da legislação brasileira.* 2. ed. p. 191-211. São Paulo: Atlas, 2017.

SOARES, Dennis Verbicaro. A arbitragem de consumo no direito comparado: um modelo possível para o Brasil? *Revista de Direito do Consumidor.* v. 106, Julho--Agosto 2016.

TUCCI, José Rogério Cruz e. Vetos inusitados conspiram contra o futuro promissor da arbitragem. *Revista Consultor Jurídico,* 20 de junho de 2015. Disponível em: http://www.conjur.com.br/2015-jun-02/paradoxo-corte-vetos-inusitados-conspiram-futuro-promissor-arbitragem. Acesso em 08/06/2021.

CAPÍTULO 4
ARBITRABILIDADE SUBJETIVA DE EMPRESAS INSOLVENTES: UMA ANÁLISE DO DIREITO COMPARADO

Antonia Quintella de Azambuja

1. Introdução

É cada vez mais comum que ao menos uma das partes signatárias de uma convenção de arbitragem se encontre em situação de insolvência durante a relação comercial das partes, ou até mesmo no curso de um procedimento arbitral já instaurado. Diante desse cenário, surgem diversos questionamentos sobre se e como a insolvência da parte afetará o procedimento arbitral em curso, ou até mesmo a validade e eficácia da convenção de arbitragem, antes da instauração do processo.

Chega-se a dizer que essa interseção entre a insolvência e a arbitragem pode acarretar um conflito entre extremos (*"a conflict between near polar extremes"*[1]), em razão das distinções entre os regimes da arbitragem e da insolvência. Afinal, enquanto a arbitragem é privada, muitas vezes confidencial e dotada de enorme flexibilidade procedimental, o proces-

[1] Expressão utilizada pela Segunda Corte Distrital de Apelação dos Estados Unidos (*Second Circuit Court of Appeals*) no julgamento do caso *In re United States Lines, Inc.*.
EUA. *In re United States Lines, Inc.*, 197 F.3d 631, 640, *Second Distric Court of Appeals*, 1999.

so de insolvência é, necessariamente, coletivo, público e regido por regras processuais rígidas.

O estudo dos impactos da interação entre esses institutos mostra-se especialmente relevante diante da consolidação e popularização do uso da arbitragem como meio alternativo – e muitas vezes preferível – de solução de disputas[2] e, por outro lado, do aumento expressivo do número de pedidos de falência e recuperação judicial[3].

A relevância do tema também é reforçada pelo fato de que, recentemente, o Comitê de Arbitragem da *International Bar Association* ("IBA") criou um subcomitê especializado de Arbitragem e Insolvência para analisar os pontos de interseção entre os institutos com o intuito de orientar as partes, os advogados e os árbitros que atuam em procedimentos arbitrais em que uma das partes do processo está em situação de insolvência ou se torna insolvente no curso do processo. O produto desse estudo foi um manual prático (*toolkit*) divulgado pela IBA em março de 2021, com uma análise comparativa da resposta de diversas jurisdições ao problema e orientações práticas para partes, advogados e árbitros sobre como lidar com tais casos ("IBA Toolkit")[4].

[2] Desde o reconhecimento da constitucionalidade da Lei nº 9.307/1996 ("Lei de Arbitragem") pelo Supremo Tribunal Federal ("STF") em 2001, é notório o seu crescente uso como mecanismo de solução de disputas. Nesse sentido, mapeamentos recentes mostram que o número de procedimentos arbitrais instaurados no Brasil cresceu 73% entre 2010 e 2015 e segue aumentando nos últimos anos.
Vide *(i)* LEMES, Selma. Arbitragem em Números e Valores, 2016. *Apud* GRILLO, Breno. Soluções em arbitragem crescem 73% em seis anos, mostra pesquisa. Revista Consultor Jurídico. Veiculado em 15.07.2016; e *(ii)* levantamentos do Comitê de Arbitragem do Centro de Estudos das Sociedades de Advogados – CESA nos Anuários da Arbitragem no Brasil de 2017 e 2018, publicados em dezembro/2018 e dezembro/2019, respectivamente.

[3] Nesse sentido, enquanto nos primeiros 10 (dez anos) da vigência da LRF foram apresentados 6.938 (seis mil, novecentos e trinta e oito) pedidos de recuperação judicial no total, o número de pedidos nos últimos 5 (cinco) anos supera o total do período entre 2005 e 2015. Vide *(i)* resultados de estudo realizado pelo Instituto Nacional da Recuperação Empresarial (Inre) veiculados pelo site Conjur em 13.06.2015 [REVISTA CONSULTOR JURÍDICO. Em 10 anos, quase 7 mil empresas entraram em recuperação judicial no Brasil. Veiculado em 13.06.2015]; e *(ii)* dados extraídos da base de Indicadores Econômicos da Serasa Experian – em especial, os dados sobre recuperações judiciais e falências requeridas e pedidos de recuperação judicial e falência deferidos atualizado até maio/2021.

[4] INTERNATIONAL BAR ASSOCIATION. *IBA Toolkit on Insolvency and Arbitration.* Veiculado no site da IBA em março/2021.

O estudo coordenado pela IBA – que compilou os resultados de diversos relatórios nacionais elaborados por especialistas no tema de 19 jurisdições – mostrou que as diferentes jurisdições têm respostas divergentes a perguntas tais como: se a arbitragem pode prosseguir diante da decretação da insolvência de uma das partes; se a parte insolvente ainda tem capacidade jurídica para se submeter à arbitragem; e se a sentença arbitral que vier a ser proferida será exequível.

Enquanto pouquíssimas jurisdições proíbem expressamente a participação da parte insolvente em procedimentos individuais, incluindo procedimentos arbitrais, outras autorizam o prosseguimento de procedimentos arbitrais apenas em determinadas hipóteses ou sujeito a diversas adaptações procedimentais; e outras ainda entendem que o fato de a empresa estar em situação de insolvência em nada impacta a sua capacidade de participar de procedimentos arbitrais. Por fim, diversos sistemas jurídicos ainda não têm resposta para o problema em seus respectivos arcabouços normativos o que leva cada caso a ser decidido individualmente.

Nesse contexto, o presente artigo tem por objeto a análise das respostas de diferentes sistemas jurídicos a uma pergunta: *a parte insolvente tem capacidade para se submeter à arbitragem?*

2. Conceitos introdutórios: insolvência e arbitrabilidade subjetiva

Para fins da presente análise, utiliza-se o termo processo de insolvência como sinônimo de processo instaurado diante da situação geral em que as dívidas da empresa são superiores aos bens em seu patrimônio, de modo que se faz necessária a sua reestruturação financeira, ou até mesmo a sua liquidação[5] – portanto, gênero, do qual são espécies a recuperação judicial e extrajudicial, falência, *inter alia.*

[5] Na acepção clássica de Rubens Requião: "A situação ruinosa do patrimônio do devedor, em condições de não solver suas obrigações, caracteriza a insolvência."
Requião, Rubens. Curso de Direito Falimentar, 17ª Edição. São Paulo: Saraiva, 1998, p. 40.
No mesmo sentido, Fábio Ulhoa Coelho esclarece: "Por fim, a crise patrimonial é a insolvência, isto é, a insuficiência de bens no ativo para atender à satisfação do passivo. Trata-se de crise estática, quer dizer, se a sociedade empresária tem menos bens em seu patrimônio que o total de suas dívidas, ela parece apresentar uma condição temerária, indicativa de grande risco para os credores."
Coelho, Fábio Ulhoa. Curso de direito comercial, volume 3: direito de empresa: contratos, falência e recuperação de empresas. 19ª ed. rev. atual. e ampl. São Paulo: Thomson Reuters Brasil, 2020, p. 220.

Diferentes sistemas jurídicos também adotam diversos regimes para regular o soerguimento de empresas insolventes – quando este for viável – ou a sua liquidação, mas a doutrina internacional também se utiliza do termo *insolvency* para tratar de processos judiciais, de natureza coletiva, que são ajuizados com o intuito de endereçar os interesses (muitas vezes divergentes) da coletividade de credores da empresa insolvente, proibindo a execução de créditos individuais e assegurando a maximização dos ativos da empresa e o tratamento igualitário de credores da mesma classe[6].

Não serão objeto de análise detalhada, portanto, as peculiaridades do processo falimentar ou da recuperação judicial, tampouco quaisquer outros tipos de liquidação ou reestruturação previstos nos ordenamentos das diferentes jurisdições analisadas.

Como já mencionado, a arbitragem, enquanto "*mecanismo privado de solução de litígios, através do qual um terceiro, escolhido pelos litigantes, impõe sua decisão, que deverá ser cumprida pelas partes*"[7], é consensual, privada e gera efeitos apenas entre as partes contratantes.

Já o conceito de arbitrabilidade subjetiva diz respeito à capacidade da parte para celebrar uma convenção de arbitragem. O Art. 1º da Lei de Arbitragem, fazendo referência à capacidade jurídica consagrada no Art. 1º do Código Civil, prevê que "[*a*]*s pessoas capazes de contratar poderão*

[6] *"The purpose of insolvency law is to provide a workable framework for dealing with the competing interests and claims involved where the debtor lacks sufficient means to fulfil all its obligations. The objectives pursued in the various legal systems differ and depend to a great extent also on the type of proceeding envisaged. In reorganization proceedings survival of the undertaking and maintaining employment are of primary importance. By contrast in liquidation proceedings the main focus is on securing (at least partial) satisfaction of the creditors. How the often contradictory interests are balanced is a political and social choice to be made by each national legislator.*
Notwithstanding the many differences existing among the various national insolvency laws, however, two common features can be observed, i.e., rules are intended (a) to maximize the value of the estate and (b) to ensure an equal treatment of creditors in the same class. To attain these objectives, limits are imposed on the contractual freedom of the debtor and the creditors and certain alterations are made to the general contract law. In accordance with these shared aims, a number of substantive and procedural tools are commonly encountered in the national insolvency regulations."
KROLL, Stefan M. K. *Chapter 18: Arbitration and Insolvency Proceedings – Selected Problems.* In MISTELIS, L. A.; LEW, J. D. M. (eds.). *Pervasive Problems in International Arbitration.* International Arbitration Law Library, Volume 15. Kluwer Law International, 2006, pp. 357/376.

[7] CARMONA, Carlos Alberto. Arbitragem e processo: um comentário à Lei nº 9.307/96. 3ª ed. São Paulo: Atlas, 2009, p. 31. Grifou-se.

valer-se da arbitragem para dirimir litígios relativos a direitos patrimoniais disponíveis". Percebe-se, portanto, que a Lei de Arbitragem determina que poderão firmar convenções de arbitragem aquelas pessoas (físicas e jurídicas) com condições plenas para exercer e gozar dos seus direitos.

Nesse sentido, Giovanni Ettore Nanni traz importantes esclarecimentos sobre a capacidade para firmar a convenção de arbitragem:

> "A Lei de Arbitragem estatui que somente as pessoas capazes de contratar podem escolher a arbitragem como meio de resolução de controvérsias oriundas de um determinado negócio jurídico (art. 1º, da Lei n. 9.307/96), sendo do mesmo modo permitido pelo art. 851 do Código Civil. Trata-se da arbitrabilidade subjetiva. Se toda pessoa é capaz de direitos e deveres na ordem civil (art. 1º, CC), tal capacidade diz respeito à capacidade de direito, com aptidão conferida de forma genérica para exercer direitos e contrair obrigações. Porém, não é esta a capacidade que dá a medida da arbitrabilidade subjetiva, a qual deflui da capacidade de fato, que é a aptidão para utilizar e exercer os direitos por si mesmo. Como explica Caio Mário da Silva Pereira, regra é que toda pessoa tem a capacidade de direito, mas nem toda a de fato. Toda pessoa tem a faculdade de adquirir direitos, mas nem toda pessoa tem o poder de usá-los pessoalmente e transmiti-los a outrem por ato de vontade. Portanto, só quem detém capacidade de fato pode optar pelo juízo arbitral. Quem não a possui, isto é, os incapazes, não tem tal direito. Assim, na presença das situações de incapacidade previstas no Código Civil (arts. 3º e 4º), em função da idade, enfermidade, doença mental, ausência de discernimento, ainda que não completa, não é possível pactuar a cláusula compromissória, sob pena de invalidade. Logo, os incapazes e também os relativamente incapazes não desfrutam de tal aptidão. No direito brasileiro, portanto, a arbitrabilidade subjetiva regula-se pela capacidade contratual. Como expressa Álvaro Mendes Pimentel, a quem é dado contratar, é lícito comprometer, desde que, adicione-se, tenha aptidão de fazê-lo por si só, sem depender de representação ou assistência de outrem."[8]

[8] Nanni, Giovanni Ettore. Direito civil e arbitragem. São Paulo: Atlas, 2014, p. 53. Grifou-se.

O termo capacidade (*capacity*) é amplamente utilizado pela doutrina internacional e por diversos instrumentos jurídicos que balizam o uso da arbitragem internacional – tais como a Convenção de Nova Iorque sobre o reconhecimento e a execução de sentenças arbitrais estrangeiras de 1958 e a Lei Modelo da UNCITRAL sobre arbitragem comercial internacional de 1985 (atualizada em 2006) – em que pese não existir definição transnacional sobre o tema[9]. Por esse motivo, o presente artigo se propõe a trazer uma análise comparativa de como o conceito de capacidade (arbitrabilidade subjetiva) é aplicado por diferentes sistemas jurídicos, tanto de tradição do *Common Law*, quanto do *Civil Law*, no contexto da capacidade das empresas insolventes de se submeterem à arbitragem.

Faz-se necessário, ainda, distinguir o conceito de arbitrabilidade subjetiva dos conceitos de arbitrabilidade objetiva e poder (*authority*).

O segundo requisito que se extrai do Art. 1º da Lei de Arbitragem (*supra*) diz respeito aos tipos de direitos que podem ser submetidos à arbitragem (arbitrabilidade objetiva). Dispõe a Lei de Arbitragem que apenas os direitos de natureza disponível e patrimonial são arbitráveis. Por sua vez, o conceito de *authority* se refere ao poder que determinado representante da parte detém para celebrar convenção arbitral em seu nome ou representá-la em procedimentos arbitrais[10].

Nem a arbitrabilidade objetiva da matéria em disputa, nem o poder do agente da parte para representá-la afetam a capacidade da parte de

[9] *"The term capacity is used in many international arbitration instruments such as the NYC, the UN-ArbModLaw and other international treaties. Courts and arbitral tribunals regularly make reference to it. Despite this wide use of capacity, no transnationally valid definition exists. The term capacity is defined by local law, which differs considerably from nation to nation. In a transnational context, this results in a confusing use of terminologies and legal concepts – particularly in a case involving both civil law and common law elements."*
VORBURGER, Simon. *Chapter 6: Specific Effects of a Commencement of an Insolvency on International Arbitration.* In *International Arbitration and Cross-Border Insolvency: Comparative Perspectives.* International Arbitration Law Library, Volume 31. Kluwer Law International, 2014, pp. 97/ 200.

[10] *"Issues of capacity should be kept apart from issues of authority. Authority relates to the authority of a certain agent or organ of the party to conclude an arbitration agreement on behalf of a certain legal entity or to conduct the proceedings on its behalf. It has to be further distinguished from the authority to represent a party in legal proceedings (Schiedsvollmacht). Such issues do not influence the capacity of a party, they rather decide whether the actions of the representative were binding for the latter, and whether the action will be successful."*
Ibidem.

se submeter à arbitragem. Justamente por isso e tendo em vista o escopo do presente artigo, não serão objeto de análise os temas de arbitrabilidade objetiva e poder, muito embora ambos sejam temas de extrema relevância no contexto da análise das interseções entre a arbitragem e a insolvência.

3. Arbitrabilidade subjetiva de empresas insolventes

3.1. Considerações iniciais sobre o tema

Em diversas jurisdições, as leis nacionais, ou, no seu silêncio, a jurisprudência, reconhecem a capacidade plena da empresa insolvente para participar de procedimentos arbitrais (já em curso ou que vierem a ser instaurados), por entender que a mera decretação da sua insolvência não afeta a sua capacidade jurídica para tanto. Por sua vez, pouquíssimas jurisdições já reconheceram expressamente que a decretação da insolvência da parte retira dela a sua capacidade para submeter as suas disputas à arbitragem. Outras ainda reconhecem que, uma vez decretada a insolvência da parte, a sua submissão à arbitragem está condicionada à anuência prévia do seu administrador e/ou do juízo perante o qual tramita o processo de insolvência[11].

Da perspectiva da arbitragem internacional, percebe-se, portanto, a importância da análise da legislação *(i)* doméstica da parte insolvente (normalmente, o local do seu principal estabelecimento)[12]; *(ii)* que regula a insolvência no país em que se pretende dar cumprimento à sentença arbitral que vier a ser proferida pelo(s) árbitro(s); e, ainda, *(iii)* aplicável à arbitragem[13]. Isso porque a Convenção de Nova Iorque

[11] Born, Gary. *Chapter 5: Formation, Validity and Legality of International Arbitration Agreements.* In *International Commercial Arbitration*, 2nd ed.. Kluwer Law International, 2014, pp. 636/942.

[12] *"Regarding matters concerning the capacity of the insolvent party (or its representatives) to pursue the arbitration, the arbitrators consistently refer such issues to the personal law of the party, which for corporations is generally the law of the place of its corporation."*

Mantilla-Serrano, Fernando. *International Arbitration and Insolvency Proceedings.* 11 Arb. Int'l 51, 64, 1995.

[13] Sobre os efeitos das leis domésticas de insolvência sobre procedimentos arbitrais, Gary Born reconhece que: *"International arbitral proceedings occasionally present the question whether rules in an insolvent party's home jurisdiction, providing for the invalidity of arbitration agreements or nonarbitrability of claims of an insolvent entity, should be given effect in other jurisdictions. For example,*

– que conta com a aderência de 168 estados e foi ratificada pelo Brasil em 2002 e incorporada ao ordenamento pátrio por meio do Decreto nº 4.311/2002 – contém dois dispositivos relacionados ao tema da arbitrabilidade subjetiva[14] que podem impactar a exequibilidade de eventual sentença arbitral em procedimento envolvendo parte insolvente, quais sejam os itens (1)(a) e (2)(b) do Art. V[15].

O Art. V(1)(a) autoriza a recusa do reconhecimento e execução de sentença arbitral quando alguma das partes for considerada de alguma forma incapaz, "*em conformidade com a lei a elas aplicável*", sem especificar, no entanto, qual seria a lei aplicável – se a lei doméstica da parte que regula a sua capacidade, a lei aplicável à arbitragem eleita pelas partes ou a lei doméstica do local da execução[16]. Sendo assim, existe evidente risco de recusa à homologação da sentença estrangeira se for alegada a incapacidade da parte em razão da decretação da sua insolvência.

if a Polish (or Portuguese) company agrees to arbitrate in Switzerland (or England) then Polish (or Portuguese) bankruptcy legislation will likely be invoked in Swiss (or English) arbitral proceedings and, potentially, annulment or similar Swiss (or English) judicial proceedings. Although different courts have reached different results, both national courts and arbitral tribunals have generally been reluctant to give automatic effect to foreign bankruptcy legislation that forbids arbitration by an insolvent party." BORN, Gary. *Chapter 6: Nonarbitrability and International Arbitration Agreements*. in *International Commercial Arbitration*, 2nd ed.. Kluwer Law International, 2014, pp. 943/1045. Grifou-se.

14 Além disso, o Art. V(2)(a) da Convenção de Nova Iorque deve ser levado em consideração quando se discute a arbitrabilidade objetiva de disputas envolvendo direitos de partes insolventes.

15 Artigo V
1. O reconhecimento e a execução de uma sentença poderão ser indeferidos, a pedido da parte contra a qual ela é invocada, unicamente se esta parte fornecer, à autoridade competente onde se tenciona o reconhecimento e a execução, prova de que:
a) as partes do acordo a que se refere o Artigo II estavam, em conformidade com a lei a elas aplicável, de algum modo incapacitadas, ou que tal acordo não é válido nos termos da lei à qual as partes o submeteram, ou, na ausência de indicação sobre a matéria, nos termos da lei do país onde a sentença foi proferida; ou [...]
2. O reconhecimento e a execução de uma sentença arbitral também poderão ser recusados caso a autoridade competente do país em que se tenciona o reconhecimento e a execução constatar que: [...]
b) o reconhecimento ou a execução da sentença seria contrário à ordem pública daquele país. (Grifou-se.)

16 GAILLARD, E.; SAVAGE, J. (eds.). *Part 2: Chapter II – Formation of the Arbitration Agreement*. In *Fouchard Gaillard Goldman on International Commercial Arbitration*. Kluwer Law International, 1999, pp. 241/380.

Da mesma forma, à luz do disposto no Art. V(2)(b), caso a capacidade das partes seja considerada questão de ordem pública pela lei doméstica do local em que se requer a homologação da lei estrangeira, também se vislumbra o risco de ser rejeitado o pedido de homologação de sentença proferida em processo envolvendo parte incapaz, sendo certo que tal análise também pode ensejar discussão quanto à lei aplicável à questão da capacidade.

Sobre a análise da capacidade da parte insolvente para fins da aplicação da Convenção de Nova Iorque, a doutrina defende a criação de definição internacional uniforme do conceito, de modo a evitar a aplicação de leis domésticas sobre insolvência para o afastamento de sentenças estrangeiras[17].

Como se verá a seguir, enquanto algumas cortes já reconheceram que a insolvência da parte não afeta a sua capacidade, mas apenas os efeitos da convenção de arbitragem, de modo que deve ser aplicada a lei da sede da arbitragem para interpretar a convenção[18], outras entendem que a decretação da insolvência pode sim influenciar a arbitrabilidade subjetiva e que a lei doméstica de insolvência da jurisdição da parte (o local do seu principal estabelecimento ou da sua sede corporativa) deve ser aplicada para fins da análise de capacidade[19].

Considerando as possíveis repercussões do tema sobre o procedimento arbitral e eventual sentença arbitral que vier a ser proferida, os tribunais arbitrais devem atentar para os potenciais impactos da decretação da insolvência da parte na sua capacidade tão logo tenham ciência

[17] *"As discussed above, the scope of the concept of "capacity" for purposes of the New York Convention should not be governed by national law, but rather by a uniform international definition of the concept; (333) under that international definition, the consequences of insolvency should not be regarded as affecting the "capacity" of a party, but rather should be characterized as an issue concerning the substantive validity of that party's contractual rights and obligations.*
This conclusion avoids the undesirable possibility that every Contracting State would be free, through application of local insolvency legislation, to invalidate the international arbitration agreements of local parties – which would materially undercut the purposes of the Convention and frustrate parties' legitimate commercial expectations."
Op.cit. Born, Gary. *Chapter 6: Nonarbitrability and International Arbitration Agreements*, pp. 943/1045.

[18] REINO UNIDO. *Syska (Elektrim SA) v. Vivendi Universal SA, England and Wales Court of Appeal Civil Division*, 677, 2009.

[19] SUÍÇA. 28 ASA Bull. 104, 109, Tribunal Federal Suíço, j. em 31.05.2009.

do status da parte. Nesse sentido, a exposição de motivos do IBA Toolkit reconhece:

> *"When arbitration is pursued while insolvency proceedings are pending or imminent, arbitrators face important legal questions about whether they are authorized to continue the arbitration, whether the debtor continues to have legal capacity to arbitrate, and whether an award ultimately issued will be enforceable, among others. [...]*
>
> *From the perspective of an arbitration tribunal, it may be unclear to what extent a national regime purporting to regulate the effects of insolvency on arbitration should impact the arbitration at all, in particular where the seat of the arbitration is located outside of the jurisdiction conducting the insolvency proceedings. In these cases, the co-existence of national approaches frequently raises conflict of laws questions that add a layer of complexity to the legal issues posed by the insolvency of a party to arbitration at the domestic level. Moreover, the divergence of approaches in the arbitral law of various jurisdictions – for example whether that law permits anti-arbitration injunctions, its approach to evaluating the legal capacity of a party to arbitrate, or its attitude toward the State's power to regulate domestic versus non-domestic arbitrations – may present further issues for arbitrators."*[20]

Feitas essas considerações gerais sobre os efeitos das discussões sobre arbitrabilidade subjetiva de empresas insolventes sobre arbitragens internacionais, passe-se agora à análise das respostas de diferentes sistemas jurisdicionais para o problema.

3.2. Análise do direito doméstico

No Brasil, muito se discutiu sobre a capacidade de empresas insolventes para participarem de procedimentos arbitrais. A discussão sobre a capacidade do agente variava de acordo com o cenário da insolvência – por exemplo, se a empresa teve a sua falência decretada ou se estava em recuperação judicial[21].

[20] IBA Toolkit, pp. 1/2.

[21] Nesse sentido, reconhecia-se a capacidade da parte insolvente de se submeter à arbitragem quando estava em recuperação judicial, em razão da manutenção dos efeitos dos contratos

A Lei de Arbitragem nada dispõe sobre a arbitrabilidade subjetiva de empresas insolventes e a Lei de Recuperação Judicial, Extrajudicial e Falência (Lei 11.101/2005 - "LRE") também não vedava expressamente a participação de empresas insolventes em procedimentos arbitrais e seu Art. 6º, §1º[22] autorizava a continuação de ações e a instauração de novas demandas para discussões sobre créditos ilíquidos.

No entanto, havia, na doutrina, diversas vozes que defendiam que o devedor cuja insolvência fora decretada não teria capacidade para participar – como demandante ou demandado – em procedimentos arbitrais. Tal posição pode ser resumida da seguinte forma:

> "Em linhas gerais, as vozes que defendiam a ausência de arbitrabilidade subjetiva ressaltavam *(i)* a indisponibilidade dos bens do devedor, seja no âmbito da recuperação, seja no processo de falência, à luz dos artigos 55, 99, IV e 103 da lei nº 11.101/205, *(ii)* a inerente subordinação dos processos de falência e recuperação aos interesses coletivos dos credores e à intervenção estatal; *(iii)* a superveniente ineficácia da cláusula compro-

firmados pela recuperanda, enquanto a massa falida perderia a sua capacidade de celebrar convenções de arbitragem:

"Quanto à capacidade do agente, devemos analisar os dois cenários: o da recuperação e o da falência. No primeiro caso, não há grandes questionamentos. Mesmo durante o processo de reorganização, o administrador da empresa continua no exercício de suas atividades, mesmo que com algumas limitações. Já disse Deccache que 'nos casos de recuperação judicial os contratos bilaterais anteriormente firmados pelo devedor permanecem válidos e produzem efeitos, a não ser que o plano de recuperação venha a modificar as obrigações do devedor'. Assim, o primeiro requisito do art. 1º da Lei de Arbitragem é preenchido nos casos da recuperação judicial. Já nos casos de falência, o cenário é diferente. Determina o art. 117 da Lei de (sic) 11.101/2005 que os contratos bilaterais serão cumpridos pelo administrador judicial caso seja do melhor interesse da massa falida. O administrador, nesse caso, já não é capaz de contratar (apenas com autorização do Comitê), mas apenas de cumprir o que já foi contratado anteriormente à falência. É possível extrair, então, que a arbitragem poderá ser instaurada, nos casos de falência, caso a cláusula compromissória tenha sido firmada antes da quebra (assunto a ser tratado adiante neste artigo), mesmo que essa não seja a opinião universal da doutrina."

Coutinho, R. F.; Pacífico, P. O. C. B. Apontamentos sobre a compatibilidade entre os institutos da recuperação judicial e da arbitragem. Revista de Direito Recuperacional e Empresa, São Paulo: Revista dos Tribunais, vol. 11, jan/mar, 2019.

[22] Art. 6º A decretação da falência ou o deferimento do processamento da recuperação judicial implica: [...]

§ 1º Terá prosseguimento no juízo no qual estiver se processando a ação que demandar quantia ilíquida.

missória pactuada em momento anterior à recuperação ou à decretação da falência e *(iv)* a necessária participação do Ministério Público no papel de fiscal da lei, como obstáculos intransponíveis ao reconhecimento da capacidade do devedor de figurar como parte em arbitragem."[23]

Interpretando o referido Art. 6º, §1º da LRE, a jurisprudência se consolidou no sentido de reconhecer que também seria permitida a continuação de procedimentos arbitrais em curso e a instauração de novas arbitragens, desde que tais demandas também tivessem por objeto quantias ilíquidas (ou seja, desde que o objeto do conflito fosse arbitrável). Sobre esse ponto, merecem destaque dois julgados importantes.

Nos autos da Medida Cautelar nº 14-295/SP, de relatoria da Ministra Nancy Andrighi[24], o Superior Tribunal de Justiça ("STJ") analisou a possibilidade de sujeição da parte insolvente à arbitragem[25] e esclareceu que "*(i) a cláusula compromissória fora celebrada pelas partes antes da decretação da liquidação e permanece válida e (ii) a participação do liquidante em procedimento arbitral não implicaria na conclusão de negócios tampouco na oneração/alienação de bens, sendo em tudo análoga a sua atuação na fase de conhecimento dos processos judiciais envolvendo a massa liquidanda.*"[26]

No mesmo sentido, a decisão da Câmara Especial de Falências e Recuperações Judiciais do TJSP nos autos do Agravo de Instrumento nº 531.020-4/3-00, de relatoria do Desembargador Manoel Pereira Calças[27], reformou decisão da 1ª Vara de Falências e Recuperação Judiciais

[23] Carvalho, E. C.; Mation, G. F.; Coelho, L. C. M. M. Recuperação judicial e arbitragem: superação de antigos paradigmas e o surgimento de novos desafios. Revista de Direito Recuperacional e Empresa, Brasília, v. 8 abr/jun, 2018.

[24] STJ, Medida Cautelar nº 14-295/SP, Rel. Min. Nancy Andrighi, Terceira Turma, j. em 09.06.2008. GRIFOU-SE.

[25] A disputa era entre Interclínicas Planos de Saúde S/A – em liquidação extrajudicial e Saúde ABC Serviços Médicos Hospitalares, e a Interclínicas questionava acórdão do Tribunal de Justiça de São Paulo ("TJSP") que autorizou o prosseguimento de procedimento arbitral instaurado pela parte contrária (Saúde ABC), para a resolução de disputa contratual entre as partes.

[26] *Op.cit.* Carvalho, E. C., *et. al.*

[27] TJSP. Agravo de Instrumento nº 531.020-4/3-00, Rel. Des. Pereira Calças, Câmara Especial de Falências e Recuperações Judiciais, j. em 28.06.2008. Sobre o tema, v. ainda: *(i)* TJSP, Apelação nº 0144646-17.2011.8.26.0100, Rel. Des. Gil Coelho, 11ª Câmara de Direito Privado, j. em 27.08.2015; e *(ii)* TJSP, Agravo de Instrumento nº 2092699-20.2016.8.26.0000, Rel. Des. Hamid Bdine, 1ª Câmara Reservada de Direito Empresarial, j. em 09.11.2016.

da Comarca da Capital do Estado São Paulo que havia rejeitado pedido de habilitação de crédito fundado em sentença proferida nos autos de procedimento arbitral.

Com base no Art. 6º, §1º da LRE, o TJSP confirmou que a ulterior decretação da falência ou deferimento da recuperação judicial da empresa não afeta a sua capacidade negocial e, portanto, não afasta a arbitrabilidade subjetiva:

> "[v]ersando a demanda sobre quantia ilíquida, o processo não é suspenso em virtude da falência da devedora, inexistindo a '*vis attractiva*' do art. 76, '*caput*', devendo o procedimento arbitral prosseguir com o administrador judicial que representará a massa falida, sob pena de nulidade.
> [...]
> Mesmo considerando-se que no processo de falência há interesses da coletividade dos credores do devedor comum, não se entrevê qualquer impedimento ao cumprimento de convenção de arbitragem pactuada anteriormente à decretação da falência, em cláusula prevista no contrato firmado por pessoas jurídicas, regularmente constituídas e apresentadas na forma de seus atos constitutivos, com plena capacidade negocial e tendo por objeto direitos patrimoniais disponíveis, conforme estabelece o art. 1º, da Lei nº 9.307, de 1996." (g.n.)

Tal entendimento culminou na aprovação do Enunciado nº 75 da II Jornada de Direito Comercial do Centro de Estudos Judiciários do Conselho da Justiça Federal - CEJ, de fevereiro de 2015, que reconheceu expressamente a possibilidade da parte que tenha a sua falência decretada se submeter à arbitragem (ou continuar participando de procedimento arbitral já em curso)[28].

Ainda que os julgados e o enunciado citados acima fizessem referência a empresas que tiverem a sua falência decretada, a arbitrabilidade subjetiva das empresas em recuperação judicial (pelos mesmos fundamentos) também foi confirmada com a edição do Enunciado nº 6 da I

[28] Enunciado nº 75:
"havendo convenção de arbitragem, caso uma das partes tenha a falência decretada:
(i) eventual procedimento arbitral já em curso não se suspende e novo procedimento arbitral pode ser iniciado, aplicando-se, em ambos os casos, a regra do art. 6º, § 1º, da lei n. 11.101/2005; e (ii) o administrador judicial não pode recusar a eficácia da cláusula compromissória, dada a autonomia desta em relação ao contrato"

Jornada de Prevenção e Solução Extrajudicial de Litígios do CEJ de agosto de 2016[29] e nos autos da SEC nº 14.408/FR[30], quando o STJ confirmou a extensão do disposto no Enunciado nº 75 do CEJ às empresas em recuperação judicial.

Assim, consolidou-se o entendimento de que empresas insolventes podem participar de procedimentos arbitrais, sendo certo que, na recuperação judicial, a recuperanda não perde a sua capacidade postulatória e poderá atuar sozinha na arbitragem, enquanto a massa falida deve ser representada pelo administrador judicial, nos termos dos artigos 22, III, "c"[31] e "n" e 76, p.u.[32], da LRE c/c artigo 75, V do Código de Processo Civil[33&34].

Diante da construção jurisprudencial e doutrinária apresentada acima, a LRE foi atualizada pela Lei nº 14.112/2020 e o referido artigo 6º foi alterado para finalmente passar a autorizar expressamente a continuação de procedimentos arbitrais em curso em que a empresa insolvente é parte, bem como a instauração de novas demandas arbitrais na

[29] Enunciado nº 6:
"O processamento da recuperação judicial ou a decretação da falência não autoriza o administrador judicial a recusar a eficácia da convenção de arbitragem, não impede a instauração do procedimento arbitral, nem o suspende."

[30] STJ, Sentença Estrangeira Contestada nº 14.408/FR, Rel. Min. Luis Felipe Salomão, Corte Especial, j. em 21.06.2017.

[31] Art. 22. Ao administrador judicial compete, sob a fiscalização do juiz e do Comitê, além de outros deveres que esta Lei lhe impõe: [...]
III – na falência: [...]
c) relacionar os processos e assumir a representação judicial e extrajudicial, incluídos os processos arbitrais, da massa falida;

[32] Art. 76. O juízo da falência é indivisível e competente para conhecer todas as ações sobre bens, interesses e negócios do falido, ressalvadas as causas trabalhistas, fiscais e aquelas não reguladas nesta Lei em que o falido figurar como autor ou litisconsorte ativo.
Parágrafo único. Todas as ações, inclusive as excetuadas no caput deste artigo, terão prosseguimento com o administrador judicial, que deverá ser intimado para representar a massa falida, sob pena de nulidade do processo.

[33] Art. 75. Serão representados em juízo, ativa e passivamente: [...]
V – a massa falida, pelo administrador judicial;

[34] "As ações e execuções que não se suspendem com a falência terão prosseguimento com a massa falida no polo ativo ou passivo da relação processual, representando-a, judicialmente, o administrador judicial".
Op.cit. Coelho, Fábio Ulhoa, p. 301.

hipótese de uma das partes ter a sua insolvência decretada[35]. Nesse sentido, foi incluído o §9º no artigo 6º da LRE, que dispõe:

> "Art. 6º A decretação da falência ou o deferimento do processamento da recuperação judicial implica: [...]
>
> § 9º O processamento da recuperação judicial ou a decretação da falência não autoriza o administrador judicial a recusar a eficácia da convenção de arbitragem, não impedindo ou suspendendo a instauração de procedimento arbitral."

3.3. Análise do direito comparado

3.3.1. *Estados Unidos*

Nos Estados Unidos, apesar de também haver regulação da arbitragem e da insolvência a nível estadual, o *Federal Arbitration Act* ("FAA") e o *US Bankruptcy Code* regulam a arbitragem e a insolvência, respectivamente, a nível federal.

Muito embora o FAA não enderece o tema de arbitrabilidade subjetiva direta ou indiretamente, com relação a processos de reorganização (conhecidos como processos de *Chapter 11*, por serem regidos por esse capítulo do Código), o § 1107(a) do *US Bankruptcy Code*[36] prevê que,

[35] Sobre a atualização da LRF, a doutrina reconhece que:
"De forma análoga às ações de conhecimento, os procedimentos arbitrais não são suspensos pela concessão da recuperação judicial ou pela decretação da falência.
A suspensão das ações em face do falido e da recuperanda visaria a assegurar o tratamento equivalente entre os credores e a satisfação de seus créditos nos termos do plano de recuperação judicial ou conforme a ordem de pagamento na falência. Não há qualquer risco de o credor ser satisfeito ou de retirar ativos em virtude do procedimento arbitral. As arbitragens visam a formar o título executivo, de modo a apurar o *an debeatur* (se é devido) e o *quantum debeatur* (quanto se é devido). Não há risco de retirada do bem da Massa Falida ou do empresário em recuperação, de modo que os procedimentos arbitrais devem ter prosseguimento normalmente.
A inserção do art. 6º, § 9º, contudo, extrapola o simples prosseguimento do procedimento arbitral. Ao expressamente proibir o administrador judicial de recusar a eficácia da convenção de arbitragem, corrobora a exceção à competência do Juízo indivisível da falência para as ações de conhecimento contra a Massa Falida, tal como consagrada pela jurisprudência." *Op.cit.* Sacramone, Marcelo Barbosa, p. 144. Grifou-se.

[36] *11 U.S. Code § 1107 – Rights, powers, and duties of debtor in possession*
(a)Subject to any limitations on a trustee serving in a case under this chapter, and to such limitations or conditions as the court prescribes, a debtor in possession shall have all the rights, other than the right to

em regra (salvo decisão em sentido contrário da corte competente), todos os direitos do devedor serão preservados, incluindo, portanto, seu direito de se submeter à arbitragem[37].

De todo modo, o *US Bankruptcy Code* prevê a suspensão automática de todos os procedimentos (judiciais e arbitrais) contra a empresa insolvente diante da decretação da sua insolvência (*automatic stay*)[38]. Assim, as partes interessadas em instaurar procedimentos arbitrais contra partes insolventes, ou retomar procedimentos em curso, devem solicitar autorização expressa à corte perante a qual tramita o processo de insolvência, com respaldo no §362(d)(1) do *US Bankruptcy Code*[39].

Em regra, as cortes de insolvência que recebem tais pedidos de afastamento da suspensão automática dos procedimentos em curso contra a parte insolvente têm reconhecido o dever da parte de cumprir o disposto na convenção de arbitragem, a não ser que a disputa diga respeito a matéria diretamente relacionada ao processo de insolvência[40].

compensation under section 330 of this title, and powers, and shall perform all the functions and duties, except the duties specified in sections 1106(a)(2), (3), and (4) of this title, of a trustee serving in a case under this chapter.

37 *"Insolvency law, however, does not compromise the capacity of a debtor in all cases. It also provides for proceedings, mainly reorganization proceedings, where the capacity of a debtor is fully upheld.*
This is the case in the U.S. where the debtor is subject to reorganization proceedings according to Chapter 11 of the U.S. Bankruptcy Code. Here, the debtor retains, as debtor-in-possession, all his rights. The debtor-in-possession is only subject to the supervision of the U.S. bankruptcy court which can restrict or deprive him of his rights upon motions of the creditors or the trustee."
Op.cit, VORBURGER, Simon, pp. 97/200.

38 *11 U.S. Code § 362 – Automatic stay*
(a)Except as provided in subsection (b) of this section, a petition filed under section 301, 302, or 303 of this title, or an application filed under section 5(a)(3) of the Securities Investor Protection Act of 1970, operates as a stay, applicable to all entities, of– [...]

39 *11 U.S. Code § 362 – Automatic stay* [...]
(d)On request of a party in interest and after notice and a hearing, the court shall grant relief from the stay provided under subsection (a) of this section, such as by terminating, annulling, modifying, or conditioning such stay– [...]

40 *"In deciding whether to permit particular proceedings to go forward, U.S. courts generally require debtors to perform their arbitration agreements, particularly as to claims that do not involve "core" bankruptcy jurisdiction. One frequently-cited U.S. lower court decision explained this approach, ordering an insolvent party to honor its international arbitration agreement on the basis that:*
'In weighing the strong public policy favoring international arbitration with any countervailing potential harm to bankruptcy policy upon the present facts, the Court finds the scales weighed in favor of arbitration....no major bankruptcy issues will be implicated in valuing contract damages and the international arbitration panel requires no special expertise to accomplish their task. While international arbitration

Assim, percebe-se que a análise feita caso-a-caso pelo juízo especializado competente para processamento da insolvência é voltada mais para a (in)arbitrabilidade da matéria que à análise da capacidade da parte de se submeter à arbitragem.

Nesse sentido, em decisão emblemática no caso *In re United States Lines, Inc.*[41], a *Second Circuit Court* fixou entendimento geral pró-arbitragem, reconhecendo que a convenção de arbitragem deve sempre ser cumprida, salvo em casos de ameaça significativa aos objetivos do processo de insolvência:

> "[*T*]*he [FAA] as interpreted by the Supreme Court dictates that an arbitration clause should be enforced unless doing so would seriously jeopardize the objectives of the [Bankruptcy] Code.* [...]
>
> [*E*]*ven a determination that a proceeding is core will not automatically give the bankruptcy court discretion to stay arbitration...not all core bankruptcy proceedings are premised on provisions to the Code that 'inherently conflict' with the Federal Arbitration Act; nor would arbitration of such proceedings necessarily jeopardize the objectives of the Bankruptcy Code.*"

3.3.2. *França*

Os artigos 2059[42] e 2060[43] do Código Civil francês (*Code civil*) dispõem sobre arbitrabilidade subjetiva e estabelecem como regra que todas as pessoas podem submeter direitos disponíveis à arbitragem, à exceção de

will require a temporary and limited incursion into the Bankruptcy Court's exclusive jurisdictional bailiwick, no bankruptcy policies will suffer adverse impact. Conversely, the very image of the United States in the international business community stands to be tarnished. It is important and necessary for the United States to hold its domiciliaries to their bargains and not allow them to escape their commercial obligations by ducking into statutory safe harbors.'"
Ibidem. Grifou-se.
Decisão citada pelo autor: EUA. *Societe Nationale Algerienne Pour La Recherche v. Distrigas Corp.*, 80 B.R. 606, 614, *United States District Court – District of Massachusetts*, 1987.

[41] EUA. *In re United States Lines, Inc.*, 197 F.3d 631, 640, *Second Distric Court of Appeals*, 1999.

[42] *Article 2059*
Toutes personnes peuvent compromettre sur les droits dont elles ont la libre disposition.

[43] *Article 2060*
On ne peut compromettre sur les questions d'état et de capacité des personnes, sur celles relatives au divorce et à la séparation de corps ou sur les contestations intéressant les collectivités publiques et les établissements publics et plus généralement dans toutes les matières qui intéressent l'ordre public.

matérias relacionadas à sua capacidade e matérias relacionadas à ordem pública em geral (entre outras vedações).

Diante dessa vedação geral da sujeição de matérias relacionadas à ordem pública à arbitragem, questionou-se se os processos de insolvência, em razão da sua natureza coletiva e do evidente interesse público na recuperação de empresas insolventes, de alguma forma afetariam a arbitrabilidade das disputas envolvendo empresas em recuperação judicial[44]. No entanto, as cortes francesas vêm adotando uma interpretação pró-arbitragem dos dispositivos, sobretudo no que concerne a arbitragem internacional[45] e reconhecendo a competência do próprio tribunal arbitral para decidir sobre a arbitrabilidade de matérias possivelmente relacionadas à ordem pública[46]. Trata-se, portanto, de discussão que aparentemente está mais relacionada à arbitrabilidade objetiva (da matéria) que à capacidade da parte insolvente.

Da mesma maneira que nos Estados Unidos, a regra geral no sistema francês é de que, durante os processos de reorganização preventiva (*procédure de sauvegarde*) e de reorganização comum (*redressement judicaire*), o devedor mantém todos os seus direitos[47]. Tal regra vem sendo interpretada como inclusiva do direito da parte insolvente de se submeter à arbitragem[48].

A doutrina esclarece que, seguindo o disposto na legislação falimentar francesa, os processos em curso contra a parte insolvente, incluindo os procedimentos arbitrais, devem ser suspensos diante da decretação

[44] Gridel, Jean-Pierre. *Notions Fondamentales de Droit et Droit Français.* Rev. arb. 213, 219, 1992.

[45] *Op.cit.* Born, Gary. *Chapter 6: Nonarbitrability and International Arbitration Agreements,* pp. 943/1045.

[46] França. *Impex v. Malteria Adriatica, Paris Cour d'appel,* Rev. arb. 95, j. em 20.06.1969; e França. *Jacquetin v. SA Intercaves, Paris Cour d'appel,* Rev. arb. 341, 341, j. em 20.03.2008. *Apud, Op.cit.* Born, Gary. *Chapter 6: Nonarbitrability and International Arbitration Agreements,* pp. 943/1045.

[47] Nesse sentido, o artigo L622-3 do Código Comercial francês (*Code de commerce*) estabelece:
Article L622-3
Le débiteur continue à exercer sur son patrimoine les actes de disposition et d'administration, ainsi que les droits et actions qui ne sont pas compris dans la mission de l'administrateur.

[48] *Op.cit,* Vorburger, Simon, pp. 97/200; e França. *Jean X. v. Int'l Co. for Commercial Exchanges (Income), Cour de cassation civ. 1e,* XXXV Y.B. Comm. Arb. 353, j. em 06.05.2009 e França. *République de Côte d'Ivorie v. Norbert Beyrard, Paris Cour d'appel,* Rev. arb. 685, j. em 12.01.1993. *Apud, Op.cit.* Born, Gary. *Chapter 6: Nonarbitrability and International Arbitration Agreements,* pp. 943/1045.

da sua insolvência, mas podem ser retomados tão logo seja apresentado o seu plano de reestruturação ou liquidação[49].

3.3.3. *Reino Unido*

Enquanto o *English Arbitration Act* de 1996 nada dispõe sobre o tema de arbitrabilidade, o *Insolvency Act, 1986* confere poderes expressos ao administrador para representar a parte insolvente em quaisquer demandas, bem como para instaurar os procedimentos cabíveis em seu nome, incluindo procedimentos arbitrais, quando existir convenção de arbitragem[50].

Portanto, a legislação doméstica do Reino Unido reconhece a arbitrabilidade subjetiva das empresas insolventes, apenas quando representadas pelo administrador ou liquidador competente[51].

[49] *"It is widely recognized under French jurisprudence and doctrine that principles of comity and equality of creditors require that all proceedings, including arbitrations, be stayed by virtue of the commencement of a French bankruptcy proceeding. However, pursuant to Article 48 of the French Bankruptcy Law, proceedings are only stayed until a creditor has filed a declaration of its claim. Thereafter, the proceedings may continue, and, in practice, proceedings, including international arbitrations, can often be resumed quite quickly. However, the object of the arbitration is generally considered to be transformed. Article 48 of the French Bankruptcy Law provides, in pertinent part, that the continuation of the proceedings leads 'only to the validation of debts and the quantifying of their amount* [...]
Therefore, although the arbitral tribunal may still decide the case, it is generally considered that the purpose of the arbitral award in these circumstances should be solely to liquidate the amount of the claim, rather than order its payment."
Rosell, J.; Prager, H. *International Arbitration and Bankruptcy: United States, France and the ICC.* Journal of International Arbitration, Volume 18, Issue 4. Kluwer Law International, 2001.

[50] *SCHEDULE 1 – Powers of Administrator or Administrative Receiver* [...]
5 Power to bring or defend any action or other legal proceedings in the name and on behalf of the company.
6 Power to refer to arbitration any question affecting the company.
Nota-se que, em casos de liquidação obrigatória (*compulsory winding up*), é necessário obter autorização judicial prévia.

[51] *"Thus, English insolvency legislation determines the subjective arbitrability of a dispute by determining the capacity of the administrator or liquidator to bring and defend proceedings in the name of the insolvent party. It does so by reference to the type of insolvency proceeding envisaged, distinguishing between voluntary and compulsory winding up proceedings."*
Sutcliffe, J.; Rogers, J. *Effect of Party Insolvency on Arbitration Proceedings: Pause for Thought in Testing Times.* in Roebuck, Derek (ed), Arbitration: The International Journal of Arbitration, Mediation and Dispute Management. Chartered Institute of Arbitrators (CIArb), Sweet & Maxwell, Volume 76 Issue 2, 2010, pp. 277/290.

No entanto, tal como nos demais países já citados, a legislação do Reino Unido também prevê a suspensão automática de todos os processos em curso contra o devedor a partir da decretação da sua insolvência e que tais processos apenas podem ser retomados com autorização expressa da corte competente. Mediante requerimento da parte interessada, cabe à corte perante a qual tramita o processo de insolvência determinar se a disputa pode ser dirimida em ação própria (com o consequente reestabelecimento do processo ou instauração de nova demanda) ou, então, se deve ser analisada no bojo do processo de insolvência, em razão da sua relação com o tema. Portanto, ao analisar a arbitrabilidade objetiva da matéria, o juízo poderá autorizar a retomada do procedimento autônomo ou se a disputa deve ser travada nos autos do processo de insolvência:

> *"Likewise, the objective arbitrability of a dispute is affected by provisions which provide for the stay of other legal proceedings in favour of insolvency proceedings. Such provisions perhaps "generate the most obvious conflicts between arbitration and insolvency law". In England, once a company enters administration, no arbitration proceedings may be instituted or continued against it without the consent of its administrator or the permission of the court, Sch.Bl para.43(6). Whether the court will grant an application for leave to pursue proceedings (including arbitration proceedings) against a company in administration is a matter of discretion, subject to the guidelines set out in* Atlantic Computer Systems, Re. *Essentially, the courts must carry out a balancing exercise between the legitimate interests of the applicant and those of the other creditors. In doing so, they will consider the potential financial loss to be suffered by the creditor if permission to commence proceedings is refused, compared with the loss potentially suffered by the other creditors if permission is granted. The burden is on the creditor to show that it would be inequitable for it to be denied the right to commence legal proceedings. Ultimately, if the action is unlikely to impede the achievement of the purpose of the administration, leave should be granted. Where the claim is for monetary relief alone, leave is less likely to be granted."*[52]

[52] *Ibidem.*

3.3.4. *Suíça*

Na Suíça, o Estatuto federal sobre execução de dívidas e falências (*Bundesgesetz über Schuldbetreibung und Konkurs* – "SchKG") estabelece que o devedor retém a sua capacidade para dispor de seus direitos disponíveis quando entra em processo de reorganização (tanto os processos de suspensão temporária de execução de dívidas – *debt restructuring moratoriums* / *Nachlassstundung* / *sursis concordataire* – quanto as reestruturações propriamente ditas – *debt restructuring agreement proceedings* / *Ordentlicher Nachlassvertrag* / *concordat ordinaire*), mas está sujeito à supervisão de um administrador e, ainda, à autorização judicial prévia para a prática de determinados atos[53]. Já em processos de liquidação (*Konkurs* / *faillite*), a representação dos bens e ativos da parte em liquidação cabe ao liquidador[54].

Nem o SchKG, que rege os processos de insolvência, nem os estatutos que regem a arbitragem nacional e internacional (o Código de Processo Civil Federal e o Código Federal de Direito Internacional Privado – "PILA", respectivamente) dispõem sobre os efeitos da decretação da insolvência da parte sobre a sua capacidade de se submeter à arbitragem.

Em consonância com os demais países já citados, o SchKG estabelece que, diante da decretação da insolvência da parte, todos os processos cíveis e administrativos em curso contra o devedor devem ser suspensos e somente serão reestabelecidos em caso de comprovada urgência[55].

Apesar da jurisprudência limitada sobre o tema, as cortes suíças já reconheceram que tal suspensão não deve se aplicar às arbitragens internacionais. Nesse sentido, em 2013, o Tribunal Federal Suíço reconheceu que, quando a lei da sede da empresa insolvente não afastar a

[53] *Op.cit*, VORBURGER, Simon, pp. 97/200.

[54] *Ibidem.*

[55] *"The DEB Act provides that, upon the opening of insolvency proceedings, all pending Swiss civil and administrative court proceedings to which the insolvent debtor is a party, and which affect the insolvent debtor's estate, shall be suspended, except for urgent cases. Article 207 for bankruptcy proceedings provides that "except for urgent cases, civil proceedings to which the debtor is a party and which affect the existence of the bankruptcy estate are suspended"; and Article 297(5) for composition proceedings provides that: "with the exception of urgent cases, civil and administrative proceedings concerning debt restructuring claims are suspended"."*
Ibidem.

sua capacidade para se submeter à arbitragem, a parte insolvente poderá participar de procedimento arbitral internacional sediado na Suíça[56].

3.3.5. *Polônia*

Ao contrário dos países analisados até agora, até 2016, a Polônia estava entre os poucos países cujo ordenamento jurídico continha vedação expressa à participação de partes insolventes em procedimentos arbitrais.

Nesse sentido, o artigo 142 do Código de Falência e Reorganização polonês (*Prawo upadłościowe*)[57] previa que, com a decretação da insolvência da parte, "expiravam" as convenções de arbitragem por ela celebradas e os procedimentos arbitrais em curso em que figurava como parte deveriam ser extintos. A doutrina entendia que o referido dispositivo tinha como fundamento a perda da capacidade legal do devedor de se submeter à arbitragem, a partir da decretação da sua insolvência[58]. O dispositivo era criticado pela doutrina internacional, uma vez que, além de gerar enorme insegurança jurídica para as partes contratantes da convenção de arbitragem, a extinção dos procedimentos arbitrais em curso em razão da decretação da insolvência de uma das partes geraria um custo enorme para as partes, que já teriam dispendido recursos com a disputa arbitral e depois seriam obrigadas a arcar com os custos de uma nova demanda judicial para solucionar a mesma controvérsia[59].

A partir da reforma ao Código de Falência e Reorganização polonês de 2016, a legislação polonesa, tal como a francesa, passou a prever a

[56] "[w]*here law of place of incorporation of company does not deprive it of legal capacity in insolvency proceedings, company may participate in arbitral proceedings seated in Switzerland; restrictions (other than those relating to company's capacity) that law of its place of incorporation may impose on such arbitral proceedings are irrelevant*".
SUÍÇA. 31 ASA Bull. 354, Tribunal Federal Suíço, j. em 16.10.2012. *Apud*, *Op.cit.* Born, Gary. *Chapter 6: Nonarbitrability and International Arbitration Agreements*, pp. 943/1045.

[57] Tradução do dispositivo: "[*A*]*ny arbitration clause concluded by the bankrupt shall lose its legal effect as at the date bankruptcy is declared and any pending arbitration proceedings shall be discontinued*". Nessi, Sebastiano. *Chapter 18, Part X: Insolvency and Arbitration.* In Arroyo, Manuel (ed), *Arbitration in Switzerland: The Practitioner's Guide*, 2ND ed.. Kluwer Law International, 2018, pp. 2687/2705.

[58] *Op.cit*, Vorburger, Simon, pp. 97/200; e Born, Gary. *Chapter 6: Nonarbitrability and International Arbitration Agreements*, pp. 943/1045.

[59] *Op.cit*, Vorburger, Simon, pp. 97/200.

suspensão temporária de todos os procedimentos (judiciais ou arbitrais) em curso contra o devedor, quando da decretação da sua insolvência, até à nomeação do administrador dos bens da parte insolvente (momento em que podem ser retomados os procedimentos em curso e instaurados novos procedimentos)[60]. No entanto, ainda é facultada ao administrador da insolvência renunciar à convenção de arbitragem ("*withdraw from the arbitration agreement*"[61]) quando *(i)* a arbitragem ainda não estiver em curso, mas o administrador entender que a instauração da arbitragem pode prejudicar o encerramento do processo de insolvência (e mediante autorização prévia da corte competente); ou *(ii)* o procedimento for instaurado pela parte contrária, após a decretação da insolvência, e o administrador não apresentar resposta ao requerimento de arbitragem – hipótese que gera uma renúncia tácita à convenção de arbitragem[62].

Apesar de o Código de Falência e Reorganização polonês ter passado por louvável reforma em 2016, a legislação ainda é problemática (em razão da discricionariedade do administrador da empresa insolvente para submeter as suas disputas à arbitragem) e merece destaque por ter contribuído para um dos casos mais emblemáticos sobre o tema na arbitragem internacional: o caso *Elektrim v. Vivendi.*

4. *Elektrim v. Vivendi*

A disputa em comento foi travada entre a empresa polonesa Elektrim S.A. ("Elektrim"), de um lado, e Vivendi Universal S.A. e Vivendi Telecom International S.A., entre outros ("Vivendi"), do outro, e tinha origem em uma série de contratos celebrados entre as partes para a aquisição pela Vivendi da participação da Elektrim em uma empresa telefônica polonesa[63].

Diante da alegada violação pela Elektrim aos contratos celebrados entre as partes, a Vivendi instaurou procedimentos arbitrais perante

[60] Baker Mckenzie. *Arbitration in Poland after the 2015 amendments of the Code of Civil Procedure and the Bankruptcy Law.* Veiculado na plataforma Lexology em 12.04.2016.

[61] *Ibidem.*

[62] *Ibidem.*

[63] Lazić, Vesna. *Part I: International Commercial Arbitration, Chapter 18: Cross-Border Insolvency and Arbitration: Which Consequences of Insolvency Proceedings Should be Given Effect in Arbitration?* in Kroll, S. M. K.; Mistelis, L. A., *et al.* (eds), *International Arbitration and International Commercial Law: Synergy, Convergence and Evolution. Kluwer Law International,* 2011, pp. 337/ 362.

a *London Court of International Arbitration* ("LCIA")[64], em Londres, e perante a *International Chamber of Commerce* ("ICC")[65], em Genebra[66].

Durante o curso dos referidos procedimentos arbitrais, em 2007, foi decretada a insolvência da Elektrim pelas cortes nacionais da Polônia e, consequentemente, a Elektrim requereu a extinção de ambos os procedimentos, por incompetência dos respectivos tribunais, com fundamento no (agora revogado) artigo 142 do Código de Falência e Reorganização polonês, em razão da perda superveniente da capacidade da empresa[67].

O tribunal arbitral do procedimento sediado em Londres afastou a alegação de incompetência suscitada pela Elektrim e essa decisão foi confirmada pelas cortes inglesas, que julgaram o caso aplicando o *English Arbitration Act* (a lei da sede da arbitragem)[68].

Enquanto isso, o tribunal arbitral na Suíça, analisando os artigos 154 e 155 do PILA[69] – lei da sede da arbitragem – concluiu que a arbitrabi-

[64] A primeira foi instaurada em 2003, com base em um dos contratos de investimento celebrados entre as partes, que continha cláusula compromissória e previa a resolução de eventuais disputas entre as partes por arbitragem em Londres, segundo as regras da LCIA.

[65] A segunda arbitragem foi instaurada com base em posterior acordo celebrado entre as partes em 2006, que previa a resolução de eventuais disputas entre as partes por arbitragem em Genebra, segundo as regras da ICC.

[66] *Op.cit.* LAZIĆ, Vesna.

[67] *Ibidem.*

[68] REINO UNIDO. *Syska v. Vivendi Universal SA et al, High Court of Justice, Queen's Bench Division, Commercial Court*, 2155, 2008; e REINO UNIDO. *Syska (Elektrim SA) v. Vivendi Universal SA, England and Wales Court of Appeal Civil Division*, 677, 2009.

[69] *Art. 154*
1 Companies are governed by the law of the state under which they are organised, provided they fulfil the publicity or registration requirements of that law or, where such requirements do not exist, if they have organised themselves pursuant to the law of that state.
2 A company which does not fulfil these requirements is governed by the law of the state in which it is administered in fact.
Art. 155
Subject to Articles 156 to 161, the law applicable to a company governs in particular:
a. the legal nature of the company;
b. its establishment and dissolution;
c. its legal capacity and capacity to act;
d. its name or business name;
e. its organisation;
f. the internal relationships, including the relationships between the company and its members;

lidade subjetiva da parte insolvente deveria ser analisada a partir da lei doméstica da sua sede comercial (*in casu*, as leis da Polônia)[70]. Consequentemente, o tribunal acatou a objeção da Elektrim e determinou a extinção do procedimento arbitral. A decisão foi mantida pela Suprema Corte suíça, que confirmou o entendimento do tribunal arbitral de que a lei aplicável à matéria deveria ser a lei da sede da parte insolvente, por se tratar de empresa estrangeira[71].

O caso relatado evidencia a relevância do tema e a importância da harmonização dos critérios a serem utilizados para analisar a capacidade da parte insolvente para se submeter à arbitragem no contexto da arbitragem internacional, tendo em vista o risco de decisões contraditórias caso diferentes tribunais arbitrais e cortes nacionais apliquem critérios distintos para responder à questão.

Conclusões

Conforme se extrai da análise dos sistemas apresentados acima, as leis e/ou cortes de diversas jurisdições já reconhecem que a decretação da insolvência de uma das partes não afasta a sua capacidade de participar de procedimentos arbitrais. Essa tendência mostra um esforço transnacional pró-arbitragem de suma importância.

Ainda assim, a doutrina reconhece a necessidade da criação de soluções uniformes transnacionais para o problema da arbitrabilidade subjetiva das partes insolventes, sobretudo no que concerne os conflitos de

g. liability for violation of company law;
h. liability for the debts of the company;
i. the power of representation of the persons acting on behalf of the company according to its organisation.

70 *Op.cit.* Nessi, Sebastiano Nessi.

71 *"After holding that Swiss law was silent on the issue of subjective arbitrability of non-State parties, the Swiss Supreme Court then applied general principles of procedure under which the standing to arbitrate of a party (Parteifähigkeit) is conditional upon that party having full legal capacity (Rechtsfähigkeit). Elektrim being a (foreign) corporation, the Supreme Court applied Art. 154 and 155 PILS and concluded that the legal capacity and thus the capacity of Elektrim to be a party to international arbitration proceedings were to be determined in accordance with Polish law, which also happened to be the lex concursus. (72) The Supreme Court inquired into the nature of Art. 142 PBRL and concluded that this provision should be understood as depriving any insolvent Polish company of its subjective arbitrability; for that reason, Elektrim had lost its standing to arbitrate in Swiss arbitration proceedings."* SUIÇA. 4A_428/2008, Tribunal Federal Suíço, j. em 31.03.2009. *Apud, Ibidem.*

lei que surgem quando tribunais arbitrais se vêm obrigados a analisar a capacidade da parte insolvente nos autos de um procedimento arbitral internacional.

Casos emblemáticos como o caso *Elektrim v. Vivendi* exemplificam os problemas que podem surgir quando não existe uma solução única para o problema de conflito de leis e reforça essa necessidade de criação de uma resposta transfronteiriça, em especial tendo em vista a consolidação do uso da arbitragem como meio alternativo de solução de disputas a nível internacional.

Referências

Baker Mckenzie. *Arbitration in Poland after the 2015 amendments of the Code of Civil Procedure and the Bankruptcy Law*. Veiculado em 12.04.2016. disponível em: https://www.lexology.com/library/detail.aspx?g=2db7b532-0168-4431-a5ff-14a263dc222a. Acesso em 25.06.2021.

Born, Gary. *International Commercial Arbitration*, 2nd ed.. Kluwer Law International, 2014.

Carmona, Carlos Alberto. Arbitragem e processo: um comentário à Lei nº 9.307/96. 3ª ed. São Paulo: Atlas, 2009.

Carvalho, E. C.; Mation, G. F.; Coelho, L. C. M. M. Recuperação judicial e arbitragem: superação de antigos paradigmas e o surgimento de novos desafios. Revista de Direito Recuperacional e Empresa, Brasília, v. 8 abr/jun, 2018.

Coelho, Fábio Ulhoa. Curso de direito comercial, volume 3: direito de empresa: contratos, falência e recuperação de empresas. 19ª ed. rev. atual. e ampl. São Paulo: Thomson Reuters Brasil, 2020.

Comitê de Arbitragem do Centro de Estudos das Sociedades de Advogados – CESA. Anuário da Arbitragem no Brasil: 2017. Publicado em dezembro/2018. Disponível em: http://www.cesa.org.br/media/files/CESAAnuariodaArbitragem2017.pdf. Acesso em 25.06.2021.

______. Relatório de Atividades 2019: Comitê de Arbitragem. 2019. Disponível em: http://www.cesa.org.br/arbitragem_-_relatorio_de_atividades.html. Acesso em 25.06.2021.

Coutinho, R. F.; Pacífico, P. O. C. B. Apontamentos sobre a compatibilidade entre os institutos da recuperação judicial e da arbitragem. Revista de Direito Recuperacional e Empresa, São Paulo: Revista dos Tribunais, vol. 11, jan/mar, 2019.

Gaillard, E.; Savage, J. (eds.). *Fouchard Gaillard Goldman on International Commercial Arbitration*. Kluwer Law International, 1999.

GRIDEL, Jean-Pierre. *Notions Fondamentales de Droit et Droit Français.* Rev. arb. 213, 219, 1992.

International Bar Association. *IBA Toolkit on Insolvency and Arbitration.* Veiculado em março/2021. Disponível em: https://www.ibanet.org/MediaHandler?id=087B4D4A-B82E-4FAC-817F-64EE50091D66. Acesso em 25.06.2021.

______. *Iba Toolkit on Insolvency and Arbitration Questionnaire National Report of Switzerland,* janeiro/2021. Disponível em: https://www.ibanet.org/MediaHandler?id=1E2B5A32-BA4C-478B-8719-6313658136D9. Acesso em 25.06.2021.

KROLL, Stefan M. K. *Chapter 18: Arbitration and Insolvency Proceedings – Selected Problems.* In MISTELIS, L. A.; LEW, J. D. M. (eds.). *Pervasive Problems in International Arbitration.* International Arbitration Law Library, Volume 15. Kluwer Law International, 2006.

LAZIĆ, Vesna. *Part I: International Commercial Arbitration, Chapter 18: Cross-Border Insolvency and Arbitration: Which Consequences of Insolvency Proceedings Should be Given Effect in Arbitration?* in KROLL, S. M. K. & MISTELIS, L. A., *et al.* (eds), *International Arbitration and International Commercial Law: Synergy, Convergence and Evolution. Kluwer Law International,* 2011.

LEMES, Selma. Arbitragem em números e valores, 2016. *Apud* GRILLO, Breno. Soluções em arbitragem crescem 73% em seis anos, mostra pesquisa. Revista Consultor Jurídico. Veiculado em 15.07.2016. Disponível em: https://www.conjur.com.br/2016-jul-15/solucoes-arbitragem-crescem-73-seis-anos-mostra-pesquisa. Acesso em 25.06.2020.

MANTILLA-SERRANO, Fernando. *International Arbitration and Insolvency Proceedings.* 11 Arb. Int'l 51, 64, 1995.

NANNI, Giovanni Ettore. Direito civil e arbitragem. São Paulo: Atlas, 2014.

NESSI, Sebastiano. *Chapter 18, Part X: Insolvency and Arbitration.* In Arroyo, Manuel (ed), *Arbitration in Switzerland: The Practitioner's Guide,* 2nd ed.. Kluwer Law International, 2018.

REQUIÃO, Rubens. Curso de Direito Falimentar, 17ª Edição. São Paulo: Saraiva, 1998.

Revista Consultor Jurídico. Em 10 anos, quase 7 mil empresas entraram em recuperação judicial no Brasil. Veiculado em 13.06.2015. Disponível em: https://www.conjur.com.br/2015-jun-13/empresas-entram-recuperacao-judicial-reabilitam. Acesso em: 25.06.2021.

ROSELL, J. & PRAGER, H. *International Arbitration and Bankruptcy: United States, France and the ICC.* Journal of International Arbitration, Volume 18, Issue 4. Kluwer Law International, 2001.

SACRAMONE, Marcelo Barbosa. Comentários à Lei de recuperação de empresas e falência, 2ª ed. São Paulo: Saraiva Educação, 2021.

SERASA EXPERIAN. Indicadores econômicos. Disponível em: https://www.serasaexperian.com.br/conteudos/indicadores-economicos/. Acesso em: 25.06.2021.

SUTCLIFFE, J. & ROGERS, J. *Effect of Party Insolvency on Arbitration Proceedings: Pause for Thought in Testing Times.* in Roebuck, Derek (ed), Arbitration: The International Journal of Arbitration, Mediation and Dispute Management. Chartered Institute of Arbitrators (CIArb), Sweet & Maxwell, Volume 76 Issue 2, 2010.

VORBURGER, Simon. *Chapter 6: Specific Effects of a Commencement of an Insolvency on International Arbitration.* In *International Arbitration and Cross-Border Insolvency: Comparative Perspectives.* International Arbitration Law Library, Volume 31. Kluwer Law International, 2014.

CAPÍTULO 5
ARBITRAGEM E CORRUPÇÃO: QUANDO DOIS UNIVERSOS SE ENCONTRAM

Bernardo Vieira Klüppel Carrara

1. Introdução

No século vigente, dois temas ganharam imenso destaque no cenário jurídico nacional: o desenvolvimento da arbitragem e o combate à corrupção.

Desde a edição da lei nº 9.307/96 e o reconhecimento de sua constitucionalidade pelo Supremo Tribunal Federal[1], a arbitragem vem ocupando especial espaço no mercado jurídico brasileiro. Em que pesem as dificuldades enfrentadas, a rápida e sólida evolução da arbitragem no Brasil é um feito notório.

Como prova desse crescimento, é de se destacar o fato de que o Brasil, em 4 de maio de 2017, possuía o terceiro maior número de casos levados à apreciação da Corte Internacional de Arbitragem da Câmara de Comércio Internacional – CCI[2], uma das instituições arbitrais mais

[1] STF – SE: 5206 EP, Relator: Min. PRESIDENTE, Data de Julgamento: 12/12/2001.

[2] Dado disponível em: http://www.portaldaindustria.com.br/agenciacni/noticias/2017/05/camara-de-comercio-internacional-lanca-corte-internacional-de-arbitragem-no-brasil/ Acesso em: 25/06/2021.

renomadas do mundo. O feito tornou a se repetir em 2018[3], quando 139 (cento e trinta e nove) novos procedimentos de origem brasileira vieram a ser registrados nessa mesma Corte.

Apesar de irrisória em comparação ao número de ações judiciais que são diuturnamente distribuídas perante as Cortes Estatais, a quantidade de arbitragens fundadas em conflitos brasileiros é bastante expressiva quando comparada ao restante do mundo. Apenas para que se tenha uma dimensão, a Turquia – décimo país com maior número de arbitragens apresentadas perante a CCI no ano de 2018 – teve "apenas" 62 procedimentos iniciados – número que corresponde a menos da metade dos processos promovidos por partes brasileiras naquele ano.

Mas o Brasil não se destaca apenas pelo volume de processos. Além de numerosas, as arbitragens são bastante valiosas. Segundo dados disponibilizados a público, o Centro de Arbitragem e Mediação da Câmara de Comércio Brasil-Canadá ("CAM-CCBC"), em 2018, bateu recordes[4] em número de procedimentos administrados e em valores em disputa: respectivamente, 320 processos e R$ 50 bilhões envolvidos. Todos esses números são prova cabal de que, ao longo dos 25 anos passados desde a edição da Lei de Arbitragem, o Brasil vem trilhando um exitoso caminho rumo ao desenvolvimento do instituto.

Nesse mesmo passo, o combate à corrupção ganhou inegável atenção nesses primeiros 21 anos de século, sobretudo entre os anos de 2013 e 2018. Em que pesem as inúmeras – e, na opinião do autor, acertadas – críticas feitas à sua forma de condução, não há como negar que a Operação Lava Jato, seus desdobramentos e demais operações de mesma natureza revelaram um sistema enraizado de favorecimentos ilícitos entre a iniciativa privada e determinados agentes e sistemas públicos.

Em números, de acordo com estudo conduzido pela Federação das Indústrias do Estado de São Paulo[5] ("FIESP") em 2010, a corrupção custava, anualmente, cerca de 69 bilhões de reais aos cofres públicos (pre-

[3] Dado disponível em: https://www.icc-portugal.com/Noticias/estatisticas-da-arbitragem-da-cci-revelam-novos-recordes-em-2018. Acesso em: 28/06/2021

[4] Dado disponível em: https://ccbc.org.br/cam-ccbc-centro-arbitragem-mediacao/noticias-cam-ccbc/novidades-cam-ccbc/noticias-cam/cam-ccbc-recorde-de-procedimentos/. Acesso em: 25/06/2021.

[5] FIESP. *Relatório Corrupção: custos econômicos e propostas de combate.* 2010. Disponível em: https://www.fiesp.com.br/arquivo-download/?id=2021 Acesso em: 25/06/2021.

ços correntes de 2008) – o que, naquele ano, correspondia a cerca de 2,3% do PIB nacional.

Apenas para que se tenha uma dimensão, ao longo de toda a sua existência – o que compreende o ínterim entre 17 de março de 2014 e 3 de fevereiro de 2021 –, a Lava Jato foi responsável pela recuperação de mais de R$ 22 bilhões[6], a serem retornados ao erário ao longo de até 20 anos. O montante, em valores históricos, é inferior a um terço do *quantum* apurado pela FIESP ainda em 2010.

Todavia, na contramão do combate extensivamente realizado, o Brasil vem, ano a ano, perdendo posições no Índice de Percepção de Corrupção ("IPC"), realizado pela organização não governamental (ONG) Transparência Internacional – com exceção do ano de 2021, em que houve um pequeno avanço. De acordo com o levantamento realizado em 2020, o país ocupava o 94º lugar, dentre as 180 nações analisadas, com uma nota de 38, de um total de 100 pontos[7].

Mas o que ocorre quando esses universos – arbitragem e corrupção – se encontram? Pode o Tribunal Arbitral se pronunciar a respeito da alegação de que teria sido cometido algum ato de corrupção na celebração de determinado contrato? Isto é, caso celebrado um contrato mediante o cometimento de condutas corruptivas, o Tribunal ainda possui jurisdição para julgamento da causa?

Embora não se tenha conhecimento público de algum caso brasileiro em que a discussão tenha surgido, é de se esperar que, com a autorização legislativa expressa para que a Administração Pública possa se utilizar da arbitragem, a temática não demore a ser suscitada perante os Tribunais Arbitrais pátrios. Por esse motivo, importa conhecer as reflexões internacionais em torno do tema, a fim de que se possa compreender qual o verdadeiro escopo de atuação do árbitro nessas situações.

É esse objeto do presente artigo. Pretende-se, a partir de uma breve digressão histórica a respeito da permissão da arbitragem com a Administração Pública e de uma análise inspirada na experiência internacional, responder as indagações destacadas acima, bem como aquelas que se fizerem necessárias no decorrer da realização do trabalho.

[6] Dados disponíveis em: https://www.gazetadopovo.com.br/republica/lava-jato-dinheiro-recuperado-destino/. Acesso em 25/06/2021.

[7] Dados disponíveis em: https://www.poder360.com.br/internacional/brasil-avanca-pouco-em-ranking-da-corrupcao-e-tem-nota-abaixo-da-media-global/. Acesso em 25/06/2021.

2. Breve digressão histórica: a adoção da arbitragem pela administração pública e sua importância para o desenvolvimento da discussão no direito brasileiro

Como ponto de partida dessa análise, mister relembrar, ainda que objetivamente, o caminho percorrido até que a arbitragem viesse a ser aceita como meio adequado de solução de conflitos envolvendo a Administração Pública. Isso porque, no ordenamento brasileiro, o crime de corrupção – seja em sua modalidade ativa ou passiva – pressupõe, necessariamente, a participação do ente púbico[8], uma vez que a prática comumente referenciada como *corrupção privada* não constitui ato ilícito penalmente tipificado (a não ser quando enquadrada em outro ilícito penal, como o próprio estelionato).

Logo, embora seja possível que a discussão em torno da ocorrência da corrupção se dê em meio a uma lide de partes eminentemente privadas (como, *v.g.*, em sede de discussões em torno de contratos de agência ou intermediação, sobretudo no âmbito internacional), haverá, necessariamente, alguma nuance relacionada a um ente público – seja ele parte ou não do processo. Por esse motivo, infere-se que a adoção da arbitragem pela Administração Púbica possa trazer à tona o cometimento de atos de corrupção.

Apesar de apenas ter sido positivada em 2015, por meio da Lei nº 13.129/2015, há muito já se vislumbrava a possibilidade de se ter arbitragens envolvendo o Poder Público. Como bem acentuado em brilhante artigo de Antonio Rondina Cury[9], antes mesmo da edição da Lei de Arbitragem de 1996, o Supremo Tribunal Federal, em duas oportunidades, manifestou-se de maneira favorável à solução dos litígios da Administração pela via arbitral. Trata-se do *Caso Lage*[10] e do Prece-

[8] Art. 317 – Solicitar ou receber, para si ou para outrem, direta ou indiretamente, ainda que fora da função ou antes de assumi-la, mas em razão dela, vantagem indevida, ou aceitar promessa de tal vantagem:
Pena – reclusão, de 2 (dois) a 12 (doze) anos, e multa. (...)
§ 2º – Se o funcionário pratica, deixa de praticar ou retarda ato de ofício, com infração de dever funcional, cedendo a pedido ou influência de outrem: Pena – detenção, de três meses a um ano, ou multa.

[9] Cury, Antonio Alberto Rondina. Efeitos da Corrupção em Arbitragens envolvendo o Poder Público. In: *Revista de Arbitragem e Mediação*, vol. 60/2019, p. 185-215, Jan-Mar, 2019.

[10] STF, Pleno, AI 52.181, rel. Min. Bilac Pinto, j. 14.11.1973. Na oportunidade, restou consignado a "*legalidade do juízo arbitral, que o nosso direito consagrou, até mesmo nas causas contra a Fazenda*".

dente Minas x Werneck[11]. Em ambos, restou consignada, em maior ou menor medida, a viabilidade da decisão arbitral, mesmo na presença do ente púbico.

Com o novo paradigma inaugurado pela Lei nº 9.307/96, a discussão ganhou novos desdobramentos. Por muito tempo, em que pesem as manifestações favoráveis do Superior Tribunal de Justiça, o Tribunal de Contas da União ofereceu resistência à adoção do instituto[12], uma vez que o texto legal não previa, em sua redação original, a aplicação da arbitragem para solução de conflitos com a Administração Pública. Diante dessa oposição da principal Corte de Contas do país, é razoável supor que pouquíssimos - para não dizer nenhum - administradores públicos se sentiriam seguros o suficiente para celebrar uma convenção de arbitragem. Assim, até 2015, o tema era objeto de diversas discussões acadêmicas, mas pouco desenvolvido na prática.

Após longos anos de discussão doutrinária e jurisprudencial, acompanhada de uma evolução legislativa[13] que permitia a adoção da arbitragem para solução de litígios em ramos específicos, restou reconhecido o atendimento do interesse público por meio da arbitragem.

[11] STF, Apelação cível 3.021-MG, rel. Min. Pedro Lessa, DJU 04.06.2018.

[12] Cf. precedentes colacionados por Cury. TCU, Pleno: Decisão 286/93, rel. Min. Homero Santos, DOU 04.08.1993; Decisão 763/94, rel. Min. Carlos Átila Álvares da Silva, DOU 03.01.1995; Decisão 188/95, rel. Min. Paulo Affonso Martins de Oliveira, DOU 22.05.1995; Decisão 394/95, rel. Min. Fernando Gonçalves, DOU 28.08.1995; Decisão 215/04, rel. Min. Ubiratan Aguiar, DOU 22.03.2004; Acórdão 587/03, rel. Min. Adylson Motta, DOU 01.06.2003; Acórdão 631/03, rel. Min. Marcos Vinicios Vilaça, DOU 13.06.2003; Acórdão 1.271/05, rel. Min. Marcos Bemquerer Costa, DOU 02.09.2005; Acórdão 1.099/06, rel. Min. Augusto Nardes, DOU 10.07.2006. TCU, Segunda Câmara: Acórdão 584/03, rel. Min. Ubiratan Aguiar, DOU 28.04.2003; Acórdão 537/05, rel. Min. Walton Alencar Rodrigues, DOU 17.03.2006. Cury, Antonio Alberto Rondina. Op. Cit. p. 187.

[13] *"A partir daí, suprindo a ausência de autorização legislativa alegada até então como óbice, várias normas setoriais foram editadas prevendo, de forma expressa, a arbitragem como forma de solução de litígios entre particulares e o poder público – especialmente para contratos de concessão, em que vultosos investimentos (por vezes de fonte estrangeira) estão envolvidos. Dentre elas, podem ser citadas as Leis nº 9.472/97 (Lei Geral de Telecomunicações; art. 93, XV); nº 9.478/97 (Lei do Petróleo; art. 43, X); nº 10.233/01 (Reestruturação dos transportes aquaviário e terrestre; art. 35, XI); nº 10.438/02 (Expansão da oferta de energia elétrica emergencial; art. 4º, § 5º); nº 10.848/2004 (Lei de Comercialização da Energia Elétrica; art. 4º, §§ 5º e 6º); nº 11.079/2004 (Lei das Parcerias Público-Privadas; art. 11, III); nº 8.987/95 (Lei de Concessões; art. 23-A, inserido pela Lei nº 11.196/2005); e nº 12.815/2013 (Lei dos Portos, art. 62, §1º)".* Cury, Antonio Alberto Rondina. Op. cit. p. 188.

Sobreveio, então, a Lei nº 13.129/2015, por meio da qual o legislador admitiu, expressamente, que "[a] *administração pública direta e indireta poderá utilizar-se da arbitragem para dirimir conflitos relativos a direitos patrimoniais disponíveis*" (art. 1º, § 1º, da Lei nº 9.307/96). A partir desse advento, mesmo com suas nuances e restrições características – como, *v.g.*, a restrição do julgamento por equidade e a incidência do princípio da publicidade[14] –, o Estado passou a estar expressamente autorizado a se vale da arbitragem.

Dessa autorização expressa, decorreu uma onda de decretos e regulamentos oriundos das mais diversas esferas administrativas, com a finalidade de regulamentar – e até incentivar – a utilização da arbitragem em suas respectivas áreas. Cite-se, a exemplo, o Decreto nº 10.025/2019, "*que revogou o Decreto nº 8.465/2015 e passou a admitir a arbitragem para um espectro mais amplo de setores de infraestrutura, estendendo-se, além do portuário, aos transportes rodoviário, ferroviário, aquaviário e aeroportuário*"[15].

Ainda no âmbito federal, foi editada a Resolução nº 5.845/2019, da ANTT. Como também salientado por Riccardo Giuliano Figueira Torre:

> "A resolução elenca as questões consideradas inarbitráveis, com destaque para o pedido de rescisão do contrato por parte da concessionária, que é controvertido e precisa ser estudado mais a fundo. Isso porque a própria resolução estabelece que são arbitráveis as discussões de reequilíbrio econômico-financeiro dos contratos, penalidades contratuais e inadimplemento de obrigações por qualquer das partes, de modo que nos soa contraditório vedar à concessionária que pleiteie, em arbitragem, a consequência jurídica do inadimplemento contratual pelo Poder Concedente, ou mesmo o desequilíbrio da avença"[16].

[14] Art. 1º *(omissis)* (...) § 2º A autoridade ou o órgão competente da administração pública direta para a celebração de convenção de arbitragem é a mesma para a realização de acordos ou transações. (...) § 2º A autoridade ou o órgão competente da administração pública direta para a celebração de convenção de arbitragem é a mesma para a realização de acordos ou transações.

[15] Torre, Riccardo Giuliano Figueira. "*Ano foi de democratização da arbitragem*". Disponível em: https://www.conjur.com.br/2020-jan-06/direito-empresarial-ano-foi-democratizacao-arbitragem. Acesso em: 25/06/2021.

[16] Idem ibidem.

Mas, como dito, os avanços não ficaram restritos ao âmbito federal. O Poder Executivo paulista também identificou a possibilidade de solucionar seus problemas de forma mais célere e editou o Decreto nº 64.356/2019, que *"dispõe sobre o emprego, no âmbito da Administração Pública direta e autárquica, da arbitragem como meio de resolução de conflitos relativos a direitos patrimoniais disponíveis"* (Art. 1º).

Finalmente, já no ano de 2021, foi sancionada a Lei nº 14.133/2021 – também referenciada como "Nova Lei de Licitações" –, a qual, superando o antigo marco estabelecido pela Lei nº 8.666/1993, passou a prever, expressamente, que "[n]*as contratações regidas por esta Lei, poderão ser utilizados meios alternativos de prevenção e resolução de controvérsias, notadamente a conciliação, a mediação, o comitê de resolução de disputas e a arbitragem*" (art. 151). Ou seja, pela Nova Lei de Licitações, a arbitragem passa a ser reconhecida como um meio idôneo de solução de controvérsias surgidas em meio a contratos administrativos.

Todas essas medidas foram editadas com o fito de "*permitir que a Administração avalie os prós e contras de optar pela arbitragem, privilegiando-a, por exemplo, sempre que a divergência se relacionar a 'aspectos eminentemente técnicos'*[17]". Essas iniciativas reconhecem "*o alto grau de especialização das decisões arbitrais, traduzindo em norma uma pré-disposição que, décadas atrás, era inimaginável do ponto de vista estatal*"[18].

A toda evidência, esse processo evolutivo culminou em um novo arcabouço normativo de desenvolvimento da arbitragem com o Estado. Imagina-se que o resultado mais lógico dessa evolução seja um provável aumento de procedimentos dessa natureza envolvendo partes públicas. Consequentemente, abre-se maior margem para que o tema da corrupção surja em meio às discussões de direito patrimonial disponível.

Logo, não parece haver maiores dúvidas quanto ao importante desenvolvimento da arbitragem com a Administração Pública no Brasil, assim como as potenciais consequências dessa evolução.

[17] Torre, Riccardo Giuliano Figueira. Op. cit.

[18] Idem ibidem.

3. Direito brasileiro: jurisdição do tribunal arbitral para analisar a ocorrência da corrupção

Estabelecidas essas premissas em torno da necessária relação entre Administração Pública e corrupção (ainda que, como ressaltado, não necessariamente o órgão público venha a ser parte do procedimento), passa-se ao tema central do artigo: a jurisdição do Tribunal Arbitral para analisar a alegação de corrupção[19].

Como muito bem resumido por Teresa Christine de Albuquerque Nóbrega e Alberto Jonathas Maia de Lima, o Tribunal Arbitral, diante de uma alegação de corrupção, pode agir de duas maneiras: passiva ou ativa[20]. E a compreensão dessas possíveis condutas passa, necessariamente, pela elucidação dos conceitos de arbitrabilidade subjetiva e objetiva, extraídos do art. 1º, da Lei de Arbitragem, até se chegar a uma análise de sua aplicação à luz dos princípios aplicáveis à arbitragem.

3.1. Breves noções sobre arbitrabilidade

Pois bem. Não é novidade que, quando de sua edição, os autores da Lei nº 9.307/1996 procuraram superar os questionamentos em torno da aplicabilidade do instituto. Justamente por isso, delimitaram, já no art. 1º, os requisitos necessários para a submissão dos conflitos à jurisdição arbitral. Conforme prevê o dispositivo, apenas "*[a]s pessoas capazes de contratar poderão valer-se da arbitragem para dirimir litígios relativos a direitos patrimoniais disponíveis*".

A partir dessa compreensão, extrai-se um importante conceito: a arbitrabilidade. Na linha do que dispõem Jacob Dolinger e Carmem

[19] Comumente, a doutrina elenca três hipóteses em que a discussão em torno da corrupção pode surgir na arbitragem: (i) contratos com objeto lícito, mas celebrados mediante corrupção; (ii) contratos cujo objeto compreende o cometimento de ato potencialmente corruptivo; e (iii) hipóteses nas quais os próprios árbitros tenham recebido vantagem ilícita por qualquer uma das partes. Para fins de recorte temático, o artigo versará a respeito da hipótese (i). Para mais informações a respeito do tema, consultar: Verçosa, Fabiane e Monegalha, Guilherme. Como deve se comportar o árbitro diante de indícios e provas de corrupção? Algumas impressões. In: *Revista de Arbitragem e Mediação.* Ano 16, vol 63, out-dez 2019.

[20] Nóbrega, Theresa Christine de Albuquerque, Lima, Alberto Jonathas Maia de. O risco da corrupção na arbitragem: uma visão da metodologia internacional das red-flags diante das tendências e aplicações da legislação brasileira. In: *Revista de Direito Brasileiro,* vol. 27, n. 10. Florianópolis/SC. pp. 241/261.

Tiburcio, "*a arbitrabilidade é uma condição de validade da convenção arbitral e conseqüentemente da competência dos árbitros*"[21]. Esse conceito, por sua vez, se desdobra em duas vertentes: "[a] *arbitrabilidade será subjetiva ou objetiva, conforme se refira aos sujeitos ou ao objeto do conflito, ambas as situações tratadas no artigo citado*"[22].

Em sua faceta subjetiva – talvez menos relevante para a análise ora pretendida –, o conceito de arbitrabilidade impõe que apenas aqueles com capacidade de contratar possam optar pela solução de seus litígios via arbitragem. E a razão por detrás dessa limitação parece assaz simples, uma vez que a própria "*essência da arbitragem*"[23] recai sobre o Princípio da Autonomia da Vontade. Logo, é indispensável que a parte tenha a capacidade para expressar essa autonomia (i.e. capacidade de contratar), mediante celebração da convenção de arbitragem. Do contrário, a manifestação da vontade, materializada na convenção de arbitragem, não poderá ser reputada como válida.

Disse-se, acima, que tal aspecto talvez seja menos relevante, pois é esperado que, para lidar com a Administração Pública a ponto de ensejar o cometimento de potencial ato corruptivo, a parte detenha capacidade de contratar. Nesse sentido, a possibilidade ou não de se discutir corrupção em arbitragem não gira em torno da capacidade das partes, mas sim da própria natureza da matéria.

Pois é sobre essa questão que incide a arbitrabilidade objetiva. Novamente de acordo com o art. 1º, da Lei de Arbitragem, apenas os litígios

[21] "*Mesmo se partindo da premissa que a jurisdição – aplicação da lei ao caso concreto – é uma das funções do Estado, admite-se que as partes possam decidir submeter a solução de seus litígios à arbitragem ao invés de à jurisdição estatal. O Estado conserva, todavia, o poder de impedir que determinadas questões sejam dirimidas pela via da arbitragem, resultando no estabelecimento da regra da competência exclusiva da jurisdição estatal que se refere a determinadas controvérsias. Nesse caso, diz-se que o litígio não é passível de ser resolvido por arbitragem, ou melhor, não é arbitrável*". DOLINGER, Jacob e TIBURCIO, Carmen. *Direito Internacional Privado – Parte Especial: Arbitragem Comercial Internacional.* Rio de Janeiro: Renovar, 2003, p. 213-232.

[22] CAHALI, Francisco José. *Curso de Arbitragem: mediação: conciliação: resolução CNJ 125/2010.* 6ª ed. rev., atual. e ampl. São Paulo: Editora Revista dos Tribunais, 2017. p. 137.

[23] LEMES, Selma F. Arbitragem. Princípios Jurídicos Fundamentais. Direito Brasileiro e Comparado. In. *Revista de Informação Legislativa,* Senado Federal vol. 115, p. 441/468, Julho/Setembro, 1992.

que versem sobre direito patrimonial disponível[24] podem se submeter à jurisdição arbitral.

Isso porque, como mencionado linhas acima, a arbitragem é um processo fundado na Autonomia da Vontade. Há, contudo, direitos sobre os quais os titulares não podem exercer tal liberdade. Nessas hipóteses, não resta alternativa às partes, a não ser o exercício de tais direitos de acordo com a norma legal vigente. Por essa razão, tais direitos são considerados indisponíveis. De toda essa *classe* de direitos – se assim é possível definir –, um dos mais expoentes é, sem dúvidas, o Direito Penal.

Ora, mas se a corrupção é um crime penalmente tipificado, como permitir que o Tribunal Arbitral possa proferir seu juízo de convicção a respeito do ato ilícito sem invadir matéria afeta à Ordem Pública? Nesse tocante, são precisas as palavras do Professor Carmona, ao pontuar que, mesmo em situações que versam sobre direitos tipicamente indisponíveis, "[e]*stas constatações não são suficientes, porém, para excluir de forma absoluta do âmbito da arbitragem toda e qualquer demanda que tanja* (...) *o direito penal, pois as consequências patrimoniais* (...) *podem ser objeto de solução extrajudicial*"[25].

Parece ser justamente essa a hipótese. Ao apreciar a ocorrência ou não da corrupção, o Tribunal Arbitral não o fará sob a ótica da persecução penal, mas sim das consequências cíveis decorrentes da configuração do ato ilícito – que pode culminar, por exemplo, na própria nulidade do contrato sob análise. Em outras palavras, a análise do Tribunal ficaria restrita aos efeitos patrimoniais do ato corruptivo (desde que evidenciado) sobre a relação jurídica subjacente existente entre as partes – o que necessariamente dialoga com o alto *standard* probatório exigido para fins de configuração da corrupção[26].

[24] *"São arbitráveis, portanto, as causas que tratem de matérias a respeito das quais o Estado não crie reserva específica por conta do resguardo dos interesses fundamentais da coletividade, e desde que as partes possam livremente dispor acerca do bem sobre que controvertem. Pode-se continuar a dizer, na esteira do que dispunha o Código de Processo Civil (art. 1.072, revogado), que são arbitráveis as controvérsias a cujo respeito os litigantes podem transigir"*. CARMONA, Carlos Alberto. *Arbitragem e Processo: um comentário à Lei 9.307/96*. – 2. ed. São Paulo: Atlas, 2004, p. 56.

[25] Idem Ibidem.

[26] Para mais informações a respeito do tema, consultar: CURY, Antonio Op. Cit.; e NÓBREGA, Theresa Christine de Albuquerque, LIMA, Alberto Jonathas Maia de. O risco da corrupção na arbitragem: uma visão da metodologia internacional das red-flags diante das tendências e aplicações da legislação brasileira. In: *Revista de Direito Brasileiro*, vol. 27, n. 10. Florianópolis/

Logo, é possível concluir, a partir dessas considerações, que não há embaraços para que se reconheça a arbitrabilidade do tema, inclusive com reforço da mais balizada doutrina internacional[27]. É essa, aliás, a orientação adotada pelo saudoso Professor Emmanuel Gaillard, para quem não há mais sombra de dúvidas a respeito dos poderes do Tribunal Arbitral para investigar e julgar questões afetas à corrupção, bem como de colaborar na luta contra esse ilícito[28]. Como bem pontuado por Antônio Cury[29], a partir das lições de Yas Banifatemi[30], "[i]*sso é tido como um bom equilíbrio entre considerações de ordem comercial e de ética dos negócios internacionais*".

3.2. Autonomia da cláusula compromissória e princípio Kompetenz-Kompetenz

Mas suponhamos a seguinte situação: uma parte privada dá início a uma arbitragem contra um ente público, alegando que este último não teria cumprido as obrigações decorrentes de um contrato administrativo. Após a formação do Tribunal Arbitral, o ente público alega a ausência de jurisdição do Tribunal, em decorrência da nulidade do contrato em que inserida a cláusula compromissória, uma vez que a avença fora celebrado mediante corrupção. Como deve o Tribunal proceder?

SC. pp. 241/261. Disponível em: https://www.academia.edu/46887114/O_RISCO_DA_CORRUPCAO_NA_ARBITRAGEM. Acesso em: 20/06/2021.

[27] Lew, Julian; Mistelis, Loukas; Kröll, Stefan, *Comparative International Commercial Arbitration*. Kluwer Law International: 2003. p. 215.; Banifatemi, Yas. *The Impact of Corruption on "Gateway Issues" of Arbitrability, Jurisdiction, Admissibility and Procedural Issues. In: Addressing Issues of Corruption in Commercial and Investment Arbitration*. Dossiers of the ICC Institute of World Business Law; eds.: Domitille Baizeau e Richard H. Kreindler. Paris: ICC, 2015, pp. 17-18.

[28] Gaillard, Emmanuel. *The emergence of transnational responses to corruption in international arbitration. Arbitration International*, v. 35, n. 1, p. 1-19, 2019, p. 3.: "(...) *there is no question today that arbitrators are empowered, and indeed have the duty, to investigate and adjudicate corruption issues and thereby contribute to the global fight against corruption*".

[29] Cury, Antonio Alberto Rondina. Op. cit. p. 201.

[30] Banifatemi, Yas. Op. cit., p. 18: "*On this basis, arbitral tribunals have generally admitted their capability to settle disputes involving such allegations, and corruption is routinely dealt with at the merits stage by holding claims to be groundless due to a void or voidable contract. This is thought to strike a balance between commercial considerations and the ethics of international business*".

Na esteira do que dispõe Felipe Véras[31], a resposta a essa pergunta "*passa por alguns princípios basilares do instituto, bem como deveres e obrigações do árbitro, a saber: (i) competência-competência (Kompetenz-Kompetenz); (ii) autonomia da cláusula compromissória; (iii) independência e imparcialidade do árbitro; e (iv) dever de proferir uma sentença arbitral exequível*". Vejamos.

Princípio Competência-Competência: Originado no Direito Processual Civil alemão[32], o Princípio *Kompetenz-Kompetenz* acabou se tornando uma das normas mais caras à arbitragem. Em apertada síntese, o referido Princípio garante, ao árbitro ou ao Tribunal Arbitral, a possibilidade de se manifestar, prioritariamente, a respeito de questões que afetem sua própria competência[33] (seja em torno de sua jurisdição ou da própria admissibilidade da demanda[34]).

Trata-se, portanto, de provisão lógica que reforça, em importante medida, os poderes dos árbitros. Afinal, como pontuam Redfern e Hunter, o poder de um árbitro decidir a respeito de sua própria competência é *inerente* à própria função que lhe é confiada[35].

Justamente por se tratar de norma de nuclear importância, o Princípio Competência-Competência encontra-se positivado em inúmeros ordenamentos jurídicos e provisões normativas – embora as abordagens

[31] Véras, Felipe Sebhastian Caldas. *Arbitragem e Corrupção: um estudo sob a perspectiva do direito brasileiro*. Dissertação de mestrado. Universidade Federal de Minas Gerais. Orientadora: Profa. Natália Cristina Chaves. Belo Horizonte, 2020.

[32] Fonseca, Rodrigo Garcia da. O princípio competência-competência na arbitragem: uma perspectiva brasileira. In: *Revista de Arbitragem e Mediação*, vol. 9, 2006, p. 277-303.

[33] Nas palavras do Professor Carmona, o Princípio pode ser definido como a "*competência do árbitro para decidir sobre sua própria competência, resolvendo as impugnações que surjam acerca de sua capacidade julgar, da extensão de seus poderes, da arbitrabilidade da controvérsia, enfim, avaliando a eficácia e a extensão dos poderes que as partes lhe conferiram tanto por via de cláusula compromissória, quanto por meio de compromisso arbitral*". Carmona, Carlos Alberto. Op. cit. p. 160.

[34] Embora não seja frequente no Direito Brasileiro, o debate em torno da diferença entre os conceitos de "admissibilidade" e "jurisdição" é uma constante na Arbitragem Internacional. De todo modo, como ambos se inserem na noção de "competência", adotar-se-á este último para tratamento da questão.

[35] No original: "*The power of an arbitral tribunal to decide upon its own jurisdiction is referred to above as an 'inherent' power*". Redfern, Alan. Hunter, Martin. *et al. Law and Practice of International Commercial Arbitration*. 4. ed. Londres: Sweet & Maxwell, 2004. p. 252.

sejam bastante diversas, a depender do ordenamento jurídico, como pontua o Professor Gary Born[36].

No caso brasileiro, o Princípio encontra amparo no artigo 8º, p.u.[37], e no art. 20, *caput* e§ 2º[38], ambos da Lei de Arbitragem. Da leitura de ambos os dispositivos, extrai-se aquilo que Emmanuel Gaillard[39] denomina de função dual do Princípio Competência-Competência. Segundo ele, o Princípio seria dotado de dois efeitos: positivo e negativo.

O efeito positivo consistiria, exatamente, em garantir aos árbitros o Poder de julgar sua própria competência, o que significa que "*a validade da cláusula arbitral – autônoma em relação ao contrato em que se insere –, bem como a extensão e a profundidade da cognição que ela permite, pode e deve ser apreciada pelos próprios árbitros escolhidos pelas partes*"[40].

Já em sua faceta negativa, o Princípio Competência-Competência configura "*regra de precedência temporal, assegurando ao árbitro a possibilidade de dizer, em primeira mão, se há jurisdição arbitral para dirimir a disputa e se a*

[36] "*With remarkable and unusual diversity, leading legal systems take substantially differing approaches to the arbitral tribunal's competence-competence and to the related allocation of jurisdictional competence between arbitrators and national courts*". Born, Gary B. *International Commercial Arbitration*. Vol. I. Kluwer Law International, 2009. p 853.

[37] Art. 8º A cláusula compromissória é autônoma em relação ao contrato em que estiver inserta, de tal sorte que a nulidade deste não implica, necessariamente, a nulidade da cláusula compromissória.
Parágrafo único. Caberá ao árbitro decidir de ofício, ou por provocação das partes, as questões acerca da existência, validade e eficácia da convenção de arbitragem e do contrato que contenha a cláusula compromissória.

[38] Art. 20. A parte que pretender argüir questões relativas à competência, suspeição ou impedimento do árbitro ou dos árbitros, bem como nulidade, invalidade ou ineficácia da convenção de arbitragem, deverá fazê-lo na primeira oportunidade que tiver de se manifestar, após a instituição da arbitragem.(...) § 2º Não sendo acolhida a argüição, terá normal prosseguimento a arbitragem, sem prejuízo de vir a ser examinada a decisão pelo órgão do Poder Judiciário competente, quando da eventual propositura da demanda de que trata o art. 33 desta Lei.

[39] Gaillard, Emmanuel. *International Arbitration Law. Prima Facie Review of Existence, Validity of Arbitration Agreement*. New York Law Jornal. Thursday, December 1, 2005. Disponível em: https://www.shearman.com/-/media/Files/NewsInsights/Publications/2005/12/Prima-Facie-Review-of-Existence-Validity-of-Arb2__/Files/IA_NYLJ-Prima-Facie_040308_14/FileAttachment/IA_NYLJ-Prima-Facie_040308_14.pdf?la=en&hash=EBB6CF683984AA8157ECAB300C8EC8A54EAAA67E. Acesso em: 25/06/2021.

[40] Tiburcio, Carmen. Op. cit. p. 80.

convenção de arbitragem é existente, válida e eficaz[41]". Trata-se, de acordo com a Professora Carmen Tiburcio, de uma *reserva de primeira palavra*[42].

Logo, ao se deparar com a alegação de que a cláusula compromissória – origem dos poderes dos árbitros – teria sido maculada pela corrupção, cabe ao Tribunal Arbitral apreciá-la, antes mesmo do Poder Judiciário.

Autonomia da cláusula compromissória e doutrina da separabilidade: Além da necessidade de se respeitar o Princípio *Kompetenz-Kompetenz*, há de se recordar que a declaração de nulidade do contrato não leva, necessariamente, à invalidade da cláusula compromissória nele inserida, conforme preconiza o mesmo art. 8º supracitado.

Como bem definido por Ricardo Ranzolin, "[o] *negócio jurídico* ad finiendam litem não se confunde com a relação jurídica de direito material objeto do conflito a ser solucionado"[43]. Importa dizer que, embora a cláusula compromissória esteja inserida no instrumento contratual, ela é autônoma ao negócio jurídico nele entabulado. Portanto, ainda que esse negócio jurídico possa vir a ser inquinado por um vício de validade ou mesmo nulidade, a cláusula compromissória permanecerá hígida, a não ser que tal defeito se estenda sobre ela.

E a lógica é a mesma em hipóteses de corrupção. Foi o que concluiu Cesar Pereira, ao consignar que "*por força dos princípios da competência-competência e da autonomia (separabilidade) da convenção arbitral, a corrupção que atinge o contrato principal não afeta necessariamente a convenção de arbitragem nem o poder dos árbitros para resolver o litígio*"[44].

[41] ALMEIDA, Eduardo Vieira de; VAUGHN, Gustavo Favero, *Arbitragem, Princípio Competência-Competência e STJ*. Migalhas. 2020. Disponível em: https://migalhas.uol.com.br/coluna/migalhas-superiores/325776/arbitragem--principio-competencia-competencia-e-stj. Acesso em: 25/06/2021.

[42] "*Mais do que isso, existe uma verdadeira reserva de primeira palavra do tribunal arbitral nessa matéria: a intervenção judicial quanto ao ponto só é permitida depois de instaurada a arbitragem e proferida a sentença arbitral, em sede de ação anulatória nos termos da Lei da Arbitragem, art. 33.*". TIBURCIO, Carmen. Op. cit. p. 80.

[43] Ranzolin, Ricardo. *Controle Judicial da Arbitragem*. Rio de Janeiro: GZ Editora, 2011, 244 pp. Disponível em: https://arbipedia.com/images/O-Princ%C3%ADpio-Compet%C3%AAncia-Compet%C3%AAncia-e-o-Separability-Concept.pdf. Acesso em: 28/06/2021.

[44] PEREIRA, César. *Corrupção e arbitragem: os árbitros diante da alegação ou constatação de práticas ilícitas pelas partes*. Disponível em: https://justen.com.br/pdfs/IE138/IE138-Cesar-corrupcao-e-arbitragem.pdf. Acesso em: 25/06/2021.

Mas, aqui, faz-se uma importante ressalva:

> "Uma exceção para isso se dá quando há relatos, ou fundadas suspeitas, de que a própria cláusula arbitral foi eivada de corrupção. São casos, por exemplo, em que as partes do contrato administrativo pretendem utilizar a arbitragem como instrumento de seu conchavo, talvez já prevendo a posição de determinados árbitros; ou para fins criminosos, como lavagem de dinheiro, evasão de divisas ou fraude tributária. A tais casos não socorre o princípio da separabilidade, eis que a cláusula compromissória em si é nula, retirando a competência dos árbitros para a disputa"[45].

Destarte, feitos os devidos esclarecimentos, a mera dicção de ambos os princípios ora mencionados, somados à arbitrabilidade da questão, já são suficientes para que se conclua de maneira favorável à jurisdição do Tribunal Arbitral para julgamento dos efeitos da corrupção sobre a formação do contrato objeto da demanda.

Deveres dos árbitros: Mas, como adiantado, Felipe Véras vai além. Para o autor, tal jurisdição decorre, também, dos deveres dos árbitros de se manterem independentes e imparciais, bem como de proferirem sentenças exequíveis.

Na concepção do autor, muito embora a jurisdição do Tribunal Arbitral esteja restrita ao conflito submetido pelas partes, "*isso não quer dizer que o árbitro não poderia levar em consideração a prática de atos ilícitos em sua decisão, especialmente se for relevante para o desate da controvérsia – diretamente ligada ao mérito da disputa*"[46]. Portanto, parece pacífico, na doutrina, que a investigação da alegação de corrupção não configura prolação de sentença *ultra petita*, desde que respeitada a Ordem Pública e os aspectos efetivamente indisponíveis do litígio.

Nesse sentido, uma atuação imparcial e independente impõe, sobre o árbitro, o ônus de se aprofundar sobre todas as nuances da demanda – inclusive potencial cometimento de crime. Ao assim proceder, não estaria o Tribunal excedendo os limites de sua Jurisdição, mas sim exercendo-a de maneira completa e exauriente, o que garante a exequibilidade da respectiva sentença[47].

[45] Cury, Antonio Alberto Rondina. Op. cit. p. 202.

[46] Véras, Felipe. Op. cit. p. 30.

[47] Nesse sentido: "*Por um lado, entende-se que a função primordial dos árbitros, de resolver a controvérsia entre as partes, não se lhes impõe o dever de resolver por sua própria conta o problema da corrupção.*

Do contrário, caso o Tribunal opte por não se imiscuir na temática da corrupção, aí sim haveria o risco de que a sentença pudesse vir a ser anulada pelo Poder Público. Afinal, consoante dispõe o art. 32, I, da Lei de Arbitragem, "É nula a sentença arbitral se: for nula a convenção de arbitragem". A lógica é simples: se o Tribunal se negar a apreciar a alegação de nulidade da convenção de arbitragem por corrupção ou vier a tratá-la de maneira deficiente, caberá ao Judiciário aferi-la.

Portanto, como corolário lógico dos deveres a eles atribuídos, os árbitros não só podem como devem se manifestar sobre a temática da corrupção, até para fins de correto exercício do papel jurisdicional que lhes é imposto.

3.3. Conclusão parcial: o tribunal arbitral tem jurisdição para decidir sobre atos de corrupção

À vista do exposto, parece não haver maiores dúvidas quanto à jurisdição do Tribunal Arbitral para lidar com alegações de corrupção. Também parece certo dizer que essa atual percepção é fruto de uma intensa evolução dogmática, que vem se mostrando cada vez mais aberta e favorável à arbitragem como um todo.

Analogicamente, vale mencionar caso julgado pelo Superior Tribunal de Justiça, no qual a Corte se deparou com problemática semelhante à tratada nesse trabalho. Trata-se do Recurso Especial nº 1.550.260/RS[48], julgado em 12 de dezembro de 2017, e cuja relatoria, ao final, coube ao Ministro Ricardo Villas Bôas Cueva.

Na oportunidade, o Tribunal se deparou com uma "ação declaratória de falsidade documental com pedido de exibição de documento", na qual fora suscitada a existência de cláusula compromissória. Mesmo ciente de que as assinaturas apostas no contrato eram falsas – conforme

Por outro, há de se considerar que os árbitros, ao terem a obrigação de decidir o conflito concreto que lhes é posto, também possuem o dever abstrato de fazer cumprir a lei pelas partes. Ademais, também se pode considerar como um dever do árbitro o de tomar os devidos cuidados (nos termos do art. 13, § 6º, da Lei nº 9.307/96, "diligência") para não produzir uma sentença inexequível – o que pode ocorrer com as sentenças que ignoram flagrantes atos de corrupção, contrárias à ordem pública". Cury, Antonio Alberto Rondina. Op. cit. p. 195.

[48] STJ – REsp: 1550260 RS 2014/0205056-2, Relator: Ministro Ricardo Villas Bôas Cueva, Data de Julgamento: 12/12/2017, T3 – TERCEIRA TURMA, Data de Publicação: DJe 20/03/2018

constatado em sede de investigação criminal –, a 3ª Turma do STJ, por maioria, entendeu que a competência para julgamento do feito seria, em primeiro lugar, do Tribunal Arbitral.

E os fundamentos que levaram a Corte a decidir dessa maneira repousam justamente sobre os pontos ora levantados. Na hipótese, entendeu-se que, por força do Princípio Competência-Competência e da autonomia da cláusula compromissória, caberia ao próprio Tribunal Arbitral fazer uma análise de sua jurisdição para julgamento do feito, bem como da validade ou não do contrato, mesmo tendo sido arguido o cometimento de ilícito criminal.

Destaca-se, a propósito, o pronunciamento do Ministro Moura Ribeiro, para quem "[o] *fato de a alegada falsidade constituir matéria de ordem pública (...) não parece decisivo para julgamento da causa*"[49]. Afinal, "[n]*ada impede que, uma vez estatuída a cláusula arbitral, o árbitro seja instado a enfrentar questões de ordem pública. Isso pode ocorrer, por exemplo, quando alegada a incapacidade da parte para contratar ou, como no caso, a falsidade material da assinatura lançada no contrato*"[50].

Trata-se, portanto, de mais uma manifestação em prol da arbitragem por parte das Cortes brasileiras – sobretudo do STJ, cuja relevante atuação merece destaque. Nesse contexto, parece razoável afirmar que, caso deparada com uma situação semelhante, mas que verse sobre corrupção, a Corte Superior não terá maiores dificuldades em reconhecer a jurisdição do Tribunal Arbitral para julgamento da questão. Até que isso aconteça, contudo, resta aguardar.

4. Perspectiva internacional: uma análise de direito comparado

Toda a análise feita no capítulo anterior se funda na perspectiva do Direito Brasileiro. Não necessariamente os demais ordenamentos jurídicos alcançariam essa mesma conclusão.

Isso porque, muito embora a solução mencionada acima se baseie na aplicação de princípios universalmente adotados em arbitragem, a interpretação conferida a cada um desses institutos varia, em demasia, a depender do país em que adotados. Também por essa razão, a análise ora pretendida pressupõe uma atividade casuística, eis que a conclusão

[49] REsp nº 1.550.260/RS: Voto do Ministro Moura Ribeiro. p. 4.

[50] Idem Ibidem.

em torno da jurisdição do Tribunal Arbitral, para lidar com a corrupção, não deriva de dispositivo legal próprio, e sim da aplicação conjunta dos aludidos princípios.

Apenas como uma amostra dessa diversidade, no caso *Alexander Brothers Limited (Hong Kong SAR) v. Alstom Transport SA and other*, em que se discutia o possível cometimento de atos de corrupção pela parte requerente, foram proferidas decisões diferentes, a respeito da mesma sentença arbitral, pelas Cortes de três países – Suíça, França e Inglaterra[51].

Em cada uma delas, os Tribunais adotaram orientações variadas – e até conflitantes – a respeito do tratamento conferido à corrupção: em anulatória, a Suprema Corte Suíça entendeu que não poderia adentrar no mérito dos fatos apreciados pelo Tribunal Arbitral[52]; a *Cour D'Appel* de Paris[53], por seu turno, entendeu que a sentença não poderia ser homologada, na medida em que novas evidências sobre o cometimento da corrupção ainda poderiam ser obtidas; e, em sentido diametralmente contrário, a *Commercial Court* de Londres permitiu o *enforcement* da sentença, uma vez que não teria restado demonstrada, em fase de conhecimento, o cometimento do ilícito[54].

Com efeito, o exemplo ora destacado apenas reforça a importância de se conhecer, a fundo, a forma com que cada país se comporta a respeito do tema, para, assim, garantir uma melhor compreensão da matéria sob perspectiva da experiência internacional.

[51] Bonifassi, Stéphane. Fedorova, Elena. *Three takes on the same corruption allegations.* Disponível em: https://www.financialcrimelitigators.org/sites/default/files/2020-08/GAR%20-%20Three%20takes%20on%20the%20same%20corruption%20allegations.pdf. Acesso em: 22/06/2021.

[52] *"Alstom then sought to set aside the award in Switzerland. However, the Swiss Federal Court (Bundesgericht) rejected the application, holding that the tribunal had rejected the corruption allegations and that the court had no authority to review the arbitrators' decision on the merits"*. Bradshaw, Robert. *When there's smoke but no fire: English court rejects defense based on "indicia" of corruption.* Disponível em: http://arbitrationblog.practicallaw.com/when-theres-smoke-but-no-fire-english-court-rejects-defence-based-on-indicia-of-corruption/. Acesso em: 22/06/2021.

[53] *"The Court of Appeal therefore refused enforcement on the grounds that enforcing the award would be contrary to international public policy, since it would mean ordering Alstom to pay sums intended to 'finance or remunerate acts of corruption'"*. Idem ibidem,

[54] *"In any event, the grounds for suspicion raised by Alstom (such as the use of an offshore company by ABL, or ABL's other contracts with a state-owned company) could be explained by reasons other than corruption and did not add up to strong evidence of bribery"*. Idem ibidem.

Afinal, muito embora o tema ainda não tenha encontrado exemplo prático no Brasil, seus desdobramentos já são discutidos pela doutrina internacional, ao menos desde a década de 1960. Senão, vejamos.

4.1. Origem da discussão – o caso ICC nº 1.110/1963

Ainda no ano de 1963, foi julgado aquele que parece ter sido o caso a inaugurar a discussão em torno da análise da corrupção em sede de arbitragem. Trata-se do caso ICC nº 1.110/1963[55], que versa sobre acordados celebrados entre um engenheiro argentino e uma empresa inglesa, para intermediação de contratos entre esta última e a Administração Pública argentina. Alegou o engenheiro requerente que, embora tivesse cumprido com sua parte na avença, a requerida teria se recusado a pagar os valores supostamente devidos.

O litígio foi submetido à arbitragem, para julgamento pelo Sr. Gunnar Lagergren. No decorrer do procedimento, o árbitro único constatou que o pacto havido entre as partes teria sido celebrado com finalidade ilícita, na medida em que previa a remuneração do requerente por potenciais atos de corrupção. Constatada tamanha violação à ordem pública internacional e aos bons costumes comerciais, o árbitro entendeu que lhe faltaria jurisdição para julgamento do caso. E mais: disse ainda que a questão não encontraria abrigo em qualquer Corte que fosse, mesmo judicial[56].

Como se pode depreender, ao assim decidir, o árbitro negou vigência à *separability doctrine*, atraindo intensa crítica da doutrina especializada[57]

[55] Caso ICC nº 1110, 1963. Disponível em: https://icsid.worldbank.org/sites/default/files/parties_publications/C3765/Respondent%27s%20Counter-Memorial/Pi%C3%A8ces%20juridiques/RL-0061.pdf. Acesso em: 22/06/2021.

[56] *"After weighing all the evidence I am convinced that a case such as this, involving such gross violations of good morals and international public policy, can have no countenance in any court either in the Argentine or in France, or, for that matter, in any other civilised country, nor in any arbitral tribunal. Thus, jurisdiction must be declined in this case. It follows from the foregoing, that in concluding that I have no jurisdiction, guidance has been sought from general principles denying arbitrators to entertain disputes of this nature rather than from any national rules on arbitrability. Parties who ally themselves in an enterprise of the present nature must realise that they have forfeited any right to ask for assistance of the machinery of justice (national courts or arbitral tribunals) in settling their disputes"*. Idem Ibidem, p. 11.

[57] "À primeira vista, considerando a repulsão que tais atos criminosos provocam, a decisão parece apresentar uma solução correta e razoável. No entanto, passados 56 (cinquenta e

– *"o que se revela mais acertado ainda quando se nota que a convenção de arbitragem não tomou o formato de cláusula compromissória, mas de um compromisso arbitral, que não padeceria da aludida violação à ordem pública"*[58].

Com o passar dos anos, a discussão evoluiu bastante, como visto acima, de modo que *"a posição majoritária na atualidade é diametralmente oposta à adotada pelo Juiz Lagergren"*[59].

4.2. Quênia: World Duty Free v. Kenya

Mas o entendimento adotado pelo Sr. Lagergren não constitui manifestação isolada. Mais de 50 anos depois, já em 2006 em uma arbitragem de investimento, movida pela *World Duty Free* contra o Governo do Quênia[60], o Tribunal Arbitral entendeu não possuir jurisdição para julgamento do caso, uma vez que o contrato em que fundada a demanda teria sido celebrado mediante pagamento de propina para o Estado litigante[61]. A partir dessa constatação, o Tribunal consignou que a análise da questão configuraria matéria de política pública internacional, motivo pelo qual não seria arbitrável.

Irresignada, dois anos depois (2008), a empresa submeteu a questão novamente à arbitragem, tendo, então, obtido a condenação do Quênia ao pagamento das parcelas do contrato. Ocorre que a questão foi posta a julgamento pelo Poder Estatal daquele país, via ação anulatória. Por meio de decisão final proferida em 2018, a Suprema Corte do Quênia retomou o posicionamento alcançado quando da prolação da primeira sentença, para anular a condenação imposta ao Estado[62].

seis) anos desde o entendimento adotado no caso ICC n. 1.110, a doutrina e a jurisprudência arbitral formularam determinados princípios que vão de encontro com o entendimento então sustentado pelo Juiz Lagergren". Verçosa, Fabiane. Op. cit. p. 165.

58 Cury, Antonio Alberto Rondina. Op. cit. p. 200.

59 Verçosa, Fabiane. Op. cit. p. 165.

60 Para mais informações, consultar: https://jusmundi.com/en/document/decision/en-world-duty-free-company-v-republic-of-kenya-ruling-of-the-high-court-of-kenya-friday-5th-october-2018. Acesso em: 23/06/2021.

61 *World Duty Free Company Limited v. The Republicof Kenya.* ICSID CARB/00/7. Julgado em: 31/08/2016. Disponível em: https://www.italaw.com/sites/default/files/case-documents/italaw15005.pdf. Acesso em: 23/06/2021.

62 High Court of Kenya. *Kenya Airports Authority v. World Duty Free Company Limited T/A and Kenya Duty Free Complex.* Mis. Application n. 67/2013. Julgado em: 05/10/2018.

De acordo com Thomas Kendra e Matt Coleman, a decisão proferida pela Corte do Quênia enfatiza, notadamente, "*a grande tensão havida entre a insegurança dos* árbitros em exceder os limites contratuais de sua jurisdição, o dever também dos árbitros de investigar a corrupção às suas próprias expensas e a necessidade de prolatar uma decisão exequível e alinhada às políticas públicas"[63].

4.3. Paquistão: *Hub Co v. Wapda*

Em terceiro lugar, ainda da linha de decisões que se demonstraram contrárias à jurisdição do Tribunal Arbitral para apreciação de alegações de corrupção, está a Suprema Corte do Paquistão, que, no caso *Hub Co v Wapda*[64], impediu que a requerente levasse o litígio à arbitragem, sob a alegação de que a corrupção havida no contrato constituiria vício constatado *prima facie* – muito embora a arguição de nulidade da convenção de arbitragem não configure, necessariamente, óbice à jurisdição arbitral[65].

Guardadas as devidas proporções, a orientação adotada pela Suprema Corte do Paquistão lembra a ideia de cláusulas compromissórias patológicas, empregadas pela Min. Nancy Andrighi, já em alguns julgados do E. STJ[66]. A lógica é a de que, "*tão-somente* [n]*os casos real e ostensivamente*

[63] Tradução livre do original: "*Nonetheless, the High Court's decision highlights the on-going tension between arbitrators' nervousness at exceeding the contractual limits of their power, the arbitrator's duty to investigate corruption at its own motion, and the need to render an enforceable award consistent with public policy. While in this case, the arbitrator was likely fully aware of Word Duty Free's corruption, and therefore may have been overly cautious in the eyes of the Kenyan High Court, it illustrates the difficulties faced by arbitrators dealing with unpleaded allegations of corruption in the absence of explicit guidance*". KENDRA, Thomas, COLEMAN, Matt. *How Far Do Tribunals Have a Duty to Investigate Corruption? The Kenyan High Court Has Its Word.* Disponível em: https://webcache.googleusercontent.com/search?q=cache:hkgqsOrH52kJ:https://www.lexology.com/library/detail.aspx%3Fg%3D64562981-98a2-4425-9080-71b981f3fa8a+&cd=3&hl=pt-BR&ct=clnk&gl=br. Acesso em: 23/06/2021.

[64] Suprema Corte do Paquistão, Caso nº 1999 CLC 1320, The Hub Power Company Ltd (HUBCO) v Pakistan WAPDA e Federação do Paquistão, j. 14.06.2000.

[65] CURY, Antonio Alberto Rondina. Op. cit. p. 201.

[66] "*O Poder Judiciário pode, nos casos em que prima facie é identificado um compromisso arbitral "patológico", i.e., claramente ilegal, declarar a nulidade dessa cláusula, independentemente do estado em que se encontre o procedimento arbitral.* (STJ – REsp: 1602076 SP 2016/0134010-1, Relator: Ministra NANCY ANDRIGHI, Data de Julgamento: 15/09/2016, T3 – TERCEIRA TURMA, Data de Publicação: DJe 30/09/2016 RMPRJ vol. 63 p. 285 RSTJ vol. 243 p. 533 RT vol. 974 p. 609)

aberrantes[67], seria possível mitigar o princípio *Kompetenz-Kompetenz*, a fim de privilegiar a própria economia processual. Ressalve-se que a proposta não é uma unanimidade na doutrina e deve sempre ser utilizada com bastante precaução. Afinal, o brocardo é claro: *exceptiones sunt strictissimoe interpretationis*.

4.4. Reino Unido: *Fiona Trust & Holding Corporation v. Privalov*

Entretanto, como já consignado ao longo de todo o presente trabalho, a orientação internacional mudou. Atualmente, a concepção majoritária é a de que o potencial cometimento de atos de corrupção não configura óbice à jurisdição do Tribunal Arbitral[68]. E isso ficou bastante claro no julgamento do caso *Fiona Trust & Holding Corporation v. Privalov*, pela *House of Lords*[69] da Inglaterra, em 2007.

Trata-se de justamente de hipótese que converge com o objeto do estudo: contratos celebrados mediante o potencial pagamento de propina ou outra modalidade de corrupção. Conforme relatado por Felipe Véras[70]:

> "Em linhas bem gerais, o recurso julgado envolvia oito contratos de fretamento (charter party) firmados por várias empresas de um mesmo grupo econômico. Alegou-se ao longo do processo que os contratos haviam sido obtidos por suborno e o tribunal foi instado a se pronunciar se a pretensão das partes de ter o contrato anulado deveria ser decidida perante um tribunal arbitral ou à corte estatal".

Foi justamente no contexto desse julgamento que a discussão em torno da doutrina da separabilidade e da aplicação do Princípio Competência-Competência ganhou força. Na oportunidade, ambos os

[67] Wald, Arnoldo. Os Meios Judiciais do Controle da Sentença Arbitral. In: *Revista de Arbitragem e Mediação*, São Paulo, vol. 1, nº 1, p. 40-65, jan./abr. 2004. p. 44.

[68] "(...) *there is no question today that arbitrators are empowered, and indeed have the duty, to investigate and adjudicate corruption issues and thereby contribute to the global fight against corruption*". Gaillard, Emmanuel. *The emergence of transnational responses to corruption in international arbitration. Arbitration International*, v. 35, n. 1, p. 1-19, 2019, p. 3.

[69] House of Lords. *Fiona Trust and Holding Corporation and Others v. Yuri Privalov*. UKHL n. 40, julgado em 17.10.2007. Inteiro teor disponível em: https://www.trans-lex.org/312142/_/fiona-trust-holding-corp-v-privalov-%5B2007%5D-ukhl-40/. Acesso em: 25/06/2021.

[70] Véras, Felipe. Op. Cit. p. 26.

comandos foram extensa e profundamente abordados pelo Tribunal, que entendeu pela necessidade de que as discussões referentes aos contratos fossem submetidas à arbitragem.

Em especial, foram precisas as colocações do *Lord Hoffmann* no tocante à aplicação da doutrina da separabilidade, prevista na *Section 7* do *Arbitration Act 1996*[71], como *ratio decidendi* do caso concreto. Isso porque, além de definir, conceitualmente, o princípio, o magistrado aplicou-o com bastante clareza, ao consignar que apenas seria possível decidir pela nulidade da convenção de arbitragem caso restasse comprovado que esta teria sido o objeto do suborno – o que não ocorrera.

Ademais, o *Lord Hoffmann* trouxe interessantes considerações a respeito da mudança de paradigma decorrente da evolução da interpretação da arbitragem e da necessidade de que se confira interpretação mais extensiva às cláusulas compromissórias, a fim de que fosse alcançado um nível satisfatório de efetividade na solução de disputas comerciais complexas. Em assim sendo, decidir de maneira contrária significaria voltar atrás em todo o avanço já feito ao longo de vários anos, o que seria um desprestígio a uma construção que prima pelo respeito às decisões tomadas pelas próprias partes ao elegerem a arbitragem como meio adequado para solução de conflitos.

Foi essa a orientação adotada pela *House of Lords*, que vem servindo como importante paradigma no contexto internacional de resolução de disputas.

4.5. Orientação majoritária: arbitragem como instrumento apto para discussão de atos de corrupção

Apesar de terem sido apresentados 3 (três) casos em que se decidiu pela falta de poderes do Tribunal Arbitral para lidar com arbitragem e apenas 1 (um) em que tal possibilidade fora acatada, a orientação geral adotada pelos Tribunais Arbitrais segue nessa última direção. Foi, aliás,

[71] *7 – Separability of arbitration agreement. Unless otherwise agreed by the parties, an arbitration agreement which forms or was intended to form part of another agreement (whether or not in writing) shall not be regarded as invalid, non-existent or ineffective because that other agreement is invalid, or did not come into existence or has become ineffective, and it shall for that purpose be treated as a distinct agreement.*

o que constatou Kathrin Betz[72], ao analisar 18 (dezoito) casos administrados pela CCI, nos quais havia discussões dessa ordem.

Todavia, em que pese essa maioria já formada, ainda não parece ser possível constatar uma unanimidade em torno do tema ou mesmo uma posição firme, sobretudo no que se refere à interpretação da matéria pelas Cortes estatais. Não à toa, casos como *Alexander Brothers Limited (Hong Kong SAR) v. Alstom Transport SA and other*, já brevemente referido acima, ainda se repetem.

Essa situação ressalta a necessidade de que a questão seja analisada não apenas sob um ponto de vista doméstico, mas sim como uma questão de política pública internacional. Afinal, na linha do quanto exposto na Introdução do trabalho, o combate à corrupção é tema que afeta a todos os países, em maior ou menor medida, eis que, frequentemente, um mesmo ato de corrupção causa prejuízos que extrapolam limites territoriais (como é o caso da Operação Lava-Jato, por exemplo, cujos reflexos vêm sendo analisados no Brasil e nos Estados Unidos).

Logo, é de interesse geral que a discussão ora posta venha a ter um tratamento mais seguro e previsível no cenário internacional como um todo, de modo a privilegiar a aplicação da arbitragem como verdadeira ferramenta no combate à corrupção. Por via de consequência, é fundamental que sejam conferidos os poderes aos árbitros para tanto – o que passa, necessariamente, pelo reconhecimento de sua jurisdição.

Conclusões

Retomando as ideias iniciais do texto, não é nenhum exagero dizer que a arbitragem é um instituto, há anos, em franca ascensão. As inovações introduzidas na forma de abordar os litígios, os precedentes firmados e os estudos produzidos em torno do assunto são apenas alguns dos significativos avanços promovidos por esse instituto ao longo de seu processo de solidificação. Hoje, portanto, a arbitragem é mais uma das opções de acesso à jurisdição colocadas à disposição de quem mais importa: o próprio jurisdicionado

Essa afirmação ganha especial relevo quando inserida no contexto da Administração Pública. Há não muito tempo, a mera ideia de se subme-

[72] Betz, Kathrin. *Proving Bribery, Fraud and Money Laundering in International Arbitration: On Applicable Criminal Law and Evidence.* Cambridge University Press, 2017.

ter uma disputa com o Estado a um Tribunal Arbitral já seria inadmissível. O bom desenvolvimento da arbitragem, inclusive nesse âmbito, é, portanto, notório.

Nesse mesmo passo, o avanço no combate à corrupção impõe, necessariamente, uma busca constante por reforços e novos instrumentos adotados para este fim– dentre os quais, a arbitragem parece se inserir.

No Brasil, ainda não parece ter havido maiores desdobramentos em torno do diálogo entre arbitragem e corrupção. Inobstante, com o maior incentivo à adoção de cláusulas compromissórias em contratos celebrados com a Administração Pública, é de se supor que a temática não demore a vir a ser apreciada pelos Tribunais pátrios – tanto arbitrais como Estatais. Pois, como bem se sabe, também em decorrência do aumento do número de procedimentos arbitrais, o país vem passando por um momento de *judicialização da arbitragem.*

Nesse cenário, é razoável – até provável – supor o Poder Judiciário se incumbirá da palavra final a respeito da jurisdição do Tribunal Arbitral para análise de alegações de corrupção. Resta saber se tal análise se dará de maneira preventiva – isto é, antes mesmo do pronunciamento do próprio Tribunal Arbitral – ou repressiva, em sede de anulatória.

No contexto internacional, a análise já se deu das duas formas e com conclusões diametralmente diferentes. Ao passo que já houve hipótese em que o próprio árbitro declarou não possuir poderes para julgamento da matéria (ICC Case n. 1.110/1963), também já houve situações em que o Poder Judiciário, preventivamente, reconheceu os poderes do Tribunal Arbitral para tanto (*Fiona Trust & Holding Corporation v. Privalov*, julgado pela *House of Lords*).

Após anos de discussão, a segunda orientação é a que possui maior respaldo na doutrina e na jurisprudência. Todavia, não é possível dizer que a situação está pacificada. Bem pelo contrário. Há, ainda, manifestações divergentes, oriundas de Tribunais de diferentes localidades.

Como o debate no Brasil ainda está em aberto, há uma importante janela de oportunidade para que os estudiosos possam se aprofundar sobre o assunto antes de terem de enfrentá-lo na prática.

A partir dessa preparação prévia, que passa, necessariamente, por uma análise de Direito Comparado, espera-se que sejam definidos os caminhos para adoção da melhor solução, que – a nosso ver – é aquela já privilegiada pela doutrina majoritária. Apenas assim, *"a arbitragem também poderá cumprir o papel preventivo e repressivo à corrupção que lhe cabe no contexto da solução de conflitos – incluindo aqueles envolvendo o poder público"*[73].

É essa a conclusão de Antonio Cury e também a desse autor.

Referências

ALMEIDA, Eduardo Vieira de; VAUGHN, Gustavo Favero, *Arbitragem, Princípio Competência-Competência e STJ*. Migalhas. 2020. Disponível em: https://migalhas.uol.com.br/coluna/migalhas-superiores/325776/arbitragem--principio-competencia-competencia-e-stj. Acesso em: 25/06/2021.

BAIZEAU, Domitille; HAYES, Tessa. *The Arbitral Tribunal's Duty and Power to Address Corruption Sua Sponte*. In: ICCA Congress Series, vol. 19. Kluwer Law International: 2017.

BANIFATEMI, Yas. *The Impact of Corruption on "Gateway Issues" of Arbitrability, Jurisdiction, Admissibility and Procedural Issues. In: Addressing Issues of Corruption in Commercial and Investment Arbitration*. Dossiers of the ICC Institute of World Business Law; eds.: Domitille Baizeau e Richard H. Kreindler. Paris: ICC, 2015.

BETZ, Kathrin. *Proving Bribery, Fraud and Money Laundering in International Arbitration: On Applicable Criminal Law and Evidence*. Cambridge University Press, 2017.

BONIFASSI, Stéphane. FEDOROVA, Elena. *Three takes on the same corruption allegations*. Disponível em: https://www.financialcrimelitigators.org/sites/default/files/2020-08/GAR%20-%20Three%20takes%20on%20the%20same%20corruption%20allegations.pdf. Acesso em: 22/06/2021.

BORN, Gary B. *International Commercial Arbitration*. Vol. I. Kluwer Law International. 2009.

BRADSHAW, Robert. *When there's smoke but no fire: English court rejects defence based on "indicia" of corruption*. Disponível em: http://arbitrationblog.practicallaw.com/when-theres-smoke-but-no-fire-english-court-rejects-defence-based-on-indicia-of-corruption/. Acesso em: 22/06/2021.

CAHALI, Francisco José. *Curso de Arbitragem: mediação: conciliação: resolução CNJ 125/2010*. 6ª ed. rev., atual. e ampl. São Paulo: Editora Revista dos Tribunais, 2017.

CARMONA, Carlos Alberto. *Arbitragem e Processo: um comentário à Lei 9.307/96*. – 3. ed. São Paulo: Atlas, 2009.

CARVALHOSA, Modesto de Souza Barros. *Comentários à lei das Sociedades Anônimas*. Vol. 2. 5. ed. São Paulo: Saraiva, 2011.

[73] CURY, Antonio Alberto Rondina. Op. Cit. p. 208.

COELHO, Eleonora. Os Efeitos da Convenção de Arbitragem – Adoção do Princípio Kompetenz- Kompetenz no Brasil. In: LEMES, Selma Ferreira. *Arbitragem: estudos em homenagem ao Prof. Guido Fernando da Silva Soares, In Memoriam*. São Paulo: Atlas, 2007, p. 326-338.

COSSIO, Esteban Ramón Ymaz. El soborno y el arbitraje internacional. In: *Revista brasileira de arbitragem*, vol. VI, n. 21. CBAr: 2009.

CURY, Antonio Alberto Rondina. Efeitos da Corrupção em Arbitragens envolvendo o Poder Público. In: *Revista de Arbitragem e Mediação*, vol. 60/2019, p. 185-215, Jan-Mar, 2019.

DOLINGER, Jacob e TIBURCIO, Carmen. *Direito Internacional Privado – Parte Especial: Arbitragem Comercial Internacional*. Rio de Janeiro: Renovar, 2003.

FIESP. *Relatório Corrupção: custos econômicos e propostas de combate*. 2010. Disponível em: https://www.fiesp.com.br/arquivo-download/?id=2021 Acesso em: 06/06/.2021.

FONSECA, Rodrigo Garcia da. O princípio competência-competência na arbitragem: uma perspectiva brasileira. In: *Revista de Arbitragem e Mediação*, vol. 9, 2006, p. 277-303.

GAILLARD, Emmanuel. *International Arbitration Law. Prima Facie Review of Existence, Validity of Arbitration Agreement*. New York Law Jornal. Thursday, December 1, 2005. Disponível em: https://www.shearman.com/-/media/Files/NewsInsights/Publications/2005/12/Prima-Facie-Review-of-Existence-Validity-of-Arb2__/Files/IA_NYLJ-Prima-Facie_040308_14/FileAttachment/IA_NYLJ-Prima-Facie_040308_14.pdf?la=en&hash=EBB6CF683984AA8157ECAB300C8EC8A54EAAA67E. Acesso em: 25/06/2021.

GAILLARD, Emmanuel. *The emergence of transnational responses to corruption in international arbitration. Arbitration International*, v. 35, n. 1, p. 1-19, 2019.

KENDRA, Thomas, COLEMAN, Matt. *How Far Do Tribunals Have a Duty to Investigate Corruption? The Kenyan High Court Has Its Word*. Disponível em: https://webcache.googleusercontent.com/search?q=cache:hkgqsOrH52kJ:https://www.lexology.com/library/detail.aspx%3Fg%3D64562981-98a2-4425-9080-71b981f3fa8a+&cd=3&hl=pt-BR&ct=clnk&gl=br. Acesso em: 23/06/2021.

LEÃES, Luiz Gastão Paes de Barros. Arbitrabilidade subjetiva: a competência da administração pública para a celebração de convenção arbitral. In: *Revista de direito mercantil*, vol. XLIII, n. 134, 2004.

LEW, Julian; MISTELIS, Loukas; KRÖLL, Stefan. *Comparative International Commercial Arbitration*. Kluwer Law International: 2003.

LEMES, Selma F. Arbitragem. Princípios Jurídicos Fundamentais. Direito Brasileiro e Comparado. In. *Revista de Informação Legislativa*, Senado Federal vol. 115, p. 441/468, Julho/Setembro, 1992.

NÓBREGA, Theresa Christine de Albuquerque, LIMA, Alberto Jonathas Maia de. O risco da corrupção na arbitragem: uma visão da metodologia internacional das red-flags diante das tendências e aplicações da legislação brasileira. In: *Revista de Direito Brasileiro*, vol. 27, n. 10. Florianópolis/SC. pp. 241/261. Disponível em: https://www.academia.edu/46887114/O_RISCO_DA_CORRUPCAO_NA_ARBITRAGEM. Acesso em: 20/06/2021.

PEREIRA, César. *Corrupção e arbitragem: os árbitros diante da alegação ou constatação de práticas ilícitas pelas partes.* Disponível em: https://justen.com.br/pdfs/IE138/IE138-Cesar-corrupcao-e-arbitragem.pdf. Acesso em: 25/06/2021.

PENGELLEY, Nicholas. Separability Revisited: Arbitration Clauses and Bribery. In: *Journal of International Arbitration*, vol. 24, n. 5, 2007.

PHILIP, Allan. *Arbitration, Corruption, Money Laundering and Fraud: The Role of the Tribunals. In: Money Laundering, Corruption and Fraud*; eds.: Kristine Karsten e Andrew Berkeley. Paris: ICC, 2003.

RANZOLIN, Ricardo. *Controle Judicial da Arbitragem.* Rio de Janeiro: GZ Editora, 2011, 244 pp. Disponível em: https://arbipedia.com/images/O-Princ%C3%ADpio-Compet%C3%AAncia-Compet%C3%AAncia-e-o-Separability-Concept.pdf. Acesso em: 25/06/2021.

REDFERN, Alan; HUNTER, Martin; *et al. Law and Practice of International Commercial Arbitration.* 4. ed. Londres: Sweet & Maxwell, 2004.

SOMBRA, Thiago Luís. Mitos, crenças e a mudança de paradigma da arbitragem com a administração pública. In: *Revista brasileira de arbitragem*, n. 54, 2017.

TELLECHEA, Rodrigo. *Arbitragem nas Sociedades Anônimas: Direitos Individuais e Princípio Majoritário.* São Paulo: Quartier Latin, 2016.

TIBURCIO, Carmen. *Arbitragem Envolvendo a Administração Pública: estado atual no direito brasileiro.* Direito Público, Brasília v. 11, ano XI, n. 58, p. 62-82, jul./ago. 2014.

TORRE, Riccardo Giuliano Figueira. *"Ano foi de democratização da arbitragem".* Disponível em: https://www.conjur.com.br/2020-jan-06/direito-empresarial-ano-foi-democratizacao-arbitragem. Acesso em: 25/06/2021.

VÉRAS, Felipe Sebhastian Caldas. *Arbitragem e Corrupção: um estudo sob a perspectiva do direito brasileiro.* Dissertação de mestrado. Universidade Federal de Minas Gerais. Orientadora: Profa. Natália Cristina Chaves. Belo Horizonte, 2020.

VERÇOSA, Fabiane e MONEGALHA, Guilherme. Como deve se comportar o árbitro diante de indícios e provas de corrupção? Algumas impressões. In: *Revista de Arbitragem e Mediação.* Ano 16, vol 63, out-dez 2019.

WALD, Arnoldo. Os Meios Judiciais do Controle da Sentença Arbitral. In: *Revista de Arbitragem e Mediação*, São Paulo, vol. 1, nº 1, p. 40-65, jan./abr. 2004.

CAPÍTULO 6
PODERES EXECUTÓRIOS DOS ÁRBITROS: PERSPECTIVAS DE DIREITO COMPARADO ANÁLISE CRÍTICA DA ADOÇÃO PELO DIREITO BRASILEIRO

Caio César Bueno Schinemann

1. Introdução

O objeto de estudo deste artigo é a possibilidade de execução, pelo árbitro, de suas próprias decisões, em perspectiva *de lege ferenda* – ou seja, a reforma da Lei de Arbitragem brasileira para que sejam outorgados amplos poderes executórios aos árbitros. Pretende-se verificar, primeiro, se medida dessa natureza resistiria a um teste de constitucionalidade; segundo, caso seja constitucional, se haveria pertinência na adoção de mecanismo dessa natureza a fim de incrementar a eficácia da tutela jurisdicional executiva.

O trabalho pretende apresentar propostas e soluções para o direito brasileiro e, para isso, vale-se da experiência de direito comparado A comparação principal a este título é feita por meio de exame da experiência portuguesa nesse sentido, bem como do ordenamento de países sul-americanos (Colômbia, Equador e Peru). Ainda, traça-se panorama geral acerca do tema no âmbito dos principais ordenamentos da Europa continental e do *common law*.

Para fins de limitação do escopo do estudo o trabalho tem por enfoque a execução das sentenças domésticas brasileiras, embora a experiência da arbitragem internacional seja relevante e oportunamente abordada. Também para fins de limitação do objeto de estudo, prepondera aqui a análise da execução relativa às sentenças condenatórias. O tema da execução das decisões arbitrais de natureza declaratória e constitutiva, especificamente naquilo que o processo civil estatal usualmente denomina *execução imprópria,* são também relevantes para a arbitragem, mas serão tratadas em outra oportunidade.

Utiliza-se o termo *decisão arbitral* de forma propositada, pois não apenas as *sentenças arbitrais* são passíveis de *execução* – as decisões provisórias (nomeadamente, as relativas a tutela de urgência) também o são. As premissas aqui estabelecidas, portanto, salvo quando indicado em contrário, são válidas para as decisões arbitrais provisórias e definitivas.

2. Concepções acerca dos poderes executórios dos árbitros no regime jurídico vigente

Para um exame crítico acerca da pretensão de outorga de poderes executórios dos árbitros, é necessário, primeiro, considerar a atual concepção acerca do tema na doutrina e jurisprudência brasileiras.

Não há grandes dúvidas, na atualidade, acerca da natureza jurisdicional da arbitragem[1]. No entanto, árbitro exerceria jurisdição previamente limitada, pois "não é dotado de *coertio* e *executio*"[2]. Tais poderes restariam sob o monopólio do Estado, sendo a estatal a "única jurisdição dotada de coercibilidade"[3]. Negar em absoluto qualquer exercício de qualquer poder executório pelo árbitro, no entanto, não se demonstra a solução teórica mais adequada.

Primeiro, não é possível estabelecer uma cisão absoluta entre *conhecimento* e *execução.* Embora já tenha sido corrente no direito brasileiro

[1] Cf. Carmona, Carlos Alberto. *Arbitragem e processo*: um comentário à Lei nº 9.307/96. 3ª ed., São Paulo: Atlas, 2012, p. 26; Salles, Carlos Alberto de. *Arbitragem em contratos administrativos.* Rio de Janeiro: Forense, 2011. p. 90.

[2] Guerrero, Luís Fernando. Arbitragem e jurisdição: premissa à homologação da sentença arbitral estrangeira. *Revista de Processo,* vol. 159/2008, p. 9-34, maio/2008, n.p.

[3] STJ. *REsp 1735538/SP,* Rel. Ministro Marco Aurélio Bellizze, 3ª Turma, julgado em 06/10/2020.

acepção pela qual a execução sequer ostentaria caráter jurisdicional[4], as premissas teóricas contemporâneas do processo civil brasileiro estabelecem a *satisfação* como fator inerente à tutela jurisdicional adequada[5] – o que resultou, inclusive, na positivação do direito à *atividade satisfativa* em prazo razoável (art. 4º do CPC).

Segundo, e consequência direta do exposto no parágrafo anterior, existe ampla atividade cognitiva e decisória na execução – que não se restringe às defesas do executado. A própria definição dos meios de atividade executiva – quais medidas de coerção e sub-rogação serão adotadas, em que momento e com qual intensidade – é uma atividade essencialmente cognitiva[6].

É a repercussão, sobre a execução como um todo, da distinção apresentada por Calamandrei em obra clássica sobre medidas cautelares: há "*providencias cautelares de cognición (el decreto que concede el secuestro conservativo) y providencias cautelares de ejecución (la ejecución del secuestro conservativo*"[7]. Há *atos executivos de cognição* (decisão que aplica multa, concede penhora, determina sequestro e afins) e *atos executivos materiais* (bloqueio via Sisbajud, apreensão de bens).

Partindo da premissa de intensa atividade cognitiva na execução, especificamente em relação à arbitragem, Flávio Luiz Yarshell indica que é o árbitro quem exerce a atividade cognitiva necessária na execução nos feitos originariamente submetidos à sua jurisdição[8]. É essa a opção legal, inclusive, no regime legal que divide a competência entre o árbitro e o Juiz no que concerne às tutelas de urgência (art. 22-B da LArb). Para a execução a lógica é a mesma.

[4] Para Ovídio Baptista da Silva o direito se expressa "apenas como norma. O que a sentença possa produzir fora do campo normativo [ou seja, a execução] é puro fato. É consequência do ato jurisdicional, mas já não é mais jurisdição". Cf. Silva, Ovídio Baptista. Mandamentalidade e autoexecutoriedade das decisões judiciais. *Revista da EMERJ*, v.5, n.18, 2002, p. 31.

[5] Marinoni, Luiz Guilherme. *Técnica processual e tutela dos direitos*. 7ª ed., São Paulo: Revista dos Tribunais, 2020, p. 14.

[6] Sica, Heitor Vitor Mendonça. *Cognição do juiz na execução civil*. São Paulo: Revista dos Tribunais, 2017, p. 216.

[7] Calamandrei, Piero. *Providencias cautelares*. Bueno Aires: Cangallo, 1964, p. 35.

[8] Yarshell, Flávio Luiz. A cognição a cargo dos árbitros no cumprimento da sentença arbitral. Teixeira, Tarcisio; Ligmanovski, Patricia Ayub C. (coord.). *Arbitragem em evolução*: aspectos relevantes após a reforma da Lei Arbitral. Barueri: Manole, 2018, p. 162.

Por fim, a Lei não estabelece uma limitação *absoluta* a qualquer atividade do árbitro relativa à execução. A limitação que realmente se verifica é muito mais restrita: incide sobre o "poder de atuação física sobre pessoas ou coisas"[9] – ou seja, os atos materiais. *Execução,* no entanto, nem de longe se resume apenas à *atuação forçada* sobre pessoas ou coisas, especialmente considerada a intensa atividade cognitiva há pouco afirmada.

2.1. Possibilidade de o árbitro estabelecer medidas coercitivas

O árbitro não detém poder para atuar materialmente sobre o executado ou seus bens, mas detém poderes para estabelecer medidas coercitivas que levem a um cumprimento "espontâneo" da obrigação[10]. Estão à sua disposição quaisquer medidas que operem "sem emprego direto de força física"[11], essencialmente relacionadas à *cognição da execução.*

A medida mais corriqueiramente utilizada é a fixação *astreintes.* A possibilidade de fixação de multa pelo árbitro (em racionalidade extensível a qualquer meio de coerção) não é pacífica na doutrina. Eduardo Talamini compreende que "será o juiz [e não o árbitro] quem cominará a multa processual, fixará seu valor e prazo e definirá a aplicação das medidas atípicas necessárias"[12]. Tal concepção restritiva, no entanto, deriva de uma indevida restrição ao exercício de poder executório pelo árbitro.

Ao adotar medida coercitiva, o árbitro não pratica qualquer constrição direta sobre o executado ou seu patrimônio, mas exerce simples cognição (ainda que em âmbito executivo) necessária para definir o método de coerção a ser utilizado. Há uma "forma de atuação sobre o espírito do sujeito"[13]. O que se quer é que o próprio devedor cumpra a obrigação – não há sub-rogação pelo árbitro.

[9] Nascimbeni, Asdrubal Franco. *Cumprimento das decisões arbitrais*: estudos para aprimoramento do sistema. Tese (Doutorado em Direito) – Pontifícia Universidade Católica de São Paulo, 2019, p. 288.

[10] Dinamarco, Cândido Rangel. *A arbitragem na teoria geral do processo.* São Paulo: Malheiros, 2013, p. 230.

[11] Ranzolin, Ricardo. *Controle judicial da arbitragem.* Rio de Janeiro: GZ, 2011, p. 149.

[12] Talamini, Eduardo. *Tutelas relativas aos deveres de fazer e não fazer.* 2ª ed., São Paulo: Revista dos Tribunais, 2003, p. 461.

[13] Carreteiro, Mateus Aimoré. *Tutelas de urgência e processo arbitral...*, p. 265.

Negar o poder dos árbitros de estabelecer medidas coercitivas é um contrassenso no direito brasileiro. O árbitro possui poder porque as partes assim o investiram e, por essa razão, exerce função jurisdicional, pautada nas garantias fundamentais do processo. É um ambiente absolutamente propício e legítimo para o estabelecimento de medidas de coerção, ainda que graves.

Em verdade, o direito brasileiro convive perfeitamente com medidas de coerção, mesmo fora do ambiente jurisdicional. Basta pensar na amplamente difundida inscrição em cadastros de inadimplentes (SPC e Serasa). A negativação nesses cadastros não exige provas, muito menos o estabelecimento do contraditório. Empresas privadas assim procedem em larga escala há décadas sem que se cogite de alguma ilicitude.

É evidente que, no modelo atual, a adoção de medidas coercitivas não significa poder para que o árbitro realize os atos de constrição dali decorrentes (por exemplo, a execução pecuniária das multas aplicadas)[14]. No entanto, tendo em vista que o objetivo dos mecanismos coercitivos é justamente o cumprimento "espontâneo" da obrigação, tal limitação não infirma a utilidade prática da adoção de meios de coerção pelo árbitro.

2.2. Estabelecimento de medidas sub-rogatórias pelo árbitro

O árbitro não penhora ou expropria bens; não realiza, materialmente, sequestros, arrestos ou busca e apreensões de quaisquer objeto. Isso não significa, no entanto, que o árbitro não possa realizar *qualquer* atividade sub-rogatória.

Medidas sub-rogatórias nem sempre dependem de força física. Eduardo Talamini nomeia tal fenômeno como "sub-rogação ideal" (em contraposição à "sub-rogação material"). Em análise da jurisdição estatal, Talamini dá dois exemplos relevantes para a arbitragem: o provimento substitutivo da declaração de vontade (como a adjudicação compulsória) e a resolução contratual[15]. Nesses casos, houve a *substituição da vontade do executado* (= sub-rogação), mas não se cogita da exclusão da competência do árbitro para tanto. Se muito, tais pro-

[14] Costa, Marcos Gomes da. *Tutela de urgência e processo arbitral*. Dissertação (Mestrado em Direito Processual) – Faculdade de Direito, Universidade de São Paulo, 2013, p. 47.

[15] Talamini, Eduardo. *Tutelas relativas aos deveres de fazer e não fazer...*, p. 170.

vimentos são submetidos à lógica da *execução imprópria* (documentação e publicidade)[16].

Os exemplos apresentados por Talamini dizem respeito a pleitos de natureza essencialmente declaratória e constitutiva. Tal fato, inclusive, leva Cândido Rangel Dinamarco a negar qualquer característica executiva nessas sentenças substitutivas da vontade do obrigado[17].

Ocorre que não há restrição da sub-rogação *ideal* às sentenças declaratórias e constitutivas. É possível que haja sub-rogação ideal mesmo em relação a decisões de natureza condenatória. Basta que haja um ambiente contratual e/ou institucional hábil a proporcionar tal sub-rogação sem a necessidade de retirar bens do devedor à força – por meio da compensação ou de garantias autoexecutáveis, por exemplo.

3. Atribuição de amplos poderes executórios aos árbitros

Ainda que possua *algum* poder executório, nos termos acima descritos, fato é que, como regra, a execução em sua parcela mais substancial (= atos de sub-rogação material) está alheia à atuação do árbitro. Afirma-se de forma taxativa: no direito brasileiro, o árbitro não detém poderes para atuar materialmente sobre pessoas e coisas.

Tal cenário pode ser alterado por reforma legislativa? Se sim, alteração legislativa dessa natureza seria *pertinente* de um ponto de vista de política judiciária? Quais são as perspectivas de direito comparado nesse aspecto?

3.1. Brevíssimas considerações sobre a desjudicialização da execução civil

A fim de evitar confusões terminológicas e conceituais, cabem breves considerações acerca do fenômeno da "desjudicialização da execução civil". A expressão é polissêmica e pode assumir diversas conformações[18].

[16] Para fins de limitação do objeto de estudo prepondera, nesse momento, a análise da problemática relativa à execução de *decisões condenatórias*, provisórias e finais. O tema da execução (*imprópria*) das decisões arbitrais de natureza declaratória e constitutiva é bastante relevante, mas será objeto de análise em outra oportunidade.

[17] Dinamarco, Cândido Rangel. *Execução civil*. 8ª ed., São Paulo: Malheiros, 2002, p. 112.

[18] Theodoro Júnior, Humberto; Andrade, Érico. Novas perspectivas para atuação da tutela executiva no direito brasileiro: autotutela executiva e "desjudicialização" da execução.

Em sentido amplo, qualquer forma de retirada dos atos de execução do Juízo estatal é uma forma de *desjudicialização*, sendo cogitáveis modelos diversos a este título – inclusive modelo que eventualmente outorgue a realização dos atos executivos aos árbitros.

Em sentido mais específico, no entanto, a *desjudicialização* em voga no Brasil diz respeito ao Projeto de Lei nº 6.204/2019, em trâmite no Congresso Nacional, que pretende atribuir aos tabelionatos de protesto a função de *agente de execução*.

A iniciativa legislativa em seus termos atuais em nada altera a posição do árbitro quanto aos seus poderes executórios. No modelo projetado, a única repercussão sobre as decisões arbitrais é que estas passariam a ser executadas perante os tabelionatos, e não mais perante a Justiça estatal[19]. A racionalidade descrita no tópico anterior, no entanto, permanece a mesma: continua vedado ao árbitro ingressar, à força, na esfera patrimonial alheia para retirada de bens.

3.2. *De lege ferenda*: é possível, no Brasil, atribuir amplos poderes executórios aos árbitros?

O árbitro não detém poderes executórios amplos no Brasil – e na imensa maioria dos demais ordenamentos jurídicos – por razão de política legislativa[20]. Da mesma forma, por iguais razões de política legislativa, poderia se entender pela adoção de outro modelo. Cada país é soberanamente legítimo a decidir, dentro de sua ordem jurídica, de que forma se dará o *enforcement* das decisões do árbitro[21].

Significa dizer que, em tese e *de lege ferenda*, não se cogita de óbices à outorga de amplos poderes executórios aos árbitros, inclusive para invasão na esfera patrimonial daqueles sob sua jurisdição.

Já há, na doutrina brasileira, compreensões nesse sentido. Propõe Asdrubal Franco Nascimbeni, em relação aos árbitros, que "por opção

Revista de Processo, vol. 315, ano 46, p. 109-158, São Paulo: Revista dos Tribunais, maio 2021, n.p.

19 Ribeiro, Flávia Pereira. Proposta de desjudicialização da execução civil para o Brasil com base na experiência portuguesa. In: *Reflexões sobre a desjudicialização da execução civil*. Curitiba: Juruá, 2020, p. 325.

20 Parente, Eduardo de Albuquerque. *Processo arbitral e sistema*. São Paulo: Atlas, 2012, p. 209.

21 Gaillard, Emmanuel et al. On International Commercial Arbitration. Kluwer Law International, 1999, p. 720.

política e legislativa, lhes sejam também delegadas as demais parcelas do império"[22]. No mesmo sentido, para Marcelo Barbi Gonçalves, mais do que possível, seria recomendável que a execução fosse submetida à arbitragem, pois não faria sentido "que a arbitragem permita apenas uma fuga parcial ao sistema estatal de justiça"[23].

A rigor, a execução privada não é grande novidade para o direito brasileiro. A Lei nº 4.591/1964 e o Decreto-lei nº 70/66, há décadas, dispõem nesse sentido. A alienação fiduciária de bens imóveis (Lei nº 9.514/1997) é utilizada de forma amplíssima pelas instituições financeiras. São mecanismos que, embora privados, garantem o contraditório e estão rodeados de "fortes cautelas"[24] a justificar sua constitucionalidade.

Não se ignora a existência de compreensões em sentido contrário. É de destaque a obra monográfica de Eduardo Henrique de Oliveira Yoshikawa, em que defende a inconstitucionalidade da retirada dos atos executivos do Poder Judiciário por violação ao devido processo legal e à inafastabilidade da jurisdição[25]. Mas, fato é que a execução extrajudicial já é arraigada no direito brasileiro. Recentemente, ao apreciar o Tema 249 de Repercussão Geral, o Supremo Tribunal Federal estabeleceu a constitucionalidade do procedimento de execução extrajudicial previsto no Decreto-lei nº 70/66[26]. Da mesma forma, a jurisprudência do STJ sempre corroborou a utilização de tais mecanismos[27].

Em verdade, a arbitragem seria, em tese, um ambiente muito mais legítimo para a prática de atos de natureza executória do que os exemplos de execução privada acima listados. O árbitro é, afinal, pessoa distinta das partes e não interessada diretamente no conflito que lhe é submetido.

Ser possível, no entanto, não significa ser *pertinente*.

[22] Nascimbeni, Asdrubal Franco. *Cumprimento das decisões arbitrais...*, p. 137.

23 Gonçalves, Marcelo Barbi. *Teoria geral da jurisdição.* Salvador: Juspodivm, 2020, p. 138.

[24] Costa e Silva, Paula. A constitucionalidade da execução hipotecária do Decreto-Lei 70/1966. *Revista de Processo*, vol. 284/2018, p. 185-209, out/2018, n.p.

[25] Yoshikawa, Eduardo Henrique de Oliveira. *Execução extrajudicial e o devido processo legal.* São Paulo: Atlas, 2010, p. 108.

[26] STF. *RE 627106* – Plenário. Rel. Min. Dias Toffoli, julgado em sessão virtual de 26.3.2021 a 7.4.2021.

[27] A título exemplificativo: *AgInt nos EDcl no REsp 1372975/SC*, Rel. Ministro Marco Aurélio Bellizze, TERCEIRA TURMA, julgado em 26/08/2019.

3.3. Perspectiva de direito comparado: a experiência portuguesa

Para que seja possível avaliar a pertinência de eventual medida dessa natureza para o direito brasileiro elegeu-se, como modelo principal de comparação, a pontual – e malsucedida – tentativa de estabelecer em Portugal a *"arbitragem institucionalizada no âmbito da acção executiva"*.

Historicamente, o regime jurídico português não contava com a outorga de maiores poderes executórios aos árbitros[28] – característica comum aos principais ordenamentos jurídicos europeus, como se verá a seguir. A alteração se deu por meio da Lei nº 18/2008[29], a qual pretendeu reformar diversos pontos do sistema de execução português.

Em relação à arbitragem, estabeleceu a autorização para que o Governo, por Decreto-Lei, criasse "um regime (...) prevendo a criação de centros de arbitragem voluntária com competência para a resolução de litígios resultantes do processo de execução, para a realização de diligências de execução" (art. 9º-1). A esse tempo, a execução em Portugal já era desjudicializada na figura do agente de execução. Portanto, havia dois atores privados distintos aos quais a lei possibilitava o exercício direto de atos executivos: os *agentes de execução* e os *árbitros* – estes nos casos em que a convenção assim dispusesse. Este paralelismo era considerado especialmente problemático pela doutrina[30].

A atividade cognitiva da execução (alheia à esfera de competência do agente de execução, como continua a ser) passou a ser de competência do árbitro: "os actos do processo de execução da competência do juiz de execução são da competência dos juízes árbitros" (art. 9º, 2, a). Mas, para além da mera substituição do Juiz pelo árbitro na solução dos aspectos cognitivos da execução, houve expressa outorga aos árbitros de amplos poderes executórios: "os actos do processo de execução da competência do agente de execução podem ser da competência do próprio centro de arbitragem ou de agentes de execução" (art. 9º, 2, c).

[28] COSTA E SILVA, Paula. A arbitrabilidade de medidas cautelares. *Revista da Ordem dos Advogados*, n. 63, vol. I, abril de 2003, n.p.

[29] Disponível em <http://www.pgdlisboa.pt/leis/lei_mostra_articulado.php?artigo_id=2507A0001&nid=2507&tabela=leis&pagina=1&ficha=1&so_miolo=S&nversao=#artigo>.

[30] GOUVEIA, Mariana França. *A novíssima acção executiva*: análise das mais importantes alterações. Disponível em <portal.oa.pt/upl/%7B17d38e4f-4561-49a1-b23e-37e569a11653%7D.pdf>, p. 594.

A instituição da arbitragem executiva portuguesa possuía viés pragmático: o objetivo era "descongestionar os tribunais judiciais e imprimir celeridade às execuções"[31]. Ainda que a execução portuguesa já fosse desjudicializada, a atividade continuava (e ainda continua) a demandar do Judiciário, em especial a análise das defesas do executado.

A doutrina portuguesa foi majoritariamente contrária à iniciativa. Antonio Pinto Monteiro *et. al.* definem o regime instituído como "ideia infeliz"[32]. Entendem os autores que os árbitros, apesar de exercerem função jurisdicional, "não são tribunais como os outros"[33], especificamente porque "não são órgãos de soberania e não têm *ius imperii*"[34].

Mariana França Gouveia, além de compartilhar da premissa acerca da impossibilidade de conferir *ius imperii* aos árbitros, destaca outro fator que considera problemático: "as decisões dos tribunais arbitrais não podem afectar terceiros que não fazem parte da convenção arbitral"[35]. Haveria especial problema em relação às ordens a terceiros para realização de penhoras, ao cônjuge do executado e outros credores do mesmo executado[36].

Embora seja perfeitamente possível compreender a *insatisfação* da doutrina portuguesa com a iniciativa – que, de fato, foi extremamente questionável do ponto de vista político-judiciário, por razões que serão abordadas a seguir quando se afirmar a impertinência da adoção do modelo para o Brasil –, não se considera que os argumentos jurídicos utilizados infirmam a possibilidade de atribuição de poderes executórios aos árbitros.

Quanto à atribuição de *ius imperii* a um privado, a ordem jurídica portuguesa, ao tempo da instituição da arbitragem executiva, já convivia com os *agentes de execução*. Pontuou João Carlos de Figueiredo Ascenso Salvador: "o exercício execução é efectuado por um sujeito de direito

[31] Almeida Junior, Fernando Frederico de. A desjudicialização em Portugal: razões oficiais e medidas adotadas pelo governo. *Revista JurisFIB*, vol. V, ano 5, dezembro/2014, p. 568.

[32] Monteiro, António Pedro Pinto; Silva, Artur Flamínio; Mirante, Daniela. *Manual de arbitragem*. Edição Kindle. Almedina, 2019, n.p.

[33] Idem

[34] Idem

[35] Gouveia, Mariana França. *A novíssima acção executiva...*, p. 591.

[36] Gouveia, Mariana França. *A novíssima acção executiva...*, p. 591.

privado (o agente). Será assim tão "chocante" vê-lo desempenhar o mesmo papel sob a supervisão de um árbitro?"[37].

Quanto à vinculação de terceiros, esta é, do ponto de vista jurídico, decorrente da própria atribuição de *ius imperii* a um privado. Se a lei estabelece essa possibilidade, não há vedação à sua prática, desde que se garanta a possibilidade de exercício de contraditório a este terceiro e que não lhe seja vedado o acesso à jurisdição estatal se não houve convenção de arbitragem[38].

Em Portugal, a atividade do agente de execução, um privado, também pode afetar direitos de terceiros – nem por isso se cogita de alguma ilegalidade, pois esse terceiro pode deduzir as defesas que entender cabíveis[39]. Comparando a iniciativa portuguesa com a experiência equatoriana de outorga de poderes executórios aos árbitros – a seguir abordada –, como reconhece a doutrina daquele país, não se trata de submeter terceiros à convenção arbitral das partes, mas simplesmente uma decorrência da lei que possibilita o exercício de atos executivos pelos árbitros, ainda que envolvam terceiros[40].

Fato é que a *arbitragem executiva* portuguesa nunca foi concretizada. Como se depreende da sua redação, a Lei nº 18/2008 não estabelecia diretamente regime de arbitragem institucionalizada das ações executivas, mas autorizava que o Poder Executivo o fizesse via Decreto-Lei. Em meio às severas críticas, o Decreto-Lei nunca foi editado e a Lei nº 18/2008 foi expressamente revogada pelo CPC português de 2013.

3.4. Perspectiva de direito comparado: Alemanha, França, Itália, Espanha, Inglaterra e Estados Unidos

A doutrina portuguesa, em perspectiva crítica, chegou a afirmar que em nenhum outro lugar do mundo seriam conferidos aos árbitros

[37] SALVADOR, João Carlos de Figueiredo. *A arbitragem institucionalizada na acção executiva*. Dissertação (Mestrado em Direito) – Instituto Superior Bissaya Barreto, 2011, p. 141.

[38] SALVADOR, João Carlos de Figueiredo. *A arbitragem institucionalizada na acção executiva...*, p. 152.

[39] FREITAS, José Lebre de. *A acção executiva à luz do Código de Processo Civil de 2013*. 6ª ed., Coimbra: Editora Coimbra, 2014, p. 114.

[40] VÁSQUEZ, María Elena Jara. *El arbitraje desde la perspectiva del derecho a la tutela efectiva en Ecuador*. Quito: Universidad Andina, 2016, p. 300.

amplos poderes executivos[41]. Embora a afirmativa não seja rigorosamente verdadeira (conforme próximo item), é fato que na tradição jurídica da Europa continental e nos principais regimes de *common law* não se encontram paralelos ao que se tentou implementar na ordem jurídica portuguesa.

Tais ordenamentos, nesse aspecto, seguem uma mesma racionalidade – identificável com a racionalidade também adotada pelo sistema brasileiro: a sentença arbitral é dotada dos mesmos efeitos que a sentença judicial. Cabe a execução forçada à jurisdição estatal, nos exatos termos em que se daria para a execução da sentença judicial. Tal regramento pode ser verificado na Alemanha (Seção 794, 1055 e 1060 do ZPO); França (art. 1.479 do CPC francês); Itália (art. 824-bis do CPC italiano); Espanha (art. 8º da Ley 60/2003); Estados Unidos (Seção 13 do Federal Arbitration Act) e Reino Unido (Seção 66 do Arbitration Act de 1996).

3.5. Perspectiva de direito comparado: Colômbia, Peru e Equador

Ao se discorrer acerca da possibilidade de atribuição de maiores poderes executórios aos árbitros, a doutrina costuma apontar como exemplos a Colômbia, o Peru e o Equador[42]. Cabe um escrutínio acerca da amplitude dessa outorga de poderes nestes ordenamentos, a verificar seus limites e restrições.

Na Colômbia a legislação revogada sobre arbitragem (*Ley 23/91*) estabelecia que "*los árbitros tendrán los mismos deberes, poderes y facultades que para los jueces se consagran en el CPC*" (art. 114). Havia plena equiparação entre Juiz e árbitro quanto aos seus *poderes*, o que conferia, genericamente, poder aos árbitros para executarem suas próprias decisões[43]. Tida por problemática, a disposição foi reformada pela Ley 1563/2012 – legislação atual sobre arbitragem –, que prevê sistemática bastante simi-

[41] Monteiro, António Pedro Pinto; Silva, Artur Flamínio; Mirante, Daniela. *Manual de arbitragem*. Edição Kindle. Almedina, 2019, n.p.

[42] Cf. Carmona, Carlos Alberto. *Arbitragem e processo...*, p. 323; Carreteiro, Mateus Aimoré. *Tutelas de urgência e processo arbitral...*, p. 280; Nascimbeni, Asdrubal Franco. *Cumprimento das decisões arbitrais...*, p. 175 e ss.

[43] Valencia, Pedro Orlando Garavido. *Las medidas cautelares en el arbitraje nacional a partir de la Ley 1563/2012*. Univsersidad Católica de Colombia, 2014, p. 194.

lar à brasileira: competência decisória plena nos árbitros, mas a prática de atos de execução forçada (cautelares ou finais) pelo Judiciário[44].

No Peru, o art. 67 da *Ley de Arbitraje* estabelece que "*el tribunal arbitral está facultado para ejecutar sus laudos y decisiones, siempre que medie acuerdo de las partes o se encuentre previsto en el reglamento arbitral*". No entanto, o mesmo dispositivo estabelece a seguinte exceção: não haverá execução pelo árbitro quando "*a su sola discreción, el tribunal arbitral considere necesario o conveniente requerir la asistencia de la fuerza pública*".

Não houve outorga de *ius imperii* ao árbitro no sistema peruano, portanto[45]. O que há é tão somente a afirmação, pela lei, de característica elementar: quando a execução da decisão não depender de *força,* o árbitro pode implementá-la. Algo que se aproxima muito mais da *execução imprópria* (documentação e publicidade de sentenças declaratórias e constitutivas) do que propriamente a outorga de amplos poderes executórios aos árbitros.

Por fim, o Equador é, de fato, o ordenamento jurídico mais peculiar nesse aspecto. Aqui efetivamente se verifica outorga de poder de império ao árbitro.

O art. 9º da *Ley de Arbitraje e Mediacion* equatoriana estabelece que para a execução de medidas cautelares "*los árbitros siempre que las partes así lo estipularen en el convenio arbitral, solicitarán el auxilio de los funcionarios públicos, judiciales, policiales y administrativos que sean necesarios sin tener que recurrir a juez ordinário*". É possível ao árbitro, com isso, *materialmente efetivar* ordens de arresto, sequestro e afins sem que seja necessária alguma atuação do Judiciário estatal.

São verdadeiros *poderes de império*, previamente autorizados pela lei e, no caso concreto, legitimados pela opção das partes[46]. Previsão a qual, como reconhece a própria doutrina equatoriana, não encontra precedentes em direito comparado[47].

[44] ARCINIEGAS, Diego Alejandro. *La eficácia de las medidas cautelares en el arbitraje nacional en Colombia*. Universidad Militar Nueva Granada, 2020, p. 33.

[45] ARISNABARRETA, Ana María Arrarte. De la interrelación a la interferencia del poder judicial en los procesos arbitrales: límites de su actuación. Themis Revista De Derecho, 53, Universidad de Lima, p, 99.

[46] VÁSQUEZ, María Elena Jara. *El arbitraje desde la perspectiva del derecho a la tutela efectiva en Ecuador*. Quito: Universidad Andina, 2016, p. 297.

[47] VÁSQUEZ, María Elena Jara. *El arbitraje desde la perspectiva...*, p. 298.

A outorga de poderes de império aos árbitros pela legislação equatoriana é restrita à implementação de decisões cautelares. Não há poderes equivalentes para a execução das sentenças arbitrais, que devem ser efetivadas pelo Juiz togado: "*Los laudos arbitrales tienen efecto de sentencia ejecutoriada y de cosa juzgada y se ejecutarán del mismo modo que las sentencias de última instancia*" (art. 32).

Há, nesse ponto, um contrassenso sistemático. Se é possível que árbitros exerçam poder de império em relação a decisões meramente provisórias, muitas vezes proferidas sem o exercício do contraditório e diante de parco conjunto probatório, a lógica exigiria que os mesmos mecanismos estivessem à disposição da implementação de decisões finais e definitivas, proferidas após ampla produção probatória[48].

A iniciativa equatoriana em conferir poder de império ao árbitro encontra resistência na doutrina – é considerada *exagerada*[49]. Não há qualquer demonstração empírica de que a atribuição de tais poderes aos árbitros equatorianos é amplamente difundida ou, ainda, que tenha sensivelmente melhorado a eficiência da implementação de medidas cautelares se comparado ao modelo de cooperação com o Juiz estatal[50].

4. É pertinente, no Brasil, atribuir amplos poderes executórios aos árbitros?

Aferir a *possibilidade em tese* de reforma legislativa a conferir amplos poderes executórios aos árbitros não significa entender por sua pertinência. E, no caso, considera-se que iniciativa a este título seria absolutamente impertinente.

A defesa da outorga de poderes executórios aos árbitros parte do falso pressuposto de que esta seria mais *eficiente* para a execução do que a jurisdição estatal: a "execução pela via arbitral estaria acompanhada pelas vantagens próprias do instituto da arbitragem, como celeridade"[51]. A premissa é falsa por estabelecer que as dificuldades enfrentadas

[48] Vásquez, María Elena Jara. *El arbitraje desde la perspectiva...*, p. 297.

[49] Kleinheisterkamp, Jan. *Medidas cautelares en el arbitraje*: una perspectiva comparatista. Disponível em <https://international.vlex.com/vid/medidas-cautelares-arbitraje-perspectiva-537937362>.

[50] Vásquez, María Elena Jara. *El arbitraje desde la perspectiva...*, p. 299.

[51] Lamêgo, Guilherme. Execução extrajudicial e arbitragem..., n.p.

pela execução civil decorreriam exclusivamente da *ineficiência* do Judiciário estatal.

O principal problema da execução civil brasileira é a dificuldade para encontrar bens dos executados. A solução não está na "técnica processual, mas sim na centralização de informatização dos registros públicos acerca da propriedade de bens imóveis e móveis"[52]. Há, ainda, aspectos de ordem econômica e social, como "impactos decorrentes da ampliação do acesso ao crédito, da facilidade para constituição de pessoas jurídicas, da atenuação da reprovação social lançada sobre quem não paga suas contas"[53]. Pode ser que simplesmente não haja bens a serem encontrados. Uma jurisdição *célere* não afeta nenhuma dessas circunstâncias.

É evidente que a falta de recursos humanos, financeiros e tecnológicos do Poder Judiciário pode atrapalhar a execução – especialmente consideradas as diferenças regionais no Brasil. Mas um Judiciário idealmente *ótimo* (no sentido econômico do termo) continuaria a ver as execuções sob sua jurisdição frustradas se não for possível localizar bens do devedor – seja porque ele os oculta, seja porque ele não os tem.

Atribuir poderes executórios amplíssimos aos árbitros em nada altera esse cenário. O árbitro enfrentará dificuldades muito similares (se não iguais) às do Poder Judiciário na execução forçada (= busca de bens), mas a um custo muito mais alto, pois perde o ganho de escala inerente ao Poder Judiciário.

A arbitragem já é bastante custosa. Estabelecer mais uma atribuição ao árbitro – a execução forçada – aumentaria tais custos exponencialmente. Especialmente pelo *fator regulatório*: outorgar amplos poderes executórios aos árbitros significa submeter a atividade a um rigoroso controle estatal, hoje praticamente inexistente.

A *operacionalização* da execução forçada pelo árbitro proposta pela doutrina reconhece a necessidade de fiscalização estatal: "convênios similares ao Infojud, Bacenjud, Renajud e também SREI, seriam firmados pelas instituições de arbitragem, mediante rigorosas regulamentação e fiscalização do poder público"[54]. Regulação implica custo, que será

[52] SICA, Heitor Vitor Mendonça. Notas sobre a efetividade da execução civil. In: ARRUDA ALVIM et. al (coord). *Execução civil e temas afins*: do CPC/73 ao Novo CPC. São Paulo: Revista dos Tribunais, 2014, p. 498.

[53] SICA, Heitor Vitor Mendonça. Notas sobre a efetividade da execução civil..., p. 488.

[54] NASCIMBENI, Asdrubal Franco. *Cumprimento das decisões arbitrais*..., p. 316.

arcado pelas partes, sem qualquer garantia de algum acréscimo à eficiência da atividade executória.

O exemplo português acima tratado é bastante ilustrativo quanto à questão regulatória. A arbitragem executiva portuguesa era necessariamente *institucionalizada* – ou seja, se daria perante um Centro especializado em arbitragem. Ocorre que a *arbitragem institucionalizada* portuguesa é muito mais regulamentada do que a *arbitragem institucional* brasileira.

No caso brasileiro, a Lei de Arbitragem prevê genericamente, no art. 13, § 3º, a possibilidade de submissão do conflito às "regras de um órgão arbitral institucional ou entidade especializada". De outro lado, o art. 62º da LAV portuguesa estabelece que a criação de centros de arbitragem institucionalizada "está sujeita a autorização do Ministro da Justiça", remetendo, ainda, ao Decreto-Lei nº 425/86. O referido Decreto-Lei[55], por sua vez, estabelece que (1) a criação do centro depende de *pedido justificado*; (2) a decisão de aprovação pelo Ministério da Justiça deve considerar "a representatividade da entidade requerente e a sua idoneidade"; (3) a autorização de funcionamento de um centro de arbitragem pode ser revogada a qualquer momento pelo Ministério da Justiça.

Querem as instituições de arbitragem brasileiras, bem como os árbitros, se submeter a um amplo escrutínio do Estado quanto à sua atuação? É difícil de acreditar que sim. Sequer parece que as partes desejariam tal modelo de execução direta – como afirma Mateus Aimoré Carreteiro, "a comunidade empresarial deseja que haja algum tipo de controle, mesmo que mínimo, das decisões dos árbitros (...) O modelo de efetivação direta significa retirar qualquer tipo de controle prévio das cortes estatais"[56].

Em suma, a arbitragem é um mecanismo adequado de solução de conflitos voltado a demandas específicas e que jamais irá proporcionar solução aos problemas sistêmicos do Poder Judiciário – como os *gargalos da execução*. Não há qualquer indicativo de que atribuir poderes executórios aos árbitros geraria *ganho* de qualquer espécie no que concerne à eficiência da tutela jurisdicional executiva.

[55] Disponível em < https://dre.pt/web/guest/pesquisa/-/search/210810/details/normal?q=lei+425%2F86>

[56] Carreteiro, Mateus Aimoré. *Tutelas de urgência e processo arbitral...*, p. 281

Conclusões

Como no conhecido aforismo do astrofísico Carl Sagan, alegações extraordinárias exigem evidências extraordinárias. Cogitar, para o Brasil, de um modelo de *execução arbitral* que praticamente não encontra paralelos no restante do mundo – à exceção de uma experiência fracassada em Portugal e da previsão no Equador, um país sem tradição arbitral – exige, no mínimo, ampla demonstração de que seria esse um modelo economicamente viável e a contribuir com a eficiência da execução das decisões arbitrais. Não parece ser o caso.

Nesse aspecto, as principais conclusões do trabalho são assim sistematizadas:

1) Ao árbitro é lícito realizar atos de execução que não demandem atuação material sobre pessoas e coisas, o que torna possível ao árbitro o exercício de todos os aspectos cognitivos da execução. Especificamente, pode determinar o árbitro medidas coercitivas e de sub-rogação ideal (em contraposição à impossibilidade de sub-rogação material);
2) Há proposta doutrinárias que indicam, para o Brasil, a adoção de um modelo que outorgue amplos poderes executórios aos árbitros, o que lhes permitiria atuar materialmente sobre pessoas e coisas. Em tese, tal iniciativa seria possível, mesmo porque já há no Brasil legislação que estabelece mecanismos privados de execução, com constitucionalidade reconhecida pelo STF;
3) Em aspecto comparativo, demonstrou-se que a outorga de amplos poderes executórios aos árbitros encontra paralelo em apenas duas experiências bastante específicas: a tentativa (não implementada) em Portugal e o poder de império outorgado aos árbitros para efetivação de tutelas cautelares no Equador. Nos países da Europa continental e de *common law* de larga tradição na arbitragem, no entanto, não há exemplos nesse sentido;
4) Por isso, embora possível, a atribuição e amplos poderes executórios aos árbitros seria impertinente. Não há qualquer indício de que aumentaria a efetividade da execução, ao mesmo tempo em que há indicativos de que tal iniciativa ampliaria em larga escala os custos a arbitragem.

Referências

ALMEIDA JUNIOR, Fernando Frederico de. A desjudicialização em Portugal: razões oficiais e medidas adotadas pelo governo. *Revista JurisFIB*, vol. V, ano 5, dezembro/2014.

ARCINIEGAS, Diego Alejandro. *La eficácia de las medidas cautelares en el arbitraje nacional en Colombia*. Universidad Militar Nueva Granada, 2020.

ARISNABARRETA, Ana María Arrarte. De la interrelación a la interferencia del poder judicial en los procesos arbitrales: límites de su actuación. *Themis Revista De Derecho*, 53, Universidad de Lima, pp. 91-104.

CALAMANDREI, Piero. *Providencias cautelares*. Bueno Aires: Cangallo, 1964.

CARMONA, Carlos Alberto. *Arbitragem e processo*: um comentário à Lei nº 9.307/96. 3ª ed.,. São Paulo: Atlas, 2012.

CARRETEIRO, Mateus Aimoré. *Tutela de urgência e processo arbitral*. São Paulo: Revista dos Tribunais, 2017.

COSTA E SILVA, Paula. A arbitrabilidade de medidas cautelares. *Revista da Ordem dos Advogados*, n. 63, vol. I, abril de 2003.

COSTA E SILVA, Paula. A constitucionalidade da execução hipotecária do Decreto-Lei 70/1966. *Revista de Processo*, vol. 284/2018, p. 185-209, out/2018.

COSTA, Marcos Gomes da. *Tutela de urgência e processo arbitral*. Dissertação (Mestrado em Direito Processual) – Faculdade de Direito, Universidade de São Paulo, 2013.

DINAMARCO, Cândido Rangel. *A arbitragem na teoria geral do processo*. São Paulo: Malheiros, 2013.

DINAMARCO, Cândido Rangel. *Execução civil*. 8ª ed., São Paulo: Malheiros, 2002

FREITAS, José Lebre de. *A acção executiva à luz do Código de Processo Civil de 2013*. 6ª ed., Coimbra: Editora Coimbra, 2014.

GAILLARD, Emmanuel *et al*. *On International Commercial Arbitration*. Kluwer Law International, 1999.

GONÇALVES, Marcelo Barbi. *Teoria geral da jurisdição*. Salvador: Juspodivm, 2020.

GOUVEIA, Mariana França. *A novíssima acção executiva*: análise das mais importantes alterações. Disponível em <portal.oa.pt/upl/%7B17d38e4f-4561-49a1-b23e-37e569a11653%7D.pdf>.

GUERRERO, Luís Fernando. Arbitragem e jurisdição: premissa à homologação da sentença arbitral estrangeira. *Revista de Processo*, vol. 159/2008, p. 9-34, maio/2008.

KLEINHEISTERKAMP, Jan. *Medidas cautelares en el arbitraje*: una perspectiva comparatista. Disponível em <https://international.vlex.com/vid/medidas-cautelares-arbitraje-perspectiva-537937362>.

LAMÊGO, Guilherme. Execução extrajudicial e arbitragem: proposta para uma execução extrajudicial arbitral no brasil. *Revista de Processo*, vol. 286/2018, p. 505-538, Dez / 2018.

MARINONI, Luiz Guilherme. *Técnica processual e tutela dos direitos.* 7ª ed., São Paulo: Revista dos Tribunais, 2020.

MONTEIRO, António Pedro Pinto; SILVA, Artur Flamínio; MIRANTE, Daniela. *Manual de arbitragem.* Edição Kindle. Almedina, 2019.

NASCIMBENI, Asdrubal Franco. *Cumprimento das decisões arbitrais*: estudos para aprimoramento do sistema. Tese (Doutorado em Direito) – Pontifícia Universidade Católica de São Paulo, 2019.

PARENTE, Eduardo de Albuquerque. *Processo arbitral e sistema.* São Paulo: Atlas, 2012.

RANZOLIN, Ricardo. *Controle judicial da arbitragem.* Rio de Janeiro: GZ, 2011.

RIBEIRO, Flávia Pereira. Proposta de desjudicialização da execução civil para o Brasil com base na experiência portuguesa. In: *Reflexões sobre a desjudicialização da execução civil.* Curitiba: Juruá, 2020.

SALLES, Carlos Alberto de. *Arbitragem em contratos administrativos.* Rio de Janeiro: Forense, 2011.

SALVADOR, João Carlos de Figueiredo. *A arbitragem institucionalizada na acção executiva.* Dissertação (Mestrado em Direito) – Instituto Superior Bissaya Barreto, 2011.

SICA, Heitor Vitor Mendonça. *Cognição do juiz na execução civil.* São Paulo: Revista dos Tribunais, 2017.

SICA, Heitor Vitor Mendonça. Notas sobre a efetividade da execução civil. In: ARRUDA ALVIM et. al (coord). *Execução civil e temas afins*: do CPC/73 ao Novo CPC. São Paulo: Revista dos Tribunais, 2014.

SILVA, Ovídio Baptista. Mandamentalidade e autoexecutoriedade das decisões judiciais. *Revista da EMERJ*, v.5, n.18, 2002.

TALAMINI, Eduardo. *Tutelas relativas aos deveres de fazer e não fazer.* 2ª ed., São Paulo: Revista dos Tribunais, 2003.

THEODORO JÚNIOR, Humberto; ANDRADE, Érico. Novas perspectivas para atuação da tutela executiva no direito brasileiro: autotutela executiva e "desjudicialização" da execução. *Revista de Processo*, vol. 315, ano 46, p. 109-158, São Paulo: Revista dos Tribunais, maio 2021.

VALENCIA, Pedro Orlando Garavido. *Las medidas cautelares en el arbitraje nacional a partir de la Ley 1563/2012.* Univsersidad Católica de Colombia, 2014.

VÁSQUEZ, María Elena Jara. *El arbitraje desde la perspectiva del derecho a la tutela efectiva en Ecuador.* Quito: Universidad Andina, 2016.

YARSHELL, Flávio Luiz. A cognição a cargo dos árbitros no cumprimento da sentença arbitral. TEIXEIRA, Tarcisio; LIGMANOVSKI, Patricia Ayub C. (coord.). *Arbitragem em evolução*: aspectos relevantes após a reforma da Lei Arbitral. Barueri: Manole, 2018.

YOSHIKAWA, Eduardo Henrique de Oliveira. *Execução extrajudicial e devido processo legal.* São Paulo: Atlas, 2010.

CAPÍTULO 7
DISCOVERY POR VONTADE DAS PARTES NA ARBITRAGEM INTERNACIONAL

Daniel Chacur de Miranda

1. Introdução

A *discovery* surgiu nos tribunais de equidade na Inglaterra, por volta dos séculos XIV e XV, no intuito de suprir as deficiências do processo de *common law* na apuração dos fatos litigiosos.

Atualmente, todavia, *discovery* é o termo utilizado no processo civil estadunidense a fim de designar os instrumentos processuais à disposição dos litigantes para a produção da prova antes da audiência de instrução e julgamento, consubstanciados, essencialmente, na exibição de documento, no interrogatório escrito e na *deposition*.

Naquele processo, a *discovery* é muito invasiva e abrangente, permitindo-se que a parte construa a causa de acordo com as informações que forem sendo descobertas. Conquanto se trate de mecanismo verdadeiramente eficiente para a apuração dos fatos litigiosos, a *discovery* é alvo de muitas, e merecidas, críticas por se tratar de procedimento excessivamente demorado, custoso e facilmente transformado em poderoso instrumento de abuso contra o adversário.

Nesse contexto, e após discorrer sobre o histórico e as características da *discovery* no processo estadunidense, o presente artigo demonstrará porque esse mecanismo processual não foi incorporado pelos mais variados instrumentos legislativos que regulam a produção da prova na arbitragem internacional, inobstante a forte influência nela exercida pelos advogados, árbitros e empresas norte-americanas.

Em seguida, este artigo demonstrará a ampla possibilidade de se convencionar pela utilização da *discovery* na arbitragem internacional, ou até mesmo na doméstica brasileira, seguida da análise das razões pelas quais, na prática, isso não aconteceu.

Por fim, caso as partes queiram se valer da *discovery* estadunidense, será sugerido uma *discovery* sob medida, a fim de que os litigantes utilizem alguns de seus instrumentos, modulando-se, ademais, o seu alcance, ao invés de se transplantar todo um mecanismo processual complexo e arraigado nos pressupostos epistemológicos e na cultura processual estadunidense.

2. *Discovery* no processo civil estadunidense

2.1. Origem histórica da deficiência do *common law* na apuração dos fatos

Durante quase toda a sua história, o processo de *common law* careceu de mecanismos eficientes para a adequada apuração dos fatos litigiosos. Essa limitação explica-se, essencialmente, pela função exercida pelo júri naquele processo ao longo dos séculos.

Nos primórdios do *common law*, os jurados funcionavam muito mais como testemunhas do que efetivamente julgadores. Na Idade Média, por volta dos séculos XII e XIII, o júri nada mais era do que um grupo de vizinhos convocado pelas autoridades públicas para responder, mediante juramento, a determinadas perguntas.[1] Dessa forma, no júri medieval, os jurados iam à audiência mais para falar do que ouvir, pois esperava-se deles que, já conhecendo os fatos, pudessem dar seu veredito sobre o caso.[2] Ao assumir, portanto, que os jurados já conheciam os fatos antes

[1] Holdsworth, W.S. *A history of English Law*, volume I, London, Methuen & Co. LTD., 1903, p. 136.

[2] Veredito provém do latim medieval *veredictum*, o que significa "*dizer a verdade*". O termo é fiel à origem histórica do júri, inicialmente um grupo de testemunhas chamadas a depor, mediante juramento, sobre determinado fato de seu conhecimento real ou presumido. Vide,

da audiência, o *common law* não se preocupou em desenvolver instrumentos para tal investigação.

Todavia, no final da Idade Média, devido à incipiente urbanização e crescimento da sociedade, não se poderia mais esperar que os jurados conhecessem ou apurassem os fatos antes da audiência. O júri, afinal, deixou de ser composto por vizinhos aptos a investigar os fatos, passando a adotar o formato hoje conhecido: um grupo de cidadãos escolhidos, não pela sua familiaridade com os acontecimentos, mas justamente pela ignorância quanto aos fatos objeto da disputa.[3]

Consequentemente, a audiência mudou de formato, tornando-se um procedimento destinado não mais a ouvir o júri, e sim a *instruí-lo* acerca dos fatos que lhe cabia decidir. Ocorre que, mesmo diante dessa transformação, o *common law* não desenvolveu mecanismos processuais adequados para que os litigantes apurassem os fatos. Além do próprio *trial*, o equivalente à audiência de instrução e julgamento,[4] os litigantes dispunham apenas do *pleading*, cujo escopo era essencialmente delimitar o objeto do processo.

No processo de *common law* não havia, portanto, nenhum mecanismo de *discovery*, ou seja, o litigante não tinha o direito de obter a exibição forçada de documento, a localização de uma coisa ou a inquirição coercitiva da testemunha.

2.2. *Equity law* e o surgimento da *discovery*

Devido às diversas limitações impostas pelo formato de julgamento centrado no júri – ao que aqui interessa, no âmbito da produção das provas –, desenvolveu-se na Inglaterra, por volta dos séculos XIV e XV,

nesse sentido, Millar, Robert Wyness. *The lineage of some procedural words*, em *American Bar Association Journal*, vol. 25, n. 12, 1939, pp. 1.028/1.029.

[3] Langbein, John H. *Historical foundations of the law of evidence: A view from the Ryder Sources*, em *Columbia Law Review*, vol. 96, n. 5, 1996, p. 1.171.

[4] Consoante destacado por Holdsworth, a palavra *trial* (julgamento) vem do latim *triatio*, expressão que só se tornou comum a partir do século XIV (*A history of English Law*, volume I, London, Methuen & Co. LTD., 1903, p. 136). Antes disso, e de acordo com Thayer, as palavras comumente utilizadas para designar um processo, ou julgamento, eram *probatio*, *purgatio* e *defensio* (Thayer, James Bradley. *A preliminary treatise on evidence at the common law*. Boston, Little, Brown, and Co., 1898, p. 16).

um outro sistema de administração da justiça, em paralelo ao *common law*, denominado de *equity law* ou *equity court* (tribunal de equidade).[5]

O tribunal de equidade, inspirado no processo romano-canônico,[6] desenvolveu diversos mecanismos de *discovery*, a fim de permitir a exibição forçada de documentos relevantes pela parte adversa, obter a sua declaração e até mesmo a da testemunha mediante juramento.

No início da era moderna, a Inglaterra convivia, portanto, com dois sistemas distintos de administração da Justiça: o processo de *common law*, centrado no julgamento pelo júri, suplementado pelo processo dos tribunais de equidade, em que não havia júri.

Por sua vez, e em decorrência da colonização, os Estados Unidos replicaram esse sistema duplo de administração da Justiça. Alguns Estados, dentre eles Nova Iorque e Delaware, simplesmente reproduziram o sistema inglês de separação entre as cortes de *common law* e as de equidade, ao passo que em outros estados, como Massachussetts e Pensilvânia – e nos tribunais federais em geral – uma única corte de justiça administrava ambos os sistemas, embora com importantes variações locais.[7]

2.3. Fusão entre *equity law* e *common law*

A complexidade e o custo de se operar dois sistemas distintos de administração da justiça civil impulsionaram os esforços legislativos ao longo do século XIX em prol da fusão entre os referidos sistemas.

Na Inglaterra, tal movimento operou-se através de uma série de alterações legislativas entre os anos de 1852 e 1875.[8] Nos Estados Unidos, após algumas alterações nos códigos estaduais de processo – com

[5] James, Fleming; Hazard, Geoffrey C; Leubsdorf, John. *Civil procedure*, 4th edition, Boston, Little Brown and Company, 1992, p. 14.

[6] Nos primórdios dos tribunais de equidade, os chanceleres (equivalente aos juízes) eram os bispos, acostumados com o procedimento romano-canônico usualmente adotado nas cortes eclesiásticas. Não foi por outro motivo que o processo nos tribunais de equidade era espelhado no modelo processual romano-canônico, muito embora com relevantes variações. Confira-se, nesse sentido, Langbein, John H. *The disappearance of civil trial in the United States*, em *The Yale Law Journal*, vol. 122, n. 3, The Yale Law Journal Company, 2012, p. 539.

[7] Langbein, John H. *The disappearance of civil trial in the United States*, em *The Yale Law Journal*, vol. 122, n. 3, The Yale Law Journal Company, 2012, p. 541.

[8] Langbein, John H.; Lerner, Renée Lettow; Smith, Bruce P. *History of the common law: the development of the Anglo-American legal institutions*. 2nd edition, Philadelphia, Aspen Publishers, Wolters Kluwer, 2009, pp. 384 e ss.

destaque para o de Nova Iorque, promulgado em 1848 –, a fusão entre os dois sistemas foi definitivamente consolidada em 1938 pela *Federal Rules of Civil Procedure*. Os códigos estaduais de processo, nos Estados Unidos, replicaram o modelo das *Federal Rules of Civil Procedure*, permitindo que a legislação federal e as legislações estaduais de processo contivessem, essencialmente, as mesmas regras processuais.[9]

2.4. *Discovery* e as *Federal Rules of Civil Procedure*

No *trial*, o júri é instruído pelas partes sobre os fatos da causa a fim de dar o seu veredito. A fase que antecede o *trial* (sugestivamente denominada de *pretrial*) serve para que a parte exponha suas razões, delimite o objeto do processo e produza as provas dos fatos que serão levados ao conhecimento do júri. Por outras palavras, o *pretrial* se destina à informação das partes e à construção da demanda e da defesa; enquanto o *trial* tem por finalidade convencer o julgador.

As *Federal Rules of Civil Procedure* não alteraram essa divisão, tampouco mitigaram o direito constitucional do litigante de levar seu caso a julgamento pelo júri. A grande alteração das *Federal Rules of Civil Procedure* foi na fase de *pretrial*, notadamente através da criação e expansão de diversos mecanismos de *discovery*.[10]

Nesse contexto, o processo civil estadunidense passou a prever, basicamente, três formas principais do que se poderia denominar de produção antecipada da prova (*discovery*): requerimento para a exibição de documentos, interrogatório e *deposition*.

Os interrogatórios são questões escritas direcionadas à outra parte ou à testemunha, que as deve responder também por escrito e sob juramento. Por sua vez, a *deposition* era designada, no passado, para se referir a qualquer espécie de depoimento escrito da testemunha. Atualmente, contudo, o termo *deposition* significa a inquirição oral da testemunha, ou da parte, pelo advogado antes da audiência de instrução e julgamento.[11]

[9] Langbein, John H. *The disappearance of civil trial in the United States*, em *The Yale Law Journal*, vol. 122, n. 3, The Yale Law Journal Company, 2012, p. 541.

[10] Yarshell, Flávio Luiz. *Antecipação da prova sem o requisito da urgência e direito autônomo à prova*. São Paulo, Malheiros, 2009, p. 72.

[11] Muito embora a exibição de documentos e o interrogatório, por escrito, da parte ou da testemunha já existissem, em certa medida, no *equity law*, a *oral deposition* foi uma inovação das *Federal Rules of Civil Procedure*. Vide, nesse sentido, Sunderland, Edson. *Scope and method*

Com efeito, a *discovery* no processo estadunidense é muito ampla e abrangente, permitindo-se que a parte verdadeiramente construa a causa, ao longo do *pretrial*, de acordo com as informações que forem sendo descobertas.[12]

Nos termos do artigo 26(b)(1) das *Federal Rules of Civil Procedure*, as partes podem obter informações sobre qualquer questão não privilegiada, desde que relevante para a construção da demanda ou da defesa. Embora o conceito de relevância seja amplo, a *discovery* deve ser proporcional às necessidades do caso.[13] Entende-se, ainda segundo o citado artigo, que o juiz deve considerar a importância das questões objeto da *discovery*, o valor da disputa, a capacidade financeira das partes e o seu acesso às pretendidas informações, a importância da informação para o deslinde da controvérsia, bem como a relação entre os custos impostos à parte obrigada a revelar determinada informação e o benefício de tal informação para o caso.[14]

Por sua vez, o reforço da fase de *pretrial* levou, curiosamente, à virtual extinção do *trial*, uma vez que menos de 1% das demandas naquele país são atualmente submetidas ao júri cível.[15] O processo estadunidense saiu, portanto, de uma realidade na qual o julgamento pelo júri era a

of discovery before trial, em *Yale Law Journal*, volume 42, n. 6, The Yale Law Journal Company, 1933, p. 874.

[12] Foram diversas as alterações legislativas, ora para ampliar (em 1946 e 1970, por exemplo), ora para restringir o escopo da *discovery* (em 2000 e 2006, por exemplo), bem como para evitar os abusos e regular a *e-discovery*. Um resumo de todas essas alterações, com a análise da jurisprudência relevante sobre o tema, foi muito bem elaborado em Beisner, John H., *Discovering a better way: the need for effective civil litigation reform*, em *Duke Law Journal*, n. 60, 2010, pp. 547-596.

[13] Bento, Lucas V. M. *The globalization of discovery: the law and practice under 28 U.S.C. § 1782*, Kluwer Law International, 2019, pp. 14/15.

[14] Confira-se o disposto no artigo 26(b)(1) das *Federal Rules of Civil Procedure*: "Unless otherwise limited by court order, the scope of discovery is as follows: Parties may obtain discovery regarding any nonprivileged matter that is relevant to any party's claim or defense and proportional to the needs of the case, considering the importance of the issues at stake in the action, the amount in controversy, the parties' relative access to relevant information, the parties' resources, the importance of the discovery in resolving the issues, and whether the burden or expense of the proposed discovery outweighs its likely benefit. Information within this scope of discovery need not be admissible in evidence to be discoverable".

[15] Langbein, John H. *The disappearance of civil trial in the United States*, em *The Yale Law Journal*, vol. 122, n. 3, The Yale Law Journal Company, 2012, p. 524.

regra, e vive agora a certeza de que se trata de verdadeira exceção, bastante rara na prática forense. Isso porque a quase totalidade dos casos é encerrada antes da audiência, por defeitos processuais, pelo julgamento sumário, ou, na imensa maioria das vezes, pela celebração de acordo, impulsionada pela evidente eficiência do processo estadunidense na apuração dos fatos litigiosos.[16]

2.5. Críticas à *discovery*

No processo estadunidense, a causa é basicamente construída ao longo da *discovery*, pois se permite ao autor postular de forma bastante vaga e genérica, ao passo que se atribuiu à *discovery* um escopo demasiadamente largo. Conquanto se trate de mecanismo verdadeiramente eficiente para a apuração dos fatos litigiosos, a *discovery* é alvo de muitas, e merecidas, críticas naquele país por se tratar de procedimento excessivamente demorado, custoso e facilmente transformado em poderoso instrumento de abuso contra o adversário.[17]

Com efeito, a *discovery* é bastante custosa, e o perdedor não tem, em regra, a obrigação de reembolsar o vencedor pelas despesas do processo.[18] Estima-se que as despesas relacionadas à *discovery* representem entre 50% e 90% do custo total do litígio.[19] Logo, a parte consegue facilmente oprimir o adversário com os custos do processo, o que explica, em boa medida, o elevadíssimo número de acordos celebrados na justiça civil daquele país, porquanto a parte, constrangida pelas despesas do processo, opta, muitas vezes, por um acordo simplesmente para reduzir os custos com o litígio.[20]

[16] Segundo Sunderland, um dos idealizadores do sistema de *pretrial* das *Federal Rules of Civil Procedure*, o que importa para se chegar a um acordo não é o que as partes alegam, e sim o que elas conseguem provar. Consequentemente, quanto mais eficiente for o processo para a apuração e compreensão dos fatos, menor será o número de casos levado à julgamento (*Scope and method of discovery before trial*, em *Yale Law Journal*, volume 42, n. 6, The Yale Law Journal Company, 1933, pp. 864/865.

[17] São comuns, naquele país, as expressões "*document dump*", "*fishing expedition*", "*hide- and--seek play*" e "*bulk discovery*" para denominar as variadas maneiras de uso abusivo da *discovery*.

[18] Fiss, Owen. *Against settlement*, em *The Yale Law Journal*, vol. 93, n. 6, The Yale Law Journal Company, 1984. p. 1.073.

[19] Beisner, John H. *Discovering a better way: the need for effective civil litigation reform*, em *Duke Law Journal*, n. 60, 2010, p. 549.

[20] Beisner, John H. *Discovering a better way: the need for effective civil litigation reform*, em *Duke Law Journal*, n. 60, 2010, p. 551.

Esse problema foi demasiadamente agravado pelo fenômeno da *eletronic discovery*, uma vez que os custos para a exibição de documentos eletrônicos são muito superiores aos envolvidos com documentos físicos, além das dificuldades inerentes ao armazenamento e operação de bases de dados eletrônicas.[21]

3. Por que não há *discovery* na arbitragem internacional?

3.1. Influência estadunidense na arbitragem internacional

A forte influência dos escritórios estadunidenses na arbitragem internacional levou o secretário geral da Câmara de Comércio Internacional em meados da década de 80, Stephen Bond, a utilizar a expressão "americanização da arbitragem", reiteradamente repetida para enfatizar o papel de destaque que árbitros, advogados e empresas norte-americanas exercem na formatação do procedimento arbitral.[22]

A "invasão" norte-americana no universo da arbitragem internacional, antes dominado pelos juristas e advogados europeus, teve início no final da década de 1970, em decorrência das bilionárias disputas oriundas da crise do petróleo no Oriente Médio.[23] Foi a partir daquela época, inclusive, que os principais escritórios de Nova Iorque iniciaram o seu processo de transformação em verdadeiras multinacionais da advocacia.

Atualmente, e de acordo com pesquisa conduzida pela *Global Arbitration Review*, dentre os 30 escritórios mais ativos do mundo no mercado da arbitragem internacional, simplesmente 21 deles são anglo-saxões, sendo 13 americanos, 7 ingleses e 1 resultante da fusão entre escritórios de cada um desses países.[24]

[21] Beisner, John H. *Discovering a better way: the need for effective civil litigation reform*, em *Duke Law Journal*, n. 60, 2010, pp. 563 e 565.

[22] Cremades, Bernardo M. *¿Americanización de la fase escrita del arbitraje internacional?*, em *Arbitraje: Revista de Arbitraje Comercial y de Inversiones*, Centro Internacional de Arbitraje, Mediación y Negociación (CIAMEN), IproLex, volume 6, issue 1, 2013, p. 28.

[23] Dezalay, Yves; Garth, Bryant G. *Dealing in virtue: international commercial arbitration and the construction of a transnational legal order.* London, The University of Chicago Press, 1996. pp. 151 e ss.

[24] www.globalarbitrationreview.com (último acesso em 12.06.2021).

A influência estadunidense também se manifesta na elaboração dos instrumentos de *soft law*,[25] uma das principais expressões do constante esforço feito pelos participantes da arbitragem internacional para conciliar e harmonizar as diferenças entre os modelos processuais de tradição anglo-saxã e romano-germânica. O principal e mais famoso instrumento de *soft law*, ao menos no âmbito da produção da prova, são as Regras da *International Bar Association* para a Produção de Prova na Arbitragem Internacional, formuladas em 1999, atualizadas em 2010 e, recentemente, em 17.12.2020 ("Regras da IBA").[26]

3.2. Ausência de previsão legal para a *discovery*

Conquanto marcante a influência norte-americana na arbitragem internacional, não há previsão legal para a prática da *discovery* na Lei Modelo de Arbitragem, nas regras das principais câmaras de arbitragem ou nos mais importantes instrumentos de *soft law*.

Elaborada pela Comissão das Nações Unidas para o Direito Comercial Internacional – UNCITRAL, a Lei Modelo de Arbitragem ajudou na formação e desenvolvimento de mais de 110 legislações nacionais de arbitragem,[27] inclusive a Lei de Arbitragem brasileira. Na Lei Modelo de Arbitragem, prevalece o acordo das partes quanto ao formato do procedimento para a produção da prova, e, na sua ausência, cabe aos árbitros defini-lo, sem que haja, naquela lei, qualquer regra específica sobre *discovery*.[28]

Por sua vez, e apesar da forte influência estadunidense na elaboração das Regras da IBA, não há qualquer menção ao termo "discovery" ao longo de todo o seu texto. E mais do que isso, nos comentários às

[25] Regras de *soft law* são instrumentos escritos não obrigatórios, cuja aplicação ao processo arbitral é condicionada à vontade das partes ou à iniciativa dos árbitros, a fim de orientar a prática de atos processuais no vácuo legislativo deixado pelas normas jurídicas aplicáveis à arbitragem por imposição da lei ou do contrato (*hard law*). Vide, por todos, Abbud, André de Albuquerque Cavalcanti. *Soft law e produção de provas na arbitragem internacional*. São Paulo, Atlas, 2014, pp. 1 e ss.

[26] www.ibanet.org (último acesso em 12.06.2021).

[27] Born, Gary B. *International commercial arbitration*. 3rd ed., Kluwer Law International, 2021, p. 143.

[28] uncitral.un.org/en/texts/arbitration/modellaw/commercial_arbitration (último acesso em 22.06.2021).

Regras da IBA, elaborados pelos seus próprios autores, afirma-se, categoricamente, que o modelo de *discovery* estadunidense é inapropriado para as arbitragens internacionais. Além de inexistir qualquer menção à *deposition* ou ao interrogatório escrito, os aludidos comentários enfatizam que os pedidos de exibição de documento devem ser cuidadosamente circunscritos às questões relevantes e materiais para a solução da controvérsia.[29]

No mesmo sentido, a mais recente versão das regras de arbitragem elaboradas pela *International Center for Dispute Resolution*, instituição filiada à *American Arbitration Association* ("Regras de Arbitragem da ICDR") deixa expressa a inadequação da *discovery* estadunidense no âmbito da arbitragem internacional.[30] Consoante se verifica logo na introdução do aludido texto, uma das principais características das Regras de Arbitragem da ICDR é a autorização para que os árbitros gerenciem o escopo dos requerimentos de exibição de documentos, físicos e eletrônicos, seguida da recomendação para que se evite o formato usualmente adotado na *discovery* estadunidense.[31] Ademais, o artigo 24.10 das citadas regras dispõe que a *deposition* e o interrogatório escrito, na forma em que utilizados no processo civil estadunidense, são inapropriados para a obtenção de informações no âmbito da arbitragem conduzida de acordo com as Regras de Arbitragem da ICDR.[32]

Em suma, as legislações nacionais de arbitragem, os instrumentos de *soft law* e as regras das principais câmaras de arbitragem não conferem

[29] Confira-se: "The Working Party was able to reach agreement on certain principles governing document production because practices in international arbitration can be, and have been, harmonised to a large extent. The Working Party was guided by several principles: Expansive American- or English-style discovery is generally inappropriate in international arbitration. Rather, requests for documents to be produced should be carefully tailored to issues that are relevant and material to the determination of the case" (www.ibanet.org, último acesso em 12.06.2021).

[30] Confira-se, nesse sentido, as Regras de Arbitragem da ICDR, na sua versão em vigor desde 21.03.2021: www.icdr.org (último acesso em 22.06.2021).

[31] No original: "Features of the International Arbitration Rules: [...] Allow tribunal to manage the scope of document and electronic document requests and to manage, limit, or avoid U.S. litigation-style discovery practices".

[32] No original: "Depositions, interrogatories, and requests to admit as developed for use in U.S. court procedures generally are not appropriate procedures for obtaining information in an arbitration under these Rules".

às partes o direito à obtenção de informações no formato e na amplitude usualmente adotadas pelas regras de *discovery* do processo estadunidense.

3.3. *Discovery*: uma idiossincrasia do processo estadunidense

A *discovery* é um mecanismo jurídico complexo e arraigado na tradição processual anglo-saxã, cujas regras e técnicas não são facilmente separáveis uma das outras, tampouco dos pressupostos epistemológicos, da cultura processual ou dos demais instrumentos processuais que dão suporte ao referido mecanismo.

Ademais, a *discovery* é um procedimento caro, demorado, complexo, além de fortemente criticado no contencioso judicial estadunidense. Extensos pedidos de exibição de informações obrigam a parte requerida a dispender vastos recursos para identificar, coletar e copiar milhares de documentos, acompanhados dos custos com honorários advocatícios, uma vez que todos os documentos precisam ser analisados pelos advogados, antes de disponibilizados à parte contrária, principalmente a fim de verificar a eventual existência de informação confidencial ou privilegiada.[33]

Na *discovery* estadunidense, é comum, ainda, impor significativos custos à parte requerida, através da *deposition* de seus principais empregados e executivos ou mediante interrogatórios escritos demasiadamente extensos, o que inclusive atrapalha a rotina de atividades profissionais desses funcionários. Na *deposition* estão envolvidos custos com estenotipia, honorários advocatícios e deslocamento da testemunha. Interrogar oralmente uma testemunha consome bastante tempo, em especial no âmbito do meticuloso, e às vezes procrastinatório, procedimento adotado no contencioso estadunidense.[34]

Nesse contexto, e ao que tudo indica, nem mesmo os advogados e árbitros de origem anglo-saxã dão sinais de que gostariam de transplantar

[33] Beisner, John H. *Discovering a better way: the need for effective civil litigation reform*, em *Duke Law Journal*, n. 60, 2010, p. 594.

[34] Irving Younger, lendário advogado estadunidense falecido em 1988, esclarece que nenhuma *deposition* costuma durar menos do que a metade de um dia, e conta, ainda, que na mais longa *deposition* que já se teve notícia, ao menos naquela época, a testemunha foi interrogada por longuíssimos nove anos e meio (*The Irving Younger collection: wisdom and wit from the master of trial advocacy*. Editor: Easton, Stephen D., American Bar Association, Chicago, 2010, p. 31).

a *discovery*, na forma em que praticada nos Estados Unidos, para o contencioso da arbitragem internacional. Serve de exemplo, a fundamentar tal assertiva, a circunstância de que a fase escrita do procedimento se inspirou no modelo continental, com trocas de argumentos e documentos antes da audiência; ao passo que a fase oral, na qual se confere à parte a oportunidade de inquirir ativamente as testemunhas,[35] adquiriu traços mais próximos da tradição anglo-saxã.[36] A referida constatação é corroborada, ainda, pela tendência de maior rigor do árbitro na admissibilidade das provas em geral,[37] com destaque para os diversos requisitos necessários ao deferimento do pedido de exibição de documentos pela parte adversa,[38] bem como a prolação de ordens processuais para a delimitação dos fatos pendentes de prova.[39]

Não há, portanto, *discovery*, no formato estadunidense, na arbitragem internacional, justamente porque o processo arbitral, pautado pela flexibilidade e eficiência, tende a eliminar as idiossincrasias ou formalismos processuais, sejam eles oriundos da tradição continental ou anglo-saxã, a fim de que se tenha um procedimento alheio às reminiscências históricas e peculiaridades de determinado ordenamento jurídico.[40]

[35] Abbud, André de Albuquerque Cavalcanti. *Soft law e produção de provas na arbitragem internacional*. São Paulo, Atlas, 2014, p. 84.

[36] Gaillard, Emmanuel; Savage, John. *Fouchard Gaillard Goldman on international commercial arbitration, Kluwer Law International*, 1999, pp. 690/691.

[37] Merece destaque, embora se trate de fenômeno diverso, a utilização de procedimento sumário em determinadas arbitragens, normalmente as de menor complexidade ou valor envolvido, seja pela utilização de regras específicas de determinadas instituições arbitrais, ou nas hipóteses em que o árbitro exerce seus poderes a fim de limitar ao máximo a duração do processo. As regras para a sumarização do procedimento arbitral vão além da eliminação da audiência, ou da drástica redução do número de testemunhas, podendo englobar, inclusive, a eleição de árbitro único e a redução da fase postulatória a duas ou três rodadas de petição. Confira-se, nesse sentido, Blackaby, Nigel; Partasides, Constantine; Redfern, Alan; Hunter, Martin. *Redfern and Hunter on international arbitration*, 6th edition, Oxford University Press, 2015, pp. 363/364.

[38] Vide, exemplificativamente, os artigos 3.2 a 3.12 das Regras da IBA e, com ainda mais rigor, os artigos 4.2 a 4.6 das Regras sobre a Condução Eficiente de Procedimentos em Arbitragem Internacional, publicadas em 2018 ("Regras de Praga").

[39] Confira-se, ilustrativamente, os artigos 2.3 das Regras da IBA e 2.2 e 2.4 (a) e (b) das Regras de Praga.

[40] Chacur de Miranda, Daniel. *O cross-examination no processo civil: um diálogo entre arbitragem e processo*. Dissertação de Mestrado (Direito Processual Civil). Faculdade de Direito da Universidade de São Paulo, 2020, p. 145. No mesmo sentido, o Ministro White, da Suprema

4. *Discovery* sob medida por vontade das partes

4.1. Ampla possibilidade de celebração de convenção processual na arbitragem

Não há dúvida de que as partes, na arbitragem, podem celebrar convenção processual, a fim de alterar o procedimento, bem como criar, modificar ou extinguir situações jurídicas processuais. A própria arbitragem decorre de um negócio jurídico processual, notadamente a cláusula compromissória.

A autonomia da vontade das partes é um princípio ontológico da arbitragem, reconhecido e corroborado pelas legislações nacionais, pelas regras das principais câmaras de arbitragem e por tratados internacionais, com destaque para a Convenção de Nova Iorque sobre o Reconhecimento e a Execução de Sentenças Arbitrais Estrangeiras de 1958. Nos debates que antecederam a elaboração da Lei Modelo de Arbitragem, o princípio da autonomia da vontade não sofreu qualquer oposição entre os seus redatores.[41] O artigo 19.1 daquela lei estabelece, inclusive, que "respeitadas às regras desta Lei, as partes podem, por comum acordo, escolher livremente o procedimento a ser seguido pelo tribunal arbitral".[42]

E mais do que isso. Embora o negócio jurídico processual tenha sua origem histórica na *litiscontestatio* romana,[43] é o processo arbitral a verdadeira inspiração para a cláusula geral de convenções processuais, prevista no artigo 190 do Código de Processo Civil. Arbitragem e negócio jurídico processual são institutos praticamente indissociáveis, uma vez que o procedimento arbitral surgiu para ser moldado e adaptado às vontades e necessidades das partes e aos contornos da disputa por elas travada.

Corte dos Estados Unidos, num famoso voto proferido em 1968, destacou que a arbitragem não pode ficar amarrada aos padrões do "decoro judicial", porquanto sua efetividade depende de ser ela capaz de atender aos anseios da comunidade empresarial: vide Commonwealth Coating Corp. v. Cont'l Casualty Corp, 393 US 145, 150 (1968), reh's denied, 393 US 1112 (1969) *apud* Karton, Joshua. *The culture of international arbitration and the evolution of contract law.* Oxford, Oxford University Press, 2013, p. 108.

[41] Blackaby, Nigel; Partasides, Constantine; Redfern, Alan; Hunter, Martin. *Redfern and Hunter on international arbitration*, 6th edition, Oxford University Press, 2015, p. 355.

[42] No original: "Subject to the provisions of this Law, the parties are free to agree on the procedure to be followed by the arbitral tribunal in conducting the proceedings". Vide, no mesmo sentido, o artigo 21, *caput*, da Lei de Arbitragem brasileira.

[43] Cabral, Antonio do Passo. *Convenções processuais.* 2ª ed., Salvador, JusPodivm, 2018, p. 33.

Consequentemente, o direito processual da arbitragem não é disciplinado de forma exaustiva pelo regulamento das instituições arbitrais ao redor do mundo, tampouco pelas leis nacionais, pois suas normas se limitam a apontar a estrutura mestra do procedimento, a fim de não prejudicar a flexibilidade e eficiência inerentes à arbitragem.[44]

É permitido às partes, portanto, convencionar sobre o procedimento que lhes parecer mais adequado para a solução da controvérsia, inclusive para ampliar ou restringir os amplos poderes do árbitro na condução do processo.

4.2. Extensão dos poderes do árbitro na condução do procedimento

As leis nacionais e os regulamentos das principais instituições arbitrais conferem ao árbitro, respeitada a vontade das partes e as normas imperativas aplicáveis à arbitragem, amplos poderes na condução do processo.[45]

Com efeito, as principais regras e diretrizes sobre produção da prova na arbitragem internacional preveem alguma espécie de ordem processual destinada a planejar o procedimento e alinhar as expectativas entre as partes, principalmente quando filiadas a diferentes sistemas jurídicos.

As diretrizes da UNCITRAL sobre a organização do procedimento arbitral *(UNCITRAL Notes on Organizing Arbitral Proceedings)*, por exemplo, alçaram à categoria de princípio geral a orientação de que os árbitros consultem as partes antes de decidir sobre a estrutura e organização do procedimento, devendo-se, sempre que possível, buscar o consenso das partes.[46] No mesmo sentido, o artigo 2º das Regras da IBA determina que os árbitros, na primeira oportunidade, consultem as partes e as incentive a consultar uma à outra, a fim de que se chegue ao consenso quanto a uma forma eficiente, econômica e justa de se produzir a prova.[47]

[44] Born, Gary B. *International commercial arbitration.* 2nd edition, Kluwer Law International, 2014, pp. 2.196/2.197.

[45] Confiram-se, exemplificativamente, os artigos 19.2 da Lei Modelo de Arbitragem e 21, §1º, da Lei de Arbitragem brasileira, bem como os artigos 18.2, 22.2 e 26.3 do regulamento de arbitragem da Câmara de Comércio Internacional e 14.2, 19.5 e 20.2 do regulamento da *London Court of International Arbitration.*

[46] https://uncitral.un.org/sites/uncitral.un.org/files/media-documents/uncitral/en/arb-notes-2016-e.pdf (último acesso em 22.06.2021).

[47] Nos termos das Regras da IBA, a referida consulta deve versar sobre o escopo, tempo e forma de obtenção da prova, incluindo-se as seguintes matérias: (a) preparação e apresen-

Nesse contexto, e mesmo no exercício dos seus amplos poderes na condução do procedimento, espera-se que os árbitros consultem às partes antes de decidir sobre qualquer procedimento relacionado à produção da prova, em mais uma demonstração da fundamental importância da autonomia da vontade das partes na arbitragem.

4.3. Escopo e limites da convenção sobre provas na arbitragem

Conquanto se trate de regra ontológica e fundamental da arbitragem, a autonomia da vontade das partes na confecção do procedimento não é, obviamente, irrestrita e absoluta. O procedimento desenhado ou escolhido pelas partes deve respeitar as normas cogentes da sede da arbitragem, além das regras estabelecidas pelos tratados internacionais, com destaque para a Convenção de Nova Iorque, a fim de garantir a executoriedade da sentença arbitral.[48]

Respeitados esses limites essenciais, portanto, podem as partes, mediante acordo processual, modificar ou extinguir situações jurídicas processuais no âmbito da produção das provas. São incontáveis as alterações permitidas às partes, através de negócio jurídico processual, tanto para ampliar quanto para restringir o alcance da produção probatória.

Ressalte-se, por relevante, que a liberdade conferida às partes, de comum acordo, para ampliar ou restringir a produção de provas na arbitragem, é obviamente maior do que a dos árbitros. Ao passo que o procedimento estabelecido pelos árbitros deve sempre respeitar o devido processo legal,[49] no caso de acordo entre as partes, o devido processo legal, salvo raras exceções, será justamente aquele por elas estabelecido.[50]

tação de declaração das testemunhas e dos assistentes técnicos; (b) produção da prova oral na audiência; (c) requisitos, procedimentos e formato aplicáveis aos pedidos de exibição de documentos; (d) grau de confidencialidade que se dará aos documentos produzidos na arbitragem; e, em linhas gerais, (e) a necessidade de se produzir a prova de forma eficiente e econômica.

48 Blackaby, Nigel; Partasides, Constantine; Redfern, Alan; Hunter. Martin, *Redfern and Hunter on international arbitration*, 6th edition, Oxford University Press, 2015, pp. 353/354.

49 Vide, exemplificativamente, o artigo 21, §2º, da Lei de Arbitragem brasileira.

50 Confira-se, nesse ponto, relevante trecho do acórdão proferido pela 1ª Câmara de Direito Público do Tribunal de Justiça de São Paulo, que anulou a sentença arbitral ICC 23.268, em arbitragem envolvendo a Companhia do Metropolitano de São Paulo – Metro e o Consórcio Linha Amarela, por entender que o tribunal arbitral, ao não reconhecer a preclusão do direito do requerido de produzir provas, violou o procedimento convencionado pelas partes:

É possível ao acordo das partes, por exemplo, reduzir o escopo da produção da prova testemunhal, pericial ou documental, ou até mesmo eliminar a produção de um ou mais desses meios de prova.[51] Em regra, nesses casos e em outros análogos, se os árbitros não conseguirem formar uma convicção segura sobre os fatos, o correto será que se aplique, quando do julgamento, a regra de distribuição do ônus da prova.[52]

4.4. Convenção das partes sobre *discovery* na arbitragem

Demonstrou-se, no capítulo anterior, a impertinência de se transplantar o formato de *discovery*, praticado no processo estadunidense, para o contencioso arbitral, ao ponto de se ter sustentado que a *discovery* é uma idiossincrasia daquele processo, corroborado pela constatação objetiva de que tal transplante não aconteceu.

"No processo arbitral, como o procedimento é estabelecido pelas próprias partes, a necessidade de respeitá-lo só aumenta. Isso porque não é necessário que o julgador indague se o procedimento é adequado à resolução da controvérsia que deve resolver; as próprias partes, ao determinar o procedimento, já responderam positivamente a essa indagação. Assim, se o réu deixou de indicar nas alegações iniciais, de maneira fundamentada, quais as provas que pretendia produzir, ocorreu a preclusão desse direito. Ao rejeitar a alegação de preclusão da produção probatória, a sentença arbitral parcial (fls. 185-257) desrespeitou o cronograma de procedimento e, consequentemente, a igualdade de partes, nos termos do art. 21, § 2º da Lei nº 9.307/96. Por isso, é o caso de anulá-la, nos termos do art. 32, VIII da mesma lei" (Apelação Cível 1066484-54.2019.8.26.0053. Rel. Des. Luís Francisco Aguilar Cortez, 1ª Câmara de Direito Público, d.j. 27.04.2021).

[51] Renomada doutrina já destacou, ironicamente, que o principal problema com as arbitragens sem audiência é o fato de não se ter muitas delas: "It has been said that the only thing wrong with 'documents only' arbitrations is that there are not enough of them" (Blackaby, Nigel; Partasides, Constantine; Redfern, Alan; Hunter. Martin. *Redfern and Hunter on international arbitration*, 6th edition, Oxford University Press, 2015, p. 400).

[52] Em sentido contrário, Aprigliano faz a seguinte ponderação: "De outro lado, justamente essa escolha das partes pode significar potencial violação ao devido processo legal, pela impossibilidade de se provar as alegações por outros meios que não sejam aqueles exatamente excluídos na convenção de arbitragem. Nestas situações mais extremas é que surgirá para os árbitros o dever de determinar, ainda que contrariamente ao fixado na convenção de arbitragem, a produção das provas necessárias, sob a premissa de que o respeito ao devido processo legal é princípio absoluto, que se sobrepõe à autonomia da vontade. O confronto aqui diz com os aspectos de disponibilidade ou não em relação ao procedimento arbitral" (*O controle judicial sobre a limitação à produção probatória determinada pelos árbitros. violação ao devido processo legal ou revisão indevida do mérito?* em *Revista Brasileira de Arbitragem*, Comitê Brasileiro de Arbitragem, Kluwer Law International, volume XII, issue 45, 2015, p. 65).

Não por outro motivo, inexiste legislação nacional (à exceção da estadunidense, por óbvio), instrumento de *soft law* ou regra de câmara arbitral que confira às partes o direito à obtenção de informações no formato e na amplitude usualmente adotados pelas regras de *discovery* do processo estadunidense.

Isso não significa, contudo, que a *discovery* não possa ser objeto de convenção das partes no processo arbitral. Por outras palavras, não há qualquer obstáculo legal para que as partes, na arbitragem internacional ou até mesmo na doméstica brasileira, convencionem pela utilização da *discovery* estadunidense.

Ocorre que, na prática, é muito difícil que isso aconteça, justamente pelos inconvenientes de se transplantar um mecanismo jurídico complexo e arraigado na tradição processual anglo-saxã, cujas regras e técnicas não são facilmente separáveis uma das outras, tampouco dos pressupostos epistemológicos, da cultura processual ou dos demais instrumentos processuais que dão suporte ao referido mecanismo.

Consequentemente, caso as partes queiram se valer da *discovery* estadunidense,[53] o ideal seria utilizar alguns de seus instrumentos, modulando-se, ademais, o seu alcance, ao invés de se transplantar todo um mecanismo processual.

Nesse contexto, é permitido às partes, na arbitragem, mediante verdadeira convenção para produção atípica de prova típica, determinar que o depoimento da testemunha seja colhido no modelo da *deposition* estadunidense, com a importante ressalva de que não se trata da simples gravação do depoimento da testemunha arrolada pela própria parte, uma vez que a *deposition* é um instrumento para se obter informações do adversário.[54]

[53] Recorde-se que o processo civil estadunidense prevê basicamente, três instrumentos principais de *discovery*: o requerimento para a exibição de documentos, o interrogatório escrito e a *deposition*. Embora a *deposition* seja peculiar ao processo estadunidense, a grande discrepância entre a *discovery* e a produção da prova nos demais sistemas jurídicos reside no alcance que se dá aos mecanismos processuais destinados à investigação dos fatos, uma vez que a *discovery* é muito ampla e abrangente, permitindo-se que a parte verdadeiramente construa a causa de acordo com as informações que forem sendo descobertas.

[54] Facher, Jerome P. *Taking depositions*, em *Litigation*, vol. 4, n. 1, American Bar Association, 1977, p. 29. Gary Born pontua, inclusive, que a *deposition*, justamente por se desenvolver fora da presença do tribunal arbitral, pode ser uma alternativa para a redução dos custos e do

No mesmo sentido, a convenção das partes também pode estabelecer a possibilidade de se enviar questões escritas à outra parte ou à testemunha, que as deve responder também por escrito e sob juramento, no formato do interrogatório escrito utilizado no processo estadunidense.[55] Ressalte-se que o interrogatório escrito não se confunde com o depoimento escrito da testemunha, colhido pela própria parte que a arrolou, a fim de substituir o interrogatório direto durante a audiência.[56]

Por fim, e no que se refere ao pedido de exibição de documentos, ao invés de se replicar o modelo do artigo 26(b)(1) das *Federal Rules of Civil Procedure*, descrito no item 1.4 acima, é recomendável adotar o formato do artigo 3 das Regras da IBA.[57]

Nos termos do artigo 3.1 das Regras da IBA, cada parte deve trazer, junto com suas respectivas manifestações, os documentos que servem de suporte aos fatos alegados. Em seguida, e de acordo com o artigo 3.2 das citadas regras, cada parte poderá, dentro do prazo fixado pelos

tempo despendidos com a inquirição da testemunha (*International commercial arbitration*. 3rd edition, Kluwer Law International, 2021, p. 2.531).

55 O interrogatório escrito, todavia, é alvo de muitas críticas até mesmo no contencioso estadunidense, pois todas as perguntas são formuladas de uma só vez, permitindo-se que a testemunha adversa planeje a resposta, redigindo-a de forma ordenada e coesa, com o auxílio direto do seu advogado, que, muitas vezes, responde às perguntas indevidamente no lugar da testemunha. Ainda que, na *deposition*, a testemunha tenha sido preparada pelo seu advogado, é ela, e não o advogado, quem efetivamente responde às perguntas. Confira-se, nesse sentido, SUNDERLAND, Edson. *Scope and method of discovery before trial*, em *Yale Law Journal*, volume 42, n. 6, The Yale Law Journal Company,1933, p. 875; e YOUNGER. Irving. *The Irving Younger collection: wisdom and wit from the master of trial advocacy*. Editor: EASTON, Stephen D., Chicago, American Bar Association, 2010, p. 30.

56 O depoimento escrito da testemunha é um meio de prova inspirado na prática dos países de *common law*, amplamente aceito na arbitragem internacional e doméstica brasileira, além de prevista expressamente na legislação processual de diversos países de tradição romano-germânica. Confira-se TARUFFO, Michele. *A prova*. Trad. João Gabriel Couto. São Paulo, Marcial Pons., 2014, pp. 63/64. Vide, ainda, COMOGLIO, Luigi Paolo. *Le prove civili*, terza edizione. Torino, UTET Giuridica, 2010, pp. 593 e ss.

57 As Regras da IBA criam standards e critérios notadamente mais rigorosos do que as *Federal Rules of Civil Procedure* para se compelir a exibição de documentos pelo adversário. Isso porque não é qualquer documento de alguma forma relacionado ao mérito da controvérsia que pode ter sua exibição determinada, pois, além de relevante para a prova das alegações da parte que os requer, o documento deve também ser potencialmente decisivo para o julgamento da demanda.

árbitros, postular que a outra parte exiba um documento específico ou uma categoria limitada e específica de documentos.

Por sua vez, e nos termos do artigo 3.3 das Regras da IBA, o pedido de exibição de documentos pela parte contrária deve atender aos seguintes requisitos: descrição suficiente de cada documento, apto a identificá-lo de forma específica; descrição de documentos cuja existência seja razoável presumir; indicação da relevância do documento para o litígio;[58] além da declaração de que os documentos não estão na posse do requerente e a razão pela qual se acredita que a parte requerida os detém.

Após os pedidos de exibição de documentos, o tribunal arbitral geralmente concede às partes de uma a quatro semanas para responder às solicitações, seja para produzir os documentos solicitados ou fundamentar as razões para a recusa em exibi-los, incluindo questões relacionadas à relevância, materialidade, confidencialidade, vagueza ou indeterminação do pedido de exibição.[59] Usualmente, os pedidos, as objeções, as réplicas às objeções, e, por fim, a decisão do tribunal quanto à exibição ou não do documento são estruturados e compilados no formato de uma tabela,[60] denominada de *Redfern Schedule*.[61]

Dessa forma, e conquanto não seja adequado transplantar a *discovery* ao processo arbitral por convenção das partes, em atenção à tendência de se reduzir o tempo e o custo da arbitragem, pode ser vantajoso aos litigantes, em situações específicas, utilizar alguns de seus instrumentos, modulando-se, inclusive, o seu alcance na produção da prova no âmbito do processo arbitral.

[58] O requisito de "relevância para o caso" impõe a inadmissão do requerimento de exibição não relacionado à demanda formulada, ou seja, que vise apurar fatos para a construção de nova demanda. Ao contrário, portanto, do que se verifica sob a égide das *Federal Rules of Civil Procedure*, a mera expectativa de que o documento pretendido possa servir de caminho para se encontrar um documento relevante não é suficiente para se compelir a sua exibição nos termos das Regras da IBA. No mesmo sentido, Marghitola, Reto. *Document production in international arbitration*, Kluwer Law International, 2015, p. 50.

[59] Khodykin, Mikhailovich; Mulcahy, Carol; Fletcher, Nicholas Hugo Martin. *A Guide to the IBA Rules on the Taking of Evidence in International Arbitration*, Oxford University Press, 2019, pp. 126/127.

[60] Born, Gary B. *International commercial arbitration*. 3rd ed., Kluwer Law International, 2021, p. 2.524.

[61] Nome popularizado em homenagem à Alan Redfern, o percussor da citada tabela.

Conclusões

Apesar da forte influência exercida por advogados, árbitros e empresas estadunidenses na arbitragem internacional, não há lei de arbitragem, regra de câmara arbitral ou instrumento de *soft law* relevante que confira às partes o direito à obtenção de informações no formato e na amplitude adotados pela *discovery* do processo estadunidense.

Isso porque a *discovery* é um mecanismo jurídico complexo e arraigado na tradição processual anglo-saxã, cujas regras e técnicas não são facilmente separáveis uma das outras, tampouco dos pressupostos epistemológicos, da cultura processual ou dos demais instrumentos processuais que dão suporte ao referido mecanismo. Além disso, a *discovery* é cara, demorada e alvo de contundentes críticas no âmbito do próprio contencioso judicial estadunidense.

Nada impede, todavia, que as partes convencionem pela utilização da *discovery* na arbitragem internacional, ou até mesmo na doméstica brasileira. Na prática, todavia, isso não aconteceu, justamente porque as partes tendem a repelir idiossincrasias processuais, oriundas da tradição continental ou anglo-saxã, a fim de que se tenha um procedimento eficiente e alheio aos formalismos de determinado ordenamento jurídico.

Nesse contexto, caso as partes queiram se valer do modelo de produção de prova do processo estadunidense, é mais vantajoso optar por uma *discovery* sob medida, a fim de que os litigantes utilizem alguns de seus instrumentos, modulando-se, ademais, o seu alcance, ao invés de se transplantar todo um mecanismo processual complexo.

Referências

ABBUD, André de Albuquerque Cavalcanti. *Soft law e produção de provas na arbitragem internacional.* São Paulo, Atlas, 2014.

APRIGLIANO, Ricardo de Carvalho. *O controle judicial sobre a limitação à produção probatória determinada pelos árbitros. violação ao devido processo legal ou revisão indevida do mérito?* em *Revista Brasileira de Arbitragem,* Comitê Brasileiro de Arbitragem, Kluwer Law International, volume XII, issue 45, 2015.

BEISNER, John H. *Discovering a better way: the need for effective civil litigation reform,* em *Duke Law Journal,* n. 60, 2010.

BENTO, Lucas V. M. *The globalization of discovery: the law and practice under 28 U.S.C. § 1782.* Kluwer Law International, 2019.

Blackaby, Nigel; Partasides, Constantine; Redfern, Alan; Hunter, Martin. *Redfern and Hunter on international arbitration*, 6th edition, Oxford University Press, 2015.

Born, Gary B. *International commercial arbitration*. 3rd edition, Kluwer Law International, 2021.

Cabral, Antonio do Passo. *Convenções processuais*. 2ª ed., Salvador, JusPodivm, 2018.

Chacur de Miranda, Daniel. *O cross-examination no processo civil: um diálogo entre arbitragem e processo*. Dissertação de Mestrado (Direito Processual Civil). Faculdade de Direito da Universidade de São Paulo, 2020.

Comoglio, Luigi Paolo. *Le prove civili*, terza edizione, Torino, UTET Giuridica, 2010.

Cremades, Bernardo M. *¿Americanización de la fase escrita del arbitraje internacional?*, em *Arbitraje: Revista de Arbitraje Comercial y de Inversiones*, Centro Internacional de Arbitraje, Mediación y Negociación (CIAMEN), IproLex, volume 6, issue 1, 2013.

Dezalay, Yves; Garth, Bryant G. *Dealing in virtue: international commercial arbitration and the construction of a transnational legal order*. London, The University of Chicago Press, 1996.

Facher, Jerome P. *Taking depositions*, em *Litigation*, vol. 4, n. 1, American Bar Association, 1977.

Fiss, Owen. *Against settlement*, em *The Yale Law Journal*, vol. 93, n. 6, The Yale Law Journal Company, 1984.

Gaillard, Emmanuel; Savage, John. *Fouchard Gaillard Goldman on international commercial arbitration*, Kluwer Law International, 1999.

Holdsworth, W.S. *A history of English Law*, volume I, London, Methuen & Co. LTD., 1903.

James, Fleming; Hazard, Geoffrey C; Leubsdorf, John. *Civil procedure*, 4th edition, Boston, Little Brown and Company, 1992.

Karton, Joshua. *The culture of international arbitration and the evolution of contract law*. Oxford, Oxford University Press, 2013.

Khodykin, Mikhailovich; Mulcahy, Carol; Fletcher, Nicholas Hugo Martin. *A Guide to the IBA Rules on the Taking of Evidence in International Arbitration*, Oxford University Press, 2019.

Langbein, John H. *The disappearance of civil trial in the United States*, em *The Yale Law Journal*, vol. 122, n. 3, The Yale Law Journal Company, 2012.

____________. *Historical foundations of the law of evidence: A View from the Ryder Sources*, em *Columbia Law Review*, vol. 96, n. 5, 1996.

Langbein, John H.; Lerner, Renée Lettow; Smith, Bruce P. *History of the common law: the development of the Anglo-American legal institutions*. 2nd edition, Aspen Publishers, Philadelphia, Wolters Kluwer, 2009.

MARGHITOLA, Reto. *Document production in international arbitration*, Kluwer Law International, 2015.

MILLAR, Robert Wyness. *The lineage of some procedural words*, em *American Bar Association Journal*, vol. 25, nº 12, 1939.

SUNDERLAND, Edson. *Scope and method of discovery before trial*, em *Yale Law Journal*, volume 42, n. 6, The Yale Law Journal Company, 1933.

TARUFFO, Michele. *A prova*. Trad. João Gabriel Couto. São Paulo, Marcial Pons., 2014.

THAYER, James Bradley. *A preliminary treatise on evidence at the common law*. Boston, Little, Brown, and Co., 1898.

YOUNGER, Irving. *The Irving Younger collection: wisdom and wit from the master of trial advocacy*. Editor: EASTON, Stephen D., Chicago, American Bar Association, 2010.

YARSHELL, Flávio Luiz. *Antecipação da prova sem o requisito da urgência e direito autônomo à prova*. São Paulo, Malheiros, 2009.

CAPÍTULO 8
HOMOLOGAÇÃO DE SENTENÇA ARBITRAL ESTRANGEIRA: POSSIBILIDADE, OU NÃO, DE HOMOLOGAÇÃO DE SENTENÇA ARBITRAL ANULADA NA SEDE DA ARBITRAGEM INTERNACIONAL

Guilherme Alexandre França de Lacerda

1. Introdução

O presente trabalho dedicar-se-á principalmente sobre o funcionamento geral da homologação e execução de sentenças arbitrais estrangeiras com base especialmente no principal diploma legal internacional que regula o tema, qual seja, o tratado internacional conhecido como Convenção de Nova Iorque de 1958.

Nesse sentido, apesar da existência do referido tratado, será visto diversas complexidades envolvendo uma sentença arbitral proferida na sede de arbitragem e que deseja ser reconhecida em outro país. Isto porque, o que torna tal relação tão complexa são as influências diretas ocasionadas pelas legislações internas/domésticas tanto do país da sede da arbitragem, quanto do país do local a ser homologada a sentença arbitral internacional.

A principal problemática a ser abordada neste trabalho, envolvendo o tema, e que gera grande debate na doutrina e jurisprudência internacionais é o caso da possibilidade, ou não, do reconhecimento de uma sentença arbitral internacional na condição de ter sido anulada no país de origem, isto é, na sede da arbitragem internacional.

Por fim, será analisada uma análise crítica da jurisprudência pátria, com base no principal e primeiro julgado a respeito da temática, isto é, a Sentença Estrangeira Contestada (SEC) nº 5.782 decidida pelo Superior Tribunal de Justiça.

2. Convenção de Nova Iorque e a homologação de sentença arbitral estrangeira

A Lei de Arbitragem Brasileira (LArb), Lei 9.307 de 23 de setembro de 1996, estipula em seu artigo 34, *caput*[1], que sentença arbitral estrangeira deve ser reconhecida ou executada no Brasil em consonância com os tratados internacionais que possuam a devida eficácia no ordenamento jurídico interno, ou então, caso ausente tratado aplicável, na forma estabelecida pela Lei de Arbitragem brasileira.

A devida eficácia de um tratado internacional no ordenamento jurídico brasileiro advém da sua ratificação pelo legislativo por aprovação com o mesmo quórum das leis ordinárias federais, conforme entabulam os artigos 47 e 105, III, da Constituição Federal[2]. Com essa escolha do constituinte brasileiro, adota-se em nosso país, em regra[3], o chamado

[1] Art. 34. A sentença arbitral estrangeira será reconhecida ou executada no Brasil de conformidade com os tratados internacionais com eficácia no ordenamento interno e, na sua ausência, estritamente de acordo com os termos desta Lei.

[2] Art. 47. Salvo disposição constitucional em contrário, as deliberações de cada Casa e de suas Comissões serão tomadas por maioria dos votos, presente a maioria absoluta de seus membros.
Em relação ao art. 105, III "a", a Constituição Federal coloca no mesmo patamar os tratados e leis federais para definir a competência de julgamento do STJ para o julgamento de Recurso Especial que viole tais normas:
Art. 105. Compete ao Superior Tribunal de Justiça:
III – julgar, em recurso especial, as causas decididas, em única ou última instância, pelos Tribunais Regionais Federais ou pelos tribunais dos Estados, do Distrito Federal e Territórios, quando a decisão recorrida:
a) contrariar tratado ou lei federal, ou negar-lhes vigência;

3 Vale mencionar a exceção dos tratados sobre Direitos Humanos que tenham aprovação na forma do art. 5º, §3º da Constituição Federal, isto é, quórum qualificado de dois terços (2/3) de aprovação para ratificação de tais tratados.

sistema de monismo moderado, que significa a equiparação hierárquica (ou paridade normativa[4]) dos tratados internacionais às leis ordinárias federais, ambos os quais subordinam-se, portanto, à Carta Magna.

A Lei brasileira de Arbitragem avança no tema e, no mesmo artigo 34, em seu parágrafo único[5], define o conceito de sentença arbitral estrangeria, qual seja, aquela que tenha sido proferida fora do território nacional. Desta forma, o Brasil adota o primeiro e principal critério conceitual estabelecido no art. I, n.1, da Convenção de Nova Iorque[6], Convenção Internacional de referência mundial a respeito de homologação de sentenças arbitrais estrangeiras, conforme será visto a seguir.

Porém, a conceituação brasileira é mais restrita e objetiva, visto que toma o critério geográfico como único e exclusivo para definir uma sentença arbitral estrangeira. Esse entendimento foi confirmado pelo Superior Tribunal de Justiça no julgamento do Recurso Especial (REsp) nº 1.231.554/RJ[7], em 2011.

No caso, uma das partes buscava a execução de uma sentença arbitral oriunda de procedimento arbitral instaurando na Câmara de Comércio Internacional (CCI)[8] de Paris, mas proferida por árbitro brasileiro e no Rio de Janeiro, cidade sede da arbitragem. O tribunal de origem, no caso o Tribunal de Justiça do Estado do Rio de Janeiro, entendeu que se tratava de uma sentença estrangeira, pois as partes teriam desejado que

[4] A paridade normativa estabelecida pela Constituição Federal foi corroborada pelo Supremo Tribunal Federal, ainda em 1997, no Julgamento da ADIN 1.480: "tratados ou convenções internacionais, uma vez regularmente incorporados ao direito interno, situam-se, no sistema jurídico brasileiro, nos mesmos planos de validade, de eficácia e de autoridade em que se posicionam as leis ordinárias, havendo, em consequência, entre estas e os atos de direito internacional público, mera relação de paridade normativa" (BRASIL. STF. Plenário. ADI nº 1.480-MC. Rel. Min. Celso de Mello, j. em 04.09.1997.)

[5] Art. 34, Parágrafo único. Considera-se sentença arbitral estrangeira a que tenha sido proferida fora do território nacional.

[6] Artigo I, n. 1. A presente Convenção aplicar-se-á ao reconhecimento e à execução de sentenças arbitrais estrangeiras proferidas no território de um Estado que não o Estado em que se tencione o reconhecimento e a execução de tais sentenças, oriundas de divergências entre pessoas, sejam elas físicas ou jurídicas. A Convenção aplicar-se-á igualmente a sentenças arbitrais não consideradas como sentenças domésticas no Estado onde se tencione o seu reconhecimento e a sua execução.

[7] BRASIL. STJ. 3ª T. RESP nº 1.231.554/RJ, Rel. Min. Nancy Andrighi, j. em 24.05.2011.

[8] Ou em inglês, International Chamber of Commerce (ICC).

o caso fosse solucionado através de uma decisão estrangeira e por isso teriam escolhido a CCI para conduzir o procedimento.

Contudo, o Superior Tribunal de Justiça entendeu se tratar de sentença arbitral doméstica, visto que o Brasil teria adotado no art. 34, parágrafo único, da LArb, o critério territorial e que no caso o local da sentença era o Brasil. Tal julgado também foi importante para estabelecer a definição de "*local*", já que nem a Lei de Arbitragem brasileira, nem a Convenção de Nova Iorque definem tal critério. A Ministra relatora Nancy Andrighi ressaltou que a fórmula adotada pelo direito comparado[9] é que a nacionalidade da sentença arbitral seja defina "segundo o país eleito como sede da arbitragem", e que essa seria justamente a opção adotada pelo Brasil.

Essas características e a conceituação da sentença arbitral estrangeiras são importantes para entender que as sentenças arbitrais domésticas não precisam de um processo de reconhecimento ou homologação. Isto porque o art. 31 da Lei Brasileira de Arbitragem[10] iguala as sentenças arbitrais domésticas às sentenças proferidas pelo Poder Judiciário, ou seja, são títulos executivos.

Feita a breve conceituação do termo "sentença arbitral estrangeira", segundo o *parágrafo único* do artigo 34 da LArb, bem como estabelecida a necessária consonância com os tratados internacionais com a devida eficácia legislativa interna para o reconhecimento ou execução de tais sentenças no Brasil, passamos a abordar a respeito do tratado adotado em nossa legislação pátria sobre a matéria de homologação de tais sentenças.

No Brasil o regime geral de homologação de sentenças arbitrais estrangeiras é regido pela Convenção de Nova Iorque (CNI) de 1958, em razão do critério temporal (*lex posterior derogat legi priori*). Isto porque, apesar

[9] Em sentido diverso, por exemplo, a França determina que ainda que uma sentença arbitral, envolvendo questões de arbitragem internacional, venha a ser proferida em território francês, esta teria que passar pelo procedimento de reconhecimento/homologação igualmente aplicável para sentenças arbitrais que sejam proferidas no exterior. Esse critério francês vai além, e de maneira mais rígida, estabelece que mesmo as sentenças domésticas da França devem passar por um procedimento de declaração de executoriedade. PINHEIRO, Luís de Lima. Direito internacional privado – vol. III (competência internacional e reconhecimento de decisões estrangeiras). 2ª ed. Coimbra: Almedina, 2012, p. 559.

[10] Art. 31. A sentença arbitral produz, entre as partes e seus sucessores, os mesmos efeitos da sentença proferida pelos órgãos do Poder Judiciário e, sendo condenatória, constitui título executivo.

da existência de tratados internacionais anteriormente ratificados pelo Brasil – como em 1996, ano da ratificação do Protocolo de Las Leñas –, a CNI foi ratificada pelo Estado brasileiro no ano de 2002 por meio do Decreto 4.311.

Vale destacar a importância desta Convenção pela quantidade de países que a reconhecem como válida e aplicável, totalizando atualmente 168 signatários[11], em busca de maior efetividade ao instituto da arbitragem internacional como mecanismo eficaz para a resolução dos diversos litígios internacionais, especialmente os comerciais.

Especificamente sobre o procedimento a ser aplicável para o reconhecimento ou homologação de sentenças arbitrais estrangeiras pelos seus países membros, a Convenção de Nova Iorque não estipula regras específicas. Portanto, o art. III da CNI[12] determina que cada país deverá estabelecer o seu procedimento interno.

Contudo, a CNI define também parâmetros e pressupostos a serem adotados pelos Estados signatários em seus respectivos ordenamentos para balizar o reconhecimento de sentenças arbitrais estrangeiras. Os pressupostos objetivos, isto é, as exigências que devem existir, estão dispostas no artigo IV da Convenção[13].

[11] CNUDI (UNCITRAL). Situação atual da Convenção sobre o Reconhecimento e Execução de Sentenças Arbitais Estrangeiras (Nova Iorque, 1958). Disponível em: .https://uncitral.un.org/en/texts/arbitration/conventions/foreign_arbitral_awards/status2 . Acesso em: 12.06.2021.

[12] Artigo III. Cada Estado signatário reconhecerá as sentenças como obrigatórias e as executará em conformidade com as regras de procedimento do território no qual a sentença é invocada, de acordo com as condições estabelecidas nos artigos que se seguem. Para fins de reconhecimento ou de execução das sentenças arbitrais às quais a presente Convenção se aplica, não serão impostas condições substancialmente mais onerosas ou taxas ou cobranças mais altas do que as impostas para o reconhecimento ou a execução de sentenças arbitrais domésticas.

[13] Artigo IV.

1. A fim de obter o reconhecimento e a execução mencionados no artigo precedente, a parte que solicitar o reconhecimento e a execução fornecerá, quando da solicitação:

a) a sentença original devidamente autenticada ou uma cópia da mesma devidamente certificada;

b) o acordo original a que se refere o Artigo II ou uma cópia do mesmo devidamente autenticada.

2. Caso tal sentença ou tal acordo não for feito em um idioma oficial do país no qual a sentença é invocada, a parte que solicitar o reconhecimento e a execução da sentença produzirá uma

Nesse sentido, especificamente em referência ao procedimento interno pátrio para homologação de sentença estrangeira, o atual artigo 35 da LArb[14] - artigo que foi modificado pela recente reforma da Lei de Arbitragem de 2015, pela Lei 13.129 - estabelece que o único órgão judicial competente para analisar tal matéria é o Superior Tribunal de Justiça. Tal análise pode ser realizada pelo presidente do Tribunal da Cidadania ou por sua Corte Especial, a depender se houver ou não contestação processual em relação ao pedido de homologação, segundo os artigos 216-A e 216-K de seu Regimento Interno[15]. Contudo, vale ressaltar que tal competência, em realidade, decorre originariamente do art. 105, I, "i", da Constituição Federal, cuja redação foi estabelecida pela Ementa Constitucional (EC) nº 45/2004[16].

Cumpre destacar que a internalização de sentenças alienígenas no Brasil ocorre de maneira limitada mediante processo jurisdicional de contenciosidade denominado juízo de delibação, ou seja, trata-se de uma revisão e controle de aspectos meramente formais[17]. Não é possível, portanto, a revisão de mérito das decisões estrangeiras, arbitral ou judicial, que seja objeto do pedido de homologação, sendo tal entendimento considerado pacificado de maneira generalizada na doutrina internacional a respeito do tema de homologação de sentenças arbitrais estrangeiras que estão submetidas aos regramentos da Convenção de Nova Iorque[18].

tradução desses documentos para tal idioma. A tradução será certificada por um tradutor oficial ou juramentado ou por um agente diplomático ou consular.

[14] Art. 35. Para ser reconhecida ou executada no Brasil, a sentença arbitral estrangeira está sujeita, unicamente, à homologação do Superior Tribunal de Justiça.

[15] Art. 216-A. É atribuição do Presidente do Tribunal homologar decisão estrangeira, ressalvado o disposto no art. 216-K.

Art. 216-K. Contestado o pedido, o processo será distribuído para julgamento pela Corte Especial, cabendo ao relator os demais atos relativos ao andamento e à instrução do processo.

[16] Antes, pela redação de 1996 da Lei de Arbitragem, o Supremo Tribunal Federal que era competente para analisar pedidos de homologação de sentença arbitral estrangeira.

[17] Torresi, Alessandro, 2019. p. 143.

[18] Berg, Albert Jan van den. *The New York Arbitration Convention of 1958.* The Netherlands: Kluwer Law International. 1981, p. 265; também menciona-se Brozolo, Luca G. Radicati di "Las normas imperativas y el arbitraje internacional" in Gaillard, Emmanuel. Arroyo, Diego P. Fernández. *Cuestiones Claves del Arbitraje Internacional.* Bogotá: Editorial Universidad del Rosario. 2013, p. 189-224.

Nesse sentido, o Superior Tribunal de Justiça, na HDE nº 1.914, julgado em 2019, de relatoria do Ministro Benedito Gonçalves, atestou que "*preenchidos os requisitos legais, impõe-se a homologação da sentença estrangeira, não cabendo ao Superior Tribunal de Justiça o exame de matéria pertinente ao mérito, salvo para, dentro de estreitos limites, verificar eventual ofensa à ordem pública e à soberania nacional*"[19].

Por essas razões, o processo de homologação de sentença arbitral estrangeira é classificado no ordenamento jurídico pátrio como sistema de controle judicial limitado (aos aspectos formais) e concentrado em apenas um único órgão, o STJ[20].

Além dos pressupostos objetivos, a Convenção determina também condições nas quais os pedidos de reconhecimento devem ser indeferidos, conhecidos como pressupostos negativos, os quais estão entabulados no artigo V, (1) e (2), e que merecem especial destaque neste momento:

> Artigo V
>
> 1. **O reconhecimento e a execução de uma sentença poderão ser indeferidos**, a pedido da parte contra a qual ela é invocada, unicamente **se esta parte fornecer**, à autoridade competente onde se tenciona o reconhecimento e a execução**, prova de que**:
>
> a) as partes do acordo a que se refere o Artigo II estavam, em conformidade com a lei a elas aplicável, de algum modo incapacitadas, ou que tal acordo não é válido nos termos da lei à qual as partes o submeteram, ou, na ausência de indicação sobre a matéria, nos termos da lei do país onde a sentença foi proferida; ou
>
> b) a parte contra a qual a sentença é invocada não recebeu notificação apropriada acerca da designação do árbitro ou do processo de arbitragem, ou lhe foi impossível, por outras razões, apresentar seus argumentos; ou

[19] STJ, Corte Especial, HDE nº 1.914, Rel. Min. Benedito Gonçalves, j. em 05.06.2019. Também menciona-se o HDE nº 1.808, de relatoria de Nancy Andrighi: "o sistema de delibação adotado pelo ordenamento jurídico pátrio para a homologação de decisões estrangeiras exige que se observe apenas a obediência aos requisitos formais do processo, não se aprofundando em questões de mérito" STJ, Corte Especial, HDE nº 120, Rel. Min. Nancy Andrighi, j. em 18.12.2018.

[20] RAMOS, André de Carvalho. Curso de Direito Internacional Privado. Saraiva: São Paulo, 2018, p. 466/470.

> c) a sentença se refere a uma divergência que não está prevista ou que não se enquadra nos termos da cláusula de submissão à arbitragem, ou contém decisões acerca de matérias que transcendem o alcance da cláusula de submissão, contanto que, se as decisões sobre as matérias suscetíveis de arbitragem puderem ser separadas daquelas não suscetíveis, a parte da sentença que contém decisões sobre matérias suscetíveis de arbitragem possa ser reconhecida e executada; ou
> d) a composição da autoridade arbitral ou o procedimento arbitral não se deu em conformidade com o acordado pelas partes, ou, na ausência de tal acordo, não se deu em conformidade com a lei do país em que a arbitragem ocorreu; ou
> e) a sentença ainda não se tornou obrigatória para as partes ou foi anulada ou suspensa por autoridade competente do país em que, ou conforme a lei do qual, a sentença tenha sido proferida.
> 2. O reconhecimento e a execução de uma sentença arbitral também poderão ser recusados caso a autoridade competente do país em que se tenciona o reconhecimento e a execução constatar que:
> a) segundo a lei daquele país, o objeto da divergência não é passível de solução mediante arbitragem; ou
> b) o reconhecimento ou a execução da sentença seria contrário à ordem pública daquele país.

Ou seja, como a lei aplicável à homologação é a do país em que realiza o pedido, diversos são os critérios adotados por cada um dos países, mas se pode afirmar que há o consenso em relação à não revisão do mérito da sentença, não violação à ordem pública local, bem como não possuir vício de sentença *ultra petita*[21].

Especificamente no tocante ao procedimento adotado no Brasil, o Regimento Interno do Superior Tribunal de Justiça (RISTJ) estipula o funcionamento nos artigos 216-A ao 216-K. Dentre os mencionados artigos, serão destacados os que possuem relação direta com ou aqueles que são inspirados pela Convenção de Nova Iorque, quais sejam, artigos 216-D e 216-F do RISTJ.

[21] Rozolo, Luca G. Radicati di "Las normas imperativas y el arbitraje internacional" in Gailard, Emmanuel. Arroyo, Diego P. Fernández. *Cuestiones Claves del Arbitraje Internacional.* Bogotá: Editorial Universidad del Rosario. 2013, p. 189-224.

O artigo 216-D do Regimento Interno do STJ estipula alguns requisitos obrigatórios para que o pedido de homologação de sentença estrangeira possa ser deferido e a decisão seja devidamente reconhecida, tratando-se, conforme mencionado anteriormente, de elementos formais. Para isso, a sentença estrangeira deverá: *(I) "ter sido proferida por autoridade competente", (II) "conter elementos que comprovem terem sido as partes regularmente citadas ou ter sido legalmente verificada a revelia", e (III) "ter transitado em julgado".* Os dois primeiros incisos do mencionado artigo estão em consonância – inclusive com redações semelhantes – ao artigo 5, I, "b" e "d", da CNI[22]:

Já no tocante ao requisito do inciso III, do artigo 216-D, "ter transitado em julgado", a expressão parece não ter relação direta com a Convenção de Nova Iorque, mas entendemos que também não há descompasso com o referido tratado[23]. Isso porque, tal condição deve ser entendida como coisa julgada formal, ou seja, quando não há possibilidade de reforma ou modificação dentro do próprio processo em que foi proferida a sentença que se busca homologar.

Em se tratando de arbitragem, normalmente o trânsito em julgado é alcançado com o término do procedimento arbitral, visto que recursos judiciais contra tal sentença arbitral não costumam ser previstos em leis locais, mas pode ser previsto em comum acordo entre as partes na convenção de arbitragem.

Tal afirmação leva a conclusão de que ação anulatória, por não se tratar de recurso de revisão do mérito propriamente dito, não obsta o reconhecimento de sentença arbitral estrangeira com base no referido inciso em análise[24]. Tal entendimento será importante para o debate a respeito

[22] Artigo V, n.1: [...]
b) **a parte contra a qual a sentença é invocada não recebeu notificação apropriada acerca da designação do árbitro ou do processo de arbitragem,** ou lhe foi impossível, por outras razões, apresentar seus argumentos; ou [...]
d) **a composição da autoridade arbitral** ou o procedimento arbitral **não se deu em conformidade com o acordado pelas partes,** ou, na ausência de tal acordo, não se deu em conformidade com a lei do país em que a arbitragem ocorreu; (grifos nossos).

[23] Em sentido contrário entendeu o STJ no julgado SEC nº 5.782, analisado ao final deste trabalho, especificamente no tópico V.

[24] De igual forma entendem os doutrinadores Arnoldo Wald e Vivian Marques Salles: *"O art. 216-D-III do Regimento Interno do STJ, por sua vez, não pode ser interpretado como contrário à Convenção de Nova Iorque, em razão da incontestável força de coisa julgada da sentença arbitral a partir*

da possibilidade de reconhecimento (ou não) de sentença arbitral estrangeira que tenha sido declarada nula no país de origem da sede da arbitragem, temas dos próximos tópicos.

Por fim, o artigo 216-F do RISTJ determina que *"não será homologada a decisão estrangeira que ofender a soberania nacional, a dignidade da pessoa humana e/ou a ordem pública"*. O referido dispositivo é semelhante à condição de anulação prevista no artigo V, n.2, "b" da CNI para o caso em que o reconhecimento ou execução da sentença fosse contrário à ordem pública do país em que se pede, senão vejamos:

> 2. O reconhecimento e a execução de uma sentença arbitral também poderão ser recusados caso a autoridade competente do país em que se tenciona o reconhecimento e a execução constatar que:
>
> [...]
>
> b) o reconhecimento ou a execução da sentença seria contrário à ordem pública daquele país.

Portanto, em suma de tudo o que foi exposto neste tópico, pode-se dizer que a Convenção de Nova Iorque estabelece, em seu artigo III, que os Estados signatários devem definir os procedimentos internos a serem seguidos para o reconhecimento. Além disso, estabelece alguns requisitos necessários ao procedimento de homologação e execução, os chamados pressupostos objetivos, presentes no artigo IV da CNI.

Assim, por meio dos referidos artigos, a Convenção estipula tais parâmetros com o objetivo de dar maior efetividade ao instituto da arbitragem comercial internacional. Mas, não se pode esquecer os valores essenciais de cada um dos Estados, bem como os postulados e princípios fundamentais dos direitos das nações signatárias[25].

do término da missão do Tribunal Arbitral. Mas, ainda que contradição houvesse, por constituir norma de inequívoco cunho infralegal, o art. 216-D-III do Regimento Interno do STJ jamais teria o condão de ampliar o rol taxativo do art. V da Convenção de Nova Iorque". (Wald, Arnoldo; Salles, Vivian Marques. Homologação de Sentença Estrangeira Anulada por Decisão Judicial no seu País de Origem. Sessenta Anos Depois da Convenção de Nova Iorque. In: Lemes, Selma; Lopes, Christian Sahb Batista (org.). Arbitragem Comercial Internacional e os 60 Anos da Convenção de Nova Iorque. São Paulo: Quartier Latin, 2019, p. 868

[25] Barros, Vera Cecília Monteiro de. Homologação para o reconhecimento ou execução da sentença arbitral estrangeira no brasil: exceção de ofensa à ordem pública. USP. p.74

3. Lei Modelo da UNCITRAL e anulação de sentença arbitral internacional

Entendido de forma geral, pela explanação do tópico anterior, o objetivo da Convenção de Nova Iorque e seus principais aspectos para o regramento da homologação de sentença arbitral estrangeira, inicia-se, neste momento, o embasamento para a pergunta que gera grande debate doutrinário e jurisprudencial na arbitragem comercial internacional – e que será tema desse e dos próximos tópicos – qual seja: uma sentença arbitral anulada no país da sede de arbitragem pode ser homologada ou executa em outro país?

Para responder a essa pergunta, o ponto de partida inicial foi a explicação do funcionamento da homologação de sentença arbitral internacional, com enfoque especial dado ao Brasil. O próximo passo será a explanação do funcionamento de anulação de sentença arbitral no direito internacional, com o recorte, para os fins deste trabalho, na América Latina.

Conforme demonstrou-se, no direito arbitral internacional, os países possuem a liberdade legislativa interna para regular sobre o procedimento arbitral de forma geral, especialmente em relação à homologação. A mesma lógica aplica-se às causas de anulação de sentenças arbitrais.

Contudo, a Comissão das Nações Unidas para o Direito Comercial Internacional (mais conhecida como UNCITRAL, sigla em inglês para United Nations Commission On International Trade Law), em 1985, elaborou uma Lei Modelo sobre Arbitragem Comercial Internacional ("Lei Modelo da UNCITRAL" ou simplesmente, neste trabalho, "Lei Modelo") com a finalidade de aproximar as legislações internas de arbitragem dos países e também gerar maior efetividade e segurança jurídica para as sentenças arbitrais internacionais[26].

Especificamente em relação ao foco deste tópico, isto é, anulação de sentença arbitral, o dispositivo da Lei Modelo que versa sobre o tema é o artigo 34(2), qual seja:

[26] Born, Gary. *International Commercial Arbitration*. 2nd edn. Vol. I. The Netherlands: Kluwer Law International, 2014. p.207, bem como Gaillard, Emmanuel. *Teoría Juridica del arbitraje internacional*. Asunción: La Ley, 2010. p.39.

> Artigo 34. O Pedido de Anulação como Recurso Exclusivo da Sentença Arbitral.
>
> 2. A sentença arbitral só pode ser anulada pelo tribunal referido no art. 6 se
>
> a) a parte que faz o pedido fornecer a prova de:
>
> I) que uma parte na convenção de arbitragem referida no art. 7 estava ferida de uma incapacidade; ou que a dita convenção não é válida nos termos da lei a que as partes a tenham subordinado ou, na falta de qualquer indicação a este propósito, nos termos da lei do presente Estado; ou
>
> II) que ela não foi devidamente informada da nomeação de um árbitro ou do processo arbitral, ou lhe foi impossível fazer valer os seus direitos por qualquer outra razão: ou
>
> III) que a sentença tem por objeto um litígio não referido no compromisso ou não abrangido pela previsão da cláusula compromissória, ou que contém decisões que ultrapassam os termos do compromisso ou cláusula compromissória, entendendo-se, contudo, que, se as disposições da sentença relativas a questões submetidas à arbitragem, unicamente poderá ser anulada a parte da sentença que contenha decisões sobre as questões não submetidas à arbitragem; ou
>
> IV) que a constituição do tribunal arbitral ou o processo arbitral não estão conformes à convenção das partes, a menos que esta convenção contrarie disposição da presente Lei que as partes não possam derrogar, ou que, na falta de uma tal convenção, não estão conformes à presente Lei; ou
>
> b) o tribunal constatar:
>
> I) que o objeto do litígio não é suscetível de ser decidido por arbitragem nos termos da lei do presente Estatuto; ou
>
> II) que a sentença contraria a ordem pública do presente Estado.

Assim, como será visto a seguir, há um padrão dos países latino-americanos de inspiração direta, ou até mesmo adoção integral em relação à Lei Modelo.

No Brasil, segundo a Lei 9.307/96, Lei brasileira de Arbitragem, com base nos artigos 11, 12, 26 e 32, pode-se dizer que as causas de anulação de sentença arbitral são basicamente as seguintes: (i) quando o acordo arbitral for nulo; (ii) quando a sentença for emitida fora dos limites do acordo arbitral; (iii) ou ser prolatada por alguém que não poderia ser árbitro; (iv) caso a sentença arbitral não contenha os seus requisitos obrigatórios; (v) ter sido comprovado que a decisão foi afetada por prevaricação, concussão ou corrupção; (vi) ou for emita fora do prazo; (vii) ou ainda no caso de violação dos princípios processuais constitucionais do contraditório, igualdade das partes, imparcialidade e livre convicção do árbitro[27].

Em relação à perspectiva chilena, a Lei sobre Arbitragem Internacional do Chile – Lei 19.971 de 29 de setembro de 2004 –, em especial o seu artigo 34, tem clara influência de adoção dos dispositivos da Lei Modelo. Um ponto interessante é o disposto no art. 34, numeral 4[28], da referida lei chilena, que permite aos tribunais de apelação, competentes para julgar os pedidos de anulação, suspender o procedimento anulatório para dar a oportunidade ao tribunal arbitral adotar medidas que eliminem os motivos que geraram o pedido de nulidade, caso sejam sanáveis.

Quanto as causas gerais de anulação de sentença arbitral no Chile, pode-se dizer, em síntese, que são: (i) caso o acordo arbitral não seja válido ou uma das partes é considerada incapaz; (ii) quando a parte que está se opondo à sentença não pode fazer valer seus direitos; (iii) em caso de decisão *extra petita*; (iv) quando a composição do tribunal não respeitar o estabelecido pelo acordo das partes; (v) no caso de o objeto da controvérsia ser inarbitrável; ou então (vi) a sentença fira a ordem pública do Chile. Ressalta-se, por fim, que as duas últimas causas, isto é (v) e (vi), podem gerar anulação mesmo sem o pedido das partes[29].

[27] Pereira, César. Quintão, Luisa, 2016, p. 4-5.

[28] CHILE. Ley 19.971 – Artículo 34.- La petición de nulidad como único recurso contra un laudo arbitral.

4) El tribunal, cuando se le solicite la anulación de un laudo, podrá suspender las actuaciones de nulidad, cuando corresponda y cuando así lo solicite una de las partes, por un plazo que determine a fin de dar al tribunal arbitral la oportunidad de reanudar las actuaciones arbitrales o de adoptar cualquier otra medida que a juicio del tribunal arbitral elimine los motivos para la petición de nulidad.

[29] Catalán, Jhoel Chipana; Freyre, Mario Castillo; Minaya, Rita Sabroso; Zapata, Laura Castro. Las causales de anulación del laudo arbitral en la ley de arbitraje del Perú. In: Lumen, Revista de la Facultad de Derecho de la Universidad Femenina del Sagrado Corazón, (10),

No Peru, a anulação de sentença arbitral claramente é uma incorporação das disposições da Lei Modelo, sendo regida pelo artigo 63, parágrafo 1, incisos "a" a "g", da Lei Peruana de Arbitragem[30] (Decreto Legislativo nº 1.071, do ano de 2008, tendo derrogado a antiga Lei de Arbitragem do Peru do ano de 1996, Ley nº 26572).

Interessante notar a apresentação inicial, antes dos dispositivos legais, que consta na Lei de Arbitragem Peruana de 2008, realizada pelo então Presidente do Instituto Peruano de Arbitragem, Carlos Alberto Soto Coaguila. A apresentação menciona expressamente que a redação da antiga Lei Peruana de arbitragem de 1996 foi inspirada na Lei Modelo da UNCITRAL. Além disso, também evidencia que a atual Lei arbitral de 2008 também seguiu as alterações realizadas na Lei Modelo no ano de 2006, além dos avanços nas legislações arbitrais de outros países, como Espanha, Suécia, Bélgica, Alemanha, Inglaterra, Suíça e Estados Unidos da América.

Outro aspecto interessante referente à anulação de sentença arbitral no Peru é a remissão ao artigo 219 do Código Civil Peruano, em especial o parágrafo 8º, o qual, permite que as partes renunciem ao recurso de anulação em algumas hipóteses, que são: (i) quando nenhuma das partes seja de nacionalidade peruana, (ii) ou não estejam domiciliadas no

p. 9-20, 2014. Disponível em: http://www.unife.edu.pe/publicaciones/revistas/derecho/lumen_10/9.pdf. Acesso em: 14 jun. 2021.

[30] PERU Decreto Legislativo (DL) nº 1.071, de 28 de junho de 2008.
Artículo 63º- Causales de anulación
1. El laudo sólo podrá ser anulado cuando la parte que solicita la anulación alegue y pruebe: a. Que el convenio arbitral es inexistente, nulo, anulable, inválido o ineficaz; b. Que una de las partes no ha sido debidamente notificada del nombramiento de un árbitro o de las actuaciones arbitrales, o no ha podido por cualquier otra razón, hacer valer sus derechos; c. Que la composición del tribunal arbitral o las actuaciones arbitrales no se han ajustado al acuerdo entre las partes o al reglamento arbitral aplicable, salvo que dicho acuerdo o disposición estuvieran en conflicto con una disposición de este Decreto Legislativo de la que las partes no pudieran apartarse, o en defecto de dicho acuerdo o reglamento, que no se han ajustado a lo establecido en este Decreto Legislativo; d. Que el tribunal arbitral ha resuelto sobre materias no sometidas a su decisión; e. Que el tribunal arbitral ha resuelto sobre materias que, de acuerdo a ley, son manifiestamente no susceptibles de arbitraje, tratándose de un arbitraje nacional; f. Que según las leyes de la República, el objeto de la controversia no es susceptible de arbitraje o el laudo es contrario al orden público internacional, tratándose de un arbitraje internacional; g. Que la controversia ha sido decidida fuera del plazo pactado por las partes, previsto en el reglamento arbitral aplicable o establecido por el tribunal arbitral.

Peru, (iii) ou então não tenham suas atividades principais no território peruano[31].

Como exemplos de países que adotaram a Lei Modelo da UNCITRAL de forma íntegra, com mínimos ajustes, pode-se mencionar a Colômbia, por meio de seu Estatuto de Arbitragem Nacional e Internacional (Lei nº 1563 de 2012), bem como o México, conforme o Código de Comércio mexicano, de 7 de outubro de 1889, reformado pela última vez em 28 de março de 2018.

Em contrapartida, um país que possui disposições um pouco diferentes em relação a anulação de sentença arbitral é a Argentina. Isto porque o Código de Processo Civil e Comercial da Nação (Lei argentina nº 17.454/1967) estipula em seu art. 760 que poderá ser interposto recurso de nulidade contra sentença arbitral no caso de se constatar "falta essencial do procedimento, em haver prolação de sentença fora do prazo ou sobre pontos não comprometidos"[32].

Portanto, evidencia-se a tendência latino-americana de redigirem as leis arbitrais domésticas em clara inspiração advinda da Lei Modelo da UNCITRAL, e em alguns casos até mesmo a adoção integral do texto sugerido pela Comissão das Nações Unidas para o Direito Comercial Internacional.

4. Possibilidade ou não do reconhecimento de sentença arbitral estrangeira anulada pelo país de origem (sede da arbitragem)

4.1. Alguns problemas de ordem prática

Os tópicos anteriores foram dedicados para descrever no direito comparado o funcionamento geral do reconhecimento/homologação e execução de sentenças arbitrais estrangeiras pelo principal tratado internacional a respeito, isto é, a Convenção de Nova Iorque de 1958,

[31] Pereira, César. Quintão, Luísa, 2016, p. 5-6.

[32] ARGENTINA, Lei 17.454 de 1967 (Código Procesal Civil y Comercial de la Nación).
Art. 760 – Si los recursos hubieren sido renunciados, se denegarán sin sustanciación alguna. La renuncia de los recursos no obstará, sin embargo, a la admisibilidad del de aclaratoria y de nulidad, fundado en falta esencial del procedimiento, en haber fallado los árbitros fuera del plazo, o sobre puntos no comprometidos. En este último caso, la nulidad será parcial si el pronunciamiento fuere divisible.
Este recurso se resolverá sin sustanciación alguna, con la sola vista del expediente.

bem como entender a tendência mundial, em especial da América Latina – apenas por questão de recorte metodológico –, em adotar os dispositivos da Lei Modelo da UNCITRAL para redigir as leis domésticas de arbitragem dos países.

A partir deste momento, com tais pressupostos estabelecidos, passa-se para a resposta final da pergunta lançada anteriormente e que gera intenso debate na doutrina e jurisprudência a respeito de arbitragem comercial internacional: é possível o reconhecimento de sentença arbitral estrangeira que tenha sido anulada no país de origem, isto é, na sede da arbitragem?

Inicialmente, é relevante trazer a terminologia utilizada por Adriana Braghetta em relação aos momentos de controle de juridicidade da sentença arbitral: o controle realizado pelo Estado sede da arbitragem em relação a nulidade da sentença é denominado *controle primário* e o controle realizado pelo país onde se deseja reconhecer, homologar e/ou executar a sentença arbitral estrangeira é o *controle secundária*.

Em relação a esses dois momentos de controle de juridicidade, há divergência doutrinária a respeito de qual direito seria o mais adequado para realizar tal controle, isto é, o direito/lei da sede de arbitragem ou o direito do local da homologação.

Gary Born, jurista e arbitralista internacional reconhecido mundialmente, entende pela visão clássica de que a lei da sede de arbitragem seria mais adequada, e fundamenta seu entendimento pelo próprio objetivo da Convenção de Nova Iorque, isto é, dar efetividade internacional para sentenças arbitrais estrangeiras, além de garantir segurança jurídica com base em um tratado comum[33].

Em sentido contrário, Emmanuel Gaillard, doutrinador de igual renome, entende que o mais apropriado é que o país do lugar da execução seja quem dite a proteção jurídica da sentença arbitral, já que será em tal local que esta produzirá seus efeitos práticos executórios contra quem se deseja reconhecer a sentença.

Como fundamento utilizado pelos doutrinadores que entendem conforme essa segunda linha, o princípio da máxima efetividade (*most-favorable-right* ou *most-favorable-la*) é um dos principais. Segundo tal

[33] BORN, Gary. International Commercial Arbitration. 2nd edn. Vol. I. The Netherlands: Kluwer Law International, 2014. p.207

princípio, deve-se aplicar a lei que seja mais favorável ao interessado em reconhecer ou executar uma sentença estrangeira, isto é, aquela que possui menos requisitos para o deferimento ou então são mais amplas, dentre as leis aplicáveis no processo de reconhecimento[34].

Um exemplo de regime interno mais favorável é o artigo 38, inciso V, da Lei Brasileira de Arbitragem em relação ao artigo V, (1), (d) da Convenção de Nova Iorque. Isto porque a lei brasileira menciona suscintamente e de forma mais ampla o requisito ao indeferimento do reconhecimento ou homologação no caso de *"Art.38, V – a instituição da arbitragem não está de acordo com o compromisso arbitral ou cláusula compromissória"*. Já o mencionado dispositivo da CNI vai além e coloca mais situações de indeferimento: *"Art. V, 1, d) a composição da autoridade arbitral ou o procedimento arbitral não se deu em conformidade com o acordado pelas partes, ou, na ausência de tal acordo,* ***não se deu em conformidade com a lei do país em que a arbitragem ocorreu****"* (grifos nossos).

Em contrapartida, argumenta-se que tal princípio pode gerar não só a insegurança jurídica em relação ao reconhecimento de uma sentença arbitral estrangeira, bem como favorecer o *cherry-picking*, isto é, a eleição apenas dos aspectos mais favoráveis dentre os regimes possíveis[35].

Uma possível exemplificação de *cherry-picking*[36] seria o caso de países signatários tanto do Acordo de Buenos Aires (idêntico ao Protocolo de Las Lenãs) e da Convenção de Nova Iorque, e fossem escolher a aplicação do artigo 19 do Acordo que leva o nome da capital argentina, em detrimento do cumprimento do artigo V (1) e (2) da CNI, já transcritos nesse trabalho[37]. Isso porque o Acordo de Buenos Aires exige que a sentença arbitral seja exequível no país de origem (sede da arbitragem), mas não menciona qualquer aplicação de direito interno eventualmente mais favorável. Isso significa que caso uma sentença seja anulada na origem ela não poderá ser reconhecida pelo Acordo de Buenos Aires. Ou seja, a parte interessada no não reconhecimento da sentença arbitral

[34] Pereira, César. Quintão, Luisa, 2016, p. 11-12.

[35] Esse não é o objeto principal do presente artigo, contudo, vale ressaltar que a proibição ou permissão do *cherry picking* também gera debate dentro da doutrina e jurisprudência da arbitragem internacional. Pereira, César. Quintão, Luisa, 2016, p. 14.

[36] Exemplo retirado de Pereira, César. Quintão, Luisa, 2016, p. 12-13.

[37] Vide no tópico II, página 9-10.

estrangeria poderia argumentar pela aplicação do tratado mais favorável a ela nesse ponto.

4.2. Entendimentos doutrinários sobre jurisdição da arbitragem internacional: (i) territorialismo vs. deslocalização; (ii) e intermediário.

Feita algumas ponderações sobre o controle primário e secundário de juridicidade de sentenças arbitrais estrangeiras, bem como entendimentos a respeito de qual seria o controle mais adequado, discute-se, neste momento, especificamente em relação ao debate doutrinário quanto à **possibilidade**, ou não, do reconhecimento e execução de sentenças arbitrais estrangeiras anuladas na origem.

A doutrina internacional se contrapõe em dois extremos em relação ao tema. De um lado há a corrente *territorialista*, inspirada em positivo nacionalista, e que centraliza a jurisdição arbitral estritamente ao país e legislação da sede da arbitragem. Diametralmente oposta, a corrente da *deslocalização* sustenta uma jurisdição arbitral plural, internacional e autônoma, isto é, desvinculada de qualquer jurisdição estatal.

O doutrinador holandês Albert Jan Van Den Berg, renomado estudioso da Convenção de Nova Iorque, ficou reconhecido pela sua forte posição favorável à corrente *territorialista*. O seu principal argumento para tal é o artigo V, n.1, "e" da CNI – "*e) a sentença ainda não se tornou obrigatória para as partes ou foi anulada ou suspensa por autoridade competente do país em que, ou conforme a lei do qual, a sentença tenha sido proferida*".

A argumentação do professor, por trás do artigo, é a concentração do controle judicial de legalidade da arbitragem em sua sede, pois independente da "internacionalização" do caso de uma arbitragem, o procedimento arbitral e a sua respectiva sentença são originários de um sistema jurídico da regulação da arbitragem no país da sede da arbitragem, formado pelo conjunto da lei interna e os tribunais da jurisdição da sede escolhida pela vontade das partes. Inclusive, de acordo com tal doutrinador, são justamente as cortes do país da sede que possuem a condição adequada para decidir acerca da nulidade, ou não, do procedimento arbitral[38].

[38] Van Den Berg, Albert Jan. The New York Arbitration Convention of 1958. 1981, p. 355-- 356 apud Torresi, Alessandro, 2019. p. 62-63.

Em contraponto, o doutrinador francês Emmanuel Gaillard, defensor da corrente da *deslocalização*, entende que a CNI prevê expressamente a possiblidade de uma sentença arbitral declarada nula na origem ser reconhecida em outro país. A sua fundamentação deriva do artigo III que dispõe que os países devem regular seu próprio procedimento de homologação, permitindo, portanto, que tal país aplique sua própria concepção de arbitrabilidade do objeto de divergência da arbitragem, bem como o seu entendimento de ordem pública internacional[39], este último conceito que se repete em diversos tratados internacionais e na Lei Modelo, além de cada país ter o seu entendimento ligeiramente diferente a respeito da sua ordem pública local[40].

Entre os dois extremos, existe a corrente intermediária composta por diversos entendimentos que conversam mais com um extremo ou o outro. Um doutrinador que representa bem esse equilíbrio é o já mencionado norte-americano Gary Born, visto que, segundo seus entendimentos, se a anulação da sentença no país de origem gerasse como obrigação o não reconhecimento em outro país dessa mesma sentença, o resultado seria a impossibilidade de qualquer revisão da integridade do processo judicial de anulação, o que não é o intuito da CNI[41]. Portanto, doutrinador reconhece a possibilidade de tal reconhecimento, mesmo no caso da anulação da sentença, mas restringe as hipóteses de tal cenário.

Assim, para o doutrinador, a viabilidade de reconhecimento de sentença arbitral estrangeira anulada na origem somente é possível quando tal decisão anulatória (i) ter fundamento na ordem pública local, ou então em definições de arbitrabilidade específicas daquele país da sede da arbitragem; (ii) na hipótese de ter sofrido revisão de mérito substancial;

[39] GAILLARD, Emmanuel. Teoria Jurídica da Arbitragem Internacional ... .2014, p. 119-120 apud TORRESI, Alessandro, 2019. p. 68-70.

[40] Sobre o tema do entendimento particular de cada país a respeito de ordem pública e os reflexos de tais diferenciações nas homologações de sentenças arbitrais estrangeiras, vide MARTIN, Mark David. **RECONHECIMENTO DE SENTENÇAS ARBITRAIS ESTRANGEIRAS NOS BRICS, EM ISRAEL E NOS ESTADOS UNIDOS: uma análise da exceção da ordem pública sob o enfoque da diversidade de culturas jurídicas.** 2019. 120 f. Dissertação (Mestrado) – Curso de Direito, Faculdade de Direito, Universidade Federal de Minas Gerais, Belo Horizonte, 2019. Disponível em: https://repositorio.ufmg.br/handle/1843/31803. Acesso em: 10 jun. 2021.

[41] BORN, Gary B. International Commercial Arbitration. 2014, p. 3.639.

(iii) ou a fundamentação ser oriunda de dispositivos que não sejam os itens "a" a "d" do artigo V, n.1, da CNI[42].

Portanto, em suma, a corrente *territorialista* julga ser incabível o reconhecimento ou execução de uma sentença arbitral estrangeira anulada no país de origem (da sede da arbitragem), enquanto a corrente da *deslocalização* admite tal possibilidade. E por fim, a corrente intermediária também entende ser possível tal reconhecimento, contudo restringe à algumas hipóteses específicas.

4.3. A Jurisprudência doméstica sobre o tema e críticas específicas: STJ e o caso SEC 5.782 ("Caso EDF")

Realizados os apontamentos a respeito de algumas complicações de ordem prática que podem surgir no tocante a utilização do controle de juridicidade da sentença arbitral – *primário* ou *secundário* –, bem como descrito as correntes doutrinárias – *territorialista, deslocalizadora* e *intermediária* – referentes a possibilidade ou não de homologação de sentença arbitral estrangeira anulada no país da sede arbitral, evidencia-se, desta forma, a complexidade e os diversos entendimentos sobre o tema.

No Brasil, em 02 de dezembro de 2015, a possibilidade de homologação de sentença arbitral estrangeira anulada na origem da sede arbitral teve a oportunidade de ser decidida pela primeira vez por tribunal brasileiro competente para tal, isto é, o Superior Tribunal de Justiça por meio de sua Corte Especial. Trata-se do julgamento da Sentença Estrangeira Contestada (SEC) nº 5.782[43] – conhecido como "Caso EDF" – a pedido da requerente EDF International S.A. ("EDF") contra Endesa Latinoamérica S.A. ("ENDESA") e YPF S.A. ("YPF"), cujo objeto era sentença arbitral estrangeira proferida em Bueno Aires, no ano de 2007, por tribunal arbitral da Câmara de Comércio Internacional (CCI).

[42] Born, Gary B. International Commercial Arbitration. 2014, p. 3.639.

[43] BRASIL. STJ (Corte Especial). Sentença Estrangeira Contestada. SEC n. 5.782 – EX (2011/0129084-7).782. Rel.: Ministro Jorge Mussi, 02 de dezembro de 2015. p. 1 a 16. Disponível em: < https://processo.stj.jus.br/processo/revista/documento/mediado/?componente=ATC&sequencial=54041235&num_registro=201101290847&data=20151216&tipo=51&formato=PDF> Acesso em: 20 ago. 2021.

Em apertada síntese[44], o instrumento jurídico que deu origem ao conflito – e a competência do tribunal arbitral da CCI para dirimi-lo com aplicação de lei material argentina – era um contrato de compra e venda de ações entre mencionadas as partes. Ficou-se estipulado contratualmente que seriam resolvidos por arbitragem os litígios relativos ao critério de reajuste de preço acordado com base na (i) desvinculação do tipo de câmbio oficial do peso argentino em relação ao dólar norte-americano ou (ii) revisão tarifária da energia elétrica no norte de Buenos Aires e áreas circundantes.

No final do ano de 2001, houve a desvinculação do câmbio das mencionadas moedas. E em 09.07.2002, a EDF postulou, por meio de procedimento arbitral, a revisão do preço pago pelas ações e requereu condenação da ENDESA e ressarcimento por parte da YPF. Houve sentença arbitral proferida em 2007, deferindo parcialmente o pleito da EDF, bem como acatando também parcialmente pedido de reconvenção da ENDESA e YPF que apresentaram Acordo Complementar prevendo limite máximo do montante da condenação.

Contudo, em 2009, após ações anulatórias interpostas tanto pela requerente quanto pelas requeridas, a Câmara Nacional de Apelações do Comércio da Cidade de Bueno Aires anulou, em decisão que posteriormente transitou em julgado, a sentença arbitral pelo fundamento de utilização de julgamento por equidade, o que não havia sido autorizado pelas partes.

Ainda assim, no ano de 2011, a EDF peticionou no Superior Tribunal de Justiça pelo reconhecimento da referida sentença arbitral estrangeira que foi anulada na sede arbitral, isto é, na Argentina. A requerente argumentou que a decisão de anulação era patológica por rejulgar o mérito da sentença arbitral e por ter ocorrido usurpação pelo Judiciário local em relação à competência do tribunal arbitral.

Grandes expectativas foram criadas em relação ao julgamento do STJ, pois se tratava do primeiro julgamento no Brasil sobre tema que – conforme vimos nos tópicos anteriores – gera profundo debate e divergências práticas e doutrinárias. Além disso, ambas as partes juntaram pareceres jurídicos produzidos por renomados juristas pátrios: pela

[44] BRASIL. STJ (Corte Especial). Sentença Estrangeira Contestada. SEC n. 5.782 [...], 2015, p. 1-5.

requerente, EDF, houve parecer da Ministra aposentada do STF Ellen Gracie[45], e pelos requeridos, ENDESA e YPF, o parecerista foi o também apostado Ministro da Suprema Corte Francisco Rezek[46].

Ao final, o STJ decidiu pela impossibilidade da homologação de sentença estrangeira anulada por órgão judicial do país de origem e competente. O posicionamento da Corte pela não homologação foi elogiado pela doutrina nacional e internacional, e entendemos como acertada o pronunciamento nesse sentido. Contudo, diversas são as críticas[47] possíveis em relação à forma que se chegou a tal resultado, especialmente pela fundamentação utilizada pelo STJ.

O acórdão do Tribunal da Cidadania, de relatoria do Ministro Jorge Mussi, inicia com a afirmação de que o trânsito em julgado é condição necessária para a homologação ou reconhecimento de sentenças arbitrais (ou judiciais) estrangeiras e fundamenta tal assertiva no art. 216-D do Regimento Interno do STJ e, ainda, o art. 38, VI, da Lei brasileira de

[45] Northfleet, Ellen Gracie. Homologação de sentença estrangeira contestada 5.782 – legal opinion. Revista de Arbitragem e Mediação, v. 35, 2012.

[46] Rezek, Francisco. Perspectivas da sentença arbitral anulada em foro judiciário. Revista de Arbitragem e Mediação, vol. 50, 2016.

[47] Nesse sentido, vide os seguintes trabalhos acadêmicos: (i) Costa, José Augusto Fontoura. EDF Internacional S/A vs YPF S/A: reflexões sobre os efeitos da sentença arbitral estrangeira anulada no juízo de origem. Revista de Arbitragem e Mediação, São Paulo, v.13, n. 48, p. 365--390, jan./mar. 2016.; bem como (ii) Levy, Daniel. O Brasil e o reconhecimento de sentenças arbitrais anuladas: uma análise a partir da SEC 5.782 do STJ. Revista de Arbitragem e Mediação, vol. 49, 2016, p. 46/52. (iii) Correia Filho, Antonio Carlos Nachif. The theories of international arbitration and related practical issues: the Brazilian approach (particularly the recent leading case on recognition of annulled awards) vis-à-vis the "delocalization trend". Revista Brasileira de Arbitragem, 2016, vol. XIII, n. 52.; (iv) Zárate, José Manuel Álvarez; Bernal, Camilo Valenzuela. Chapter 13: Recognition and Enforcement of Arbitral Awards Annulled in Their Own Seat: The Latin American Experience Interpreting the New York Convention's Sovereign Spaces. In: Gomez, Katia Fach; Lopez-Rodriguez, Ana M. (org.). 60 years of the New York Convention: Key Issues and Future Challenges. The Hague: Kluwer, 2019; (v) Gomes, Patrícia Maria da Silva. Homologação de sentença arbitral estrangeira anulada na origem: o caso EDF International S/A. Revista de Direito Internacional, Brasília, v. 16, n. 1, p. 115-128, 2019; (vi) Torresi, Alessandro. Reconhecimento de sentença arbitral estrangeira anulada no país da sede da arbitragem: teoria geral e o caso brasileiro nos 50 anos da Convenção de Nova Iorque. 2019. 224 f. Dissertação (Mestrado) – Curso de Direito, Faculdade de Direito, Universidade de Lisboa, Lisboa, 2019.

Arbitragem – dispositivos já abordados neste trabalho, vide tópico II –, bem como no art. 15, "c", da Lei de Introdução às Normas do Direito[48].

Desta forma, o acórdão, em um primeiro momento, parece desconsiderar ou colocar em segundo plano[49] a principal Convenção Internacional a respeito do tema, isto é, a Convenção de Nova Iorque (CNI), que foi ratificada e incorporada internamente em nosso ordenamento jurídico como lei federal ordinária. Isto porque, conforme também visto no tópico II do presente artigo, a Convenção de Nova Iorque não estipula o referido critério de necessidade de trânsito em julgado para o reconhecimento ou homologação de sentença arbitral estrangeira.

Portanto, apesar de os dispositivos de legislações brasileiras mencionados no acórdão do STJ mencionarem o trânsito em julgado, entendemos pela não obrigatoriedade de tal requisito para a homologação. Pois, cuidando-se de arbitragem, após a conclusão do procedimento arbitral com proferimento de sentença final é raro que caiba recurso de mérito, a não ser que as partes assim pactuem. Destarte, entendemos que quando o art. 216-D do RISTJ menciona a necessidade de "trânsito em julgado" trata-se de uma perspectiva formal e não material, pois, ao nosso ver, a ação anulatória de sentença arbitral não possui o condão de revisão meritória.

Apesar de possível, o entendimento em sentido contrário, obrigando o trânsito em julgado de ação anulatória para a homologação de sentença arbitral estrangeira no Brasil, conforme entende o STJ no julgado SEC nº 5.782, poderá causar antinomia das normas jurídicas domésticas, quais sejam: o art. 216-D do RISTJ, o art. 38, VI, da Lei brasileira de Arbitragem e o art. 15, "c", da Lei de Introdução às Normas do Direito em contradição com o artigo 5, I e II, da CNI (Decreto nº 4.311 de 23 de julho de 2002), que é silente explicitamente à condição do trânsito em julgado.

[48] BRASIL. STJ (Corte Especial). Sentença Estrangeira Contestada. SEC n. 5.782 [...], 2015, p. 10.

[49] Outro trecho do acórdão que evidencia a ausência da Convenção de Nova Iorque para a fundamentação em relação ao trânsito em julgado é a menção ao tratado de Las Lenãs, de mesma força hierárquica e anterior à CNI: "*que o Brasil é signatário do Protocolo de Las Leñas, vigente e plenamente eficaz no ordenamento jurídico pátrio, o qual estipula de forma peremptória a imprescindibilidade da força da coisa julgada para homologação de sentença estrangeira arbitral*". Op. Cit., p. 14.

Uma consequência prática de tal entendimento possível e antinomia jurídica é a insegurança jurídica que se pode gerar aos estrangeiros que possuam interesse em homologar sentenças arbitrais estrangeiras no Brasil e sejam desestimulados a fazê-lo e escolham outro país para o seu reconhecimento e execução, caso haja esta possibilidade e seja mais interessante à parte que deseja a força executiva de decisão arbitral que ainda possui ação anulatória pendente de julgamento.

Superado a fundamentação inicial trazida pelo STJ e discorrida acima, o acórdão adentra de fato em relação à possibilidade jurídica objeto deste estudo, qual seja, nas palavras do Ministro Relator:

> "Surge, agora, o questionamento acerca da possibilidade, ou não, de se homologar a presente sentença estrangeira arbitral, anulada na origem por decisão judicial transitada em julgado – fato esse incontroverso –, cabendo ressaltar que, depois de ampla pesquisa realizada neste Superior Tribunal de Justiça e no Supremo Tribunal Federal, é a primeira vez que a Corte Especial debate tal matéria"[50].

Conforme adiantado, o STJ decidiu pela não possibilidade da homologação no caso concreto. O principal fundamento para tal conclusão foi a constatação de que a legislação de regência sobre o tema diz bastar ao requerido suscitar, em defesa, a inexistência de trânsito em julgado arbitral. As referidas legislações explicitadas pelo acórdão e que embasam a afirmação foram: "*conforme se pode depreender da Convenção de Nova York (artigo V, 1,'e'); da Convenção do Panamá (artigo 5, 1, 'e'); da Lei de Arbitragem Brasileira (artigo 38, inciso VI); do Regimento Interno do Superior Tribunal de Justiça (artigo 216-D, inciso III); e, do Protocolo de Las Leñas (artigo 20, 'e')*"[51].

Por derradeiro, conclui o Superior Tribunal de Justiça: ***"Portanto, sendo nula a sentença arbitral na Argentina, por causa de decisão judicial lá prolatada, resta impossibilitada a sua homologação no Brasil"[52].***

[50] Op. Cit. p. 11.
[51] Op. Cit. p. 14.
[52] Op. Cit. p. 16.

Conclusões

Repita-se, aqui, que a decisão final do STJ alcançou o resultado adequado – não homologação no caso concreto – e que há inclusive elogios internacionais a respeito do posicionamento adotado e jurisprudência fixada sobre tema tão específico, e ao mesmo tempo com desdobramentos práticos importantíssimos. Também é importante destacar o papel admirável que a Corte da Cidadania tem feito tomado em relação ao instituto da Arbitragem no Brasil, com diversas decisões favoráveis e afirmativas à jurisdição arbitral– algumas até antes mesmo da promulgação da lei de arbitragem[53].

Todavia, especificamente em relação ao julgamento da SEC nº 5.782, apesar da conclusão correta pela não homologação da sentença argentina, a forma como o principal argumento foi desenvolvida, em especial a afirmação final do acórdão – negritada acima –, poderá prejudicar a jurisdição arbitral pátria na temática aqui debatida.

Isto porque, a referida decisão foi o primeiro entendimento formado por um tribunal brasileiro a respeito da possibilidade ou não de homologação de sentença arbitral estrangeira e o entendimento firmado vinculou como obrigatório a não homologação quando houver uma sentença arbitral que tenha sido anulada na origem (sede de arbitragem).

Ou seja, conforme abordado ao longo deste trabalho, essa relação de obrigatoriedade e consequência direta e restrita entre sentença anulada na origem e não homologação evidentemente não reflete boa parte do entendimento da doutrina nacional e internacional[54]. Assim, o entendimento do STJ parece se filiar a um dos extremos dos entendimentos

[53] Nesse sentido, vide: BRASIL. Superior Tribunal de Justiça. A jurisdição arbitral prestigiada pela interpretação do STJ. 2019. Disponível em: < https://www.stj.jus.br/sites/portalp/Paginas/Comunicacao/Noticias/A-jurisdicao-arbitral-prestigiada-pela-interpretacao-do-STJ.aspx >. Acesso em: 20 ago. 2021.

[54] Nesse mesmo sentido afirma o Prof. José Augusto Fontoura Costa: [...] *"a distância entre a hipótese "anulação da sentença no país do território onde foi prolatada" e a consequência jurídica "impossibilidade de reconhecimento e execução no Brasil" está longe de ser curta e segura, até porque depende, como se observa na própria análise do acórdão, de várias etapas, as quais, vistas separadamente, espraiam-se sobre um mapa em que os atalhos não podem ser traçados sem por em risco o bom Direito. (Costa, José Augusto Fortuna, 2016, p. 380.)"*

Também nessa linha Toressi, Alessandro, 2019, p.178/179: *Ocorre que a distância entre a hipótese "anulação de sentença arbitral no país onde foi prolatada" e a consequência jurídica "impossibilidade de reconhecimento e execução no Brasil" está longe de ser curta e segura".*

doutrinários descritos no subtópico anterior (item 4, subitem b.), qual seja, a corrente *territorialista*.

Desta forma, a consequência da referida conclusão restritiva é, em tese, a impossibilidade de qualquer revisão em relação à integridade do processo judicial de anulação ocorrido em outro país distinto daquele que se pretende homologar a sentença arbitral, o qual não parece ser o intuito da Convenção de Nova Iorque[55].

Um importante aspecto, ao nosso ver, que constitui objetivo da CNI é dar condições para que cada país signatário onde se deseja homologar a sentença avalie – dentro de um denominador comum proposto pelos dispositivos da Convenção – se é possível a exequibilidade em sua jurisdição.

Por isso, a vinculação direta e obrigatória ocasionada pelo julgado SEC nº 5.782 do STJ, em tese, impede a análise, por exemplo, das seguintes hipóteses: (i) se houve lesão ao conceito de ordem pública brasileira; (ii) se certos princípios ou garantias fundamentais foram respeitados; (iii) se a sentença arbitral foi politicamente motivada ou houve corrupção; (iv) ou então confirmar se o objeto da arbitragem a ser homologada é arbitrável também no Brasil. Ou ainda, conforme entende de forma mais ampla o doutrinador Gary Born, impediria também a sobre a possibilidade de revisão de qualquer outra fundamentação da sentença arbitral que seja oriunda de dispositivos que não sejam os itens "a" a "d" do artigo V, n.1, da CNI[56].

Portanto, apesar de importante e elogiável haver o posicionamento do Superior Tribunal de Justiça a respeito de temática tão relevante, entendemos que seria possível chegar à mesma conclusão sem impor um raciocínio binário entre a sentença anulada e a consequente não homologação. Ou seja, poder-se-ia aprofundar os fundamentos da decisão percorrendo todos os pontos de divergências de cunhos doutrinário e pragmático – apresentados ao longo deste trabalho – e, então, tomar partido, caso a caso, em relação a cada um dos complexos debates que o assunto de tamanha importância nacional e internacional permite. Uma revisitação da jurisprudência é a solução adequada que se propõe.

Em apertada síntese conclusiva, pode-se dizer que o intuito do presente trabalho foi explanar a respeito do funcionamento geral da

[55] Born, Gary B. International Commercial Arbitration. 2014, p. 3.639.

[56] Born, Gary B. International Commercial Arbitration. 2014, p. 3.639.

homologação de sentenças arbitrais estrangeiras, bem como as hipóteses de anulação de tais decisões no país da sede da arbitragem, em especial no Brasil e América Latina. Por fim, estabeleceu-se a relação entre esses dois aspectos jurídicos, os problemas práticos relacionados, bem como as diferentes correntes doutrinárias a respeito, para então, poder realizar uma análise crítica do entendimento adotado pela Jurisprudência pátria.

Sobre a temática de maneira geral, não há uma resposta nem solução correta específica para a questão que gera fortes divergências doutrinárias e jurisprudenciais. Conclui-se, portanto, que tanto os países da sede da arbitragem, quanto os países onde se deseja homologar uma sentença arbitral internacional podem adotar diferentes posições, desde que respeitados alguns limites considerados denominadores comuns e internacionalmente aceitos, especialmente no que se trata da Convenção de Nova Iorque de 1958.

O nosso entendimento pessoal a respeito converge com a corrente *intermediária,* que parece ser a tendência mundial, visto que não prioriza de forma absoluta uma jurisdição arbitral internacional e ao mesmo tempo possibilita revisão de decisões anulatórias arbitrais em hipóteses restritivas analisando caso a caso. Esse parece ser um posicionamento interessante para atrair homologações de sentenças arbitrais estrangeiras em nosso país e, consequentemente, ser atrativo para investimento estrangeiro.

Referências

ARGENTINA, Lei 17.454 de 1967 (Código Procesal Civil y Comercial de la Nación).

Barros, Vera Cecília Monteiro de. **HOMOLOGAÇÃO PARA O RECONHECIMENTO OU EXECUÇÃO DA SENTENÇA ARBITRAL ESTRANGEIRA NO BRASIL**: exceção de ofensa à ordem pública. 2019. 239 f. Dissertação (Mestrado) – Curso de Direito, Faculdade de Direito, Faculdade de Direito da Universidade de São Paulo, 2019. Disponível em: https://teses.usp.br/teses/disponiveis/2/2135/tde-09082017-104514/pt-br.php. Acesso em: 10 jun. 2021.

Berg, Albert Jan van den. The New York Arbitration Convention of 1958. The Netherlands: Kluwer Law International. 1981.

Born, Gary. International Commercial Arbitration. 2nd edn. Vol. I. The Netherlands: Kluwer Law International, 2014.

BRASIL. Lei nº 9.307, de 23 de setembro de 1996. Dispõe sobre a arbitragem. Brasília.

BRASIL. Decreto 4.311 nº 9.307, de 23 de julho de 2002. Promulga a Convenção sobre o Reconhecimento e a Execução de Sentenças Arbitrais Estrangeiras. Brasília.

BRASIL. Constituição da República Federativa do Brasil de 1988.

BRASIL. Regimento Interno do Superior Tribunal de Justiça / organizado pelo Gabinete do Ministro Diretor da Revista – Brasília : STJ.

BRASIL. STJ. 3ª T. RESP nº 1.231.554/RJ, Rel. Min. Nancy Andrighi, j. em 24.05.2011.

BRASIL. STJ (Corte Especial). Sentença Estrangeira Contestada. SEC n. 5.782 – EX (2011/0129084-7).782. Rel.: Ministro Jorge Mussi, 02 de dezembro de 2015. p. 1 a 16. Disponível em: < https://processo.stj.jus.br/processo/revista/documento/mediado/?componente=ATC&sequencial=54041235&num_registro=201101290847&data=20151216&tipo=51&formato=PDF > Acesso em: 20 ago. 2021. BRASIL. STF. Plenário. ADI nº 1.480-MC. Rel. Min. Celso de Mello, j. em 04.09.1997.

BRASIL. Superior Tribunal de Justiça. A jurisdição arbitral prestigiada pela interpretação do STJ. 2019. Disponível em: < https://www.stj.jus.br/sites/portalp/Paginas/Comunicacao/Noticias/A-jurisdicao-arbitral-prestigiada-pela-interpretacao-do-STJ.aspx >. Acesso em: 20 ago. 2021.

Brozolo, Luca G. Radicati di "Las normas imperativas y el arbitraje internacional" in Gaiilard, Emmanuel. Arroyo, Diego P. Fernández.

Catalán, Jhoel Chipana; Freyre, Mario Castillo; Minaya, Rita Sabroso; Zapata, Laura Castro. Las causales de anulación del laudo arbitral en la ley de arbitraje del Perú. In: Lumen, Revista de la Facultad de Derecho de la Universidad Femenina del Sagrado Corazón, (10), p. 9-20, 2014. Disponível em: http://www.unife.edu.pe/publicaciones/revistas/derecho/lumen_10/9.pdf. Acesso em: 14 jun. 2021.

CHILE. Ley 19.971 de 29 de setembro de 2004.

CNUDI (UNCITRAL). Situação atual da Convenção sobre o Reconhecimento e Execução de Sentenças Arbitrais Estrangeiras (Nova Iorque, 1958). Disponível em: .https://uncitral.un.org/en/texts/arbitration/conventions/foreign_arbitral_awards/status2 . Acesso em: 12.06.2021.

Costa, José Augusto Fontoura. EDF Internacional S/A vs 27 YPF S/A: reflexões sobre os efeitos da sentença arbitral estrangeira anulada no juízo de origem. Revista de Arbitragem e Mediação, São Paulo, v.13, n. 48, p. 365-390, jan./mar. 2016.

Gaillard, Emmanuel. Teoría Juridica del arbitraje internacional. Asunción: La Ley, 2010.

Gomes, Patrícia Maria da Silva. Homologação de sentença arbitral estrangeira anulada na origem: o caso EDF International S/A. Revista de Direito Internacional, Brasília, v. 16, n. 1, p. 115-128, 2019.

Martin, Mark David. RECONHECIMENTO DE SENTENÇAS ARBITRAIS ESTRANGEIRAS NOS BRICS, EM ISRAEL E NOS ESTADOS UNIDOS: uma análise da exceção da ordem pública sob o enfoque da diversidade de culturas jurídicas. 2019. 120 f. Dissertação (Mestrado) – Curso de Direito, Faculdade de Direito, Universidade Federal de Minas Gerais, Belo Horizonte, 2019. Disponível em: https://repositorio.ufmg.br/handle/1843/31803. Acesso em: 10 jun. 2021.

PERU Decreto Legislativo (DL) nº 1.071, de 28 de junho de 2008.

Pinheiro, Luís de Lima. Direito internacional privado – vol. III (competência internacional e reconhecimento de decisões estrangeiras). 2ª ed. Coimbra: Almedina, 2012.

Pereira, Cesar; Quintão, Luisa. Reconocimiento de Laudos Arbitrales Extranjeros Anulados: uma perspectiva latinoamericana. Informativo Justen, Pereiria, Oliveira e Talamini, Curitiba, nº 115, setembro de 2016, disponível em http://www.justen.com.br/informativo, acesso em 09.06.2021.

Ramos, André de Carvalho. Curso de Direito Internacional Privado. Saraiva: São Paulo, 2018.

STJ, Corte Especial, HDE nº 1.914, Rel. Min. Benedito Gonçalves.

Torresi, Alessandro. **Reconhecimento de sentença arbitral estrangeira anulada no país da sede da arbitragem**: teoria geral e o caso brasileiro nos 50 anos da convenção de nova iorque. 2019. 224 f. Dissertação (Mestrado) – Curso de Direito, Faculdade de Direito, Universidade de Lisboa, Lisboa, 2019. Disponível em: https://repositorio.ul.pt/handle/10451/44535. Acesso em: 21 maio 2021.

CAPÍTULO 9
REGULAÇÃO E LIMITES À JURISDIÇÃO ARBITRAL: VISÃO A PARTIR DO SISTEMA JURÍDICO PERUANO

Iván Fonseca

1. Introdução

Antes de ingressar na abordagem do tema, há de se levar em consideração as seguintes premissas:

> Primeira. Embora muitos sistemas tenham uma gênese comum ao abrigar disposições da Lei Modelo UNCITRAL para criar suas próprias leis de arbitragem, existem vários e diferentes modelos jurídicos adotados por cada país que distinguem um sistema do outro. Essas distinções propõem diversas questões dogmáticas e práticas que, em maior ou menor medida, chamam a atenção da comunidade jurídica de cada país. Sendo assim, a identificação e o tratamento dessas questões podem ser encontrados em outros sistemas por meio do estudo da comparação jurídica, cuidando de levar em consideração os aspectos culturais, sociais, econômicos, políticos e jurídicos de determinado sistema jurídico.
>
> Segunda. A metodologia de pesquisa adotada para o estudo da arbitragem como mecanismo adequado de resolução de controvérsias do setor regulatório peruano será empregada de acordo com uma perspectiva que leve em consideração os seguintes pontos de avaliação e advertências

observados pelos estudiosos do direito comparado: unidade do sistema jurídico, qualificação do instituto jurídico, jurisprudência, legislação, prática contratual etc.

Terceira. Depois de identificar as caraterísticas do sistema peruano, analisar-se-á o tratamento que atualmente se debate para estruturar conclusões que permitam reconstruir, a partir de uma visão moderna, os diversos conceitos associados aos limites da arbitragem no setor regulatório.

Acreditamos que essas premissas nos permitirão compreender o tema com uma perspectiva mais ampla e usufruir das funções do direito comparado, o qual, segundo a doutrina mais autorizada.

> Representa o meio para ampliar nossa experiência jurídica no espaço, meio semelhante ao que a história representa quanto ao tempo; permite-nos, através do enriquecimento da nossa experiência, entender e avaliar melhor os diversos sistemas jurídicos, e, pois, reconstruir os traços fundamentais do direito na civilização atual ou em determinada época histórica, e as linhas básicas do seu desenvolvimento; auxilia-nos a compreender as relações entre as normas jurídicas e a subjacente realidade social; dá-nos as razões das diferenças jurídicas; leva-nos à modéstia e à tolerância que decorrem do ampliamento da experiência. ASCARELLI. (2008, p. 34),

Em consequência, o presente estudo baseado no direito peruano nos permitirá conhecer as experiências do país vizinho para uma eventual e posterior comparação com o sistema brasileiro sobre um tema que gera debates em todos os sistemas jurídicos.

1.1. Arbitragem nas relações do Direito Público

O uso da arbitragem como mecanismo adequado para resolver controvérsias derivadas das relações contratuais entre partes privadas foi sendo gradativamente importado para o âmbito do Direito Público quando o Estado participa como parte na celebração dos contratos administrativos.

Um critério geralmente concreto e reconhecido pela comunidade internacional que incentiva o uso da arbitragem – especialmente nos países da América Latina – tem a ver com a proteção jurídica que precisam ter os investidores perante os países receptores do investimento. Assim, o fato de incluir a convenção de arbitragem dentro dos contratos celebrados pelo Estado[1] pode ser percebido como uma garantia que confere competência jurisdicional a juízes privados independentes e imparciais, caso se tenha que resolver controvérsias produzidas durante a etapa de execução contratual.

O cenário atual mostra que as diferentes legislações do mundo cada vez são mais abertas e favoráveis ao uso da arbitragem, e isso é consequência tanto dos compromissos internacionais assumidos pelo Estado como da própria necessidade de impulsionar o dinamismo econômico dentro de cada sociedade.

Nesse sentido, é possível afirmar que a realidade nacional e internacional mostra que o negacionismo com relação ao uso da arbitragem por parte dos Estados vem cedendo gradativamente com o passar do tempo, cabendo à política legislativa determinar os critérios de regulamentação do espaço da arbitragem dentro do ordenamento jurídico.

1.2. O espaço da arbitragem

Outro ponto a considerar é a possibilidade natural de haver momentos de encontro entre a jurisdição estatal e a jurisdição arbitral. Assim, como resultado do reconhecimento da arbitragem como mecanismo adequado para a resolução dos conflitos – o que motivará uma repartição da justiça entre a jurisdição estatal e arbitral para cada tipo de controvérsia –, podem surgir problemas pela falta de harmonização entre ambas as jurisdições e o consequente encontro entre elas.

Como dito anteriormente, essa falta de harmonização entre ambas as jurisdições pode ocorrer porque, tradicionalmente, a via para resolver os conflitos no âmbito do direito público tem sido a jurisdição estatal[2], existindo, para tanto, um arcabouço normativo configurado nesse sentido.

[1] Para os fins do presente texto, o emprego da palavra Estado deve ser entendido como uma referência geral que compreende todos os entes que formam parte da administração pública.

[2] Cabe lembrar que, na tentativa de cada país de promover mecanismos para aliviar a carga de processos judiciais, percebemos que os diversos ordenamentos jurídicos passaram a criar tribunais administrativos como instância prévia e especializada para resolver as controvérsias entre os particulares e o ente administrativo, derivados dos atos administrativos deste último.

Entretanto, não há dúvidas de que a arbitragem possui características que podem ser úteis para as relações que envolvem o Estado, como a neutralidade, especialidade e celeridade. Além disso, poderia ser um mecanismo que permite aliviar – não resolver ou zerar – a carga processual do sistema judicia, a qual não é um problema apenas brasileiro, mas de boa parte das jurisdições ao redor do globo.

No tocante ao espaço da arbitragem, identificamos que podem aparecer discrepâncias em relação à arbitrabilidade objetiva (*ratione materiae*) das controvérsias, dúvidas a respeito dos alcances normativos propostos pelo legislador e conflito entre a jurisdição estatal e a jurisdição arbitral sobre suas competências. Geralmente, a maioria das jurisdições determinaram o espaço da arbitragem em conceitos relacionados com a "disponibilidade", "contratualidade" e "patrimonialidade" para delimitar o espaço das controvérsias que podem ser objeto de arbitragem. Precisamente, a decisão legislativa de cada país determinará o que pode ou não ser objeto de arbitragem, seja estruturando juridicamente um rol taxativo seja um rol abrangente das controvérsias que podem ser objeto de arbitragem. A política legislativa determinará, segundo os critérios de cada país, em menor ou maior medida, o espaço da arbitragem dentro de cada sistema normativo.

Com essas premissas, esboçaremos, a seguir, uma breve análise do sistema jurídico peruano, para conhecer e analisar a fórmula jurídica empregada para a abordagem da arbitragem no setor regulatório.

2. Sistema jurídico peruano

O uso da arbitragem envolvendo entes da Administração Pública dentro do sistema peruano tem pouco mais de vinte anos de prática, e o balanço de todo esse tempo envolve importantes resultados que permitem amoldar progressivamente a instituição arbitral de acordo com a realidade econômica, política e social do país.

É relevante mencionar que o cenário peruano tem particular caraterística: diferentemente do que acontece com os demais países da América Latina, os contratos celebrados pela Administração Pública para a contratação de bens, serviços e obras devem incluir de forma obrigatória uma cláusula de arbitragem, segundo exigência prevista na lei de contratação pública, como mecanismo de solução de controvérsias.

Como veremos mais adiante, trata-se de uma fórmula legislativa que respondeu a diversos fatores, especialmente a necessidade de superar à crise do sistema de justiça peruano, bem como a necessidade econômica de promover e incentivar dinamismo nas obras públicas que, muitas vezes, permaneciam envolvidas em intermináveis litígios judiciais que aguardavam anos para obter uma decisão judicial definitiva.

Por isso, o legislador optou por introduzir uma fórmula legislativa que, de maneira obrigatória, afastasse o poder judiciário da resolução das controvérsias da Administração Pública e elegesse o mecanismo arbitral para decidir de maneira definitiva as controvérsias derivadas da contratação pública.

A implementação dessa fórmula legislativa demandou grandes esforços da comunidade nacional: a aposta econômica e a adoção de uma série de medidas administrativas por parte do Estado para introduzir a arbitragem no ordenamento jurídico, por um lado, e, por outro, no setor privado, a participação das câmaras arbitrais e da comunidade jurídica, com a realização de diversos eventos acadêmicos para gerar espaços de discussão com foco na criação de consensos apostando na prática da arbitragem em temas de contratação pública.

Desde a publicação da norma antes comentada, que data de 1998, como era de se esperar, a utilização da arbitragem cresceu de forma vertiginosa em todo o país, e essa experiência trouxe distintos resultados segundo cada aspecto que engloba o universo de temas que envolvem a arbitragem com a Administração Pública, que merece um estudo mais aprofundado dos temas. No entanto, no presente estudo vamos nos concentrar no setor regulatório.

2.1. Marco normativo

a) Constituição Política de 1993

Antes de comentar a respeito das arbitragens que envolvam a Administração Pública, consideramos pertinente abordar, de forma geral, o reconhecimento constitucional da arbitragem. A Constituição Política do Peru de 1993 reconhece o uso da arbitragem nos artigos 62º, 63º e 139º, que estabelecem o seguinte:

- Sobre a liberdade para contratar:

"**Artigo 62º**- A liberdade para contratar garante que as partes possam pactuar de forma válida segundo as normas vigentes ao tempo do contrato. Os termos contratuais não podem ser modificados pelas leis ou outras disposições de qualquer classe. **Os conflitos derivados da relação contratual só se solucionam na via arbitral** ou na judicial, **segundo os mecanismos de proteção previstos no contrato ou regulamentados na lei.** (...)"

• Sobre o investimento nacional e estrangeiro:
"**Artigo 63º**- O Estado e demais pessoas de direito público podem apresentar litígios decorrentes de uma relação contratual com os tribunais constituídos nos tratados existentes. **Também podem submetê-los à arbitragem nacional ou internacional, da maneira prevista em lei.**"

• Sobre o reconhecimento da função jurisdicional:
"**Artigo 139, parágrafo 1.**- "A unidade e exclusividade da função jurisdicional.
Nenhuma jurisdição independente existe e não pode ser estabelecida, **com exceção da jurisdição militar e arbitral.**"

Pode-se observar que a arbitragem como sistema adequado para a solução de controvérsias tem uma blindagem constitucional expressa, que autoriza o uso entre privados e para a administração pública.

De acordo com os alcances do artigo 63º devem ser entendidos da seguinte forma:

> "*Este artículo contiene una habilitación general y suficiente para que el Estado y las dependencias que lo integran, sin distinción, puedan someter a arbitraje las controversias derivadas de sus relaciones contractuales. Constitucionalmente se puede arbitrar con el Estado temas derivados de contratos. No parece haber discusión en ello*". AVILA CABRERA (2011)[3]

Por outro lado, pode-se notar que o inciso 1º do artigo 139º da Constituição Política do Peru reconhece expressamente a arbitragem como jurisdição.

> "*La jurisdicción arbitral tiene también antecedentes de antigua data y acusa un reconocimiento en la Constitución de 1839, explicitado por la de 1979 y*

[3] Tradução livre: "Este artigo contém uma autorização geral e suficiente para que o Estado e seus órgãos, sem distinção, se submetam a disputas arbitrais decorrentes de suas relações contratuais. Constitucionalmente, questões decorrentes de contratos podem ser arbitradas com o Estado. Parece não haver discussão nele".

> *receptado por la vigente. Sin embargo, es un tema polémico desde que se le niega carácter jurisdiccional al arbitraje. Pero no se trata, obviamente, de uma función ejercida por el Estado sino dependiente de los particulares que deciden sustraer del conocimiento del Poder Judicial la solución del conflicto de intereses que los conduce a una controversia. Los Tribunales Arbitrales, sean que estén constituidos por un árbitro único o por árbitros colegiados, se constituyen como un órgano jurisdiccional privado, al que incluso, pueden someterse el Estado y las entidades públicas cuando la materia puede ser arbitrada al no existir prohibición legal*".
> VIDAL RAMÍREZ (2005)[4]

O Tribunal Constitucional peruano, como máximo intérprete da Constituição Política do Peru, por meio da sentença STC 06167-2005-PHC/TC, reconheceu que "a arbitragem é concebida como o processo ideal, onde os indivíduos são protagonistas da direção e administração da justiça" e "podem alcançar, através de uma sentença arbitral, a solução definitiva para um conflito, concedendo-lhe o caráter de coisa julgada".

Conforme o exposto, não restam dúvidas a respeito do uso da arbitragem pela Administração Pública. A autorização normativa – em atenção ao princípio da legalidade – necessária para que a Administração Pública possa utilizar a instituição arbitral como meio para resolver suas controvérsias tem origem na Constituição Política do Peru, o que permite afastar qualquer tipo de interpretação que tente desconhecer a função jurisdicional que cumpre dentro da sociedade para remediar as controvérsias entre privados e entre esses com os entes do Estado.

b) Lei de Arbitragem

Como complemento da norma constitucional, atualmente está vigente a Lei de Arbitragem, Decreto Legislativo 1071[5], cuja inspiração tem base

[4] Tradução livre: "A jurisdição arbitral também tem um histórico reconhecimento na Constituição de 1839, 1979 e na atual de 1993. No entanto, é uma questão doutrinária controversa, uma vez que a arbitragem é negada de caráter jurisdicional. Mas não é, obviamente, uma função exercida pelo Estado, mas dependente de indivíduos que decidem subtrair do conhecimento do Judiciário a solução do conflito de interesses que os leva a uma controvérsia. Os Tribunais Arbitrais, sejam constituídos por árbitro único ou por árbitros colegiados, constituem-se como tribunal privado, ao qual o Estado e as entidades públicas podem inclusive apresentar quando a matéria pode ser arbitrada na ausência de uma proibição legal".

[5] Publicado em 28 de junho de 2008 e modificado pelo Decreto Legislativo 1231, de 26 de setembro de 2015.

na Lei Modelo sobre Arbitragem Comercial Internacional de 1985 e sua reforma do ano 2006 (Lei Modelo da UNCITRAL)[6].

Assim, a respeito da arbitrabilidade das controvérsias, o inciso 1 do artigo 2º da Lei de Arbitragem estabelece o escopo das matérias que podem ser submetidas à arbitragem:

> "Artículo 2.- Matérias susceptibles de arbitraje[7]
>
> 1. Pueden someterse a arbitraje las controversias sobre materias de libre disposición conforme a derecho, así como aquellas que la ley o los tratados o acuerdos internacionales autoricen".

A arbitrabilidade *ratione materiae* indica que são objeto de arbitragem as matérias de livre disponibilidade conforme o direito.

> A primeira coisa que deve ser definida é o que é interpretado como uma questão disponível no escopo da atuação estatal que é definida pelo princípio da legalidade? Não pode ser qualquer decisão do Estado porque estritamente falando nenhuma é disponível e a maioria delas constitui a expressão de *ius imperium* que, por definição, é aplicada por mandato da lei e sem permitir discricionariedades próprias do tráfego comercial e das relações disponíveis dos particulares. Nem mesmo os atos de gestão na vida comercial (em que o Estado exerce *ius gestionis*) a disponibilidade dos funcionários está plenamente presente porque eles também estarão sujeitos ao princípio da legalidade que é o oposto do disponível. Por isso, acredito ser essencial ler a referência às matérias disponíveis conforme a direito contida no artigo 2º da Lei de arbitragem, à luz da autorização constitucional prevista no artigo 63 da Constituição, que se refere expressamente à arbitrabilidade objetiva das controvérsias decorrentes de contratos celebrados pelo Estado para concluir que a única forma de assimilar as matérias sujeitas à contratação o

[6] A primeira Lei de Arbitragem peruana data do ano 1992, aprovada pelo Decreto Lei 25935; posteriormente, tivemos a Lei Geral de Arbitragem do ano 1995, aprovada pela Lei Nº 26572, e, finalmente, o Decreto Legislativo Nº 1071 do ano 2008, que regulamenta a Lei de Arbitragem vigente.

[7] Tradução livre: "Artigo 2. Matérias suscetíveis à arbitragem. Podem ser submetidas à arbitragem as controvérsias sobre matérias disponíveis segundo o previsto em lei, bem como as autorizadas por lei ou tratados ou acordos internacionais.

> campo do estatal. O que o Estado contrata, na minha opinião, deve se homologar com o que os particulares dispõem livremente para os efeitos arbitrais. SANTISTEVAN DE NORIEGA (2001)[8]

Em relação ao objeto do presente artigo, podemos mencionar que a Lei de Arbitragem peruana regulamenta, no artigo 4º, a participação do Estado peruano nas arbitragens.

> "Artigo 4.- Arbitragem do Estado peruano.
>
> 1. Para efeitos deste Decreto Legislativo, a referência ao Estado peruano inclui o Governo Nacional, os Governos Regionais, os Governos Locais e suas respectivas dependências, bem como pessoas jurídicas de direito público, empresas estatais de direito público, direito privado ou economia mista e pessoas jurídicas de direito privado que exercem função estatal por lei, delegação, concessão ou autorização do Estado.
> 2. As controvérsias decorrentes de contratos e acordos celebrados entre essas entidades estatais também podem ser submetidas à arbitragem nacional.
> 3. O Estado poderá submeter-se às controvérsias arbitrais nacionais decorrentes de contratos celebrados com nacionais ou estrangeiros domiciliados no país. (...)"

Novamente, dentro dos alcances normativos da Lei de Arbitragem, podemos encontrar a devida autorização normativa – que complementa o mandato constitucional anteriormente mencionado – de forma mais abrangente, indicando cada uma das entidades do Estado peruano que podem se valer do uso da arbitragem para resolver suas controvérsias. Antes da vigência da norma de 1998, o administrador público ainda tinha muitas dúvidas a respeito do uso da arbitragem e, embora já fosse considerado um meio adequado para resolver as controvérsias do ente que representava, existia o temor às possíveis sanções administrativas e judiciais dos órgãos de controle.

[8] Tradução livre.

c) Lei de contratações com o Estado

Em relação à contratação pública, desde o ano 1998, a Lei de contratações com o Estado incorporou um dispositivo *sui generis* que estabelece que os contratos de contratações e aquisições celebrados pela Administração Pública devem conter uma cláusula de conciliação ou arbitragem para resolver todas as controvérsias que se produzam com os agentes privados. Cabe dizer que, no decorrer do tempo, esse dispositivo sofreu reiteradas modificações, mas sempre manteve como medida obrigatória que as controvérsias se resolvam exclusivamente pela conciliação e arbitragem.

> "No caso da arbitragem em contratos e aquisições, nos deparamos com um tipo especializado de arbitragem administrativa, que é realizado com base no marco normativo correspondente e que deve necessariamente ser compreendido com características próprias, que incluem a concordância harmoniosa tanto do direito arbitral quanto do direito público. Mas essa concordância harmoniosa não pressupõe a confusão dos respectivos campos jurídicos". Kundmüller Caminiti (2003)[9]

Atualmente, é o artigo 45º da Lei 30225 (Lei de contratações com o Estado vigente) que regulamenta de forma ampla os mecanismos que podem ser utilizados pela Administração Pública como meios de solução de controvérsias surgidas durante a etapa de execução contratual, entre os quais encontra-se a arbitragem, a conciliação e a Junta de Resolução de disputas (ou *Dispute Boards*).

É necessário ressaltar que, sendo a Lei de contratações com o Estado uma norma especial que regulamenta uma matéria específica, as disposições relacionadas com o uso da arbitragem devem ser utilizadas de forma obrigatória pelas partes, e as normas da Lei de arbitragem, de forma supletiva.

Antes de comentar as disposições específicas da arbitragem em matéria de contratações com o Estado, importa fazer alusão às diversas posições doutrinárias a respeito da disposição normativa que regulamenta o uso da arbitragem de forma obrigatória em matéria de contratação pública.

[9] Tradução livre.

d) Posições doutrinárias a respeito da obrigatoriedade da arbitragem

Uma das principais preocupações da comunidade jurídica em geral dizia respeito à fórmula que o legislador adotou para introduzir em nosso sistema jurídico uma disposição expressa e clara sobre o uso "obrigatório" da arbitragem por parte da Administração Pública para resolver suas controvérsias em matéria de contratação pública. A obrigatoriedade da arbitragem foi tema central de diversas discussões doutrinárias a favor e contra a medida legislativa adotada, porque, como sabemos, a arbitragem surge do consenso da autonomia privada das partes.

A esse respeito, (Castillo Freyre, 2009, p. 23 e ss) fez um amplo e detalhado estudo sobre essa etapa das arbitragens no Peru, que passaremos a resumir destacando as principais posições que responderam à pergunta sobre se as arbitragens envolvendo as entidades do Estado peruano são obrigatórias ou não.

Grande parte da comunidade arbitralista sustenta que seria um grave excesso regulamentar o uso da arbitragem de forma obrigatória em nosso sistema jurídico, porque é notoriamente conhecido que, em todas as legislações do mundo, a voluntariedade das partes é o núcleo e característica essencial para o uso da arbitragem. Nesse sentido, sendo que o acordo entre as partes é inerente à natureza jurídica da arbitragem e que só a elas corresponde estabelecer sua utilização, seria um excesso ir contra a livre eleição do mecanismo para solucionar controvérsias; em consequência, exclui-se a possibilidade de que a arbitragem seja imposta pela lei.

Por sua vez, resultaria contrário ao direito de tutela judicial efetiva, porque a função jurisdicional também poderia ser exercida com a mesma especialidade e segurança jurídica pelo Poder Judiciário, considerando que detrás de toda contratação pública existem recursos e interesses públicos envolvidos, o que difere ou resulta contrário à natureza jurídica da arbitragem, que tem sua gênese em um interesse privado.

Outras posições argumentam que, uma vez que a via administrativa e judicial mostra evidentes problemas de carga processual e não atendem com celeridade oportuna e especialidade necessária as controvérsias que envolvem o Estado, o uso da arbitragem surge como uma resposta necessária para solucionar de forma oportuna e adequada os conflitos que possam acontecer a partir da etapa de execução contratual.

Finalmente, outra posição argumenta que a fórmula legislativa não constitui uma arbitragem obrigatória propriamente, porque a exigência que encontramos na Lei de Contratações é uma disposição normativa que obriga exclusivamente a Administração Pública a incluir dentro dos contratos administrativos que celebra com as partes uma cláusula de solução de controvérsias que contemple obrigatoriamente a arbitragem e conciliação como mecanismos idôneos para resolver as controvérsias. Em outras palavras, tratar-se-ia de uma espécie de cláusula de contratação geral estabelecida por lei, que, como condição preestabelecida, deve conter todo tipo de contrato administrativo celebrado pela Administração Pública.

Além disso, os agentes privados não estão obrigados a participar nos procedimentos de contratação pública. Nesse sentido, essa exigência normativa não atenta contra a característica essencial da arbitragem referida (voluntariedade), porque a cláusula de solução de controvérsias que obriga o uso da arbitragem seria uma das tantas condições que o Estado impõe ou oferta quando realiza um procedimento de contratação pública, sendo que corresponderá a cada agente privado determinar se decide ou não participar do procedimento de contratação.

Ao final das contas, seja ou não a melhor fórmula legislativa adotada, é importante comentar que, em linhas gerais, a arbitragem permitiu aliviar a carga do poder judiciário, habilitou o Estado para acudir à arbitragem em controvérsias sobre matéria de contratação pública, algo que antes não era de uso frequente, porque os órgãos de controle poderiam sancionar os funcionários públicos, impulsou o uso da arbitragem de forma exponencial e atraiu a participação dos investidores nacionais e estrangeiros nos processos de licitação e contratação pública.

e) Arbitrabilidade e regulação

Uma pergunta que surgiu e segue vigente no sistema jurídico peruano se relaciona com as matérias do contrato de concessão que podem ser objeto da arbitragem. Trata-se de um debate doutrinário de duas posições marcantes:

Em relação à arbitrabilidade objetiva (*ratione materiae*): a primeira delas está relacionada com a ideia de que as obrigações derivadas dos contratos de concessão contêm matérias relacionadas ao *ius imperium* do Estado e, nesse sentido, não poderiam ser objeto de arbitragem por não serem direitos disponíveis; e, em contrapartida, como consequência do respaldo constitucional e legal para que o Estado possa resolver suas controvérsias por meio da arbitragem como mecanismo adequado de resolução de conflitos, estariam compreendidos os atos de *ius imperium* cujos efeitos afetem o pactuado no contrato de concessão.

Quanto à arbitrabilidade subjetiva (*ratione personae*): uma das perguntas que emergem é a respeito de quem seria a parte que representa o Estado no processo arbitral – seria a parte que assinou o contrato de concessão ou o organismo regulador? No contexto peruano, os entes reguladores mostravam desacordo em participar nas arbitragens por controvérsias derivadas das decisões proferidas pelos próprios organismos reguladores. O sustento principal da resistência para sua participação na arbitragem diz respeito ao fato de que o regulador não forma parte do contrato de concessão e corresponderia exclusivamente ao Ministério de Transportes e das Telecomunicações (concedente) como parte assinante do contrato de concessão.

Com esse cenário, discutiu-se muito acerca das decisões do regulador, se podem ser levadas para arbitragem, lembrando que tais decisões do regulador, tradicionalmente, são questionáveis na via contenciosa administrativa e, especialmente, quando são proferidas pelo Ministério de Transportes e das Telecomunicações (como concedente) em relação ao contrato de concessão. Trata-se de um tema muito debatido, ainda mais quando a lei de arbitragem peruana contém um artigo relacionado com a extensão subjetiva[10] do convênio arbitral pela qual os reguladores poderiam participar da arbitragem como parte interessada.

Um fundamento que respalda o anteriormente indicado diz respeito ao que pareceria contraditório arguir que as decisões dos organismos não podem ser levadas para arbitragem com base no exercício das funções de *ius imperium* e na base de não ter formado parte na celebração do contrato. Devemos lembrar que as decisões ancoradas pelo *ius imperium* do organismo regulador obedecem a um poder outorgado pelo Estado

[10] Artigo 14º da lei de arbitragem: "El convenio arbitral se extiende a aquellos cuyo consentimiento de someterse a arbitraje, según la buena fe, se determina por su participación actica y de manera determinante em la negociación, celebración, ejecución o terminación del contrato que comprende el convenio arbitral o al que el convenio esté relacionado. Se extiende también a quienes pretendan derivar derechos o beneficios del contrato, según sus términos".

para o exercício das funções como organismo regulador e, nesse contexto, ao formarem parte da estrutura do Estado, também são parte dos contratos de concessão.

Vale destacar que uma particularidade do caso peruano refere-se ao marco das arbitragens de investimento. O fato de ter celebrado diversos tratados de proteção de investimentos nos quais há previsão da convenção de arbitragem leva o Estado peruano ao mecanismo arbitral, caso se apresente algum tipo de inadimplemento das garantias oferecidas no tratado. Aqui, os temas da arbitrabilidade objetiva no contexto dos tratados, aparentemente, são mais simples de identificar, pelo fato de estarem determinados no tratado respectivo, mas nem sempre as partes conseguem identificar a arbitrabilidade das controvérsias e pretendem discutir aspectos que estão fora do escopo dos tratados.

Um exemplo ocorrido em relação às arbitragens internacionais de investimento pode ser observado no caso CIADI Nº ARB/07/6[11], no qual o Tribunal Arbitral determinou sua competência de atuação sobre a controvérsia levada para decisão.

Trata-se de uma arbitragem entre um investidor chinês e a República do Peru, por controvérsias derivadas de uma sequência de ações e atos administrativos do principal ente fiscal peruano (Superintendência Nacional de Administração Tributária Peruana – SUNAT), que, na visão do demandante (investidor), resultavam em atos expropriatórios que levaram à destruição ou privação substancial do investimento.

A decisão final do Tribunal Arbitral, no parágrafo 96º do Laudo Arbitral, foi no sentido da arbitrabilidade da controvérsia, com o fundamento a seguir:

> "96. O Tribunal é consciente que os interesses entre a administração tributária e os contribuintes estão contrapostos. A administração tributária tem interesse em arrecadar o máximo possível dos tributos, enquanto os contribuintes com frequência tentam interpretar a lei para evitar ou minimizar o seu ônus tributário. Pelo tanto, não é incomum que tanto um quanto o outro adotem posturas que sua contraparte considere injustas

[11] Entre o senhor Tza Yap Shum (demandante) e República do Peru (demandado). Controvérsia gerada por desacordos protegidos pelo Convênio celebrado entre a República do Peru e a República Popular China sobre a Promoção e Proteção Recíproca de Investimentos (APPRI ou Tratado).

ou excessivas. O papel do Tribunal em esse procedimento não é julgar as ações das partes no âmbito tributário, com exceção daquelas que vulnerem as obrigações consagradas no artigo 4 do APPRI."

Na fundamentação citada, o Tribunal Arbitral deixou claro o escopo da arbitrabilidade das controvérsias levadas para sua decisão. Em outras palavras, determinou o que pode ser objeto da arbitragem e o que não pode ser objeto da arbitragem, com base no tratado de investimento. Essa decisão é coerente com outros fundamentos citados:

- Em relação aos poderes de polícia do Estado. – A legitimidade do exercício regulatório e administrativo do Estado é particularmente evidente quando é possível advertir que a atuação do Estado é conforme com o interesse público do país para preservar a ordem, a saúde ou a moral pública.
- Legitimidade das faculdades do Estado. – A retenção ou conservação da propriedade pela omissão no pagamento dos impostos é uma ferramenta legítima das administrações tributárias, sempre e quando seja cumprido e respeite o procedimento jurídico determinado na lei e não confisque de forma abusiva ou discriminatória.

Outro parâmetro normativo que permite identificar os alcances da arbitrabilidade das controvérsias temos no artigo 2º da lei de arbitragem peruana, que estabelece que podem se submeter à arbitragem as controvérsias sobre matérias de livre disponibilidade conforme o direito, assim como aquelas que a lei ou tratados ou acordos internacionais o permitam. Além disso, os alcances do artigo 63° da mesma lei, em relação às causas de anulação do laudo arbitral, estabelecem que o laudo arbitral poderá ser anulado quando a parte que solicita a anulação demonstre que o tribunal arbitral resolveu sobre matérias não submetidas à sua decisão. Ambos os dispositivos são concordantes e estabelecem que todo excesso do tribunal arbitral em relação ao conhecimento das controvérsias levadas para sua decisão poderia ser anulado.

No Peru, há uma extensa regulamentação das normas que permitem ao Estado fazer uso da jurisdição arbitral. No entanto, reiterando, os contratos públicos nos quais uma das partes é um ente administrativo que envolve atividades com intensa regulamentação estatal poderiam produzir possíveis dúvidas sobre se o ato do ente administrativo constitui uma controvérsia que deve ser de conhecimento da jurisdição estatal ou da jurisdição arbitral, pois, como é conhecido, os organismos reguladores cumprem papéis dentro da execução dos contratos, e precisamente essa atividade pública regulamentada pela lei pode produzir algum tipo de colisão entre ambas as jurisdições.

Por outro lado, temos o artigo 56.3º[12] do Decreto Lei Nº 1362 (Lei Marco dos Organismos Reguladores), que estabelece que a solução dos conflitos derivados dos projetos das parcerias público-privadas deve garantir a participação dos organismos reguladores nos processos arbitrais. Em concordância com a lei, o regramento (Decreto Supremo Nº 240-2018-EF) estabelece, no artigo 133.1º[13], que matérias objeto da controvérsia pode ser resolvidas na via jurisdicional ordinária, e o artigo 133.2º[14] determina os tipos de matérias que podem ser submetidas à via jurisdicional arbitral. Cabe mencionar que, inicialmente, os organismos reguladores com participação ativa no contrato não aceitavam os alcances dessas disposições normativas. Entretanto, com o passar do tempo, essa posição foi mudando gradativamente, sendo um fator importante para essa mudança de posicionamento a contribuição da doutrina e as decisões das cortes de justiça em relação à participação dos entes reguladores nas arbitragens.

[12] Artigo 56. Solução das controvérsias
56.3.- A entidade pública titular do projeto deve garantir a participação oportuna dos Organismos Reguladores nos processos arbitrais, para coadjuvar ao devido patrocínio do Estado. O árbitro ou Tribunal Arbitral respectivo tem a obrigação de permitir a participação dos Organismos Reguladores nos processos arbitrais nos que se discutam decisões e matérias vinculadas a sua competência, conforme à normativa vigente.

[13] Artigo 133º, Intervenção do Organismo Regulador 133.1º Não podem se submeter aos mecanismos de solução de controvérsias estabelecidos no presente Título, as decisões dos Organismos Reguladores ou de outras entidades que sejam proferidas na execução de suas competências administrativas atribuídas por norma expressa, cuja via de reclamo será na via administrativa.

[14] 133.2º Se tratando de supostos distintos aos estabelecidos no parágrafo precedente, e como efeito do disposto no parágrafo 56.3º do artigo 56º da Lei, a obrigação dos árbitros de permitir a participação do Organismo Regulador é para os processos arbitrais nos que se discutam decisões e matérias vinculadas à competência de dito Organismo Regulador. Nesses casos, o Organismo Regulador deve atuar sobre o princípio da autonomia estabelecido na Lei Nº 27332, Lei Marco dos Organismos Reguladores do Investimento Privado nos Serviços Públicos e suas leis de criação.

f) Casuística sobre arbitragem envolvendo decisões regulatórias

- Arbitragem entre Telefónica do Peru x OSIPTEL (Organismo Regulador nas Telecomunicações)

Trata-se de arbitragem entre uma sociedade espanhola que iniciou uma demanda contra o Organismo Regulador peruano no setor das telecomunicações, cujo objeto da controvérsia derivou-se do contrato de concessão celebrado pelas partes e estava relacionado com os fatores de produtividade que incidem nas tarifas. No Laudo Arbitral, os árbitros determinaram o seguinte:

> "a. De acordo com o disposto pelo: i) artigo 76º da Lei de Telecomunicações; ii) o literal a) do artigo 8º da Lei 26285; iii) o literal e) do artigo 2º da Lei 26285; e, iv) o artigo 32º do Decreto Supremo Nº 008-2001-PCM, a determinação das tarifas, ainda quando forma parte da função pública, é impossível que seja realizada com base às normas legais, no entanto a forma de levar a ser feito e os elementos que devem-se ter em consideração para esse fim só encontram-se previstos nos Contratos de Concessão, isto é, nos Contratos-Lei".

No caso, o sistema regulatório foi levado à arbitragem, e ainda quando o Organismo Regulador exerce uma função pública, não poderia atuar na base do *ius imperium* senão com sujeição ao contrato de concessão. Além disso, cabe ressaltar que se tratava de um Contrato-Lei com previsão de cláusula de arbitragem.

- Arbitragem entre Entel Peru x Ministério de Transportes e das Telecomunicações

Da mesma forma, neste caso, o Tribunal Arbitral determinou sobre a arbitrabilidade da controvérsia o seguinte:

> "114. O Estado pode submeter suas controvérsias à arbitragem, na medida que estas sejam derivadas de uma relação contratual, o que significa a exclusão das matérias que são indisponíveis. Como sabemos, os direitos de livre disponibilidade relacionam-se em princípio, com interesses essencialmente patrimoniais (os que podem ser objeto de transação).
> 115. Além disso, podemos apreciar que ainda quando a norma fixa como marco geral as matérias de livre disposição, também estabelece a

> possibilidade de acudir à arbitragem daquelas que a lei ou os tratados permitam, o que nos leva a inferir que podem ser objeto de arbitragem os conflitos que não sejam sobre direitos disponíveis, mas que por lei ou tratado ou acordo internacional facultam essa possibilidade e resolução em sede arbitral. Isso importa a inscrição na tendência de estender o âmbito da arbitrabilidade, sem estar sujeito a listas fechadas".

No caso, determinou-se, em sede de arbitragem e em estrita aplicação da lei de arbitragem peruana, que podem ser objeto de arbitragem matérias que, mesmo possuindo conotações de indisponibilidade, podem ser objeto de arbitragem na medida que exista uma autorização normativa nacional ou internacional celebrada pelo Estado peruano.

- Azteca Comunicações Peru x Statkraft e Investimentos Shaqsha / Azteca Comunicações x Seal

Sobre matérias indisponíveis, nesse caso, o Tribunal Administrativo de solução de controvérsias e órgãos colegiados reguladores das telecomunicações peruano declararam infundadas as exceções de convenção arbitral contidas nos contratos. Isso se deve por considerar-se que ao existir uma lei e seu regramento que estabelece a fixação dos preços máximos de determinado aspecto técnico em telecomunicações, não seria uma matéria disponível, pelo contrário, tratar-se-ia de uma questão de interesse público. Em consequência, não seria permitido fixar preços acima do máximo estabelecido nas normas competentes, e qualquer controvérsia que possa surgir em relação a esse ponto qualificaria como matéria indisponível.

3. Arbitragem e regulação

Quando falamos de arbitragem e regulação, surgem dificuldades interpretativas relativas à arbitrabilidade da controvérsia sem respostas absolutas, que dependerão do caso em particular. Muitas dessas dificuldades surgem principalmente quando se deve determinar se uma decisão administrativa emitida pelo organismo regulador pode ser questionada por meio da arbitragem.

Devemos recordar que o Estado adotou uma série de medidas normativas para promover a atividade econômica, uma delas relacionada com a inserção do mecanismo arbitral no ordenamento jurídico para incentivar e dar proteção aos investimentos, principalmente estrangeiros.

Uma vez que os organismos reguladores formam parte da estrutura estatal e participam ativamente na atividade econômica do setor regulado, e considerando que temos uma lei de arbitragem que autoriza o Estado a fazer uso da arbitragem para resolver suas controvérsias, os efeitos de suas decisões administrativas proferidas no exercício de suas funções poderiam ser discutidos no processo arbitral. Essa premissa pareceria ser suficiente para discutir na jurisdição arbitral as decisões emitidas pela administração pública (organismos reguladores).

Por outro lado, devemos lembrar que as decisões administrativas podem ser recorridas perante a via jurisdicional. Tradicionalmente, o Poder Judiciário tinha exclusividade para analisar e resolver as controvérsias derivadas das decisões administrativas dos reguladores. Atualmente, as cortes de justiça na América Latina carecem de recursos para analisar e resolver temas altamente técnicos, especializados e urgentes dentro de um prazo razoável de tempo. E, como via alternativa, aparece a jurisdição arbitral, para que árbitros especialistas na matéria possam proferir uma decisão mais ajustada e adequada ao tema controvertido.

Há de se levar em consideração, também, as caraterísticas próprias de cada tipo de jurisdição – ordinária e arbitral –, sendo que, tradicionalmente, se sustenta que as decisões administrativas dos entes reguladores proferidas no exercício de suas funções estabelecidas legalmente – funções regulatórias – respondem a uma faculdade de *ius imperium* que não poderiam ser discutidas em sede arbitral, senão em sede ordinária. Em consequência, temos uma concepção tradicional que determina que nem a concedente nem o concessionário poderiam discutir os atos administrativos proferidos de faculdades legais, nem poderiam outorgar poderes a um tribunal arbitral para revisar os efeitos de tais atos administrativos que envolvem um interesse público.

Existem diferentes posicionamentos como defesa para submeter à arbitragem as decisões administrativas dos organismos reguladores que contradizem o pactuado nos contratos de concessão, nada obstante esses entes atuem dentro de suas funções. Conforme foi visto na parte inicial, cada país adota sua própria política legislativa em relação ao tema, e muitas dessas discussões surgem como consequência de uma legislação abrangente sobre a matéria e a existência de diversos entes administrativos que estipulam cada contrato de forma diferente. Esse universo normativo e diversidade de competências não permitiria determinar uma resposta concreta para abordar o debate. Por outro lado, o importante a ressaltar é que essa possibilidade de atuação (arbitrabilidade subjetiva) por parte do regulador para que possa empregar o mecanismo arbitral está autorizada na lei.

Outro aspecto que desponta no debate é a respeito da possibilidade de que uma decisão arbitral afete outros concessionários, considerando que as decisões administrativas dos organismos reguladores proferidos de forma geral poderiam afetar outros investidores. Sobre o assunto, existem autores que comentam que essa possibilidade. Segundo a doutrina: (Cantuarias, 2011, p. 405) "é uma exceção e não uma regra e na eventualidade que uma decisão regulatória afete a terceiros deveria se permitir a atuação deles na arbitragem".

Compartilhamos do posicionamento referido, o qual conversa com o indicado anteriormente. A excessiva e dispersa legislação setorial em adição ao fato de que a arbitragem foi pensada e criada para resolver controvérsias entre privados, e hoje sendo empregada para resolver disputas derivadas de contratos administrativos, nos levaria a dizer que não há uma resposta definitiva sobre esse aspecto e caberá à legislação em matéria arbitral determinar se procede a intervenção de outros sujeitos ao processo. No entanto, os sujeitos afetados por uma decisão do tribunal arbitral poderiam iniciar um processo arbitral – no mesmo sentido e contra o regulador – para buscar uma decisão similar – caso seja favorável – à proferida no processo em que não foi parte. Por outro lado, no caso em que a decisão arbitral afete outros investidores que não participaram da arbitragem, caberia iniciar uma ação perante o Poder Judiciário para discutir os efeitos da sentença arbitral.

Segundo a lei de arbitragem, a arbitrabilidade objetiva (*ratione materiae*) nasce de um compromisso contratual assumido entre um agente privado e a administração pública. Caso contrário, não teríamos a possibilidade de discutir uma controvérsia através da arbitragem e, como sabemos, os árbitros têm como função principal verificar se as partes inadimpliram (tanto do agente privado como da administração pública) as obrigações assumidas no contrato. Essas obrigações assumidas no contrato permitirão determinar a arbitrabilidade da controvérsia. No entanto, nem sempre é fácil essa determinação, pois deve-se realizar um exercício racional para identificar e diferenciar os atos administrativos com efeitos contratuais daqueles atos administrativos que, emitidos em exercício do *ius imperium*, podem ser atacados por serem nulos. Não se pode olvidar que as partes têm a possibilidade de excluir de forma expressa aquelas matérias do contrato que não poderiam ser discutidas na arbitragem (proibição contratual para submeter matérias à arbitragem).

Sobre o tema, podemos observar uma decisão do judiciário peruano que reconhecem a arbitrabilidade de decisões administrativas do regulador. No Peru, a Sala Civil da Corte Superior de Justiça de Lima[15] determinou:

> "*Telefónica del Perú SAA*, invocou no processo arbitral que os mandados de interconexão têm natureza de atos administrativos e constituem funções de *ius imperium* de OSIPTEL que infringem os contratos de concessão a causa de dita potestade regulatória, no entanto corresponde o conhecimento da controvérsia ao foro arbitral, ao não estar dentro da causal referida".

Em sentido similar, no caso entre City Oriente Limited x República de Equador[16], o tribunal arbitral determinou o seguinte:

> "O árbitro carece de competência para suspender o poder legislativo do Equador ou atos legislativos proferidos do Parlamento equatoriano, e o tribunal nunca pretendeu isso, nem ordenou isto. Como já foi dito na última parte do parágrafo 43[17] da decisão arbitral, 'a função do Tribunal

[15] Expediente Nº 598-2003. Res. Nº 47.

[16] Caso CIADI Nº ARB/06/21.

[17] [43. El otorgamiento de medidas provisionales o cautelares pone a todo Tribunal en una difícil tesitura: por un lado, su otorgamiento puede ser necesario para evitar que la controversia se agrave o que los derechos de la Demandante se perjudiquen, privándola de la tutela judicial efectiva a la que tiene derecho; pero por otro, la medida provisional se adopta antes de que el Tribunal haya tenido oportunidad para analizar en profundidad los argumentos sobre el fondo y podría entenderse como un anticipo del laudo final. Por ello, el Tribunal de Arbitraje desea dejar sentado que el eventual otorgamiento de las medidas provisionales solicitadas por la Demandante en nada prejuzga su decisión sobre el fondo del asunto, en general, y, en especial, sobre el efecto que la Ley No. 2006-42, pueda ejercer en relación al Contrato. El Tribunal es muy consciente de que la Ley fue promulgada, en ejercicio de su legítima e indiscutida soberanía nacional, por el poder legislativo de la República del Ecuador y que, con posterioridad, el Tribunal Constitucional de esa Nación, en Resolución de 22 de agosto de 2006, ha decidido que no viola la Constitución. Corresponde a los Poderes públicos ecuatorianos promulgar las leyes que estimen apropiadas para el bien común de esa Nación, y el Tribunal de Arbitraje ni puede ni desea interferir en esa tarea legislativa.

neste caso está circunscrita a resolver as disputas que surgem em relação ao contrato'. E assim aconteceu: o que suspendeu o tribunal arbitral com as medidas provisionais proferidas não são os atos legislativos do Equador, senão qualquer medida ou ato cominatório ou de natureza coativa de *Petroecuador* ou de Equador, que tenha por resultado interferir nos direitos contratuais, incluindo o direito da demandante para demandar o cumprimento do contrato".

No âmbito das arbitragens de investimento, ocorrem com mais frequência casos[18] relacionados às decisões administrativas revestidas de *ius imperium* do Estado que afetam os contratos celebrados com os investidores que podem ser revistas dentro do processo arbitral. Acreditamos que essa possibilidade não poderia ser diferente no contexto da arbitragem doméstica, pois, com a aplicação do princípio kompetenz-kompetenz, as partes ficam sujeitas ao pactuado na convenção de arbitragem, não cabendo a possibilidade de pretender convocar a participação dos juízes togados e passar a disputa ao terreno judicial. Sobre esse princípio arbitral, segundo Gallard (apud Guerrero Rubio, 2010, p. 101) consiste na possibilidade que tem os árbitros de se pronunciar sobre sua própria competência frente as exceções das partes referidas à existência, validez ou alcances do convênio arbitral. Isso é conhecido como o efeito positivo do princípio. O efeito negativo do princípio, por sua vez, permite que os tribunais judiciais limitem sua revisão a uma determinação prima facie da existência e validez do convênio arbitral para que os árbitros sejam os primeiros em examinar sua competência e logo os tribunais judiciais exerçam um controle com a anulação ou execução do laudo.

Em consequência, consideramos que o negacionismo que fundamenta que as decisões dos entes reguladores não seriam discutíveis pelo mecanismo da arbitragem não seriam argumentos suficientes para impedir o conhecimento de tais atos pelo tribunal arbitral.

La función del Tribunal en este caso se circunscribe a resolver las disputas que surgen en relación al Contrato].

[18] Caso CIADI Nº ARB/06/13; Caso CIADI Nº ARB/03/28; Caso CIADI Nº ARB/74/2 e outros.

Conclusões

Temas sobre a arbitrabilidade das controvérsias e o espaço da arbitragem sempre motivaram amplos debates de interpretação. Certo é que o alcance da arbitrabilidade é definido pelas regras de cada país, seja de forma ampla, seja mais restrita. Também é correto que o espaço da arbitragem surge como consequência do livre consentimento das partes, e são as partes quem determinam o objeto da controvérsia na convenção de arbitragem.

Os conflitos derivados de contratos de concessão podem produzir colisões entre a jurisdição estatal e jurisdição arbitral. Sendo assim, surge a importância de ter uma estrutura jurídica que permita identificar a harmonia entre ambas as jurisdições. Aqui, mostra-se importante a contribuição doutrinária e jurisprudencial para determinar o escopo da arbitragem no setor regulatório.

Conforme foi visto, surgem regras que permitem determinar em que medida uma decisão administrativa regulatória pode ser objeto de arbitragem. Esse tipo de questão surge com mais notoriedade quando vemos a casuística das arbitragens de investimento. O entendimento em nível doméstico não deve ser distinto, mas a análise deve ser realizada caso a caso, e deve-se observar que a arbitrabilidade objetiva está sujeita ao indicado na cláusula arbitral e que os árbitros têm jurisdição para conhecer os efeitos das decisões administrativas.

Referências

ASCARELLI, Tullio. **Problemas das sociedades anônimas e Direito Comparado**. São Paulo: Quorum, 2008.

ANDREW NEWCOMBE; LLUÍS PARADELL. Law and Practice of Investment Treaties: Standards of Treatment 358, 2009.

AVILA CABRERA, Víctor. **Igualdad de trato entre inversión extranjera y nacional, solución de controversias.** Lima: Instituto peruano de Arbitraje, 2011.

CANTUARIAS SALAVERRY, Fernando e outros. **Despejando dudas sobre el arbitraje regulatorio**. 25. Ed. Lima: Revista Advocatus, 2003.

CASTILLO FREYRE, Mario. **El arbitraje en la contratación pública**. Lima: Palestra editores, 2009.

KUNDMULLER CAMINITI, Franz. **El arbitraje administrativo en contrataciones y adquisiciones con el Estado**. Lima: Revista de peruana de derecho de la empresa, 2003.

MARTIN TIRADO, Richard. **El laberinto estatal: Historia, evolución y conceptos de la contratación administrativa en el Perú**. 13. Ed. Lima: Revista de Derecho Administrativo, 2013.

RUBIO GUERRERO, Roger. **El princípio de Competence-competence** em la nueva Ley Peruana de Arbitraje. Lima: Revista de peruana de derecho de la empresa, 2010.

SANTIAGO MONTT, State Liability in investment treaty arbitration, 2009.

SANTISTEVAN DE NORIEGA, Jorge. **Comentarios a la Ley peruana de Arbitraje**. Tomo I. Lima: Instituto peruano de Arbitraje, 2001.

VIDAL RAMÍREZ, Fernando. **La Constitución comentada. Análisis artículo por artículo**. Tomo II. Lima: Gaceta Jurídica, 2005.

CAPÍTULO 10
NOVOS CAMINHOS ENTRE BRASIL E ÍNDIA[1]

Luis Fernando Guerrero

1. Introdução e objetivo

O presente artigo tem por escopo tratar do contexto de acordo bilateral de investimentos celebrado entre Brasil e Índia. Se tiveram um passado comum, sendo etapas relevantes das Grandes Navegações, Brasil e Índia, hoje, têm um presente comum: ex-colônias, nações com grandes populações, produto interno bruto relevante e crescente, e sérios desafios sociais a superar.

A ideia deste artigo é mostrar o modo pelo qual estes países vêm atuando no cenário dos investimentos internacionais até culminar em um acordo comum. Para tanto, especialmente do ponto de vista histórico e jurídico brasileiros, será verificada também a relevância da arbitragem e dos métodos adequados de solução de conflitos neste contexto.

[1] Agradecimentos à Acadêmica Luiza Maria Anhê de Carvalho pelo atento auxílio na revisão deste trabalho.

2. O Brasil, a Índia e os seus próprios umbigos – À margem do sistema da convenção de Washington para resolução de disputas relativas a investimentos entre estados e nacionais de outros estados – ICSID

Em 1965 é assinada a Convenção ICSID.[2] Trata-se de um documento que tem por escopo estabelecer um foro centralizado para a solução de conflitos envolvendo Estados e Estados Nacionais.

Estruturalmente, o ICSID tem um Conselho Administrativo com acento de um representante de cada um dos seus membros, sendo que esse Conselho tem o papel de administrar os casos apresentados, bem como representar o ICSID institucionalmente.

De outro lado, a Secretaria conta com em torno de 70 profissionais que se dividem na administração de conciliações (método consensual de solução de conflitos) e de arbitragens (método adjudicatório de solução de conflitos).

Historicamente, a produção a investidores no mundo era feita de modo diplomático. Quem atua com Direito Internacional Público certamente sabe que a agenda dos Estados nem sempre envolve a solução de problemas específicos e localizados de empresas e investidores individualizados.[3]

Assim, com a Convenção ICSID, o Banco Mundial pretendia estabelecer um sistema mais objetivo e ágil para solucionar essas situações por meio de acordo de vontade entre os Estados Membros. Pela assinatura da Convenção, automaticamente, Estados e os seus cidadãos submetem-se a procedimentos de conciliação e de arbitragem solicitados por outros Estados, ou por cidadãos de outros Estados Membros, para solução de questões relativas a investimentos.

[2] Convenção de Washington para Resolução de Disputas Relativas a Investimentos entre Estados e Nacionais de Outros Estados – ICSID: http://icsidfiles.worldbank.org/icsid/icsid/StaticFiles/basicdoc/partD.htm, acessado em 10.4.2020.

[3] Borja, Ana Gerdau de, *Nota à Convenção de Convenção de Washington para Resolução de Disputas Relativas a Investimentos entre Estados e Nacionais de Outros Estados ("Convenção ICSID", de 1965) em homenagem ao 50º Aniversário do Estabelecimento do Centro Internacional para Resolução de Disputas Relativas a Investimentos* in Revista Brasileira de Arbitragem, Vol. 51, Ano XIII, Alphen aan den Rijin, Wolters Kluwer, 2016, p. 256.

Contudo, Brasil e Índia não são signatários da Convenção ICSID.[4] A estratégia destes dois países foi outra, com Acordos de Cooperação e Facilitação de Investimentos, Tratados de Investimento Multilaterais e Bilaterais.

A evolução do Produto Interno Bruto desde os anos 1960 até os dias atuais, conforme informações do Banco Mundial, mostra uma semelhança bastante grande entre Brasil e Índia ao longo destes 50 anos, as curvas, em geral, se acompanham:[5]

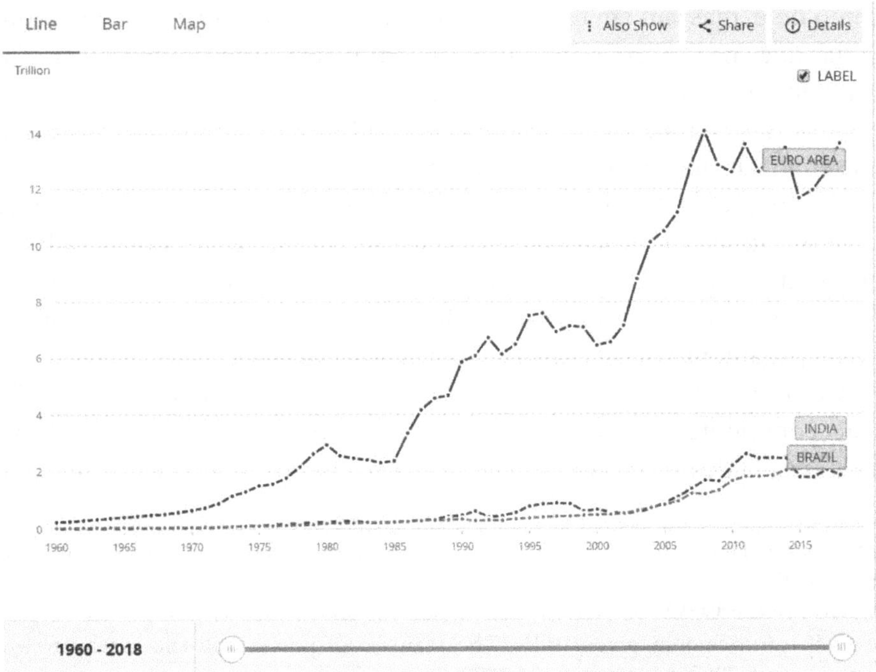

De outro lado, os anos 1960 também guardavam semelhanças, especialmente no que se refere à afirmação de soberania[6] e nacionalismo

[4] Estados Membros ICSID: https://icsid.worldbank.org/en/Pages/about/Member-States.aspx, acessado em 10.4.2020.

[5] Banco Mundial, Acessado em 11.4.2020 https://data.worldbank.org/indicator/NY.GDP.MKTP.CD?end=2018&locations=BR-IN-XC&name_desc=false&start=1960&view=chart , Acessado em 11.4.2020.

[6] Dallari, Dalmo de Abreu, *Elementos de Teoria Geraldo do Estado*, São Paulo, Saraiva, 2000, pp. 84.

nos dois países. Enquanto o Brasil passava por um Golpe Militar em 1964, que duraria até 1985[7], a Índia vivia as décadas iniciais de sua independência, na denominada era Nehru (1947-1964), com um regime de divisão, conflitos bélicos em curso com o Paquistão pela região da Kashmira e conflitos internos inclusive de ordem religiosa – que culminaram no assassinato de Mahatma Gandhi.[8]

Ressalte-se também que neste momento histórico estes países eram eminentemente rurais, não na acepção da palavra para o desenvolvimento de agronegócio e relevância deste setor para a economia, tal como hoje, mas sim em termos de ocupação humana. O grau cosmopolita das duas nações era reduzido a esta altura, elas estavam mais fechadas e às voltas com as suas questões internas.

É de se compreender, portanto, o caminho escolhido por estes dois países ao não aderir à Convenção ICSID.

A situação da Argentina no início dos anos 2000[9], país que na década de 1960 tinha um nível de desenvolvimento até superior a Brasil e Índia em muitos aspectos, demonstra que a não assinatura da Convenção ICSID poderia ter as suas razões. O Brasil, por exemplo, declarou moratória de pagamento de sua dívida externa nos anos 1980.[10]

Como se vê, a não assinatura da Convenção ICSID certamente foi mais consciente do que se imagina em uma primeira análise e reafirma a estratégia destes países e o seu posicionamento no comércio interna-

[7] Skidmore, Thomas, *Brazil: Five Centuries of Change*, 2a ed., Oxford, Oxford University Press, 2010, pp. 153-177.

[8] ENCYCLOPÆDIA BRITANNICA, *India, The Neruh Era (1947-1964)* in https://www.britannica.com/place/India/The-transfer-of-power-and-the-birth-of-two-countries#ref47062, acessado em 11.4.2020.

[9] Moratória da Dívida Externa Argentina: https://economia.uol.com.br/noticias/redacao/2019/08/28/relembre-casos-de-paises-que-cairam-na-moratoria.htm, acessado em 10.4.2020 e *"In 2001 Argentina's economy collapsed. Both foreign and domestic companies suffered huge losses. Unlike local firms, however, foreigners could turn to ICSID for compensation. Dozens filed cases.*, The Economist, *Come and get me Argentina is putting international arbitration to the test* in https://www.economist.com/the-americas/2012/02/18/come-and-get-me, acessado em 10.4.2020. Bolívia e Equador também deixaram o sistema ICSID: Aceris Law Firm, *Indian Investment Arbitration Regime Changes* in https://www.acerislaw.com/indian-investment-arbitration-regime/, acessado em 10.4.2020.

[10] Moratória da Dívida Externa Brasileira: https://economia.uol.com.br/noticias/redacao/2019/08/28/relembre-casos-de-paises-que-cairam-na-moratoria.htm, acessado em 10.4.2020.

cional. Diante de todas estas circunstâncias, o Brasil recebeu uma série de investimentos estrangeiros, com estabilidade política e institucional a partir dos anos 1990.[11] O grande ponto hoje é proteger Brasil e Índia como investidores.

3. A Estratégia de abertura – MERCOSUL, BITs e BRICS[12]

Em algum momento histórico, contudo, esse caráter alheio do Brasil e da Índia ao cenário mundial dos investimentos teria que mudar.

E não há uma crítica conceitual a esta posição, até porque o ideal é que cada nação encontre as ferramentas mais adequadas para a sua atuação no comércio internacional e a efetivação dos seus interesses. Existem diversas formas e estratégias, portanto.

A Convenção ICSID, assim, é *"(...) simplesmente uma dentre diversas vias possíveis e restringe-se a regular aspectos procedimentais"*.[13]

3.1. Blocos econômicos

Uma relevante iniciativa de associação brasileira, e que merece bastante destaque pelos documentos jurídicos que produziu, foi a Organização dos Estados Americanos ("OEA").

De um lado, no contexto da OEA, o Pacto de São José da Costa Rica (Convenção Interamericana de Direitos Humanos) introduziu uma série de princípios processuais no ordenamento jurídico brasileiro, permitindo, por exemplo, a prisão civil apenas para devedores de pensão alimentícia. No mais, o devido processo legal, nesta acepção, tornou-se reforçado no Direito brasileiro.[14]

[11] Lima, Thaís Sundfeld, *A posição do Brasil perante a regulamentação internacional de investimentos estrangeiros: estudo de caso da situação da Argentina no ICSID e comparação com a posição brasileira*, Revista Âmbito Jurídico, Vol. 55, 2008 in https://ambitojuridico.com.br/edicoes/revista-55/a-posicao-do-brasil-perante-a-regulamentacao-internacional-de-investimentos-estrangeiros-estudo-de-caso-da-situacao-da-argentina-no-icsid-e-comparacao-com-a-posicao-brasileira/, acessado em 12.4.2020.

[12] http://www.itamaraty.gov.br/pt-BR/politica-externa/mecanismos-inter-regionais/3672-brics, acessado em 12.4.2020.

[13] Borja, Ana Gerdau de, *Nota à Convenção de Convenção de Washington... Op. Cit.*, , p. 258.

[14] http://www.oas.org/dil/esp/tratados_B-32_Convencion_Americana_sobre_Derechos_Humanos.pdf, acessado em 12.4.2020.

Além disso, merece destaque a Convenção Interamericana sobre Arbitragem Comercial Internacional (Convenção do Panamá) de 1975.[15] No contexto americano, pelo menos, e para o Direito Internacional Privado, o Brasil já era dotado de um sistema de circulação e efetivação de sentenças desde a década de 1970. Embora em vigor, foram raras as menções a este sistema pelo Judiciário brasileiro para a efetivação de sentenças. Merece destaque a decisão do Superior Tribunal de Justiça[16], que é acompanhada de apenas mais quatro decisões monocráticas nesta Corte, apenas:[17]

> *"QUESTÃO PRELIMINAR. DESPACHO QUE TORNA SEM EFEITO INTIMAÇÃO PARA JUNTADA DE DOCUMENTOS. AUSÊNCIA DE CONTEÚDO DECISÓRIO. INEXISTÊNCIA DE PREJUÍZO PARA A PARTE. OPOSIÇÃO DE EMBARGOS DE DECLARAÇÃO. NÃO CABIMENTO.*
> *(...)*
> *3. A legislação aplicável à matéria Convenção de Nova York, Artigo V(1)(e) do Decreto n. 4.311/2002; Convenção do Panamá, Artigo 5(1)(e) do Decreto n. 1.902/1996); Lei de Arbitragem Brasileira, Artigo 38, inciso VI, da Lei n. 9.307/1996; e Protocolo de Las Leñas, Artigo 20(e) do Decreto n. 2.067/1996, todos internalizados no ordenamento jurídico brasileiro não deixa dúvidas quanto à imprescindibilidade da sentença estrangeira, arbitral ou não, ter transitado em julgado para ser homologada nesta Corte Superior, comungando a doutrina pátria do mesmo entendimento".*

O Brasil adentrou a aventura de um bloco econômico com a sua adesão ao MERCOSUL[18], muito inspirado na União Europeia.

O Mercado Comum do Sul (MERCOSUL) foi fundado em 1991 e é a mais abrangente iniciativa de integração regional da América Latina, surgida no contexto da redemocratização e reaproximação dos países latino-americanos no final dos anos 1980. Fundaram o MERCOSUL Brasil, Argentina, Paraguai e Uruguai, por meio do Tratado de Assunção.

[15] http://www.oas.org/es/sla/ddi/tratados_multilaterales_interamericanos_B-35_arbitraje_comercial_internacional.asp, acessado em 12.4.2020.

[16] STJ, SEC nº 5782/EX, Corte Especial, Rel. Min. Jorge Mussi, j. em 2.12.2015.

[17] STJ, SEC nº 853/US, Rel. Min. Jorge Mussi, j. em 10.5.2019, STJ, AgRg no SEC no 853/US, Rel. Min. Castro Meira, j. em 10.5.2019, STJ, MC no 17697, Rel. Min. Nancy Andrighi, j. em 7.2.2011 e STJ, CR no 2390/US, Rel. Min. Barros Monteiro, j. em 28.6.2007.

[18] http://www.mercosul.gov.br/, acessado em 12.4.2020.

Hoje a Venezuela, que aderiu ao Bloco em 2012, está suspensa, desde dezembro de 2016, por descumprimento de seu Protocolo de Adesão e, desde agosto de 2017, por violação da Cláusula Democrática do Bloco. Os demais países sul-americanos vinculam-se ao MERCOSUL como Estados Associados. A Bolívia, de outro lado, apesar da condição de Estado Associado desde 2015, ainda depende da incorporação pelos congressos dos Estados Partes para encerrar seu processo de adesão.

O Tratado de Assunção, instrumento fundacional do MERCOSUL, estabeleceu um modelo de integração profunda, com os objetivos centrais de conformação de um mercado comum – com livre circulação interna de bens, serviços e fatores produtivos –, o estabelecimento de uma Tarifa Externa Comum (TEC) no comércio com terceiros países e a adoção de uma política comercial comum.

O Protocolo de Ouro Preto, de 1994, estruturou institucionalmente o Bloco e conferiu a ele personalidade jurídica de direito internacional. O Protocolo consagrou também a regra do consenso no processo decisório, listou as fontes jurídicas do MERCOSUL e instituiu o princípio da vigência simultânea das normas adotadas pelos três órgãos decisórios do Bloco: o *Conselho do Mercado Comum (CMC)*, órgão superior ao qual incumbe a condução política do processo de integração; o *Grupo Mercado Comum (GMC)*, órgão executivo do Bloco; e a *Comissão de Comércio do MERCOSUL (CCM)*, órgão técnico que vela pela aplicação dos instrumentos da política comercial comum.[19]

E este cenário foi profícuo para a arbitragem, especialmente do ponto de vista legislativo. Neste aspecto, o Bloco estabeleceu o Protocolo de Brasília[20], complementado pelo Protocolo de Ouro Preto[21] e, finalmente, pelo Protocolo de Olivos[22], com diversas disposições de sistemas de solução de controvérsias, mas bastante prestígio à arbitragem como método adjudicatório.

[19] http://www.mercosul.gov.br/saiba-mais-sobre-o-mercosul, acessado em 12.4.2020.

[20] http://www.planalto.gov.br/ccivil_03/decreto/1990-1994/D0922.htm, acessado em 12.4.2020.

[21] http://www.planalto.gov.br/ccivil_03/decreto/D1901.htm, acessado em 12.4.2020.

[22] http://www.planalto.gov.br/ccivil_03/_ato2004-2006/2004/decreto/D4982.htm e Eslar, Karine Aparecida de Oliveira Dias e Lambert, Jean Marie, *A Arbitragem Como Meio de Solução de Conflitos no Âmbito do Mercosul*, Goiânia, Editora PUC Goiás, 2014, p. 95.

Protocolo de Brasília	Protocolo de Ouro Preto	Protocolo de Olivos
CAPÍTULO II *Negociações Diretas* **CAPÍTULO III** *Intervenção do Grupo Mercado Comum* **CAPÍTULO IV** *Procedimento Arbitral* **CAPÍTULO V** *Reclamações de Particulares*	CAPÍTULO VI Sistema de Solução de controvérsias Artigo 43 As controvérsias que surgirem entre os Estados Partes sobre a interpretação, a aplicação ou o não cumprimento das disposições contidas no Tratado de Assunção, dos acordos celebrados no âmbito do mesmo, bem como das Decisões do Conselho do Mercado Comum, das Resoluções do Grupo Mercado Comum e das Diretrizes da Comissão de Comércio do Mercosul, serão submetidas aos procedimentos de solução estabelecidos no Protocolo de Brasília, de 17 de dezembro de 1991. Parágrafo único – Ficam também incorporadas aos Artigo 19 e 25 do Protocolo de Brasília as Diretrizes da Comissão de Comércio do Mercosul.	Capítulo III Opiniões Consultivas Capítulo IV Negociações Diretas Capítulo V Intervenção do Grupo Mercado Comum Capítulo VI Procedimento Arbitral *Ad Hoc* Capítulo VII Procedimento de Revisão Capítulo IX Medidas Compensatórias

A Índia, de outro lado, tem uma tradição de não alinhamento, inclusive foi fundadora deste grupo durante o período de Guerra Fria e teve papel importante entre o grupo dos 100 países de renda inferior (*Global South*) em negociações coletivas sobre assuntos econômicos com os Estados Industrializados (*Global North*).

A Índia ainda é membro da Commonwealth, também conhecida no passado como Commonwealth de Nações ou ainda Commonwealth Britânica de Nações, uma associação de Estados soberanos compreendendo o Reino Unido e diversas ex-colônias que decidiram manter lações de cooperação e que reconhecem o Monarca britânico como chefe simbólico desta associação.[23]

[23] ENCYCLOPÆDIA BRITANNICA, *Commonwealth* in https://www.britannica.com/topic/Commonwealth-association-of-states, acessado em 11.4.2020.

De outro lado, quanto às relações em grupos de países, com destaque para a ***South Asian Association for Regional Co-operation (SAARC).***[24] São diversos assuntos tratados neste contexto, mas muito mais em um aspecto de cooperação, tais como agricultura, educação, cultura e esportes, saúde, população e bem estar infantil, meio ambiente e meteorologia, desenvolvimento rural, turismo, transporte, ciência e tecnologia, desenvolvimento feminino e tráfico de drogas. Como se vê, não chega a ser um bloco econômico e as decisões precisam ser unânimes, sendo que assuntos bilaterais e contenciosos devem ser evitados.[25] Certamente este sistema de solução de conflitos gera bastante dificuldade na discussão e aplicação de questões polêmicas.

Em nenhum dos casos a arbitragem é vista como uma solução de conflitos natural, e mesmo o nível de interação da Índia com os demais Estados é profundo a ponto de exigir um processo arbitral.

3.2. Tratados Bilaterais de Investimento ("BITs") e a convenção de Nova York sobre reconhecimento e efetivação de sentenças arbitrais estrangeiras ("Convenção de Nova York")

Os BITs foram a aposta da Índia para esta interação internacional, do ponto de vista do Direito Internacional Público, através da participação efetiva do Estado indiano em transações internacionais e, eventualmente, em arbitragens. Estes tratados: *"Em verdade, os tratados de investimento apresentam maior impacto quanto ao equilíbrio entre as partes, por tratarem de aspectos materiais da proteção, inclusive as definições de investidor e investimento, que determinam o escopo da jurisdição arbitral".*[26]

E esta pode ser a causa da berlinda dos BITs no Estado indiano hoje. Geralmente, como se vê, os BITs são celebrados entre um país industrializado, que busca segurança jurídica para os seus investimentos, e um país em desenvolvimento.[27]

[24] http://saarc-sec.org/about-saarc, acessado em 12.4.2020.

[25] ENCYCLOPÆDIA BRITANNICA, *India, Foreign Policy* in https://www.britannica.com/place/India/The-transfer-of-power-and-the-birth-of-two-countries#ref47062, acessado em 11.4.2020.

[26] Borja, Ana Gerdau de, *Nota à Convenção de Convenção de Washington... Op. Cit.*, p. 258.

[27] Eslar, Karine Aparecida de Oliveira Dias e Lambert, Jean Marie, *A Arbitragem Como Meio de Solução de Conflitos no Âmbito do Mercosul... Op. Cit.*, pp. 36-37.

Como se viu, o papel da Índia, como também do Brasil, mudou substancialmente nos últimos 50 anos. Se antes eram países em desenvolvimento que recebiam basicamente investimentos internacionais, hoje estes países, muitas vezes, realizam o papel inverso, investindo em outros países menos desenvolvidos.

Esta situação pode gerar perplexidade na medida em que os BITs podem não representar essencialmente o momento econômico pelo qual o país está passando e prejudicar a sua atuação no comércio internacional, já que foram estruturados para um outro ponto de vista econômico-financeiro.

Em geral, o sistema de solução de conflitos é a arbitragem. Assim, o fato de ser requerida em arbitragens decorrentes de diferentes BITs, fez com que a Índia represasse a sua estratégia. Parece também bastante arriscada a possível diferença de interpretações sobre pontos fulcrais dos investimentos estrangeiros e o direito do estudo de regular estes investimentos. Abaixo quatro exemplos significativos em que se questionou a análise do Judiciário indiano:[28]

Vodafone Group Plc and Vodafone Consolidated Holdings Limited v. The Republic of India (I e II)[29]	White Industries Australia Limited v. The Republic of India.[30]	Port of Kolkata v. Louis Dreyfus Armatures Sas & Ors[31]	Khaitan Holdings. (Mauritius) v. The Republic of India[32]
England and India BIT[33]	Australia and India BIT[34]	France and India BIT[35]	Mauritius and India BIT[36]

[28] Ranjan, *Prabhash*, Singh, Harsha Vardhana, James, *Kevin e Singh, Ramandeep, India's Model Bilateral Investment Treaty: Are we too risk averse?* in https://www.brookings.edu/research/indias-model-bilateral-investment-treaty-are-we-too-risk-averse/, acessado em 12.4.2020.

[29] https://investmentpolicy.unctad.org/investment-dispute-settlement/cases/819/vodafone-v-india-ii- e

[30] *White Industries Australia Limited v. The Republic of India*, arbitragem sob as regras da UNCITRAL, 2011 in https://www.italaw.com/sites/default/files/case-documents/ita0906.pdf. "Diante disso, países como África do Sul, Indonésia, Índia, Austrália, dentre vários outros, estão, atualmente, em processo de revisão, e até mesmo de denúncia, de seus BITs." In http://www.mdic.gov.br/comercio-exterior/negociacoes-internacionais/218-negociacoes-internacionais-de-investimentos/1949-nii-acfi. e *"In 2016, India also terminated its existing BIT's with 57 countries, showing India's intent to withdraw from the Investor-State Dispute Settlement ("ISDS") framework. Although India is not a party to the ICSID Convention, India's behaviour is a reaction towards the ISDS framework found in its BIT's, but not to BIT's in themselves. This trend flows from*

Finalmente, embora seja da esfera do Direito Internacional Privado, é importante mencionar que tanto Brasil quanto Índia são signatários da Convenção de Nova York, internalizada no Brasil em 2002[37] e pela Índia já em 1960.[38] Apesar de ser uma convenção multilateral, desempenha papel unificador no direito do comércio internacional e facilita sobremaneira a circulação de sentenças arbitrais comerciais proferidas por um Estado Membro para efetivação em outro Estado Membro.

No âmbito do Direito Internacional Público, como já se viu, Brasil e Índia seguiam às margens do sistema mais consagrado internacionalmente, posição que o Brasil seguiu, para o Direito Internacional Privado, pelo menos até 1996, quando a atual lei de arbitragem (Lei n. 9.307, de 23 de setembro de 1996) trouxe muito da disciplina internacional privada à legislação brasileira, o que é reforçado pelo Decreto que internalizou a Convenção de Nova York em 2002.

3.3. Acordo de cooperação e facilitação de investimentos

Mesmo que a estrutura do ACFI seja semelhante à estrutura do BIT, o governo brasileiro é bastante crítico, especialmente ao grau de litigiosidade que estes documentos geram, com elevando grau de revisão entre os países que os utilizam, inclusive a Índia, e que não existem BITs entre países desenvolvidos. A Índia também tem críticas a este modelo, como já dito, especialmente a partir do caso White Industries Australia Limited v. The Republic of India.[39]

the idea that ISDS system is unfair and biased against States and in favour of investors from developed countries." in Aceris Law Firm, *Indian Investment Arbitration Regime Changes* in https://www.acerislaw.com/indian-investment-arbitration-regime/, acessado em 10.4.2020.

31 https://indiankanoon.org/doc/176899444/, acessado em 12.4.2020.

32 https://www.italaw.com/cases/2262, acessado em 12.4.2020.

33 https://dea.gov.in/bipa, acessado em 12.4.2020.

34 https://dea.gov.in/bipa, acessado em 12.4.2020.

35 https://dea.gov.in/bipa, acessado em 12.4.2020.

36 https://dea.gov.in/bipa, acessado em 12.4.2020.

37 http://www.planalto.gov.br/ccivil_03/decreto/2002/d4311.htm, acessado em 12.4.2020.

38 http://www.newyorkconvention.org/list+of+contracting+states, acessado em 12.4.2020.

39 *White Industries Australia Limited v. The Republic of India*, arbitragem sob as regras da UNCITRAL, 2011 in https://www.italaw.com/sites/default/files/case-documents/ita0906.pdf. "Diante disso, países como África do Sul, Indonésia, Índia, Austrália, dentre vários outros, estão, atualmente, em processo de revisão, e até mesmo de denúncia, de seus BITs."

Assim, o Brasil desenvolveu uma nova estrutura de acordos – ACFIs, baseados em três pilares: *"a) mitigação de riscos; b) governança institucional; c) agendas temáticas para cooperação e facilitação dos investimentos. (...) Em resumo, o ACFI constitui-se em uma alternativa inovadora em relação aos tradicionais acordos de investimentos, buscando superar suas limitações e enfoque litigante e fomentando uma interação mais dinâmica e de longo prazo entre as Partes."*[40]

O Brasil assinou uma série de BITs, mas não ratificou nenhum.[41] Hoje o Brasil tem 15 ACFIs assinados[42], enquanto a Índia atinge quase 60 BITs e ACFIs desde os anos 1990, muitos deles já encerrados.[43]

3.4. BRICS

Informalmente, Brasil, Rússia, Índia e China (BRIC) começaram a realizar reuniões de chanceleres a partir de 2006, em paralelo às suas participações na Assembleia Geral das Nações Unidas.[44] A sigla BRIC foi criada pelo mercado financeiro e passou a significar mecanismo de cooperação em diversas áreas, que pudessem gerar resultados concretos.

A partir de 2009, os Chefes de Estado do BRIC passaram a ter encontros anuais. Já em 2011, na Cúpula de Sanya, a África do Sul agrupou-se ao BRIC, que passou a ser BRICS.

In http://www.mdic.gov.br/comercio-exterior/negociacoes-internacionais/218-negociacoes-internacionais-de-investimentos/1949-nii-acfi. e *"In 2016, India also terminated its existing BIT's with 57 countries, showing India's intent to withdraw from the Investor-State Dispute Settlement ("**ISDS**") framework. Although India is not a party to the ICSID Convention, India's behaviour is a reaction towards the ISDS framework found in its BIT's, but not to BIT's in themselves. This trend flows from the idea that ISDS system is unfair and biased against States and in favour of investors from developed countries."* in Aceris Law Firm, *Indian Investment Arbitration Regime Changes* in https://www.acerislaw.com/indian-investment-arbitration-regime/, acessado em 10.4.2020.

[40] http://www.mdic.gov.br/comercio-exterior/negociacoes-internacionais/218-negociacoes-internacionais-de-investimentos/1949-nii-acfi, acessado em 10.4.2020.

[41] Fernandes, Érika Capella e Fiorati, Jete Jane, *Os ACFIs e os BITs Assinados pelo Brasil – Uma análise comparada* in https://www2.senado.leg.br/bdsf/bitstream/handle/id/517706/001055994.pdf?sequence=1, acessado em 10.4.2020.

[42] http://www.mdic.gov.br/comercio-exterior/negociacoes-internacionais/218-negociacoes-internacionais-de-investimentos/1949-nii-acfi, acessado em 10.4.2020.

[43] https://dea.gov.in/bipa, acessado em 12.4.2020.

[44] http://www.itamaraty.gov.br/pt-BR/politica-externa/mecanismos-inter-regionais/3672-brics, acessado em 12.4.2020.

Atuando de forma concertada no âmbito do G20, FMI e Banco Mundial, para uma nova governança financeira global, em linha com o aumento do peso relativo dos países emergentes na economia mundial, estes países destacaram-se no âmbito financeiro, especialmente para a reforma das quotas do FMI.

No mesmo campo, a cooperação BRICS levou ao lançamento das duas primeiras instituições do mecanismo: o Novo Banco de Desenvolvimento (NDB) e o Arranjo Contingente de Reservas (ACR). O banco foi criado com o escopo de superar a escassez de recursos para o financiamento de projetos de infraestrutura.

A iniciativa, contudo, não parou por aí. A partir de 2015, passou-se a buscar outras áreas de cooperação, especialmente saúde, ciência, tecnologia e inovação, economia digital e cooperação no combate ao crime transnacional.[45]

Sem dúvida este movimento representou uma aproximação bastante forte entre Brasil e Índia.

4. Brasil e Índia – velhos e novos caminhos

Novelas são um forte programa cultural brasileiro. Aquelas que são transmitidas no horário nobre (após 9:00PM) são as mais disputadas e valiosas no mercado publicitário. Em 2009 foi transmitida a novela Caminho das Índias.[46]

Não que a novela tenha sido determinante para a assinatura do tratado entre os dois países, mas é um retrato do momento vivido entre eles, de retomada de um interesse mútuo, tal qual no período das Grandes Navegações. Talvez um prenúncio da retomada de caminhos, o que, do ponto de vista prático, já se via com o BRICS desde 2006.

Em janeiro de 2020, surge a notícia alvissareira de assinatura de um ACFI entre Brasil e Índia, em estrutura bastante semelhante aos ACFIs anteriormente celebrados pelo Brasil.[47] O documento ainda não está

[45] http://www.itamaraty.gov.br/pt-BR/politica-externa/mecanismos-inter-regionais/3672-brics, acessado em 12.4.2020.

[46] *"Caminho das índias"* https://globoplay.globo.com/caminho-das-indias/t/8m8QPSRNfN/?gclid=CjwKCAjwssD0BRBIEiwA-JP5rD7DjmXXX5_nRNVRT4rRN21dnTRZvNKYXcUWbrukGgjd3FAefkhXoxoCIpYQAvD_BwE, acessado em 10.4.2020.

[47] Investment Cooperation and Facilitation Treaty Between the Federative Republic of Brazil and the Republic of India: https://dea.gov.in/sites/default/files/Investment%20

internalizado e não está em vigor em nenhum dos dois países, mas sem dúvidas é uma novidade interessante.[48] A validade estipulada do ACFI é de 10 anos (art. 28.3).

Na linha tradicional dos ACFIs, há um incentivo grande aos métodos consensuais de solução de conflitos, com *Ombudsman* e o *Joint Committee* para a solução dos conflitos que venham surgindo e estejam em escalada (arts. 14 e 18, respectivamente).

Contudo, caso não seja possível uma solução consensual, as partes poderão se valer da arbitragem (art. 19). É interessante notar que esta arbitragem *ad hoc* analisará os limites de interpretação do ACFI, mas não determinará eventuais indenizações, provavelmente fruto da má experiência indiana com seus BITs e discussões a respeito dos limites das arbitragens neles previstas. Estes são os limites da convenção de arbitragem[49] estabelecidos entre Brasil e Índia (art. 19.2).

As regras aplicáveis são aquelas da Corte Permanente de Arbitragem – *PCA Optional Rules.*[50]

O Anexo II do ACFI contém um Código de Conduta dos Árbitros indicados. É interessante notar a reafirmação de princípios gerais do processo. A partir do item 3 do Anexo II estão indicadas as regras de impugnação dos árbitros.

A ideia geral do ACFI é de reafirmação da Doutrina Calvo, isto é, investimentos dos Estados Membros serão protegidos na mesma medida de investimentos nacionais nos outros Estados Membros.[51]

Infelizmente, contudo, este acordo não foi passível de ajudar, especialmente o Brasil, na aquisição de insumos e vacinas indianas durante a fase mais aguda da Pandemia SARS-COV2.

Cooperation%20and%20Facilitation%20Treaty%20with%20Brazil%20-%20English_0.pdf, acessado em 12.4.2020.

48 http://www.itamaraty.gov.br/pt-BR/notas-a-imprensa/21257-assinatura-de-acordo-de-cooperacao-e-facilitacao-de-investimentos-entre-o-brasil-e-a-india, acessado em 12.4.2020.

49 Guerrero, Luis Fernando, *Convenção de Arbitragem e Processo Arbitral*, 3ª ed., Mainee, Kindle Direct Publishing, 2020.

50 https://pca-cpa.org/en/services/arbitration-services/pca-arbitration-rules-2012/

51 *"It affirmed that rules governing the jurisdiction of a country over aliens and the collection of indemnities should apply equally to all nations, regardless of size"*. in ENCYCLOPÆDIA BRITANNICA, *Calvo Doctrine* in https://www.britannica.com/topic/Calvo-Doctrine, acessado em 10.4.2020.

Resta saber como os Judiciários brasileiro e indiano resistirão à tentação de intervir nas sentenças arbitrais proferidas e como se darão, de fato, as relações entre os dois países.

Conclusões

Como se viu, a mudança do papel do Brasil no cenário mundial motivou também uma mudança de atuação no contexto dos investimentos internacionais.

Se no passado o Brasil era um país fechado e, pontualmente, buscava associações estrangeiras para grandes investimentos, especialmente em obras de infraestrutura, hoje o país é não só aberto a estes investimentos, como suas grandes empresas em diversos setores também buscam proteção quando atuam no exterior.

O contexto indiano, de outro lado, tem as suas nuances. De grande e histórico centro cosmopolita do mundo, a Índia foi colônia inglesa até final dos anos 1940. Hoje, com uma gigantesca população, a facilidade do idioma inglês (consolidado como o idioma de intermediações internacionais) e um destaque estrondoso no setor tecnológico, a Índia também busca sua colocação no mercado mundial.

Trata-se de uma oportunidade incrível de cooperação entre estes dois países, tendo a arbitragem e os métodos consensuais de solução de conflitos como um elemento moderador e garantidor da boa relação duradoura entre as Nações e de soluções rápidas e técnicas em caso de desacerto.

Referências

Borja, Ana Gerdau de, *Nota à Convenção de Convenção de Washington para Resolução de Disputas Relativas a Investimentos entre Estados e Nacionais de Outros Estados ("Convenção ICSID", de 1965) em homenagem ao 50º Aniversário do Estabelecimento do Centro Internacional para Resolução de Disputas Relativas a Investimentos* in Revista Brasileira de Arbitragem, Vol. 51, Ano XIII, Alphen aan den Rijin, Wolters Kluwer, 2016.

Eslar, Karine Aparecida de Oliveira Dias e Lambert, Jean Marie, *A Arbitragem Como Meio de Solução de Conflitos no Âmbito do Mercosul*, Goiânia, Editora PUC Goiás, 2014.

Fernandes, Érika Capella e Fiorati, Jete Jane, *Os ACFIs e os BITs Assinados pelo Brasil – Uma análise comparada* in https://www2.senado.leg.br/bdsf/bitstream/handle/id/517706/001055994.pdf?sequence=1, acessado em 10.4.2020.

GUERRERO, Luis Fernando, *Convenção de Arbitragem e Processo Arbitral*, 3ª ed., Mainee, Kindle Direct Publishing, 2020.

LIMA, Thaís Sundfeld, A *posição do Brasil perante a regulamentação internacional de investimentos estrangeiros: estudo de caso da situação da Argentina no ICSID e comparação com a posição brasileira*, Revista Âmbito Jurídico, Vol. 55, 2008 in https://ambitojuridico.com.br/edicoes/revista-55/a-posicao-do-brasil-perante-a-regulamentacao-internacional-de-investimentos-estrangeiros-estudo-de-caso-da-situacao-da-argentina-no-icsid-e-comparacao-com-a-posicao-brasileira/, acessado em 12.4.2020.

RANJAN, Prabhash, SINGH, Harsha Vardhana, James, Kevin e Singh, Ramandeep, India's Model Bilateral Investment Treaty: Are we too risk averse? in https://www.brookings.edu/research/indias-model-bilateral-investment-treaty-are-we-too-risk-averse/, acessado em 12.4.2020.

CAPÍTULO 11
O CONSENTIMENTO TÁCITO À CLÁUSULA ARBITRAL: UM CANAL DE DISTÂNCIA ENTRE FRANÇA E INGLATERRA, E UM OCEANO DE DISTÂNCIA ENTRE A AMBOS E O BRASIL

LUIZA ROMANÓ PEDROSO

1. Estrutura analítica: os passos que esta análise comparada percorrerá

O presente trabalho busca comparar a forma com que os sistemas jurídicos inglês, francês e brasileiro regulam e conferem limites *à jurisdição arbitral* no que tange à verificação do consentimento tácito à cláusula arbitral.

Para fazer essa investigação, este artigo percorrerá quatro passos, em estrutura simples.

Em primeiro lugar, delimitar-se-á os contornos teóricos da questão do consentimento tácito à cláusula compromissória (*infra*, **item 2**).[1]

Em segundo lugar, explicar-se-á os porquês da escolha do tema e dos sistemas jurídicos em análise (*infra*, **item 3**).

[1] Este trabalho não abarcará as hipóteses de consentimento presumido da não-signatária, nas quais a convenção de arbitragem é transferida diante da aplicação de regras pré-existentes de direito contratual.

Em terceiro lugar, examinar-se-á, de maneira constatativa, o tratamento conferido à questão objeto deste artigo pelos sistemas francês, inglês e brasileiro (*infra*, **item 4**).

Por fim, descrever-se-á as conclusões analíticas extraídas a partir da comparação entre sistemas (*infra*, **item 5**).

2. O consentimento tácito à cláusula compromissória: contornos teóricos do protagonista desta análise comparada

As *raízes* do problema que aqui se enfrenta são quase tão antigas quanto o próprio instituto da arbitragem – e, como se sabe, a arbitragem não é um instituto novo. Ao contrário: há quem tenha dito que "a arbitragem é o mais antigo método de resolução pacífica de disputas internacionais"[2] (embora, hoje, o termo "pacífica" não se aplique com a mesma adequação). Contudo, ainda que suas origens sejam tão antigas quanto a própria mitologia clássica,[3] é somente a partir da construção da noção de que as relações contratuais não se bastam, nem se confinam

[2] Tradução livre de "[w]*ith respect to the subjects of that legal order, arbitration is the oldest method for the peaceful settlement of international disputes*" (Stuyt, Alexander (Ed.). *Survey of International Arbitrations (1794-1989)*. 3. ed. Haia: Martinus Nijhoff Publishers, 1990, p. vii).

[3] A história narra a adoção da arbitragem na resolução de disputas entre entes divinos – exemplos são os deuses do Olimpo, na mitologia grega, e divindades da mitologia egípcia, como Osíris e Seth (v. Ralstn, Jackson. *International Arbitration From Athens to Locarno*. California: Stanford University Press, 1929, p. 153; Phillipson, Coleman. *The International Law and Custom of Ancient Greece and Rome*. vol. 2. Londres: Macmillan and Co., 1991, pp. 129-130; v., sobre o uso de arbitragem na tradição egípcia, Mantica, Margit. *Arbitration in Ancient Egypt*. The Arbitration Journal, vol. XII, 1957, p. 155). Há também evidencias substanciais do uso da arbitragem para resolver disputas entre estados e cidades-estados nas Roma, Pérsia, Mesopotâmia e Grécia antigas – em especial com relação à última, registra-se que o mundo helênico tenha adotado a arbitragem por mais de 500 anos (Fraser, Henry. *A sketch of the History of International Arbitration*. The Cornell Law Quarterly, vol. 11, nº 2, 1926, p. 179. Disponível em: http://scholarship.law.cornell.edu/clr/vol11/iss2/3/; último acesso em: 8.1.2021). Sua adoção, no entanto, não se restringiu a disputas "transnacionais" (ou figuras análogas). Historiadores apontam que as cortes da Grécia antiga – similarmente às cortes brasileiras, por exemplo – eram congestionadas e morosas, o que ensejava o recurso aos árbitros (Bonner, Robert. *The Institution of Athenian Arbitrators*. Classical Philology, vol. 11, nº 2, 1916, p. 192; Roebuck, Derek. *Ancient Greek Arbitration*. Oxford: Holo Books – The Arbitration Press, 2001, pp. 348-349): cidadãos versados na lei, de mútua escolha das partes, que presidiam tribunal de anciãos que publicamente ouvia os pleitos e proferia decisões orais fundamentadas (cf. reportado por Homero em *A Ilíada*, no século 8 A.C., e relatado em Hammond, Nicholas. *Arbitration in Ancient Greece*. Arb. Int'l, vol. 1, 1985, p. 188).

a si mesmas – *i.e.*, a partir da relativização das "quatro paredes" do contrato – é que surgem, na arbitragem, problemas quanto à delimitação da abrangência da cláusula compromissória.

Em outras palavras, muito embora a máxima da arbitragem seja que o consentimento das partes é o que funda a jurisdição dos árbitros, o próprio conceito de "partes" tem se alargado. É a partir disso que emerge o debate sobre *os limites da jurisdição do árbitro,* consubstanciados na abrangência do escopo da cláusula compromissória. Essa discussão conta com duas protagonistas: de um lado, a corrente de caráter formalista que preza pela interpretação restritiva dos contornos da convenção de arbitragem, independentemente da complexidade subjacente às relações comerciais contemporâneas; de outro, a corrente de caráter materialista, que defende que nem sempre há uma convergência absoluta entre quem assina o contrato e quem materialmente é parte dele.[4]

A chave para enfrentar essa questão está no consentimento – que, como muito já se defendeu, é o que funda a arbitragem. O *consentimento* é produto da *manifestação de vontade.* A vontade é o elemento essencial do ato jurídico. Porém, enquanto existe apenas no íntimo da pessoa, significa nada para o Direito. É a sua manifestação que atinge o mundo fático exterior e se lança contra o ordenamento jurídico para que dela nasça, conserve-se ou extinga-se um direito.[5] Disso se extrai que um negócio jurídico se funda primordialmente no consentimento declarado ou manifestado.

Para manifestar sua vontade, a parte precisa fazer compreender aquilo que efetivamente quer. Para tanto, pode valer-se de todos os meios adequados para exteriorizar o seu querer – qualquer atitude que, diante das circunstâncias do caso, induza à certeza da existência de uma

[4] Hanotiau, Bernard. *Problems raised by complex arbitrations involving multiple contracts-parties-issues – an analysis.* Journal of International Arbitration, vol. 18, n. 3, 2001, p. 395; Tepedino, Gustavo. *Arbitragem e autonomia privada: a importância da boa-fé objetiva na delimitação do consentimento.* Quaestio Iuris, vol. 9, nº 1. Rio de Janeiro, 2016, p. 608.

[5] Se é verdade que "[a] *vontade é a mola mestra do ato e do negócio jurídico*" (Casillo, João. *O erro como vício da vontade.* São Paulo: Revista dos Tribunais, 1982, p. 7), de acordo com Carlos Roberto Gonçalves, "*é imprescindível que se exteriorize*" (Gonçalves, Carlos Roberto. ***Direito Civil Brasileiro.*** 1. Parte Geral. 8. ed. São Paulo: Saraiva, 2010, p. 348.). Na mesma linha, Marcos Bernardes de Mello afirma: "*do ponto de vista do direito, somente vontade que se exterioriza é considerada suficiente para compor o suporte fático do ato jurídico*" (Mello, Marcos Bernardes de. *Teoria do Fato Jurídico: Plano da existência.* 8. ed. São Paulo: Saraiva, 1998, p. 120).

vontade. Por isso se diz que, exceto quando a lei determina o contrário, a manifestação de vontade pode ser *expressa* ou *tácita*. Para distinguir suas modalidades, instintivamente poderia se recorrer ao caso concreto, afirmando que é expressa quando exprimida, em termos exatos, através da linguagem escrita ou falada, e tácita quando exprimida através de gestos. Porém, essa forma de delimitação nem sempre é exata.

Nas palavras de Giuseppe Stolfi, "*la manifestación es expresa cuando los medios sensibles a que se recurre van destinados – o por uso general o por un especial acuerdo de las partes – a hacer conocible un interno querer*". Em contrapartida, "*la manifestación es tácita cuando falta tal destino, pero se verifican actos de los que puede deducirse la voluntad del interesado*".[6] Isto é, é expressa quando os meios utilizados têm por finalidade direta e imediata exteriorizar a vontade. É tácita quando a conduta exterior da pessoa tem fins outros que não a manifestação de vontade, e serve para embasá-la apenas de forma indireta. É "*a declaração não realizada expressamente, mas que a lei deduz de certos comportamentos do agente*".[7]

Essa manifestação de vontade é o que funda o consentimento. Este, por sua vez, funda a jurisdição dos árbitros e, na maior parte das vezes, é expressado através da assinatura do contrato pelo agente – mas nem sempre. Quando não há evidência de manifestação de vontade expressa, e quando não é o caso de se presumir consentimento por fatores outros que não os atos da parte, é necessário que, a cada caso, seja analisado se a conduta da parte indicou seu consentimento implícito. Não se estaria, aí, diante da extensão *stricto sensu* da cláusula a alguém que não anuiu a ela, e, sim, diante da vinculação de uma "parte-menos-que-óbvia"[8].

A esse respeito, cabem duas ressalvas: uma de natureza terminológica, outra de natureza metodológica.

[6] Stolfi, Giuseppe. *Teoria del Negocio Juridico*. Jaime Santos Briz (trad.). Madrid: Revista de Derecho Privado, 1959, p. 204.

[7] Gonçalves, *op. cit.*, p. 349.

[8] Termo cunhado por William Park em "Non Signatories and International Contracts: an Arbitrators Dilemma". In: Macmahon, B. (Ed.). *Multiple Party Actions in International Arbitration*. Oxford: Oxford University Press, 2008, p. 3. No mesmo trabalho, o Prof. William Park traz ilustração elucidativa sobre o tema: "[a] *couple dining in a fancy restaurant, consuming their lamb cutlets with gusto while sipping a 1982 Cheval Blanc Saint-Emilion, will be bound to pay the chef's exorbitant prices even without a formal offer and acceptance*". Da mesma forma, uma companhia pode agir de forma tal que um terceiro razoável entenda que concordou em resolver suas disputas através da arbitragem (Park, William. op.cit., pp. 3-4).

A ressalva terminológica é que a expressão "extensão subjetiva", que se empregará aqui, não é perfeitamente técnica.[9] A ideia, aqui, não é tratar da ampliação *stricto sensu* do perímetro de incidência da convenção de arbitragem a terceiros, mas identificar quem são as "partes-menos-que-óbvias" [10] que com ela concordaram por via da conduta. O termo foi mantido porque, a despeito de sua atecnicidade, é ele que remete o leitor com mais imediatez ao tema de que se trata neste artigo.

A ressalva metodológica é que, ainda que o objetivo seja tratar da "extensão" subjetiva da cláusula compromissória, não se abordará as hipóteses de consentimento *presumido* da não-signatária, nas quais a convenção de arbitragem é *transferida* diante da aplicação de regras pré-existentes – e frequentemente positivadas – de direito contratual. Exemplos desse fenômeno seriam a transferência via cessão de posição

9 A esse respeito: "*This issue is regularly discussed under the heading of 'extension to non-signatory parties'. Thus, the term 'extension' refers to an individual or entity which falls within the personal scope of an arbitration agreement although such individual or entity has not signed the arbitration agreement. This being said, it is questionable whether the term 'extension' is justified as the arbitration agreement cannot be 'extended'; rather, non-signatories in particular constellations are either parties to the arbitration agreement or they are not*" (Voser, N. "The Swiss Perspective on Parties in Arbitration: 'Traditional Approach with a Twist regarding Abuse of Rights' or 'Consent Theory Plus'" in Brekoulakis, S.; Lew, J. D. M.; et al. (Eds.). *The Evolution and Future of International Arbitration*. International Arbitration Law Library, vol. 37, Kluwer Law International, 2016, pp. 161-162). No mesmo sentido: Born, G. B. *International Commercial Arbitration*. 2. Ed. Kluwer Law International, 2014, p. 1415; Dinamarco, C. D.. *A arbitragem na teoria geral do processo*. São Paulo, Malheiros Editores, 2013, p. 99.

10 V. nota n. 8.

contratual,[11] incorporação,[12] ou sub-rogação.[13] A razão por trás desse recorte é que, justamente por ser presumido, o consentimento expressado pela não-signatária nessas hipóteses não depende da avaliação e valoração da vontade *tácita*.

Quando se fala em vontade *tácita* – que é o objeto central deste artigo – até a "parte-menos-que-óbvia" precisa ter, por meio de seu envolvimento, expressado desejo de se vincular à cláusula compromissória ou ao contrato subjacente. Como anota Bernard Hanotiau, "[o]*nly a substan-*

[11] Confira-se, a título de exemplo, o caso *Société Taurus Films* v. *Les Films*, em que, analisando a cessão de contrato que continha cláusula arbitral, a Corte de Cassação francesa entendeu que "*la clause d'arbitrage international s'impose à toute partie venant aux droits de l'un des contractants*". No mesmo sentido, *SNTM Hyproc* v. *Banque générale du commerce* (França; 1997). Interessante também a fundamentação da Suprema Corte sueca, que, ao se deparar com a mesma questão, fundamenta a transmissão da cláusula compromissória em princípios de direito civil – o que está em linha com o que se defendeu aqui há pouco: "*C'est aussi un principe fondamental de droit civil que, dans le cas d'une cession d'un droit contractuel, un nouveau créancier ne peut pas avoir plus de droits que le cédant* [...]. *Le principe concerne en premier lieu les exceptions de droit civil comme par exemple la nullité mais il existe de fortes raisons pour que cela comprenne également les contrats d'arbitrage que le cédant a conclus*" (*Revue de l'Arbitrage*, Comité Français de l'Arbitrage, 1998, vol. 1998, n. 2, pp. 431-433).

[12] Confira-se, a título de exemplo: STJ, SEC 831/FR, Corte Especial, Rel. Min. Arnaldo Esteves Lima, 3.10.2007 ("*A empresa requerida, ao incorporar a original contratante, assumiu todos os direitos e obrigações da cedente, inclusive a cláusula arbitral em questão, inserida no Acordo de Consórcio que restou por ela inadimplido*"); e, ainda, STJ, SEC 894, Corte Especial, Rel. Min. Nancy Andrighi, 20.8.2008 ("*A requerida Inepar, ao incorporar duas outras empresas contratantes, assumiu todos os direitos e obrigações das cedentes, inclusive a cláusula arbitral em questão*").

[13] Inclusive, a possibilidade de transmissão da cláusula compromissória por via da sub-rogação foi afirmada recentemente pela Corte Especial do Superior Tribunal de Justiça, ao julgar o caso *Alstom* v. *Mitsui* (SEC n. 14930) em 15 de março de 2019. O entendimento expressado pelo Superior Tribunal de Justiça está em linha com o caminho tomado pela jurisprudência internacional. Confira-se, a título ilustrativo, os seguintes casos: *Schiffahrtsgesellschaft Dedlev Von Appen* v *Voest Alpine Intertrading* (Inglaterra; 1997): "[The insurer] *is bound by the arbitration agreement* [...] *because the* [voyage charterer's] *contractual rights under the sub-charterparty to the benefit of which* [the insurer] *has become entitled by subrogation are subject to the arbitration agreement which, too, is party of the sub-charterparty*"); *Solomon* v. *Consol. Resistance Co. of Am.* (EUA; 1983); *Am. Bureau of Shipping* v. *Tencara Shipyard* (EUA; 1999); *Stolt Tankers BV* v. *Allianz Seguros* (EUA; 2011); *Zurich Ins. Co.* v. *Crowley Latin America Serv.* (EUA; 2016); *Société Casco Nobel France* v. *Sico Inc. et Kansa* (França; 1992); *Société Carter* v. *Société Alsthom* (França; 1997); *Soc. An. di Assicuriazioni e Riassicurazioni 'Lloyd Continental'* v. *S.p.A. Navigazione Alga* (Itália; 1979); *Charlotte Villeneuve, AXA Corporate Solutions Assurances* v. *s.a. Y.* (Bélgica; 2012); *Seven insurance companies, Joint Venture* v. *Manufacturer* (Holanda; 2005).

tial involvement may amount to consent"[14]. O que, contudo, pode ser tido como envolvimento substancial? Não parece haver uniformidade no tratamento conferido à questão,[15] embora, em alguma medida, já existam parâmetros que norteiam essa análise – no que diz respeito à materialização do consentimento implícito, é comum a referência à participação efetiva da não-signatária nas fases de formação, performance e/ou rescisão do contrato subjacente à disputa.[16]

[14] Hanotiau, Bernard. *Complex Arbitrations: Multiparty, multicontract, Multi-issue and Class Actions*. Haia: Kluwer Law International, 2005, p. 36.

[15] No caso CCI n. 11160, por exemplo, a não-signatária teve participação significativa na formação do contrato e, portanto, foi compelida a participar da arbitragem. Nessa oportunidade, o tribunal arbitral observou que, apesar da regra ser a separação e autonomia das personalidades jurídicas, a verificação de intenção, ainda que implícita, da parte não-signatária no sentido de concordar com a cláusula compromissória configurava-se enquanto exceção reconhecida por decisões contemporâneas (v. *Bulletin de la Cour internationale d'arbitrage de la CCI*. vol. XVI, nº 02, 2005, pp. 103-104: "*The rule of this matter has always been and continues to be that separate legal personalities ought to be respected by judges and arbitrators and that, therefore, the arbitration clause only has effect with respect to the parties to the contract or agreement. However, it is nonetheless true that contemporary business realities have led to the recognition of many exceptions to this rule. Occasionally, and increasingly so, parties not expressly mentioned in the contract or agreement may both avail themselves of rights under it and be bound by it* [...]. *However, other exceptions have been recognized in contemporary decisions of the courts and arbitral tribunals without a need for any devious purposes. In a number of cases the existence of an intention, even implicit, of all the parties, including the non-signatories, to the effect that such non-signatories be parties to the contract and the arbitration clause is required. The role of such non-signatories in the conclusion and performance of the agreement is a crucial test to determine that intention*"). O tribunal arbitral verificou, no caso, que a requerida signatária foi constituída com o propósito específico de obter isenção de imposto instituído na Venezuela. Porém, a requerida não-signatária, sua controladora, era a responsável pelo gerenciamento do projeto – participou ativamente da negociação, preparo e execução do contrato. Por isso, a requerida não-signatária foi juntada à arbitragem como parte. Com base na mesma *ratio*, porém com consequência oposta, há o caso CCI n. 7155, no qual o tribunal arbitral decidiu pela não abrangência das signatárias, uma vez que ambas não eram parte da operação contratual à época da conclusão do contrato (Jarvin, Sigvard; Derains, Yves; Arnaldez, Jean-Jacques. *Collection of ICC Arbitral Awards (1996-2000)*. vol. IV. Haia: Kluwer Law International, p. 451). No mesmo sentido, no caso CCI n. 4504, diante de pedido de inclusão na arbitragem de empresa do mesmo grupo societário da requerida, o tribunal arbitral entendeu que o envolvimento daquela não havia sido substancial a ponto de se deduzir que ela havia ratificado a cláusula compromissória – sem que tivesse, no entanto, havido grandes esclarecimentos sobre os motivos por trás da conclusão, ou parâmetros que a precederam.

16 V., a título de ilustração: Born, G. *International commercial arbitration*. Kluwer Law International. 2. Ed., 2014, pp. 1432-1437; Voser, N. "The Swiss Perspective on Parties in Arbitration: 'Traditional Approach with a Twist regarding Abuse of Rights' or 'Consent Theory

Mas o que é "participação efetiva"? Deve haver envolvimento cumulativo da não-signatária nas fases de formação *e* performance *e* resolução do contrato? Ou basta envolvimento expressivo em um desses estágios? O que pode ser tido como envolvimento expressivo na fase de formação? É suficiente, por exemplo, que a não-signatária tenha sido responsável pela minuta do contrato subjacente ou realização da *due diligence* anterior à operação? É suficiente, em se tratando da fase de performance, que se verifique o ativo envolvimento de *um* executivo da não-signatária, ou esse envolvimento deve ser institucional? Quanto à fase de rescisão, é suficiente que, em fase de negociação pré-arbitral, a signatária seja representada por executivos da não-signatária?

Embora instigantes, essas perguntas não compõem o escopo deste artigo. Para fins deste estudo comparado, demos um passo atrás: o envolvimento substancial, que compõe a figura da "intenção comum", é suficiente para que se reconheça a "extensão" da cláusula arbitral em todos os sistemas jurídicos em análise? Independentemente da forma e magnitude com que se dá, a possibilidade de expressão de consentimento via comportamento é uma unanimidade? A resposta, como se verá, é negativa.

3. Os porquês da escolha do tema e dos países em análise: razões que justificaram o recorte proposto para esta comparação

Como se viu, a questão que este trabalho busca investigar tem no seu núcleo no alargamento do conceito de "partes" para fins de um contrato – mais especificamente, para fins da gênese e delimitação de limites à jurisdição – através da identificação de manifestação tácita de consentimento. Esse problema nos parece o perfeito protagonista de uma análise comparada não-tão-evidente. E por que "não-tão-evidente"?

Há quem descreva o direito comparado como a justaposição de legislações estrangeiras – "um método ou técnica de pesquisa jurídica [...]

Plus'" in Brekoulakis, S.; Lew, J. D. M.; et al. (Eds.). *The Evolution and Future of International Arbitration*. International Arbitration Law Library, vol. 37, Kluwer Law International, 2016, pp. 170-173); Zuberbühler, T. "Non-Signatories and the Consensus to Arbitrate" in *ASA Bulletin*, vol. 26. Kluwer Law International, 2008, pp. 22-24. Hanotiau, B. *Complex Arbitrations: Multiparty, Multicontract, Multi-Issue and Class Actions*. Kluwer Law International, 2006, pp. 97-98.

usado para contrastar, justapor e comparar sistemas jurídicos inteiros, instituições jurídicas ou regras de direito de diferentes sistemas jurídicos com o propósito de discernir similitudes e diferenças".[17] Contudo, quando se fala no consentimento à cláusula arbitral expressado tacitamente, não há fontes *autoevidentes* a serem justapostas, porque simplesmente não há notícia de qualquer sistema jurídico – salvo o peruano[18] – que tenha positivado parâmetros na lei material (*hard law*) aptos a embasar a possibilidade (ou não) de "extensão" dos efeitos da cláusula arbitral a parte não-signatária (embora, como se verá, as legislações em análise forneçam indícios que se simultaneamente bebem da, e influenciam a, tradição jurídica local; *infra*, **item 4**).

Mas é justamente a ausência de parâmetros objetivos aptos a nortear essa análise dá a esse problema os contornos de um "*twilight issue*". Para o Prof. George Bermann, um "*twilight issue*" é um problema incidental para o qual não há solução óbvia nas fontes jurídicas imediatas (*e.g.*, a *lex arbitri*).[19] Ao enfrentar tais "questões crepusculares", portanto, o adjudicador se vê forçado a buscar norte em outras fontes. E, embora tribunais arbitrais costumeiramente se valham de decisões emitidas em casos análogos enquanto parâmetro da prática internacional,[20] o mesmo

[17] Örücü, Esin, *The Enigma of Comparative Law: Variations on a Theme for the Twenty-first Century*. Leiden: Martinus Nijhoff Publishers, 2004, p. 16. No original: "*Thus, comparative law as a method or technique of legal research is used to contrast, juxtapose and compare entire legal systems, legal institutions or legal rules from different legal systems with the view of discerning similarities and differences* [...]". A título de esclarecimento, ressalta-se: essa visão é descrita – e não necessariamente encampada – pela autora como parte da segunda corrente (ou "variação") de ideias a respeito da pergunta global "o que é o direito comparado?", explorada no capítulo n. 1 do livro citado aqui.

[18] Decreto Legislativo n. 1071 (*Decreto Legislativo que Norma el Arbitraje*): "*Artículo 14.- Extensión del convenio arbitral. El convenio arbitral se extiende a aquellos cuyo consentimiento de someterse a arbitraje, según la buena fe, se determina por su participación activa y de manera determinante en la negociación, celebración, ejecución o terminación del contrato que comprende el convenio arbitral o al que el convenio esté relacionado. Se extiende también a quienes pretendan derivar derechos o beneficios del contrato, según sus términos*" (disponível em: https://portal.osce.gob.pe/arbitraje/sites/default/files/Documentos/Legislacion_aplicable/DL-1071-ley-que-norma-el-arbitraje.pdf; acesso em: 22.6.2021).

[19] O conceito de *twilight issue* foi e tem sido objeto de uma série de eventos promovidos pelo Prof. Bermann ao redor do mundo, embora não tenha sido registrado por escrito em nenhuma obra escrita de que se tem notícia.

[20] "*Les tribunaux arbitraux s'appuient ainsi couramment sur les solutions adoptées par des sentences arbitrales passées de façon indirecte, en se référant aux principes généraux de l'arbitrage international ou*

não ocorre com o mesmo grau de intensidade quando o foco se volta às cortes estatais em sede de homologação ou "revisão"[21] judicial – que, nos parece, será o ponto de partida da comparação entre os sistemas aqui explorados.

Quando uma corte estatal se depara com um "*twilight issue*", é forçada (ou ao menos provocada) a mergulhar nas bases que compõem o sistema jurídico subjacente à lei aplicável à questão. A prolação de decisão que não se funda estritamente na lei ou em precedentes pré-existentes revela muito, porque ela necessariamente será um produto da abertura cognitiva entre o sistema arbitral – como se viu, silente – com os demais tijolos que compõem cada ordenamento jurídico. E esse exercício é muito revelador.

A tese que se procura confirmar é a de que a forma com que os sistemas jurídicos se desenvolveram no curso do tempo influencia o modo com que o adjudicador enxerga a questão tão delicada do consentimento tácito. E não por outra razão se escolheu os sistemas jurídicos inglês, francês e brasileiro para protagonizarem esta análise. Esse recorte será explicado a seguir.

Se a regulação da flexibilidade ou rigidez quanto à possibilidade de "extensão" dos efeitos da cláusula arbitral estivessem dispostos num diagrama, Inglaterra e França estariam em pontas opostas.[22] De fato, há quem tenha chamado as posições adotadas por esses dois países de "irreconciliáveis" em se tratando da expressão tácita de consentimento à cláusula arbitral.[23] E não à toa – tamanha é a distância entre o entendimento esposado nos dois países, que em mais de um caso as cortes

du droit international des contrats ou encore en citant les publications de certaines institutions privées codifiant elles-mêmes les solutions contenues dans les sentences arbitrales" BENTOLILA, D. *Le précédent arbitral*, p. 1181-2).

[21] Sempre limitada, como se sabe, às hipóteses de anulação previstas na *lei arbitri* do país em que arbitragem está sediada.

[22] O que, inclusive, foi feito por Eduardo Silva Romero e Luis Miguel Velarde Saffer, em ROMERO, Eduardo Silva; SAFFER, Luis Miguel Velarde. The Extention of the Arbitral Agreement to Non-Signatories in Europe: A Uniform Approach?. In: *The American University Business Law Review*, vol. 5, n. 3, p. 385.

[23] MAYER, Pierre. *The Extension of the Arbitration Clause to Non-Signatories – The Irreconcilable Positions of French and English Courts*. The American University International Law Review, vo. 24, n. 4, 2012, *passim*.

superiores inglesa e francesa chegaram a resultados diametralmente opostos com base em substrato fático e raciocínio jurídico idênticos.

Aqui se está falando do paradigmático caso *Dallah*. O tribunal arbitral, naquele caso, decidiu pela extensão da cláusula compromissória a parte não-signatária. O que sucedeu a decisão foi que, de um lado, no âmbito do processo de reconhecimento e execução da sentença arbitral, a suprema corte inglesa entendeu que a não-signatária *não poderia* ser vinculada à cláusula compromissória; de outro, no âmbito da ação anulatória proposta na sede, com base no mesmíssimo substrato fático (e lei aplicável!), a *Cour d'Appel* de Paris entendeu que a não-signatária *poderia* ser vinculada à cláusula compromissória. Segundo o Prof. Brekoulakis, essa divergência não é atribuível a uma visão diferente sobre os fatos da disputa, e sim a uma visão diferente sobre a premissa jurídica que os antecede.[24] Esse fenômeno se repetiu no recentíssimo caso *Kabab-ji* (já apelidado de "*Dallah Encore*"[25] e "*Dallah Revisited*"[26]), que também será abordado ao longo deste trabalho. Por serem tão reveladores da discrepância entre os dois países, esses dois casos ocuparão lugar central para fins desta análise comparada.

Os sistemas jurídicos inglês e francês são verdadeiros criadores de tendência em matéria de jurisprudência sobre arbitragem. E, se eles estão em pontas opostas do diagrama, qual o grau de influência que exercem sobre os demais países cujo entendimento a respeito de certos aspectos da arbitragem ainda não se consolidou? Essa é a razão pela

[24] *"It is reassuring to think that the English Supreme Court had merely a different take on the facts of the case here. However, the truth of the matter is that the difference between French law and English law on the issue of proof for arbitral consent is fundamental. Indeed, for English Courts the notion that consent to arbitration can be evidenced by means other than in writing is improbable, if not altogether inexpedient"*(Brekoulakis, S. "Parties in International Arbitration: Consent v. Commercial Reality" in Brekoulakis, S.; Lew, J. D. M.; et al. (Eds.). *The Evolution and Future of International Arbitration*. International Arbitration Law Library, vol. 37, Kluwer Law International, 2016, p. 153).

[25] Panjwani, Pratyush. "Dallah Encore – The Need for an Adaptive Understanding of Consent in International Arbitration". In: *Investment and Commercial Arbitration Review*, 2002, passim.

[26] Oger-Gross, Elizabeth et al.. *Dallah Revisited: The French and English Courts in Conflict Again Regarding Arbitral Jurisdiction Over Non-Signatories*, 2002 (disponível em: https://www.whitecase.com/publications/alert/dallah-revisited-french-and-english-courts-conflict-again-regarding-arbitral; último acesso em: 18.6.2021).

qual se abordará também o Brasil neste trabalho – que, embora seja um país de tradição *civil law* (e, portanto, presumivelmente mais próximo da França), é também é passível de influência em matéria de arbitragem pelas decisões inglesas.

Tudo o que se explicou até aqui demonstra que, apesar de não ser concretamente regulada por dispositivo legal pré-existente, a possibilidade ou não de os efeitos da cláusula compromissória serem "estendidos" não existe no "vácuo" – ela está pautada por parâmetros pré-existentes inseridos na cultura jurídica formada no local de potencial "revisão" judicial da sentença arbitral. As decisões serão comparadas, sim, mas é dando a devida atenção ao pano-de-fundo por trás delas que se buscará evitar o que já se chamou de "*incompetence masquerading as jurisprudential expertise*",[27] traduzida pela negligência ao contexto por trás das ideias esposadas pelas jurisdições em análise.[28] É justamente a não-obviedade desse contexto, decorrente da ausência de um "culpado" evidente para a divergência de posições, que torna o debate interessante para fins de uma análise comparada.

4. França, Inglaterra e Brasil: comparação constatativa entre os sistemas objeto desta análise

Este trabalho focará em três aspectos dos sistemas jurídicos sujeitos a comparação. Primeiro, tentará extrair das legislações locais os dispositivos (ou lacunas) que possam ter influência na questão da imposição de limites à jurisdição arbitral por meio da aferição de consentimento tácito à cláusula compromissória. Segundo, abordará o entendimento de cada sistema jurídico a respeito da lei aplicável aos aspectos substantivos da cláusula arbitral, que incluem seu escopo. Terceiro, examinará o desenvolvimento da jurisprudência que reflete a regulação, pelos tribunais locais, da questão do consentimento tácito à cláusula arbitral.

[27] Tur, R.H.S. "The Dialectic of General Jurisprudence and Comparative Law". In: *Juridical Review*, 1977, p. 238.

[28] Ewald, W. "Comparative Jurisprudence: What Was It Like to Try a Rat?". In: *Pennsylvania Law Review*, 143, 1995, p. 1889.

4.1. França

A legislação francesa sobre arbitragem está majoritariamente inserida no livro IV do Código de Processo Civil[29] e, dividida em dois subtítulos – o primeiro, relativo à arbitragem doméstica; o segundo, relativo à arbitragem internacional –, reflete opção legislativa de adoção de sistema dualista.[30] Para fins da legislação francesa sobre arbitragem, o conceito de "internacional" é amplo: abarca quaisquer arbitragens que envolve interesses do comércio internacional (art. 1504; "[e]*st international l'arbitrage qui met en cause des intérêts du commerce international*"). Para fins desta análise comparada, focar-se-á no tratamento conferido pelo sistema francês à arbitragem *internacional*. Embora a legislação francesa não traga nenhuma solução explícita à questão do consentimento tácito, identificamos nela três pontos relevantes para esta análise comparada.

O primeiro é que convenções de arbitragem internacionais não estão sujeitas a nenhum pré-requisito de forma. De fato, nos termos do art. 1507 do Código de Processo Civil francês, "[l]*a convention d'arbitrage n'est soumise à aucune condition de forme*". Curiosamente, essa previsão – expressão máxima da visão pró-arbitragem esposada pela França – parece contrariar frontalmente o art. II da Convenção de Nova Iorque sobre o Reconhecimento e Execução de Sentenças Arbitrais Estrangeiras ("Convenção de Nova Iorque").[31] O art. VII.1 da Convenção de Nova Iorque, contudo, confere às cortes locais a prerrogativa de aplicar a legislação local, caso esta seja mais favorável à sentença arbitral e/ou convenção de arbitragem subjacente.[32]

[29] Embora também esteja contida no código civil (arts. 2059-2061), no Código Comercial (arts. L. 721-3 e L. 721-5) e em certas leis especiais (como, *e.g.*, a lei de propriedade intelectual).

[30] Kiffer, Laurence. "National Report for France (2020)". In: Bosman, Lise (ed.). *ICCA International Handbook on Commercial Arbitration*. Kluwer Law International, 2020, p. 2.

[31] Convenção de Nova Iorque, art. II.1: "*Cada Estado signatário deverá reconhecer o acordo escrito pelo qual as partes se comprometem a submeter à arbitragem todas as divergências que tenham surgido ou que possam vir a surgir entre si no que diz respeito a um relacionamento jurídico definido, seja ele contratual ou não, com relação a uma matéria passível de solução mediante arbitragem*"; art. II.2: "*Entender-se-á por "acordo escrito" uma cláusula arbitral inserida em contrato ou acordo de arbitragem, firmado pelas partes ou contido em troca de cartas ou telegramas*".

[32] Convenção de Nova Iorque, art. VII.1: "*As disposições da presente Convenção não afetarão a validade de acordos multilaterais ou bilaterais relativos ao reconhecimento e à execução de sentenças arbitrais celebrados pelos Estados signatários nem privarão qualquer parte interessada de qualquer direito*

O segundo é que, assim como a lei de arbitragem brasileira (*infra*, **item 4.3**), e diferentemente da lei de arbitragem inglesa (*infra*, **item 4.2**), a legislação francesa não trata especificamente do conceito de "partes".

O terceiro é que, assim como as leis de arbitragem inglesa e brasileira (*infra*, **itens 4.2** e **4.3**), a legislação francesa não prevê - nem veda - a possibilidade de intervenção de terceiros no procedimento arbitral.

No que tange à lei aplicável ao escopo da cláusula compromissória, os tribunais franceses adotam uma abordagem bastante particular: entendem não ser necessária a referência a qualquer lei nacional. A convenção de arbitragem é tida como independente (*détachée*) da miríade de leis que a ela poderiam se aplicar estivesse ela submetida à interpretação de outra corte. Quem exerce papel central, à luz da ausência de referência a qualquer lei nacional, é a figura da intenção comum das partes. Esse entendimento - que, mais uma vez, demonstra a extrema liberdade com que o sistema jurídico francês trata a arbitragem - é um dos fatores que contribui significativamente para a flexibilização do conceito de "partes" para fins da vinculação à cláusula compromissória. De fato, de acordo com o Prof. Yves Derains, "[t]*his prominent role given to the common intent of the parties is a part of a substantive rule of French law that French courts apply without any regard to any national law that might be applicable to the arbitration clause pursuant to a conflict of laws rule*".[33] Essa interpretação pode ser exemplificada pela decisão da *Cour de Cassassion* francesa no famoso caso Dalico.[34]

À luz das particularidades histórica e legislativa do sistema jurídico francês, qual é a posição dos tribunais a respeito dos limites impostos à jurisdição arbitral no que diz respeito à parte não-signatária que a ela aderiu de forma tácita?

que ela possa ter de valer-se de uma sentença arbitral da maneira e na medida permitidas pela lei ou pelos tratados do país em que a sentença é invocada".

[33] Derains, Yves. "Is There a Group of Companies Doctrine?". In: Hanotiau, Bernard; Schwartz, Eric. *Multiparty Arbitration*, 2010, p. 131.

[34] *Comité Populaire de la Municipalité de Khoms El Mergeb* v. *Dalico Contractors*, Cour de Cassassion, le civ., 1993 (bull. Civ. II, n. 372): "*By virtue of a substantive rule of international arbitration, the arbitration agreement is legally independente of the main contract containing or referring to it, and the existence and effectiveness of the arbitration agreement are to be assessed, subject to the mandatory rules of French law and international public policy, on the basis of the parties' common intention, there being no need to refer to any national law*".

Antes de se adentrar o mérito dos dois casos que serão os protagonistas da comparação entre Inglaterra e França (os casos *Dallah* e *Kabab-ji*), é necessário registrar o que já se sabe: a França é o berço da polêmica doutrina dos "grupos societários" (*group of companies doctrine*), que surgiu após decisão da *Cour de Cassassion* no âmbito do caso *Dow Chemical.*[35] No caso *Dow Chemical*, o tribunal arbitral havia entendido que, a despeito da separação formal entre as pessoas jurídicas envolvidas, o grupo

[35] O caso *Dow Chemical* v. *Isover Saint Gobain*, decidido em 1982 sob a égide da Câmara de Comércio Internacional (*Dow Chemical France et al.* v. *Isover Saint Gobain*, Caso CCI n. 4131, decidido em 23.9.1982), inaugurou o debate sobre a possibilidade de "extensão" subjetiva da cláusula compromissória. No caso, a Dow Chemical AG era subsidiária da Dow Chemical Company e assumiu a obrigação de fornecer equipamentos de isolamento térmico à Isover Saint Gobain, sua contraparte na arbitragem. Nos termos dos diversos contratos assinados entre as partes, qualquer uma das subsidiárias da Dow Chemical Company poderia realizar a entrega dos equipamentos objeto da relação, o que foi feito por subsidiária chamada Dow Chemical France. Surgida a controvérsia, a arbitragem foi instaurada em face de todas as empresas citadas. A Dow Chemical Company e a Dow Chemical France alegaram que o tribunal arbitral não teria jurisdição sobre elas, vez que não eram signatárias do contrato que continha a cláusula compromissória. Ao analisar a questão, o tribunal arbitral entendeu que a intenção demonstrada pelas partes apontava para o envolvimento e todas as empresas no negócio. Apontou como elementos indicativos o controle integral exercido pela Dow Chemical Company sobre a subsidiária e a participação ativa desta e da Dow Chemical France no decorrer de todos os estágios da avença: tanto negociação, quanto execução. Concluiu, portanto, pela vinculação das partes não-signatárias levando em conta que:"[c]*onsidering, in particular, that the arbitration clause expressly accepted by certain of the companies of the group should bind the other companies which, by virtue of their role in the conclusion, performance, or termination of the contracts containing said clauses, and in accordance with the mutual intention of all parties to the proceedings, appear to have been veritable parties to these contracts or to have been principally concerned by them and the disputes to which they may give rise.*" (JARVIN, Sigvard; DERAINS, Yves; ARNALDEZ, Jean-Jacques. *Collection of ICC Arbitral Awards (1986-1990)*. vol. II. Haia: Kluwer Law International, pp. 151). A decisão é tida como inaugural da famigerada "doutrina do grupo de companhias", que para muitos é tida como uma tese autônoma de "extensão" da cláusula compromissória. Essa visão, contudo, é equivocada: a presença dos elementos que permitem a "extensão" via grupo de companhias só reforça o consentimento tácito que pode ser expressado de "n" outras formas. Em outras palavras, a "extensão" via "grupo de companhias" é uma subespécie da "extensão" via consentimento tácito. Confira-se, nesse sentido, a lição do Prof. Bernard Hanotiau: "*It is true that the factual existence of a group of companies gives a special dimension to the issue of conduct or consent. But the fact that the signatory and the non-signatory belong to the same group is only one factual element* (un indice) *to be taken into consideration to determine the existence of consent).*" (HANOTIAU, Bernard. op. cit., p. 50).

era dotado de realidade econômica una.[36] A ratificação dessa conclusão pela *Cour d'Appel* de Paris e pela *Cour de Cassassion*[37] permeou o desenvolvimento da jurisprudência francesa em matéria de consentimento tácito.

Contudo, a despeito do conceito de "grupo de companhias" ter se tornado muito popular a partir da década de 1980, o fator-chave para a "extensão" dos efeitos da cláusula compromissória foi, na realidade, o consentimento implícito expressado através do comportamento da não-signatária. De fato, conforme opina Bernard Hanotiou, ainda que a existência de grupo econômico dê dimensão especial à questão do consentimento, *"the fact that the signatory and the non-signatory belong to the same group is only one factual element to be taken into consideration to determine the existence of consent"*.[38]

Anos se passaram até que se chegasse à decisão no caso *Dallah*, de que se já falou *en passant* neste trabalho. Em 26 de junho de 2001, um tribunal arbitral sediado em Paris sob a égide da Câmara de Comércio Internacional proferiu sentença parcial reconhecendo sua jurisdição sobre o Ministério de Religião do Governo do Paquistão ("Paquistão"), apesar de o Ministério não ter assinado o contrato que deu margem à disputa e que continha a cláusula arbitral de que se valeu a requerente Dallah Real Estate and Tourism Holding Company ("Dallah"). A sentença parcial foi seguida por duas outras sentenças, que acabaram

[36] No caso, a Dow Chemical AG era subsidiária da Dow Chemical Company e assumiu a obrigação de fornecer equipamentos de isolamento térmico à Isover Saint Gobain, sua contraparte na arbitragem. Nos termos dos diversos contratos assinados entre as partes, qualquer uma das subsidiárias da Dow Chemical Company poderia realizar a entrega dos equipamentos objeto da relação, o que foi feito por subsidiária chamada Dow Chemical France. Tendo surgido controvérsia, a arbitragem foi instaurada em face de todas as empresas citadas. A Dow Chemical Company e a Dow Chemical France alegaram que o tribunal arbitral não teria jurisdição sobre elas, vez que não eram signatárias do contrato que continha a cláusula compromissória. Ao analisar a questão, o tribunal arbitral entendeu que a intenção demonstrada pelas partes apontava para o envolvimento e todas as empresas no negócio. Apontou como elementos indicativos o controle integral exercido pela Dow Chemical Company sobre a subsidiária e a participação ativa desta e da Dow Chemical France no decorrer de todos os estágios da avença: tanto negociação, quanto execução.

[37] Clay, Thomas; Pinsolle, Philippe. *French International Arbitration Law Reports 1963–2007.* Juris Publishing, 2014.

[38] Hanotiau, Bernard. *Complex Arbitrations: Multiparty, multicontract, Multi-issue and Class Actions.* Haia: Kluwer Law International, 2005, p. 50.

por condenar o Paquistão ao pagamento do valor histórico de USD 18.907.603,00.

A sentença final foi objeto de discussão perante as cortes inglesa e francesa. A primeira analisou a possibilidade de "extensão" da cláusula arbitral ao Paquistão em sede de ação de homologação e execução da sentença arbitral movida pela Dallah com base na Convenção de Nova Iorque. A segunda analisou a possibilidade de "extensão" da cláusula ao Paquistão em sede de pedido de anulação da sentença arbitral.

Ao examinar os fatos que serviram de pano-de-fundo da disputa, a *Cour d'Appel* de Paris entendeu que o Paquistão havia se comportado como se o contrato fosse seu, e que o envolvimento do governo durante a formação do contrato confirma que a criação do fundo signatário foi medida formal, já que o Paquistão havia se comportado como o verdadeiro agente por trás da operação.[39]

Cerca de dez anos após a prolação da paradigmática decisão no caso *Dallah*, a saga se repetiu no caso *Kabab-ji*. A arbitragem no caso *Kabab-ji* era igualmente sediada em Paris, e foi iniciada no bojo de contrato de franquia celebrado entre *Kabab-ji* e *Al Homaizi Foodstuff Company* – uma subsidiária da KFG. Assim como no caso Dallah, a questão jurisdicional estava centrada na jurisdição do tribunal arbitral sobre a KFG, que não havia assinado o contrato que deu origem à disputa (e, portanto, também não era signatária de sua cláusula arbitral). Por maioria, o tribunal arbitral entendeu ter jurisdição sobre a KFG.

Mais uma vez repetindo-se os eventos do caso *Dallah*, a sentença final foi paralelamente objeto de processo de homologação e execução perante as cortes inglesas, e de ação anulatória perante as cortes francesas. Em decisão proferida em junho de 2020, que se baseou na conduta da KFG no curso da performance, rescisão e renegociação do contrato de franquia, a *Cour d'Appel* de Paris negou o pedido de anulação da sentença por entender correta a "extensão" da cláusula arbitral à controladora da parte signatária.[40] Também neste caso, a corte francesa entendeu pela aplicação do teste da intenção comum das partes à abran-

[39] *Cour d'Appel* de Paris, *Ministère des affaires religieuses* v. *Société Dallah Real Estate and Tourism Holding Company*. *Revue de l'Arbitrage*, n. 3, 2012.

[40] *Cour d'Appel* de Paris, *Société Kout Food Group* v. *Société Kabab-Ji SAL*. *Revue de l'Arbitrage*, n. 3, 2020.

gência da cláusula compromissória, registrando que "[e]*n vertu d'une règle matérielle du droit international de l'arbitrage, la clause compromissoire est indépendante juridiquement du contrat principal qui la contient directement ou par référence, et son existence et son efficacité s'apprécient, sous réserve des règles impératives du droit français et de l'ordre public international, d'après la commune volonté des parties, sans qu'il soit nécessaire de se référer à une loi étatique*".[41] Aplicando esse critério, o tribunal francês entendeu que a conduta da KFG era reveladora de sua intenção de se vincular ao contrato e, portanto, à cláusula arbitral nele contida.

O histórico de casos julgados pelas cortes francesas – que é bem representado pelas duas decisões explicadas acima – demonstra que a França adota abordagem *liberal* à questão da regulação dos limites à jurisdição arbitral no que diz respeito à manifestação tácita de consentimento.

4.2. Inglaterra

O ponto de partida da análise do tratamento conferido pelo sistema inglês à questão do consentimento tácito à cláusula compromissória será igualmente a sua legislação arbitral, o *Arbitration Act* de 1996 (a que se referirá como "lei de arbitragem inglesa"). Embora, como se viu, também não haja solução explícita na lei de arbitragem inglesa, identificamos nela três aspectos relevantes para esta análise.

O primeiro é que seu art. 5(1) estabelece que grande parte da lei de arbitragem inglesa se aplica tão-somente à cláusula arbitral que assume forma escrita ("[t]*he provisions of this Part apply only where the arbitration agreement is in writing, and any other agreement between the parties as to any matter is effective for the purposes of this Part only if in writing*"). Entretanto, a lei de arbitragem inglesa vai além e registra que, para que preencha o requisito da forma escrita, não é necessário que a cláusula arbitral seja assinada pelas partes (art. 5(2)(a): "[t]*here is an agreement in writing if the agreement is made in writing (whether or not it is signed by the parties)*"). Esse registro parece lidar com qualquer obstáculo associado a requisitos de forma – afinal, a maioria dos casos em que se discute a jurisdição sobre

[41] *Cour d'Appel* de Paris, *Société Kout Food Group* v. *Société Kabab-Ji SAL*. *Revue de l'Arbitrage*, n. 3, 2020.

não-signatárias gira em torno do campo de incidência de uma cláusula arbitral escrita e pré-existente, inserida no contrato subjacente.[42]

O segundo é que a lei de arbitragem inglesa define "parte" como "*any person claiming under or through a party to the agreement*" (art. 82(2)). A leitura desse dispositivo parece indicar que o legislador previu a possibilidade de que uma parte não-signatária fosse vinculada a cláusula arbitral, mas tão-somente se por meio de parte originaria.[43] Nesse sentido, o art. 82(2) é geralmente interpretado de modo a permitir a propositura de ações contra ou por partes ligadas à signatária via hipóteses contratuais pré-existentes de transferência de direitos e deveres (como, por exemplo, cessão e sub-rogação).[44]

O terceiro é que a lei de arbitragem inglesa propositalmente não prevê a possibilidade de intervenção (*joinder*) de terceiros na arbitragem. Essa solução – que diverge daquela adotada por certos sistemas jurídicos[45] – reflete a opinião do *Departamental Advisory Committee on Arbitration* de que seria inapropriado legislar sobre a questão,[46] muito embora não se tenha proibido que as partes decidam permiti-la por meio, por exemplo, da escolha de regulamento que preveja essa possibilidade.[47]

[42] SHEPPARD, Audley. Third-Party Non-Signatories in English Arbitration Law. In: BREKOULAKIS, Stavros; LEW, Julian; MISTELIS, Loukas (eds.). *The Evolution and Future of International Arbitration*. International Arbitration Law Library, vol. 37. Kluwer Law International, 2006, p. 185.

[43] SHEPPARD, Audley. Third-Party Non-Signatories in English Arbitration Law. In: BREKOULAKIS, Stavros; LEW, Julian; MISTELIS, Loukas (eds.). *The Evolution and Future of International Arbitration*. International Arbitration Law Library, vol. 37. Kluwer Law International, 2006, p. 185.

[44] A título de ilustração, confira-se: *Athletic Union of Constantinople* v. *National Basketball Association* [2002] 1 Lloyd's Rep. 305. Confira-se também SHEPPARD, Audley. Third-Party Non-Signatories in English Arbitration Law. In: BREKOULAKIS, Stavros; LEW, Julian; MISTELIS, Loukas (eds.). *The Evolution and Future of International Arbitration*. International Arbitration Law Library, vol. 37. Kluwer Law International, 2006, p. 185.

[45] Confira-se, por exemplo, o art. 1045 do Código de Processo Civil holandês, que dá poder ao tribunal arbitral para permitir a intervenção de terceiros interessados na solução da disputa, a menos que haja acordo em contrário.

[46] Departmental Advisory Committee on Arbitration, *Departmental Advisory Committee on Arbitration Report on Arbitration Bill 1996*, 13(3). *Arbitration International*, n. 275, 1997, pp. 303–304.

[47] Como, por exemplo, o regulamento da London Court of International Arbitration (LCIA), que prevê em seu art. 22.1(x) que "[t]*he Arbitral Tribunal shall have the power, upon the application of any party or (save for sub- paragraph (x) below) upon its own initiative, but in either case only*

Conforme antecipado, o segundo ponto de análise é o entendimento dos tribunais ingleses sobre a lei substantiva aplicável à avaliação do escopo da cláusula compromissória (e, portanto, à questão do consentimento tácito à cláusula arbitral). Esse ponto será explorado de forma breve. Em apertadíssima síntese, as cortes inglesas estabeleceram, no caso *Sulamerica*, um teste em três passos ("*a three stage enquiry*") para determinação da lei aplicável à cláusula compromissória: (i) há escolha expressa de lei?; se não, (ii) há escolha implícita de lei?; se não, (iii) que lei tem a conexão mais próxima e real com a questão em análise?[48] Esse aspecto, como se verá, será relevante pra adoção de postura mais conservadora do que a francesa no que tange ao tema deste artigo.

Dito isso, e à luz das particularidades histórica e legislativa do sistema jurídico inglês, de que forma os tribunais regulam a expressão tácita de consentimento à cláusula arbitral?

Mais uma vez, antes que se adentre o mérito das duas decisões que são o objeto principal da comparação entre França e Inglaterra, cabe uma breve digressão sobre a abordagem que as cortes inglesas historicamente haviam adotado a respeito do consentimento tácito.

Essa porção da análise sobre a jurisprudência francesa foi inaugurada pela doutrina do grupo de companhias, que se tornou popular com o advento do caso *Dow Chemical* (*supra*, **item 4.1**). Esse também é um bom ponto de partida para o exame da jurisprudência inglesa. Isso porque, ao contrário de muitos outros, o sistema jurídico inglês rejeita a doutrina do grupo de companhias. Essa postura é bem ilustrada pelo caso *Peterson Farms*, que envolvia uma requerente indiana que havia iniciado arbitragem contra um criador de galinhas do Arkansas. Como parte de seu pedido de indenização pelo fornecimento de galinhas infectadas pela gripe aviária, a requerente buscou ser compensada por perdas sofridas por companhias a ela afiliadas. A arbitragem tinha sua sede em Londres. Ao examinar a questão, o tribunal arbitral entendeu não haver

after giving the parties a reasonable opportunity to state their views and upon such terms (as to costs and otherwise) as the Arbitral Tribunal may decide: [...] *(x) to allow one or more third persons to be joined in the arbitration as a party provided any such third person and the applicant party have consented expressly to such joinder in writing following the Commencement Date or (if earlier) in the Arbitration Agreement; and thereafter to make a single final award, or separate awards, in respect of all parties so implicated in the arbitration".*

[48] *Sulamerica Cia. Nacional de Seguros S.A.* V. *Engenharia S.A.* [2012] EWCA (Civ) 638 [25].

escolha expressa de lei em relação à convenção de arbitragem, então decidiu empregar o teste da intenção comum das partes. Ao fazê-lo, aplicou a doutrina do grupo de companhias e entendeu ter jurisdição sobre outras empresas pertencentes ao grupo societário da requerente. A sentença foi objeto de ação anulatória e, ao julgá-la, a *High Court* inglesa foi enfática: "[the group of companies doctrine] *forms no part of English law*'.[49] A mesma reticência se verificou em casos em que o fundamento jurídico por trás da "extensão" da cláusula arbitral era pura e simplesmente o consentimento implícito da não-signatária. [50]

Ao analisar o caso *Dallah*, cujos fatos foram explicados acima, a suprema corte inglesa aplicou a lei francesa e de fato identificou que a "intenção comum das partes" era o teste pertinente, registrando que tal intenção resultaria de todas as circunstâncias do caso ("*including the involvement and behaviour of all the parties during the negotiation, performance and, if applicable, termination of the underlying agreement*").[51] Ainda assim, ao examinar as circunstâncias do caso, chegou à conclusão de que o Paquistão não havia se tornado uma parte da cláusula arbitral. Com base nesse entendimento, negou a homologação da sentença arbitral.

Já no caso *Kabab-ji*, cujos fatos também foram explicados acima, a *Court of Appeal* inglesa iniciou sua análise pela determinação da lei aplicável à cláusula arbitral. Para a corte inglesa, a redação do contrato indicava haver concordância expressa em relação à escolha da lei inglesa para governar a cláusula arbitral. À luz disso, embora tenha reconhecido que a controladora não-signatária se comportou como parte substantiva do contrato, a *Court of Appeal* entendeu que essa circunstância não equivalia a um "*unequivocal representation that the variation of the FDA to add KPG as a party was valid*".[52]

O histórico de casos julgados pelas cortes francesas - que é bem representado pelas duas decisões explicadas acima - demonstra que a

[49] *Peterson Farms Inc. v C&M Farming Limited* [2004] EWHC 121 (Comm).

[50] Confira-se, por exemplo, o caso *Svenska Petroleum Exploration AB*, em que, a despeito de não ter se oposto à aplicação da doutrina da intenção comum pela lei da Lituânia, a *Court of Appeal* registrou expressamente que isso não seria possível sob a ótica da lei inglesa (*Svenska Petroleum Exploration AB* v. *Lithuania* [2006] EWCA Civ 1529.

[51] *Dallah Real Estate and Tourism Holding Company* v. *Government of Pakistan* [2010] UKSC 46 (3 November 2010).

[52] *Kabab-Ji SAL* v. *Kout Food Group* [2020] EWCA Civ 6, para. 80.

Inglaterra adota abordagem *conservadora* ao regular os limites da jurisdição arbitral no que diz respeito à manifestação tácita de consentimento.

4.3. Brasil

Da mesma forma que se fez quando do exame das demais jurisdições, o ponto de partida da análise do tratamento conferido pelo sistema inglês à questão do consentimento tácito à cláusula compromissória será a sua legislação arbitral. No Brasil, a arbitragem é regulada pela lei n. 9.307/96, que foi objeto de relativamente recente reforma pela lei 13.129/2015 ("lei de arbitragem brasileira"). Assim como nos demais sistemas jurídicos objeto deste artigo, a lei de arbitragem brasileira não traz solução específica para a questão do consentimento tácito à cláusula arbitral expressado via comportamento. Diante disso, comparar-se-á os pontos destacados quando da análise das legislações francesa e inglesa.

Primeiro, a lei de arbitragem brasileira exige que a convenção de arbitragem seja estipulada por escrito (art. 4º, §1º; "[a] cláusula compromissória deve ser estipulada por escrito, podendo estar inserta no próprio contrato ou em documento apartado que a ele se refira"). Nesse aspecto, a lei de arbitragem brasileira se assemelha à lei de arbitragem inglesa (embora não contenha a ressalva de que a convenção de arbitragem não precisa necessariamente ser assinada por todas as partes envolvidas), e se distancia da legislação francesa sobre arbitragem internacional.

Segundo, assim como a legislação francesa (e diferentemente da lei de arbitragem inglesa), a lei de arbitragem brasileira não aborda especificamente o escopo do termo "partes".

Terceiro, e nisso a lei de arbitragem brasileira está em linha com as duas outras analisadas, o legislador brasileiro optou por não prever a possibilidade de intervenção de terceiros, deixando a critério das partes regulá-lo (por meio da expressão espontânea de sua autonomia ou por meio da escolha de regulamento arbitral).

Como se vê, a lei de arbitragem brasileira oferece poucos subsídios para se extrair qualquer conclusão positivista a respeito do tratamento conferido à questão da "extensão" dos efeitos da cláusula arbitral.

Ainda, a jurisprudência brasileira ainda não se deparou com a questão da lei aplicável aos aspectos *substantivos* da cláusula compromissória.

Mesmo quando os tribunais resvalaram a matéria, não trataram de endereçá-la com profundidade. Exemplo disso é o já citado caso *Sulamerica*, que também foi objeto de exame pelo Tribunal de Justiça do Estado de São Paulo. Naquela oportunidade, contudo, ao decidir que as seguradoras poderiam prosseguir com a arbitragem em Londres até que a validade – que, note-se, é uma questão substantiva – da clausula arbitral fosse determinada, a turma julgadora não investigou a que lei essa cláusula arbitral se submetida. Ao contrário, apenas presumiu que esta seria a lei brasileira.[53] Esse é um indicativo de que, em termos comparativos, a prática arbitral brasileira ainda carece de amadurecimento em certos aspectos.

De todo modo, ainda que parca a respeito da questão da "extensão" subjetiva da cláusula compromissória, a jurisprudência brasileira oferece algum subsídio para a análise do tema que é objeto deste artigo. Trata-se de decisão proferida pelo Tribunal de Justiça do Estado de São Paulo no caso *Trelleborg*,[54] cujos fatos serão explicados a seguir.

A Anel Empreendimentos, Participações e Agropecuária Ltda. ("Anel"), em conjunto com seu sócio diretor, era sócia da PAV – Projetos e Aplicações de Vibrotécnica de Vedação Ltda. ("PAV"). Esta tinha como objeto a indústria, comércio e exportação de borracha e outros componentes de veículos pesados. A maior parte do capital da PAV foi alienada à Trelleborg do Brasil Ltda. ("Trelleborg do Brasil"), que era parte de um grupo multinacional. Passou a chamar-se "Trelleborg PAV". Posteriormente a Trelleborg Holding AB, que seria mera extensão da Trelleborg Industri AB e controladora da Trelleborg do Brasil, comprou a AVS Brasil Getoflex Ltda., que operava no mesmo mercado da Trelleborg PAV. Assim, a Anel ingressou com arbitragem contra a Trelleborg Industri AB e Trelleborg do Brasil. As requeridas alegaram que a Trelleborg Industri AB seria ilegítima para figurar no polo passivo da arbitragem, uma vez que não havia sido parte dos contratos objeto da demanda.

A disputa foi resolvida no seio de ação de instituição de arbitragem ajuizada pela Anel, que, em primeiro grau, foi julgada procedente. A Trelleborg do Brasil interpôs recurso de apelação contra essa decisão.

[53] TJSP, AI n. 0304979- 49.2011.8.26.0000. Rel. Des. Paulo Alcides, j. 19.4.2012.

[54] TJSP, Ap. n. 267.450.4/6-00. Rel. Des. Constança Conzaga. j. 24.5.2006.

Em reação, a 7ª Câmara de Direito Privado do Tribunal de Justiça do Estado de São Paulo entendeu que o comportamento da Trelleborg Industri AB indicou seu envolvimento com o litígio e concluiu que o envolvimento direto da empresa estrangeira ensejaria sua corresponsabilidade pelos contratos, ainda que não fosse signatária direta deles.

Ao usar o comportamento da empresa não-signatária como elemento central justificador de sua inclusão no polo passivo, a decisão segue a tendência de admitir a delimitação mais flexível da abrangência da cláusula compromissória quando constatado o envolvimento direto de parte que, à primeira vista, não seria parte do procedimento arbitral. Dessa forma, é possível afirmar que a inclusão de parte "não-tão-óbvia", no Brasil, só se justifica através da verificação de seu consentimento a se tornar parte do contrato e/ou da arbitragem. Essa é, por ora, a única instância em que se verificou a "extensão" da cláusula compromissória em atenção ao comportamento da parte não-signatária.

Muito embora o caso-parâmetro explicado acima seja indicativo de tendência *liberal*, não parece possível extrair dele uma posição consolidada do ordenamento jurídico brasileiro a respeito da regulação da jurisdição arbitral em razão da manifestação tácita de consentimento.

5. Conclusão: o que se extrai desta análise comparada

A análise proposta é mais uma prova de que criar uma ciência una do direito é ignorar a textura conferida ao entendimento consolidado dos tribunais por fatores sociais, culturais, políticos e econômicos – ainda que este artigo tenha focado nos produtos desses fatores, e não em suas origens.

A evolução das jurisprudências francesa e inglesa a respeito do tema objeto deste artigo demonstra uma divergência de entendimentos entre as cortes inglesa e francesa atribuível a um abismo conceitual e cultural entre a abordagem cada jurisdição tende a dar à própria figura do contrato – de um lado, flexível e holística; de outro, conservadora e notadamente presa ao instituto do "*privity*".[55]

[55] Panjwani, Pratyush. "Dallah Encore – The Need for an Adaptive Understanding of Consent in International Arbitration". In: *Investment and Commercial Arbitration Review*, 2002, passim.

Essa conclusão se verifica quando da análise do caso *Kabab-ji*. Lá, o fator-chave para a divergência no resultado parece ter sido a abordagem conferida pelas cortes inglesa e francesa à questão da lei aplicável à convenção de arbitragem. Para a corte inglesa, a cláusula arbitral deve ser regida por lei nacional pré-estabelecida, a ser determinada com base no *three-stage enquiry* fixado no caso *Sulamerica*. Para a corte francesa, ao contrário, os aspectos substantivos da convenção de arbitragem devem ser interpretados à luz da intenção comum das partes, sem que haja necessidade de referência a qualquer lei nacional. À luz desse descordo conceitual, não é difícil entender a razão pela qual o resultado das ações de execução e anulação foi distinto: o direito inglês é simplesmente mais conservador do que a doutrina da intenção comum empregada na França.

Mas mais ilustrativo que o caso *Kabab-ji* é o caso Dallah. Isso porque ele demonstra que essa desarmonia de entendimentos prevalece mesmo quando o teste aplicado – ou seja, o ponto de partida da análise – é o mesmo. Afinal, embora ambos os tribunais superiores tenham concordado em aplicar o critério volitivo da lei francesa para aferir o consentimento do Paquistão, os resultados dessa aplicação foram opostos. Não à toa: "[t]*he application of a legal test will often be influenced by the legal culture and by the policy considerations of the courts in question*".[56]

E, no que tange ao Brasil, esta análise comparada demonstra ser impossível extrair uma posição consolidada. Afinal, "uma andorinha não faz verão" – um só caso não reflete a postura do ordenamento jurídico como um todo. De todo modo, salvo raras exceções, a jurisprudência brasileira tem se mostrado pouco conservadora em casos envolvendo a "extensão" subjetiva da cláusula arbitral com fundamentos alheios à vontade tácita (e, portanto, ao comportamento) da não-signatária. A título de exemplo o Superior Tribunal de Justiça já reconheceu a validade da transmissão da cláusula arbitral por cessão de contrato,[57] sucessão particular[58] ou

[56] Bésson, Sébastien. "Evolution of Case Law in International Arbitration". In: Brekoulakis, Stavros et al. (eds.). *The Evolution and Future of International Arbitration*. Kluwer Law International, 2016, p. 57.

[57] STJ, SEC n. 831, Rel. Min. Arnaldo Esteves Lima, j. 3.10.2007.

[58] STJ, SEC n. 831, Rel. Min. Arnaldo Esteves Lima, j. 3.10.2007; STJ, SEC n. 894, Rel. Min. Nancy Andrighi, j. 20.8.2008; STJ, SEC n. 3035, Rel. Min. Fernando Gonçalves, DJ 31.8.2009.

sucessão universal.[59] A tendência local, portanto, parece estar mais alinhada com a postura liberal adotada pelos tribunais franceses.

Em conclusão: não se pretende criar um regime uniforme para a questão do consentimento à cláusula arbitral expressado de forma tácita – longe disso. O objetivo deste artigo foi investigar as diferenças e similitudes entre sistemas que, embora sejam referências para o resto do mundo em matéria de arbitragem (em maior extensão, no caso da Inglaterra e França), têm abordagens diametralmente opostas. E mais: sugerir qual seria a visão brasileira a partir da cultura jurídica local, suportada pelas decisões recentes do Superior Tribunal de Justiça – que pode estar mais alinhada à francesa, pode estar mais alinhada à inglesa, ou pode vir a se tornar única. E isso não é ruim – ao contrário. Afinal, como já se defendeu, "[c]*omparative law thrives on differences*".[60]

Referências

BENTOLILA, D. *Le précédent arbitral»*. In: *Revue de l'Arbitrage*, n. 4, 2017.

BÉSSON, Sébastien. "Evolution of Case Law in International Arbitration". In: BREKOULAKIS, Stavros et al. (eds.). *The Evolution and Future of International Arbitration*. Kluwer Law International, 2016.

BONNER, Robert. *The Institution of Athenian Arbitrators*. Classical Philology, vol. 11, nº 2, 1916.

BORN, Gary B. *International Commercial Arbitration*. 2. Ed. Kluwer Law International, 2014.

BREKOULAKIS, S. "Parties in International Arbitration: Consent v. Commercial Reality." In: BBREKOULAKIS, S.; LEW, J. D. M.; et al. (Eds.). *The Evolution and Future of International Arbitration*. International Arbitration Law Library, vol. 37, Kluwer Law International, 2016.

CASILLO, João. *O erro como vício da vontade*. São Paulo: Revista dos Tribunais, 1982.

Caso CCI n. 11160. *Bulletin de la Cour internationale d'arbitrage de la CCI*. vol. XVI, nº 02, 2005

Caso CCI n. 4504. In: JARVIN, Sigvard; DERAINS, Yves; ARNALDEZ, Jean-Jacques. *Collection of ICC Arbitral Awards (1996-2000)*. vol. IV. Haia: Kluwer Law International.

[59] STJ, SEC n. 4213, Rel. Min. João Otávio de Noronha, j. 19.6.2013.

[60] Örücü, Esin., *The Enigma of Comparative Law: Variations on a Theme for the Twenty-first Century*. Leiden: Martinus Nijhoff Publishers, 2004, p. 20.

Caso CCI n. 7155. In: JARVIN, Sigvard; DERAINS, Yves; ARNALDEZ, Jean-Jacques. *Collection of ICC Arbitral Awards (1996-2000)*. vol. IV. Haia: Kluwer Law International.

CCI n. 4131, *Dow Chemical France et al.* v. *Isover Saint Gobain*, decidido em 23 de setembro de 1982. In: JARVIN, Sigvard; DERAINS, Yves; ARNALDEZ, Jean--Jacques. *Collection of ICC Arbitral Awards (1986-1990)*. vol. II. Haia: Kluwer Law International.

CLAY, Thomas; PINSOLLE, Philippe. *French International Arbitration Law Reports 1963–2007*. Juris Publishing, 2014.

Cour d'Appel (Paris), *Ministère des affaires religieuses* v. *Société Dallah Real Estate and Tourism Holding Company*. In : *Revue de l'Arbitrage*, n. 3, 2012.

Cour d'Appel (Paris), *Société Kout Food Group* v. *Société Kabab-Ji SAL*. In : *Revue de l'Arbitrage*, n. 3, 2020.

Cour de Cassassion (França), *Comité Populaire de la Municipalité de Khoms El Mergeb* v. *Dalico Contractors*, 1e civ., bull. civ. II, n. 372, 1993.

DERAINS, Yves. "Is There a Group of Companies Doctrine?". In: HANOTIAU, Bernard; SCHWARTZ, Eric. *Multiparty Arbitration*, 2010.

DINAMARCO, Cândido Rangel. *A arbitragem na teoria geral do processo*. São Paulo, Malheiros Editores, 2013.

England and Wales Court of Appeal (Inglaterra), *Peterson Farms Inc. v C&M Farming Limited* [2004] EWHC 121 (Comm).

England and Wales Court of Appeal (Inglaterra), *Sulamerica Cia. Nacional de Seguros S.A.* V. *Engenharia S.A.* [2012] EWCA (Civ) 638 [25].

England and Wales Court of Appeal (Inglaterra), *Svenska Petroleum Exploration AB* v. *Lithuania* [2006] EWCA Civ 1529.

EWALD, W. "Comparative Jurisprudence: What Was It Like to Try a Rat?". In: *Pennsylvania Law Review*, 143, 1995.

FRASER, Henry. *A sketch of the History of International Arbitration*. The Cornell Law Quarterly, vol. 11, nº 2, 1926 (disponível em: http://scholarship.law.cornell.edu/clr/vol11/iss2/3/; último acesso em: 18.6.2021).

GONÇALVES, Carlos Roberto. *Direito Civil Brasileiro*. 1. Parte Geral. 8. ed. São Paulo: Saraiva, 2010.

HAMMOND, Nicholas. *Arbitration in Ancient Greece*. Arb. Int'l, vol. 1, 1985.

HANOTIAU, Bernard. *Complex Arbitrations: Multiparty, multicontract, Multi-issue and Class Actions*. Haia: Kluwer Law International, 2005.

HANOTIAU, Bernard. *Problems raised by complex arbitrations involving multiple contracts--parties-issues – an analysis*. Journal of International Arbitration, vol. 18, n. 3, 2001.

KIFFER, Laurence. "National Report for France (2020)". In: BOSMAN, Lise (ed.). *ICCA International Handbook on Commercial Arbitration*. Kluwer Law International, 2020.

MANTICA, Margit. *Arbitration in Ancient Egypt*. The Arbitration Journal, vol. XII, 1957.

MAYER, Pierre. *The Extension of the Arbitration Clause to Non-Signatories – The Irreconcilable Positions of French and English Courts*. The American University International Law Review, vo. 24, n. 4, 2012.

MELLO, Marcos Bernardes de. *Teoria do Fato Jurídico: Plano da existência*. 8. ed. São Paulo: Saraiva, 1998.

OGER-GROSS, Elizabeth et al.. *Dallah Revisited: The French and English Courts in Conflict Again Regarding Arbitral Jurisdiction Over Non-Signatories*, 2002 (disponível em: https://www.whitecase.com/publications/alert/dallah-revisited-french-and-english-courts-conflict-again-regarding-arbitral; ultimo acesso em: 23.6.2021).

ÖRÜCÜ, Esin, *The Enigma of Comparative Law: Variations on a Theme for the Twenty-first Century*. Leiden: Martinus Nijhoff Publishers, 2004.

PANJWANI, Pratyush. "Dallah Encore – The Need for an Adaptive Understanding of Consent in International Arbitration". In: *Investment and Commercial Arbitration Review*, 2002.

PARK, William. "Non Signatories and International Contracts: an Arbitrators Dilemma". In: MACMAHON, B. (Ed.). *Multiple Party Actions in International Arbitration*. Oxford: Oxford University Press, 2008

PHILLIPSON, Coleman. *The International Law and Custom of Ancient Greece and Rome*. vol. 2. Londres: Macmillan and Co., 1991.

RALSTN, Jackson. *International Arbitration From Athens to Locarno*. Califórnia: Stanford University Press, 1929.

ROEBUCK, Derek. *Ancient Greek Arbitration*. Oxford: Holo Books – The Arbitration Press, 2001.

ROMERO, Eduardo Silva; SAFFER, Luis Miguel Velarde. "The Extention of the Arbitral Agreement to Non-Signatories in Europe: A Uniform Approach?". In: *The American University Business Law Review*, vol. 5, n. 3.

SHEPPARD, Audley. Third-Party Non-Signatories in English Arbitration Law. In: BREKOULAKIS, Stavros; LEW, Julian; MISTELIS, Loukas (eds.). *The Evolution and Future of International Arbitration*. International Arbitration Law Library, vol. 37. Kluwer Law International, 2006.

STJ (Brasil), SEC n. 4213, Rel. Min. João Otávio de Noronha, j. 19.6.2013.

STJ (Brasil), SEC n. 831, Rel. Min. Arnaldo Esteves Lima, j. 3.10.2007.

STJ (Brasil), SEC n. 831, Rel. Min. Arnaldo Esteves Lima, j. 3.10.2007.

STJ (Brasil), SEC n. 894, Rel. Min. Nancy Andrighi, j. 20.8.2008; STJ, SEC n. 3035, Rel. Min. Fernando Gonçalves, DJ 31.8.2009.

STOLFI, Giuseppe. *Teoria del Negocio Juridico*. Jaime Santos Briz (trad.). Madrid: Revista de Derecho Privado, 1959.

STUYT, Alexander (Ed.). *Survey of International Arbitrations (1794-1989)*. 3. ed. Haia: Martinus Nijhoff Publishers, 1990.

TEPEDINO, Gustavo. *Arbitragem e autonomia privada: a importância da boa-fé objetiva na delimitação do consentimento.* Quaestio Iuris, vol. 9, nº 1. Rio de Janeiro, 2016.

TJSP (Brasil), AI n. 0304979- 49.2011.8.26.0000. Rel. Des. Paulo Alcides, j. 19.4.2012.

TJSP (Brasil), Ap. n. 267.450.4/6-00. Rel. Des. Constança Conzaga. j. 24.5.2006.

TUR, R.H.S. "The Dialectic of General Jurisprudence and Comparative Law". In: *Juridical Review*, 1977.

UK Supreme Court (Inglaterra), *Dallah Real Estate and Tourism Holding Company* v. *Government of Pakistan* [2010] UKSC 46 (3 November 2010).

VOSER, N. "The Swiss Perspective on Parties in Arbitration: 'Traditional Approach with a Twist regarding Abuse of Rights' or 'Consent Theory Plus'" in BREKOULAKIS, S.; LEW, J. D. M.; et al. (Eds.). *The Evolution and Future of International Arbitration.* International Arbitration Law Library, vol. 37, Kluwer Law International, 2016.

ZUBERBÜHLER, T. "Non-Signatories and the Consensus to Arbitrate" in *ASA Bulletin*, vol. 26. Kluwer Law International, 2008.

CAPÍTULO 12
ARBITRAGEM NAS RELAÇÕES DE CONSUMO: UMA ANÁLISE COMPARADA ENTRE O DIREITO BRASILEIRO E O DIREITO ESPANHOL

Luiza Silva Rodrigues

1. Introdução

Nos âmbitos doutrinário e jurisprudencial, espraiam-se temas de notável relevância, dignos de reflexões, a exemplo da arbitrabilidade objetiva. As discussões se tornam ainda mais interessantes ao se comparar a configuração da arbitragem no direito pátrio com a sistemática de outros países, inclusive como forma de analisar soluções do direito estrangeiro que possam, eventualmente, impulsionar o desenvolvimento do tema no âmbito nacional.

Em um contexto global de crescente interação nas várias esferas, é oportuno voltar as atenções às relações de consumo e às demandas daí oriundas, a exigirem mecanismos de solução de conflitos mais céleres, dinâmicos e eficientes que a justiça estatal. Especificamente nessa seara, o Sistema Arbitral de Consumo da Espanha é referência, com estrutura, procedimento e disciplina próprios.

O escopo deste artigo consiste, justamente, em analisar a arbitragem nas relações de consumo tanto no direito brasileiro quanto no direito espanhol e em traçar um panorama comparado entre ambos os sistemas.

2. Arbitragem nas relações de consumo no direito brasileiro

A arbitragem como método de solução de conflitos consagrou-se no direito brasileiro, em maior medida, após o advento da Lei 9.307/1996, que promoveu alterações significativas no procedimento arbitral com ampliação de sua abrangência e aplicabilidade.[1]

No exercício da autonomia de suas vontades,[2] faculta-se às pessoas capazes eleger a arbitragem como meio de solução de conflitos, desde que relativos a direitos patrimoniais disponíveis.[3] O espectro de liberdade vai além da derrogação da justiça estatal e abrange a definição das especificidades do procedimento arbitral: podem as partes convencionar se a arbitragem será de equidade[4] ou de direito[5] (e, nesse caso, sujeita a quais regras de direito); se será realizada com base nos princípios gerais de direito, nos usos e costumes e nas regras internacionais de comércio; perante qual órgão arbitral institucional ou entidade especializada a arbitragem será instituída; o árbitro e seus suplentes; o local em que se desenvolverá a arbitragem; entre outros.

[1] Relembra Fátima Nancy Andrighi que a utilização da arbitragem no Brasil foi restrita, inicialmente, por duas razões: "(i) desprestígio à cláusula arbitral, pois se exigia a presença do compromisso arbitral para que fosse afastada a solução judicial do conflito e (ii) exigência legal de que o laudo arbitral fosse homologado judicialmente para que produzisse os mesmos efeitos da sentença judicial" (Andrighi, Fátima Nancy. Arbitragem nas relações de consumo: uma proposta concreta. *Revista de Arbitragem e Mediação,* São Paulo, Revista dos Tribunais, 2006, v. 9, abr-jun., p. 13-21. Versão digital. p. 2).

[2] Oliveira Filho, João Glicério de; Teixeira, Rafael Carneiro D'Ávila. Limites e possibilidades da arbitragem nas relações de consumo. Revista de Direito Civil Contemporâneo, São Paulo, Revista dos Tribunais, 2018, v. 16, jul-set. Versão digital. p. 4.

[3] Na dicção do artigo 1º da Lei n. 9.307/1996.

[4] Carlos Alberto Carmona leciona que equidade "designa o julgamento que respeita a igualdade de cada um, levando em consideração determinantes concretas (intenções, motivos e fatos), conforme o sentimento do que se considera justo, independentemente da previsão legal. O julgamento por equidade, portanto, é o exercício da função jurisdicional de modo livre por árbitros ou juízes togados – que autorizados pelas partes ou exclusivamente pela lei – decidirão a controvérsia reduzindo, ampliando, aplicando ou criando a regra que melhor assegure o equilíbrio entre os contendentes. Tal atividade está limitada, quase que exclusivamente, pelo respeito aos princípios processuais relacionados ao contraditório e à ampla defesa" (Carmona, Carlos Alberto. Julgamento por equidade em arbitragem. *Revista de Arbitragem e Mediação,* São Paulo, Revista dos Tribunais, 2011, v. 30, jul-set, p. 229-244. Versão digital, p. 4).

[5] Artigo 2º e artigo 11, inciso II da Lei 9.307/1996.

A Lei n. 9.307/1996, portanto, define de antemão a arbitrabilidade subjetiva – quem pode se valer da arbitragem (as pessoas capazes de contratar e a administração pública direta e indireta) – e a arbitrabilidade objetiva – o que pode ser submetido à arbitragem (os conflitos relativos a direitos patrimoniais disponíveis). A Lei n. 13.129/2015 promoveu alterações nesse sentido, com a inclusão dos parágrafos 1º e 2º no artigo 1º.[6]

Aliás, na versão submetida à sanção presidencial, a Lei n. 13.129/2015 ia além: preconizava, entre outros,[7] a inclusão do § 2º e do § 3º[8] no artigo 4º, que versavam expressamente sobre a eficácia da cláusula compromissória em contratos de adesão, desde que observadas algumas condições: *(i)* que a cláusula fosse redigida em negrito ou em documento apartado; e *(ii)* que a instituição da arbitragem ocorresse por iniciativa ou com concordância expressa do aderente.[9] As inclusões sedimentariam a possibilidade de eleger a arbitragem em relações de consumo e, possivelmente, tolheriam a pertinência da discussão proposta

[6] Acerca da possibilidade de a administração pública (direta e indireta) utilizar a arbitragem para dirimir conflitos relativos a direitos patrimoniais disponíveis.

[7] Diz-se "entre outros" porque previa também a inclusão do § 4º no artigo 4º, que viabilizava pactuar cláusula compromissória nos contratos individuais de trabalho, observados alguns requisitos: "§ 4º Desde que o empregado ocupe ou venha a ocupar cargo ou função de administrador ou de diretor estatutário, nos contratos individuais de trabalho poderá ser pactuada cláusula compromissória, que só terá eficácia se o empregado tomar a iniciativa de instituir a arbitragem ou se concordar expressamente com a sua instituição" (BRASIL. *Mensagem n. 162, de 26 de maio de 2015.* Presidência da República. Disponível em: <http://www.planalto.gov.br/ccivil_03/_Ato2015-2018/2015/Msg/VEP-162.htm>. Acesso em: 24 jun. 2021).

[8] Os parágrafos previam o seguinte: "§ 2º Nos contratos de adesão, a cláusula compromissória só terá eficácia se for redigida em negrito ou em documento apartado. § 3º Na relação de consumo estabelecida por meio de contrato de adesão, a cláusula compromissória só terá eficácia se o aderente tomar a iniciativa de instituir a arbitragem ou concordar expressamente com a sua instituição" (BRASIL. *Mensagem n. 162, de 26 de maio de 2015.* Presidência da República. Disponível em: <http://www.planalto.gov.br/ccivil_03/_Ato2015-2018/2015/Msg/VEP-162.htm>. Acesso em: 24 jun. 2021).

[9] Para Dennis Verbicaro Soares, "o texto original da nova lei de arbitragem apresentou grande risco à proteção jurídica do consumidor, na medida em que admitia sua aplicação aos contratos de consumo, bastando, para tanto, que houvesse a iniciativa do consumidor aderente por sua utilização, ou sua mera 'concordância' através de cláusula compromissória de arbitragem expressa" (SOARES, Dennis Verbicaro. A arbitragem de consumo no direito comparado: um modelo possível para o Brasil? Revista de Processo, São Paulo, Revista dos Tribunais, 2016, b. 106, jul-ago. Versão digital. p. 3).

neste ensaio. Entretanto, os parágrafos não resistiram ao veto presidencial por motivos que convém mencionar:

> Da forma prevista, os dispositivos alterariam as regras para arbitragem em contrato de adesão. Com isso, autorizariam, de forma ampla, a arbitragem nas relações de consumo, sem deixar claro que a manifestação de vontade do consumidor deva se dar também no momento posterior ao surgimento de eventual controvérsia e não apenas no momento inicial da assinatura do contrato. Em decorrência das garantias próprias do direito do consumidor, tal ampliação do espaço da arbitragem, sem os devidos recortes, poderia significar um retrocesso e ofensa ao princípio norteador de proteção do consumidor.[10]

As razões do veto denotam não só a preocupação[11] de se eleger a arbitragem mediante cláusula compromissória em contrato de adesão, mas também a correlação entre contrato de adesão e relações de consumo (como se todas as relações consumeristas envolvessem, necessariamente, contratos de adesão). Eis um ponto que comporta digressões, à luz da doutrina nacional, como se abordará adiante.

Nada obstante, é digna de destaque a necessidade de "manifestação de vontade do consumidor" após o "surgimento de eventual controvérsia", a ratificar o método de solução de conflitos invocado na cláusula compromissória. Ao que aparenta, a justificativa não obsta a aplicabilidade da arbitragem no âmbito consumerista, mas significa tão só um cuidado adicional passível de ser adotado em contratos de adesão (afetos ou não a relações de consumo), além das formalidades específicas preconizadas nos parágrafos alvo do veto presidencial. Aliás, dessa circunstância não descuidou o legislador que, no § 3º do artigo 4º da Lei n. 13.129/2015, previra como condição (cumulativa) de eficácia da cláusula compromissória a instituição da arbitragem por iniciativa do aderente ou com sua concordância expressa.

Feito esse introito, convém tratar da delimitação conceitual de *contrato de adesão* em comparação com *contrato de consumo* e, após, abordar

10 BRASIL. *Mensagem n. 162, de 26 de maio de 2015.* Presidência da República. Disponível em: <http://www.planalto.gov.br/ccivil_03/_Ato2015-2018/2015/Msg/VEP-162.htm>. Acesso em: 24 jun. 2021.

11 Manifestada pelo Ministério da Justiça.

as discussões travadas no âmbito nacional em torno da arbitragem nas relações de consumo.

2.1. Contrato de adesão e contrato de consumo: necessário resgate conceitual

Embora por vezes tratadas como sinônimos, contrato de adesão e contrato de consumo representam classificações distintas, que não se confundem.

Considera-se *de adesão* aquele contrato que não permite às partes discutirem livremente as condições: uma das partes "adere ao modelo de contrato previamente confeccionado", sem possibilidade de modificação.[12] As peculiaridades que lhe são ínsitas induzem alguns autores[13] a sustentar a ausência de natureza contratual, mas são vozes minoritárias na doutrina.

O Código Civil contempla disposições específicas que norteiam a interpretação de contratos de adesão nos artigos 423 e 424: no primeiro, impõe-se a adoção da hermenêutica *mais favorável ao aderente*; no segundo, prevê-se a nulidade das cláusulas que *estipulem a renúncia antecipada do aderente a direito resultante da natureza do negócio*.[14] Ponto comum de ambos consiste no viés protetivo ao aderente, presumidamente em situação menos favorável que a outra parte. O pressuposto, em contrato de adesão, é o desequilíbrio entre as partes que decorre da ausência de espaço à negociação.

O contrato *de consumo*, por sua vez, consagra relação estabelecida entre *consumidor* – "toda pessoa física ou jurídica que adquire ou utiliza produto ou serviço como destinatário final"[15] – e *fornecedor* – "toda pessoa física ou jurídica, pública ou privada, nacional ou estrangeira,

[12] Gonçalves, Carlos Roberto. *Direito civil brasileiro:* contratos e atos unilaterais. 7. ed. São Paulo: Saraiva, 2010. p. 97. Por conta de suas características, pondera o autor que "a concepção do contrato de adesão opõe-se à do contrato paritário, que constitui a regra, em que a possibilidade outorgada a cada um dos contratantes de influir na determinação do conteúdo do contrato é um sintoma e uma consequência da paridade econômica e psíquica, traduzida em termos jurídicos" (*Idem*, p. 98).

[13] Por exemplo: Rodrigues, Silvio. *Direito civil.* 28. ed. São Paulo: Saraiva, 2002. v. 3. p. 45; Pereira, Caio Mário da Silva. Instituições de direito civil. 11. ed. Rio de Janeiro: Forense, 2003. v. III. p. 72-73.

[14] Lei n. 10.406, de 10 de janeiro de 2002.

[15] Conforme conceito estabelecido no artigo 2º da Lei n. 8.078/1990.

bem como os entes despersonalizados, que desenvolvem atividade de produção, montagem, criação, construção, transformação, importação, exportação, distribuição ou comercialização de produtos ou prestação de serviços".[16] Adverte a doutrina não se tratar de "nova espécie de contrato"[17], mas apenas a denominação usualmente conferida às relações contratuais de cunho consumerista.

A Lei n. 8.078/1990 tem origem constitucional e serve à defesa do consumidor – o que constitui tanto um direito fundamental, como um princípio da ordem econômica.[18] O Código consagrou uma quebra de paradigmas no sistema jurídico nacional, não apenas por contemplar toda a principiologia norteadora das políticas e das relações de consumo, mas também por prever tutelas coletivas de direitos de terceira geração (direitos coletivos, difusos e individuais homogêneos).

Entre as disposições constantes no referido diploma, salienta-se aos fins do presente trabalho o artigo 54, que traz conceito específico de contrato de adesão em relações de consumo: "aquele cujas cláusulas tenham sido aprovadas pela autoridade competente ou estabelecidas unilateralmente pelo fornecedor de produtos ou serviços, sem que o consumidor possa discutir ou modificar substancialmente seu conteúdo".[19] Note-se que a adesão pode ocorrer tanto nas relações de consumo quanto em outras relações, não abrangidas pelo diploma protetivo, e que a Lei n. 8.078/1990 não contém disposição que classifique como *de adesão* todo e qualquer contrato de consumo.

Bem se percebe, pelo exposto, que contrato de adesão não se confunde com contrato de consumo, tampouco esse se identifica com aquele. Expostas as nuances de cada qual e isolados ambos os conceitos, evolui-se à análise proposta no presente artigo, a começar pelo cenário nacional.

[16] Nos termos do artigo 3º da Lei n. 8.078/1990.

[17] Cavalieri Filho, Sergio. *Programa de direito do consumidor.* 3. ed. São Paulo: Revista dos Tribunais, 2011. p. 207.

[18] À vista do artigo 170, inciso V da Constituição Federal.

[19] BRASIL. *Lei n. 8.078 de 11 de setembro de 1990.* Dispõe sobre a proteção o consumidor e dá outras providências. Disponível em: <http://www.planalto.gov.br/ccivil_03/leis/l8078compilado.htm>. Acesso em: 13 jun. 2021.

2.2. Controvérsias em torno da arbitragem nas relações de consumo: permissão da Lei 9.307/1996 ou vedação do Código de Defesa do Consumidor?

À luz do contexto nacional, historicamente, surgiram debates doutrinários acerca da arbitragem nas relações de consumo. Já se expôs, linhas acima, a tentativa de incorporar ao ordenamento jurídico brasileiro critérios objetivos (de cunho formal) condicionantes da eficácia da cláusula compromissória em contratos de adesão (que podem abranger, em certos casos, contratos de consumo), pela Lei n. 13.129/2015.

Ainda que tal não tenha preponderado, vale salientar que a Lei n. 9.307/1996 não traz qualquer vedação à arbitragem como método de resolução de controvérsias em contratos de adesão. No artigo 4º, § 2º da versão original, prevê apenas formalidade específica que condiciona a eficácia da cláusula compromissória em tais instrumentos: "nos contratos de adesão, a cláusula compromissória só terá eficácia se o aderente tomar a iniciativa de instituir a arbitragem ou concordar, expressamente, com a sua instituição, desde que por escrito em documento anexo ou em negrito, com a assinatura ou visto especialmente para essa cláusula".[20]

A disposição em destaque muito se assemelha aos parágrafos 2º e 3º que se pretendia acrescer ao artigo 4º; distinguem-se, apenas, por critérios de sistematização (a Lei n. 13.129/2015 segmentaria o § 2º em dois) e pela delimitação à abrangência: a Lei n. 9.307/1996 refere a *contratos de adesão* ao passo em que a Lei n. 13.129/2015 aludia tanto a *contratos de adesão* quanto a *relação de consumo*.[21]

De qualquer forma, à luz da lei em vigor, admite-se estipulação de cláusula compromissória em contratos de adesão desde que haja "concordância expressa do aderente, em (a) documento apartado, ou, (b) encontrando-se a convenção no corpo do contrato e desde que esteja em negrito, com o lançamento de visto ou assinatura 'especialmente para essa cláusula' (art. 4º, § 2º, da Lei 9.307/96)".[22]

[20] BRASIL. *Lei n. 9.307 de 23 de setembro de 1996*. Dispõe sobre a arbitragem. Disponível em: <http://www.planalto.gov.br/ccivil_03/leis/l9307.htm>. Acesso em: 13 jun. 2021.

[21] A reforçar a relevância dos resgastes conceituais feitos acima.

[22] ETCHEVERRY, Carlos Alberto. A nova lei de arbitragem e os contratos de adesão: algumas considerações. *Revista de Direito do Consumidor*, São Paulo, Revista dos Tribunais, 1997, v. 21, p. 51-60, jan-mar. Versão digital. p. 5.

A clareza do dispositivo leva a crer pela viabilidade da arbitragem em contratos de adesão (sejam ou não de consumo). Contudo, os fundamentos invocados a parcela da doutrina que aduz ser inaplicável a arbitragem na seara consumerista perpassam a principiologia e o caráter protetivo do próprio Código de Defesa do Consumidor. O interesse público subjacente às relações de consumo obstaria a adoção da via arbitral, aos olhos de alguns.

Os autores adeptos dessa corrente suscitam argumentos a justificar sua posição, a começar pelo pretenso óbice do artigo 6º, inciso VII da Lei n. 8.078/1990 – que, segundo aduzem, não contempla o acesso à arbitragem como forma de resolução de conflitos entre os direitos básicos do consumidor (alude tão somente aos "órgãos judiciários e administrativos"). Em contraponto, defendem outros autores que "as noções e regras de hermenêutica, todavia, recomendam a leitura conjuntural do preceito sob enfoque, haja vista que o inc. VII do referido art. 6º do CDC (LGL\1990\40) não seria excludente ou exclusivo no que tange à utilização destes órgãos", inclusive à luz do disposto no inciso VI – que alude à *efetiva prevenção e reparação de danos patrimoniais e morais* como direito básico do consumidor.[23]

Cabe atentar que o dispositivo (art. 6º, VII) nada versa, igualmente, sobre a mediação[24] e sobre a conciliação, fato que não configura óbice à sua adoção como métodos adequados de solução de controvérsias – em especial, após o advento da Lei n. 13.140/2015,[25] que os estimula efusivamente.

Outro empecilho suscitado por parte da doutrina à arbitragem no âmbito consumerista defluiria do artigo 51, inciso VII da Lei 8.078/1990, segundo o qual "são nulas de pleno direito, entre outras, as cláusulas

[23] Paula, Adriano Perácio de. Da arbitragem nas relações de consumo. *Revista de Direito do Consumidor*, São Paulo, Revista dos Tribunais, 1999, v. 32, out.-dez, p. 55-73. Versão digital. p. 8.

[24] O artigo 3º da Lei n. 13.140/2015 prevê que "pode ser objeto de mediação o conflito que verse sobre direitos disponíveis ou sobre direitos indisponíveis que admitam transação".

[25] Lei que "dispõe sobre a mediação entre particulares como meio de solução de controvérsias e sobre a autocomposição de conflitos no âmbito da administração pública; altera a Lei nº 9.469, de 10 de julho de 1997, e o Decreto nº 70.235, de 6 de março de 1972; e revoga o § 2º do art. 6º da Lei nº 9.469, de 10 de julho de 1997". Disponível em: <http://www.planalto.gov.br/ccivil_03/_ato2015-2018/2015/lei/l13140.htm>. Acesso em: 24 jun. 2021.

contratuais relativas ao fornecimento de produtos e serviços que: [...] VII – determinem a utilização compulsória de arbitragem".[26]

Durante a tramitação legislativa da Lei 9.307/1996, chegou-se a prever a revogação do referido dispositivo insculpido no Código de Defesa do Consumidor com o intuito de "generalizar a utilização da cláusula compromissória".[27] Contudo, não foi o que prevaleceu. Mesmo assim, não se pode perder de vista que a Lei de Arbitragem não traz qualquer óbice à adoção desse método de resolução de conflitos em demandas de viés consumerista e que a vedação ao uso *compulsório* (versada no artigo 51, inciso VII) não equivale à proibição dessa forma de prestação jurisdicional.

Caberia, ainda, perscrutar se a Lei 9.307/1996, por ser posterior, teria revogado o artigo 51, inciso VII da Lei 8.078/1990 ou não. Parcela da doutrina sustenta que a Lei de Arbitragem teria derrogado tacitamente a vedação outrora insculpida no Código de Defesa do Consumidor, de modo que seria admissível adotar a arbitragem como forma de resolução de conflitos inclusive nas relações de consumo.[28] Outros autores, por sua vez, calcados no princípio da especialidade das normas, orientam-se pela não revogação, de modo que subsistiria o óbice à adoção da técnica heterocompositiva em relações de consumo.[29]

[26] BRASIL. Lei n. 8.078, de 11 de setembro de 1990. Disponível em: < http://www.planalto.gov.br/ccivil_03/leis/l8078compilado.htm>. Acesso em: 24 jun. 2021.

[27] ETCHEVERRY, Carlos Alberto. A nova lei de arbitragem e os contratos de adesão: algumas considerações. *Revista de Direito do Consumidor*, São Paulo, Revista dos Tribunais, 1997, v. 21, p. 51-60, jan-mar. Versão digital. p. 4.

[28] São adeptos desta corrente João Glicério de Oliveira Filho e Rafael Carneiro D'Ávila Teixeira que assim aduzem: "ao contrário do que pugnam os defensores da vedação de cláusulas compromissórias em contratos consumeristas, as novas disposições da Lei de Arbitragem não são alheias ao artigo 51, inciso VII, do CDC (LGL\1990\40). Pelo contrário: a finalidade da lei adjetiva deliberadamente condiciona a validade da convenção em contratos de adesão – independentemente da espécie – à iniciativa ou concordância do aderente por escrito, cumulada com um visto especial para esta cláusula, em uma clara inflexão pelos limites da autonomia privada50 na elaboração de contratos" (OLIVEIRA FILHO, João Glicério de; TEIXEIRA, Rafael Carneiro D'Ávila. Limites e possibilidades da arbitragem nas relações de consumo. *Revista de Direito Civil Contemporâneo*, São Paulo, Revista dos Tribunais, 2018, v. 16, jul-set. Versão digital. p. 7).

[29] Nesse sentido: ANDRIGHI, Fátima Nancy. Arbitragem nas relações de consumo: uma proposta concreta. *Revista de Arbitragem e Mediação*, São Paulo, Revista dos Tribunais, 2006, v. 9, abr-jun., p. 13-21. Versão digital. p. 4; SOARES, Dennis Verbicaro. A arbitragem de consumo

Embora se filie a esta última corrente – que preconiza a não revogação do artigo 51, inciso VII do CDC pela Lei 9.307/1996 –, Fátima Nancy Andrighi salienta a viabilidade de adoção da arbitragem na solução de conflitos que envolvam relação de consumo. Para a autora, a vedação imposta pelo diploma consumerista, quanto à "utilização compulsória da arbitragem", não tolhe do consumidor o direito "de buscar a resolução de suas controvérsias por meio do procedimento arbitral". Assim, não obstante a lei vede a adoção da arbitragem de forma prévia, quando celebrado o contrato, "é possível que, posteriormente, quando já configurado o conflito, havendo consenso entre o consumidor e o fornecedor, seja instaurado o procedimento arbitral".[30]

Outros fundamentos contrários ao uso da arbitragem permeiam a vulnerabilidade presumida do consumidor, que tornaria inviável o exercício da autonomia da vontade pressuposto pelo procedimento arbitral.[31] Há quem refira a "clara antinomia entre os dispositivos da lei arbitral e o CDC (LGL\1990\40), sobretudo no que se refere à renunciabilidade de direitos básicos do consumidor e ao próprio dirigismo contratual do Estado em matéria de consumo".[32]

A despeito da corrente em sentido contrário, a doutrina, de modo geral, admite a adoção da arbitragem nas relações de consumo com algumas ressalvas, excepcionando, por exemplo, os "direitos metaindividuais, de índole indivisível, que ultrapassem a esfera particular da

no direito comparado: um modelo possível para o Brasil? *Revista de Processo*, São Paulo, Revista dos Tribunais, 2016, b. 106, jul-ago. Versão digital. p. 5.

30 Andrighi, Fátima Nancy. Arbitragem nas relações de consumo: uma proposta concreta. *Revista de Arbitragem e Mediação*, São Paulo, Revista dos Tribunais, 2006, v. 9, abr-jun., p. 13-21. Versão digital. p. 5.

31 Segundo Carlos Alberto Etcheverry, "a derrogação da competência judicial em contratos de adesão, somada à simultânea escolha do árbitro e de regras procedimentais, é alarmante e, pelo grau de desequilíbrio entre as partes que institui, com todas as conseqüências daí decorrentes, autoriza o enquadramento da cláusula compromissória entre aquelas que "estabeleçam obrigações consideradas iníquas, abusivas, que coloquem o consumidor em desvantagem exagerada, ou sejam incompatíveis com a boa-fé ou a eqüidade" (art. 51, IV, CDC)" (Etcheverry, Carlos Alberto. A nova lei de arbitragem e os contratos de adesão: algumas considerações. *Revista de Direito do Consumidor*, São Paulo, Revista dos Tribunais, 1997, v. 21, p. 51-60, jan-mar. Versão digital. p. 5).

32 Soares, Dennis Verbicaro. A arbitragem de consumo no direito comparado: um modelo possível para o Brasil? Revista de Processo, São Paulo, Revista dos Tribunais, 2016, b. 106, jul-ago. Versão digital. p. 5.

pessoa física"[33]-[34]. Então, o simples fato de se tratar de contrato de consumo não serve para afastar a cláusula compromissória,[35] como já decidiu o Superior Tribunal de Justiça no REsp 1.598.220.[36]

Questão relevante que não pode passar despercebida se refere às relações abrangidas pelo Código de Defesa do Consumidor, mormente a se considerar a adoção do finalismo mitigado no direito pátrio[37] – que

[33] Como pontua Adriano Perácio de Paulo. Ao versar sobre a ressalva, diz o autor que não se justifica "pelo aspecto de [os direitos metaindividuais] serem indisponíveis como se apregoa, mas pelo aspecto da representação que concede a substituição processual nestes casos, não tornar estes poderes extensivos para arbitragem, visto que a arbitragem é uma convenção, onde a presença da vontade das partes é indispensável". O autor, porém, salienta a possibilidade de entidades associativas expressamente autorizadas representarem seus associados em procedimento arbitral, "numa forma de legitimidade subsidiária, distinta da substituição processual vista na ação civil pública, no mandado de segurança coletivo e demais ações coletivas previstas no Código de Defesa do Consumidor. Nestas situações de legitimidade subsidiária, a decisão arbitral vincula todos os representados, e é onde poderíamos vislumbrar para efeito de dirimir relações de consumo pela via da arbitragem, a única possibilidade de um alcance mais amplo de um único laudo, promovido num mesmo procedimento, ainda que não se trate de arbitragem coletiva, pois a contratação será entre a associação – representante – e a parte contrária" (PAULA, Adriano Perácio de. Da arbitragem nas relações de consumo. *Revista de Direito do Consumidor*, São Paulo, Revista dos Tribunais, 1999, v. 32, out.-dez, p. 55-73. Versão digital. p. 7).

[34] "Em relação aos direitos transindividuais, é defeso ao juízo arbitral a resolução de questões que tangenciem direitos coletivos *stricto sensu* e difusos, em razão da indivisibilidade, mas surge como possível a resolução via arbitragem de controvérsias atinentes a direitos individuais homogêneos" (OLIVEIRA FILHO, João Glicério de; TEIXEIRA, Rafael Carneiro D'Ávila. Limites e possibilidades da arbitragem nas relações de consumo. Revista de Direito Civil Contemporâneo, São Paulo, Revista dos Tribunais, 2018, v. 16, jul-set. Versão digital. p. 5).

[35] "Como as relações de consumo abarcam direitos patrimoniais disponíveis, a querela surgida entre produtor ou prestador de serviços e o consumidor, enquanto destinatário final, pode vir a ter solução no juízo arbitral. A exceção que se faz não se reporta a arbitragem em si, mas na forma de convencioná-la, pois a cláusula inserta compulsoriamente em contrato de adesão onde não se deu ao consumidor a oportunidade de discuti-las previamente, é considerada nula de pleno direito. [...]. Ademais, a inserção de cláusula compromissória em desalinho com os textos legais da arbitragem e de proteção ao consumidor serão passíveis de discussão em juízo, independentemente da vinculação que se possa estabelecer através desta mesma cláusula, sem prejuízo de perdas e danos" (PAULA, Adriano Perácio de. Da arbitragem nas relações de consumo. *Revista de Direito do Consumidor*, São Paulo, Revista dos Tribunais, 1999, v. 32, out.-dez, p. 55-73. Versão digital. p. 14).

[36] STJ, AgInt nos EREsp n. 1.598.220/RN, Segunda Seção, Rel. Min. Antonio Carlos Ferreira, j. em 05/05/2020, DJe 12/05/2020.

[37] Como se verifica na jurisprudência do Superior Tribunal de Justiça: STJ, REsp 1.010.834/Go, Terceira Turma, Rel. Min. Nancy Andrighi, j. em 03/08/2010, DJe 13/10/2010; STJ,

atrai a legislação consumerista inclusive aos contratos que envolvem empresas (consumidoras de determinado produto ou serviço como destinatárias finais). Nesse âmbito, "há um nicho extraordinário para o sucesso da arbitragem, similar ao que se verifica em sua aplicação no direito empresarial".[38]

A análise da possibilidade ou não – de haver arbitragem nas relações de consumo – perpassa, também, o próprio conteúdo da cláusula compromissória. Sendo o contrato de adesão, seria abusivo indicar o árbitro, que não decorreria de escolha das partes, por exemplo. Outros fatores a serem considerados se referem aos custos do procedimento arbitral[39] e à fiscalização, imprescindível para impedir eventual conluio entre instituições arbitrais e fornecedores.

A essa altura, oportuno rememorar que os artigos 4º e 5º da Lei 8.078/1990, ao tratarem da Política Nacional de Relações de Consumo, dispõem sobre o incentivo à criação de "mecanismos de solução de conflitos de consumo" (art. 4º, V) e sobre a "instituição de Promotorias de Justiça de Defesa do Consumidor, no âmbito do Ministério Público" (art. 5º, II). Com base nisso, "seria viável acenar para a possibilidade de o Ministério Público, por intermédio das Promotorias de Justiça de Defesa do Consumidor, implementar um sistema de fiscalização e controle das Câmaras e Conselhos arbitrais para garantir que os interesses do consu-

REsp n. 1.080.719/MG, Terceira Turma, Rel. Min. Nancy Andrighi, j. em 10/02/2009, DJe 17/08/2009; STJ, AgRg no AREsp n. 716.877/PA, Segunda Turma, Rel. Min. Mauro Campbell Marques, j. em 14/08/2012. DJe 21/08/2021.

[38] Oliveira Filho, João Glicério de; Teixeira, Rafael Carneiro D'Ávila. Limites e possibilidades da arbitragem nas relações de consumo. Revista de Direito Civil Contemporâneo, São Paulo, Revista dos Tribunais, 2018, v. 16, jul-set. Versão digital. p. 8.

[39] Especificamente com relação aos custos, João Glicério de Oliveira Filho e Rafael Carneiro D'Ávila Teixeira mencionam o seguinte: "A American Arbitration Association (AAA), instituição americana paradigma da arbitragem internacional, por sua vez, prevê adiantamento das custas pelo fornecedor e o diferimento para quem é consumidor, condicionando o pagamento final apenas da parte sucumbente. É possível, ainda, a elaboração de dispositivo legal determinando a gratuidade para o consumidor nos juízos arbitrais, como ocorre na Espanha e na Argentina" (Oliveira Filho, João Glicério de; Teixeira, Rafael Carneiro D'Ávila. Limites e possibilidades da arbitragem nas relações de consumo. Revista de Direito Civil Contemporâneo, São Paulo, Revista dos Tribunais, 2018, v. 16, jul-set. Versão digital. p. 9).

midor não sejam lesados"[40]. Vale relembrar que estimulam a arbitragem o artigo 359[41] CPC/2015 e os artigos 24 a 26 da Lei n. 9.099/1995.

Em suma, respeitado o dever de informação e observadas as premissas, as prerrogativas[42] e a principiologia positivadas no Código de Defesa do Consumidor, não há razão para obstar a arbitragem no âmbito consumerista.[43]

3. Arbitrabilidade nas relações de consumo no direito espanhol

As relações de consumo na União Europeia são alvo de várias normas comuns, de caráter protetivo. O Tratado da Comunidade Europeia[44] reconhece como prioritária a tutela do consumidor[45] e embora confira especial proteção às relações de consumo, o direito comunitário não veda a arbitragem no âmbito consumerista de modo geral.[46]

[40] ANDRIGHI, Fátima Nancy. Arbitragem nas relações de consumo: uma proposta concreta. *Revista de Arbitragem e Mediação,* São Paulo, Revista dos Tribunais, 2006, v. 9, abr-jun., p. 13-21. Versão digital. p. 7.

[41] Art. 359. Instalada a audiência, o juiz tentará conciliar as partes, independentemente do emprego anterior de outros métodos de solução consensual de conflitos, como a mediação e a arbitragem.

[42] Inclusive no tocante à inversão do ônus da prova, com base no artigo 6º, inciso VIII do Código de Defesa do Consumidor, desde que presentes os pressupostos para tanto.

[43] No mesmo sentido: "Tomadas todas as precauções em reconhecimento ao status de vulnerabilidade do consumidor, não há que se falar em uma nulidade oponível às cláusulas compromissórias em contratos de consumo" (OLIVEIRA FILHO, João Glicério de; TEIXEIRA, Rafael Carneiro D'Ávila. Limites e possibilidades da arbitragem nas relações de consumo. Revista de Direito Civil Contemporâneo, São Paulo, Revista dos Tribunais, 2018, v. 16, jul-set. Versão digital. p. 7).

[44] CONSELHO DAS COMUNIDADES EUROPEIAS. *Tratado da União Europeia.* Luxemburgo: Serviço das Publicações Oficiais das Comunidades Europeias, 1992. Disponível em: <https://europa.eu/european-union/sites/default/files/docs/body/treaty_on_european_union_en.pdf>. Acesso em: 24 jun. 2021.

[45] SOARES, Dennis Verbicaro. A arbitragem de consumo no direito comparado: um modelo possível para o Brasil? *Revista de Processo,* São Paulo, Revista dos Tribunais, 2016, b. 106, jul-ago. Versão digital. p. 9.

[46] GAMA JUNIOR, Lauro. Arbitragem em relações de consumo: custo menos para toda a sociedade. Comentários à decisão Aturcom Telecomunicações SL vs. Cristina Rodríguez Nogueira do Tribunal de Justiça da União Europeia e uma opinião sobre o tema. *Revista de Arbitragem e Mediação,* São Paulo, Revista dos Tribunais, v. 28, jan-mar/2011, p. 327-354. Versão digital. p. 10.

A *Directiva 93/13/CEE*,[47] por sua vez, reputa abusiva "uma cláusula contratual que não tenha sido objeto de negociação individual", que "der origem a um desequilíbrio significativo em detrimento do consumidor", a exemplo daquela que obrigar o consumidor a "submeter-se exclusivamente a uma jurisdição de arbitragem não abrangida por disposições legais".[48] Portanto, não há vedação absoluta à arbitragem; preconiza-se que o método só será afastado quando verificada a abusividade – isto é, quando não houver "previsão da matéria constante da cláusula arbitral na legislação interna do país onde ocorrer o conflito, ou quando houver vedação expressa".[49]

Outras várias normativas foram editadas no âmbito da União Europeia, com vistas à ampliação do acesso à justiça e à facilitação da tutela de direitos dos consumidores. Contudo, sem a pretensão de exaurir a matéria, centra-se a comparação proposta neste artigo na Espanha, que dispõe de sistema bastante desenvolvido em torno do assunto.

3.1. Visão geral da arbitragem na Espanha: *Ley 60/2003*

A arbitragem no ordenamento jurídico espanhol é regulada pela *Ley 60/2003* e tratada em alguns artigos[50] da *Ley de Enjuiciamiento Civil* em vigor (*Ley n. 1/2000*).[51] A *Ley 60/2003* foi antecedida pela *Ley de Arbi-*

[47] A Directiva 93/13/CEE foi incorporada ao direito espanhol pela Ley 7/1998, que modificou em parte a Ley 26/1984 vigente à época (voltada à defesa dos consumidores e usuários), como se extrai da sua exposição de motivos (ESPANHA. *Exposición de motivos da Ley 44/2006*. Disponível em: <https://www.boe.es/buscar/doc.php?id=BOE-A-2006-22950>. Acesso em: 24 jun. 2021).

[48] CONSELHO DAS COMUNIDADES EUROPEIAS. Directiva 93/13/CEE do Conselho de 5 de abril de 1993 relativa às cláusulas abusivas nos contratos celebrados com os consumidores. Disponível em: <https://eur-lex.europa.eu/legal-content/PT/TXT/?uri=celex%3A31993L0013>. Acesso em: 24 jun. 2021.

[49] SOARES, Dennis Verbicaro. A arbitragem de consumo no direito comparado: um modelo possível para o Brasil? *Revista de Processo*, São Paulo, Revista dos Tribunais, 2016, b. 106, jul--ago. Versão digital. p. 10.

[50] Por exemplo: no artigo 517 que versa sobre os títulos executivos (entre os quais, os laudos ou resoluções arbitrais e os acordos de mediação); no artigo 556, que trata da oposição á execução de resoluções processuais ou arbitrais; e no artigo 722 que dispõe sobre as medidas cautelares em procedimento arbitral

[51] ESPANHA. *Ley de Enjuiciamiento Civil*. Disponível em: <https://www.boe.es/buscar/pdf/2000/BOE-A-2000-323-consolidado.pdf>. Acesso em: 24 jun. 2021.

trajes de Derecho Privado de 1953 – conhecida como *Ley Guasp*[52] – e pela *Ley* 36/1988 – que rompeu com uma tradição refratária à arbitragem.[53]

A *Ley 36/1998* previu a possibilidade de arbitragem institucional, a coexistência da cláusula compromissória e do compromisso arbitral (ambas, modalidades de "convênio arbitral")[54], a autonomia da cláusula compromissória[55], a viabilidade de se eleger a lei aplicável ou de se optar pela equidade[56] e a liberdade no procedimento arbitral[57]. Em suma, a *Ley* 36/1988 "privilegiou em maior medida a autonomia da vontade"[58], embora tenha mantido algumas normas de cunho intervencionista.[59]

Anos depois, sobreveio a *Ley 60/2003* que se tornou o marco legal da arbitragem no direito espanhol e que permanece em vigor, com alterações legislativas pontuais ao longo do tempo.

[52] A *Ley de 1953* ficou conhecida como *Ley Guasp* por refletir a corrente iusprivatista de Jaime Guasp Delgado, que concebia a arbitragem sob viés essencialmente contratualista (Andreatini, Lívia Losso; Rodrigues, Luiza Silva; Pittigliani, Marcela Perez. Direito processual civil espanhol. No prelo). Assim, preconizava distinção entre o "contrato preliminar de arbitragem" do "compromisso arbitral", apresentava excessiva formalidade em torno do procedimento arbitral (por exemplo, a necessidade de escritura pública notarial do compromisso arbitral – arts. 5, 16 e 17) e permitia apenas a arbitragem *ad hoc*, proibindo a arbitragem institucional (art. 22). Também não versava sobre a arbitragem no âmbito internacional, reduzindo a aplicabilidade do instituto (Sica, Heitor Vitor Mendonça. A nova legislação espanhola em matéria de arbitragem, in *Revista de Processo*, vol. 132. São Paulo: Revista dos Tribunais, 2006, pp. 141-153, n. 2; Montoliú, Miguel Ángel Esbrí. *El convenio arbitral en el Derecho Español*. Universidad Jaume I, Castellón (tese), 2015, pp. 9-10.

[53] Cremades, Bernardo M. El arbitraje en la doctrina constitucional española, *Revista de Arbitragem e Mediação*, São Paulo, Revista dos Tribunais, v. 8. 2006, pp. 143-172. Em adendo, o autor comenta que "así lo reconoció posteriormente el Tribunal Constitucional, en su fallo de 4 de octubre de 1991, al referirse al arbitraje como '...un equivalente jurisdiccional', mediante el cual los particulares pueden obtener una decisión con todos los efectos de cosa juzgada" (*Idem*).

[54] Nos artigos 1, 5.1, 6 e 11 da *Ley* 36/1988..

[55] Artigo 8 da *Ley* 36/1988.

[56] Conforme artigo 4º da *Ley* 36/1988.

[57] Artigos 9.1 e 21 da *Ley* 36/1988.

[58] Andreatini, Lívia Losso; Rodrigues, Luiza Silva; Pittigliani, Marcela Perez. Direito processual civil espanhol. No prelo.

[59] Como previsão de entrega do laudo no prazo de seis meses, sob pena de extinção do convênio arbitral (art. 30), possibilidade de anulação do laudo arbitral caso contrário à ordem pública (art. 45.5) e exigência de que, caso a arbitragem fosse de direito, os árbitros deveriam ser advogados em exercício (arts. 12.2).

Já na Exposição de Motivos, a *Ley 60/2003* expressa seu principal objetivo: "adequar a regulação espanhola em matéria arbitral ao tráfego jurídico, tornando-a mais atrativa enquanto meio de resolução de conflitos"[60]. Nesse norte, o sistema espanhol incorporou normas da Lei-Modelo da UNCITRAL a fim de facilitar o intercâmbio entre operadores do direito em "áreas econômicas com as quais a Espanha mantém atividades e crescentes relações comerciais", inclusive no âmbito internacional.[61]

A disciplina conferida pela *Ley* 60/2003 ao processo arbitral é bastante detalhada e contempla alusão aos princípios que devem ser observados (a exemplo da igualdade, contraditório[62] e confidencialidade[63]), aos aspectos gerais e às especificidades procedimentais. A lei tem aplicabilidade às arbitragens em território nacional e admite que sejam submetidas à arbitragem das controvérsias atinentes a "matérias de livre disposição, conforme o direito"[64], excluídas as arbitragens trabalhistas[65].

As partes podem fixar livremente o número de árbitros capazes de desempenhar o encargo desde que estejam no pleno exercício de seus direitos civis e possuam formação jurídica, se a arbitragem for de direito[66]. Cabe aos árbitros decidir sobre sua própria competência – princípio *kompetenz-kompetenz* – e também lhes assiste o poder de determinar todas as medidas necessárias[67] de cunho acautelatório[68], valendo-se das disposições relativas ao processo executivo para seu cumprimento[69].

60 ANDREATINI, Lívia Losso; RODRIGUES, Luiza Silva; PITTIGLIANI, Marcela Perez. Direito processual civil espanhol. No prelo.

61 SICA, Heitor Vitor Mendonça. A nova legislação espanhola em matéria de arbitragem, in *Revista de Processo*, vol. 132. São Paulo: Revista dos Tribunais, 2006, pp. 141-153, n. 3.

62 Artigo 24 da *Ley* 60/2003.

63 Artigo 24.2 da *Ley* 60/2003.

64 Artigo 2.1 da *Ley* 60/2003.

65 Artigo 1, *apartados* 1 e 4 da *Ley* 60/2003.

66 Nos termos do artigo 15.1 da *Ley* 60/2003.

67 PARADA, Francisco Javier Carrion Garcia de. La tutela cautelar de los derechos en el arbitraje, 29. *Revista Juridica de Castilla y Leon*. 1/18. 2013.

68 ANDREATINI, Lívia Losso; RODRIGUES, Luiza Silva; PITTIGLIANI, Marcela Perez. Direito processual civil espanhol. No prelo.

69 Nos termos do artigo 23.2 da *Ley 60/2003*.

Feitas essas considerações preliminares sobre a arbitragem no direito espanhol, passa-se a tratar especificamente da arbitragem em matéria de consumo.

3.2. Arbitragem em matéria de consumo: *Real Decreto 231/2008*

O *Real Decreto 231/2008*[70] regula o Sistema Arbitral de Consumo no direito espanhol e não foi pioneiro no tratamento do assunto. À luz da previsão insculpida no artigo 51 da Constituição Espanhola[71] – que impõe a todos os poderes públicos garantir a defesa dos consumidores e de seus usuários – sucederam-se algumas leis a fim de conferir tutela adequada às questões consumeristas.

A primeira delas a merecer destaque consiste na *Ley 26/1984*, voltada a conferir "aos consumidores e usuários um instrumento legal de proteção e defesa". Entre os objetivos da referida lei, figurou o estabelecimento dos "procedimentos eficazes para a defesa dos consumidores e usuários", como deflui do próprio texto.[72]

Após, em 1993, adveio o *Real Decreto 636*, o primeiro a regular o Sistema Arbitral de Consumo cuja finalidade era "atender e resolver com caráter vinculante e executivo para ambas as partes as queixas ou reclamações dos consumidores e usuários, em relação aos seus direitos legalmente reconhecidos", mas "sem prejuízo da proteção administrativa e judicial".[73]

[70] ESPANHA. *Real Decreto 231/2008*. Disponível em: <https://www.boe.es/buscar/doc.php?id=BOE-A-2008-3527>. Acesso em: 24 jun. 2021.

[71] Prevê o artigo 51 da Constituição Espanhola: "1. Os poderes públicos garantirão a defesa dos consumidores e utentes, protegendo, mediante procedimentos eficazes, a segurança, a saúde e os legítimos interesses económicos dos mesmos. 2. Os poderes públicos promoverão a informação e a educação dos consumidores e utentes, fomentarão as suas organizações e escutá-las-ão nas questões que os possam afectar, nos termos que a lei estabeleça. 3. No quadro do disposto nos números anteriores, a lei regulará o comércio interno e o regime de autorização dos produtos comerciais" (ESPANHA. *Constitución Española*. 1978. Disponível em: <https://www.tribunalconstitucional.es/es/tribunal/normativa/Normativa/CEportugu%C3%A9s.pdf>. Acesso em: 24 jun. 2021).

[72] ESPANHA. *Ley 26/1984*. General para la defensa de los consumidores y usuarios. Disponível em: <https://www.boe.es/buscar/doc.php?id=BOE-A-1984-16737>. Acesso em: 24 jun. 2021.

[73] ESPANHA. *Real Decreto 636/1993*. Disponível em: <https://www.boe.es/buscar/doc.php?id=BOE-A-1993-13181>. Acesso em: 24 jun. 2021.

Mais adiante, foram editados a *Ley 44/2006* – que promoveu modificações em outras leis, com o intuito de aprimorar a proteção aos consumidores e usuários[74] – e o *Real Decreto Legislativo 1/2007* – que também perpetrou alterações pontuais visando ao mesmo objetivo.[75]

Em 2008, sobreveio o *Real Decreto 231*, ainda em vigor, para "regular a organização do Sistema Arbitral de Consumo e o procedimento da arbitragem de consumo", nos termos do artigo 1º, *apartado* 1. Referido sistema representa a "arbitragem institucional de resolução extrajudicial, de caráter vinculante e executivo para ambas as partes, dos conflitos surgidos entre os consumidores ou usuários e as empresas ou profissionais em relação aos direitos legal ou contratualmente reconhecidos ao consumidor" (artigo 1º, *apartado* 2).[76]

A arbitragem de consumo, portanto, encontra-se regida pelo *Real Decreto 231/2008* (e não pela *Ley 60/2003*) e abrange apenas os conflitos relativos a matérias de livre disposição, excluídos aqueles que envolvam intoxicação, lesão, morte ou aqueles que apontem à existência de delitos (bem como à responsabilidade – por danos e prejuízos – deles derivada).[77] Uma análise atenta dos dispositivos de regência denota que "o sistema arbitral de consumo espanhol se concebe em um só sentido": o método se destina aos consumidores ou usuários, não podendo as empresas ou fornecedores lançarem mão do procedimento.[78]

[74] ESPANHA. *Ley 44/2006.* Mejora de la protección de los consumidores y usuarios. Disponível em: <https://www.boe.es/buscar/doc.php?id=BOE-A-2006-22950>. Acesso em: 24 jun. 2021.

[75] ESPANHA. Real Decreto Legislativo 1/2007. Disponível em: <https://www.boe.es/buscar/act.php?id=BOE-A-2007-20555&tn=5&bj=a2#>. Acesso em: 24 jun. 2021.

[76] ESPANHA. *Real Decreto 231/2008.* Disponível em: <https://www.boe.es/buscar/doc.php?id=BOE-A-2008-3527>. Acesso em: 24 jun. 2021.

[77] Consoante previsto no artigo 2.

[78] A ressalva é feita por Lorenzo Bujosa Vadell que assim aduz, no original: "[...] el sistema arbitral de consumo español se concibe en un solo sentido,48 por ello se ha utilizado el término 'unidireccionalidad' para señalar una de sus características. Lo que se quiere indicar con ello es simplemente que en la posición de reclamante deben situarse siempre los consumidores o usuarios, mientras en la posición pasiva lógicamente estarán quienes hayan suministrado los bienes o servicios que hayan dado lugar a las reclamaciones. En ningún caso, por tanto, puede un empresario reclamar directamente por esta vía, por ejemplo, la falta de pago por parte de un consumidor por el producto vendido" (Bujosa Vadell, Lorenzo. *Manual básico de protección de los consumidores y usuários.* Salamanca: Caja Duero, 2006. p. 235).

A organização do Sistema Arbitral de Consumo se dá pelas *Juntas Arbitrales de Consumo*, pela *Comisión de las Juntas Arbitrales de Consumo*, pelo *Consejo General del Sistema Arbitral de Consumo* e pelos órgãos arbitrais.

As *Juntas Arbitrales de Consumo* são órgãos administrativos que realizam a "gestão da arbitragem institucional de consumo e prestam serviços de caráter técnico, administrativo e de secretaria, tanto às partes quanto aos árbitros", nos termos do artigo 5º.[79] Entre as funções elencadas no *Real Decreto* destacam-se aquelas voltadas ao fomento da arbitragem de consumo, à asseguração da mediação prévia, ao fornecimento de formulários de solicitação de arbitragem, contestação e aceitação aos consumidores, usuários e empresas (artigo 6º).

A composição das Juntas Arbitrais de Consumo[80] se dá por "representantes dos consumidores e da classe empresarial para que seja garantido o tratamento igualitário aos litigantes" e para evitar que "o consumidor, vulnerável, possa ser compelido a participar de procedimento arbitral".[81] Sua estrutura está vinculada à administração pública, o que denota certo controle estatal que favorece o funcionamento do método heterocompositivo no âmbito consumerista – garantindo, por exemplo, a observância dos princípios e das normas protetivas do consumidor. A competência para a instauração da arbitragem é definida pelas próprias partes, às quais incumbe eleger a Junta Arbitral de comum acordo ou pelo critério territorial, na ausência de escolha pelos envolvidos (artigo 8º).

A *Comisión de las Juntas Arbitrales de Consumo*, por sua vez, é um órgão colegiado vinculado ao Instituto Nacional do Consumo cujas competências se encontram discriminadas no artigo 11, incluindo *(i)* apreciação de recursos interpostos pelas partes (acerca da admissão ou inadmissão de

[79] Segundo o artigo 5, do *Real Decreto 231/2008*, as Juntas Arbitrales de Consumo (ESPANHA. *Real Decreto 231/2008*. Disponível em: <https://www.boe.es/buscar/doc.php?id=BOE-A-2008-3527>. Acesso em: 24 jun. 2021).

[80] Em consulta ao sítio eletrônico do governo espanhol, verifica-se existirem as seguintes juntas: Junta Arbitral Nacional, Juntas Arbitrales Autonómicas, Juntas Arbitrales Providenciales, Juntas Arbitrales de Mancomunidad e Juntas Arbitrales Municipales. Disponível em: <https://www.mscbs.gob.es/consumo/resolucionConflictos/sistemaArbitral/organos/home.htm>. Acesso em: 24 jun. 2021.

[81] Andrighi, Fátima Nancy. Arbitragem nas relações de consumo: uma proposta concreta. *Revista de Arbitragem e Mediação*, São Paulo, Revista dos Tribunais, 2006, v. 9, abr-jun., p. 13-21. Versão digital. p. 6.

solicitude de arbitraje) e *(ii)* emissão de *informes, dictámenes* ou *recomendaciones* (relatórios, opiniões e recomendações) direcionados aos árbitros, sem caráter vinculativo.

O *Consejo General del Sistema Arbitral de Consumo* também possui composição colegiada e vinculação ao Instituto Nacional do Consumo. Suas funções, todavia, diferem daquelas atribuídas à Comissão das Juntas Arbitrais: incumbe ao Conselho *(i)* aprovar os programas comuns de formação dos árbitros (e fixação dos critérios para sua qualificação e credenciamento), *(ii)* elaborar diretrizes gerais sobre os pressupostos de admissão das ofertas públicas de adesão limitada ao Sistema Arbitral de Consumo, *(iii)* divulgar os relatórios técnicos, opiniões e recomendações da Comissão das Juntas Arbitrais de Consumo e dos laudos oriundos das Juntas, *(iv)* pensar em estratégias voltadas ao impulsionamento do Sistema Arbitral de Consumo, entre outros.[82]

Por fim, os órgãos arbitrais são competentes para a apreciação dos conflitos de consumo submetidos à arbitragem. Podem ser unipessoais ou colegiados e contam com o auxílio do *secretario arbitral*, responsável por expedientes administrativos – como a documentação dos atos do procedimento arbitral, a ordenação do procedimento, a facilitação de acesso à informação, a realização de notificações sobre os atos, o cumprimento das decisões dos órgãos arbitrais.[83]

Exposta a estrutura do Sistema Arbitral adotado na Espanha, convém analisar de que modo se instaura a arbitragem. O método de solução de conflitos pode ser eleito pelas partes de forma antecedente ao surgimento da controvérsia mediante o convênio arbitral – tanto na forma de cláusula incorporada a um contrato, quanto em forma de acordo independente.[84] Nesse caso, verificado o conflito em matéria de consumo – pela violação de direitos do consumidor, por exemplo –, poderá o usuário apresentar requerimento de arbitragem (por escrito, por via eletrônica ou qualquer outro meio que garanta sua autenticidade), observados os requisitos do artigo 34, *apartado* 1.

Elemento bastante peculiar do sistema espanhol trata da *oferta pública de adhesión*,[85] passível de ser formulada por empresas ou profis-

[82] Conforme artigo 15 do *Real Decreto 231/2008.*

[83] Nos termos do artigo 18 do *Real Decreto 231/2008.*

[84] Como dispõe o artigo 24 do *Real Decreto 231/2008.*

[85] O sítio eletrônico do governo espanhol contempla informações específicas sobre o procedimento a ser adotado para fins de adesão ao sistema arbitral de consumo. Disponível em:

sionais, em que demonstrarão sua adesão ao Sistema Arbitral de Consumo, indicarão sua opção entre arbitragem de direito ou de equidade[86] e se aceitam a mediação prévia à submissão do conflito aos órgãos arbitrais.[87] A adesão ao sistema é inscrita em registro público[88] e outorga à empresa ou ao profissional um distintivo oficial que poderá ser utilizado em suas comunicações comerciais (por autorização expressa do artigo 28, *apartado* 4). Não obstante preveja o distintivo como um diferencial, o decreto dispõe sobre as hipóteses que ensejam sua retirada, entre as quais figura o "descumprimento reiterado dos laudos"[89] – o que parece servir de estímulo à não adoção de condutas reprováveis, à luz da norma.

A arbitragem de consumo, em regra, é pautada na equidade – ressalvada disposição expressa das partes em contrário –, servindo as normas jurídicas como "apoio à decisão" que, necessariamente, deve ser motivada.[90] O procedimento é regido pelos princípios de audiência, contradição, igualdade entre as partes e gratuidade.[91]

O *Real Decreto 231/2008* contempla, ainda, capítulo dedicado às disposições especiais cuja primeira seção versa sobre a *arbitragem de consumo eletrônico* – assim entendida como aquela desenvolvida integralmente por meio eletrônico (sem prejuízo da prática de alguns atos pelos meios

<https://www.mscbs.gob.es/consumo/resolucionConflictos/adhesion/home.htm>. Acesso em: 24 jun. 2021.

86 Garantido ao consumidor o direito de concordar ou discordar dos critérios indicados pela empresa ou profissional – como faculta, expressamente, o artigo 34, *apartado* 1, "f" do *Real Decreto 231/2008.*

87 À luz dos artigos 25 e seguintes do *Real Decreto 231/2008.*

88 Artigo 31 do Real Decreto 231/2008.

89 Artigo 30, apartado 1, "c" do Real Decreto 231/2008.

90 Artigo 33, *apartado* 2 do *Real Decreto 231/2008.* Ressalva o apartado 3 que, se a arbitragem tiver caráter internacional, segundo o disposto na Ley 60/2003, "a determinação da legislação aplicável no mérito do assunto se realizará em conformidade com o previsto nos convênios internacionais dos quais a Espanha seja parte ou na legislação comunitária que seja aplicável [Tradução livre]". No original: "3. Cuando el arbitraje de consumo deba resolverse en derecho y tenga carácter internacional, según lo previsto en la Ley 60/2003, de 23 de diciembre, la determinación de la legislación aplicable al fondo del asunto se realizará de conformidad con lo previsto en los convenios internacionales en los que España sea parte o en la legislación comunitaria que resulte de aplicación" (ESPANHA. *Real Decreto 231/2008.* Disponível em: <https://www.boe.es/buscar/doc.php?id=BOE-A-2008-3527>. Acesso em: 24 jun. 2021).

91 Artigo 41 do Real Decreto 231/2008.

tradicionais)[92] – e cuja segunda seção trata da *arbitragem de consumo coletivo*[93] – a qual viabiliza a solução conjunta (em um único procedimento) de conflitos pautados em um mesmo suporte fático, com lesão aos interesses coletivos de consumidores e usuários.[94]

Um panorama geral do Sistema de Arbitragem de Consumo denota o detalhamento com que disciplinado pelo ordenamento espanhol e a preocupação com o seu funcionamento, sem olvidar as normas protetivas ao consumidor. Não por acaso o sistema é exemplo no âmbito internacional,[95] a servir de inspiração a outros países, por proporcionar a solução de conflitos em relação de consumo "de modo rápido, eficaz e econômico".[96]

4. Análise comparada da arbitragem nas relações de consumo à luz do direito brasileiro e do direito espanhol: reflexões e considerações finais

A par dos elementos destacados no presente artigo sobre um e outro sistemas, calha, agora, comparar a arbitragem nas relações de consumo no direito brasileiro e no direito espanhol.

Simples cotejo dos ordenamentos leva à percepção do quão refratário é o direito nacional, historicamente, à adoção da arbitragem no âmbito consumerista. Há quem diga que o tema é visto ainda "de modo

[92] Artigo 51, que inaugura o capítulo V do *Real Decreto 231/2008*, dedicado às disposições especiais.

[93] Que pode ser instaurado por iniciativa das associações de consumidores ou pelo próprio Presidente da Junta Arbitral, "pelo que se deduz não se aplicado o princípio da inércia no âmbito das juntas ou Tribunais Arbitrais" (SOARES, Dennis Verbicaro. A arbitragem de consumo no direito comparado: um modelo possível para o Brasil? *Revista de Processo*, São Paulo, Revista dos Tribunais, 2016, b. 106, jul-ago. Versão digital. p. 13).

[94] Nos termos do artigo 56 do *Real Decreto 231/2008.*

[95] Dennis Verbicaro Soares destaca o sistema espanhol como "único capaz de abraçar a tutela coletiva do consumidor de forma direta e eficaz e que, talvez, possa servir de paradigma para o direito brasileiro no processo de aperfeiçoamento normativo da legislação acerca do assunto" (SOARES, Dennis Verbicaro. A arbitragem de consumo no direito comparado: um modelo possível para o Brasil? *Revista de Processo*, São Paulo, Revista dos Tribunais, 2016, b. 106, jul-ago. Versão digital. p. 11).

[96] Como indicado pelo próprio governo espanhol, no sítio eletrônico dedicado ao Sistema Arbitral de Consumo. Disponível em: <https://www.mscbs.gob.es/consumo/resolucionConflictos/sistemaArbitral/home.htm>. Acesso em: 24 jun. 2021.

apaixonado e, portanto, pouco racional"[97] por força do posicionamento sufragado por parcela da doutrina, arrimada na principiologia e no caráter protetivo do Código de Defesa do Consumidor – como se fossem de todo incompatíveis com o procedimento arbitral. A evolução em torno da concepção gerou alterações significativas, a tornar admissível a arbitragem em relações de consumo.

O direito espanhol, por sua vez, há muito preconizou o Sistema Arbitral de Consumo, capaz de contrapor argumentos contrários ao demonstrar ser plenamente possível a criação de estrutura que permita adequado funcionamento da arbitragem na seara consumerista, sem implicar vilipêndio aos direitos e garantias do consumidor (que gozam de proteção constitucional em ambos os sistemas). Encontrou-se uma forma de viabilizar a escolha do método de solução de conflitos sem relegá-lo à esfera privada – mantendo-o vinculado à administração estatal –, com vistas à maior efetividade.

Além de conferir tratamento específico ao tema, o legislador espanhol não descuidou das especificidades atinentes à arbitragem de consumo eletrônico, nem da arbitragem de consumo coletivo, cada qual com suas especificidades procedimentais. A velocidade com que evoluem as relações de consumo, inclusive no âmbito internacional, exige reflexões sobre novas vias de solução de conflitos, além das fronteiras, capazes de proporcionar efetividade em tempo reduzido.

O estudo em perspectiva comparatística permite uma ampliação da visão. À vista do que se analisou, a sistemática espanhola pode servir de base ao direito nacional para tutelar, de forma específica, a arbitragem em relações de consumo – de modo a conciliar os direitos e garantias do consumidor com os interesses das partes na adoção de outras vias igualmente adequadas à resolução de controvérsias, cada qual com suas vantagens[98] (entre as quais, a irrecorribilidade da sentença arbitral[99]).

[97] Gama Junior, Lauro. Arbitragem em relações de consumo: custo menos para toda a sociedade. Comentários à decisão Aturcom Telecomunicações SL vs. Cristina Rodríguez Nogueira do Tribunal de Justiça da União Europeia e uma opinião sobre o tema. *Revista de Arbitragem e Mediação*, São Paulo, Revista dos Tribunais, v. 28, jan-mar/2011, p. 327-354. Versão digital. p. 10.

[98] Com relação à arbitragem, possível elencar diversas vantagens: "(i) a especialização ínsita à possibilidade de nomeação de árbitros especialistas na matéria controvertida, capaz inclusive de dispensar a necessidade de prova pericial; (ii) a celeridade do procedimento, desvinculada

Referências

ANDREATINI, Lívia Losso; RODRIGUES, Luiza Silva; PITTIGLIANI, Marcela Perez. Direito processual civil espanhol. No prelo.

ANDRIGHI, Fátima Nancy. Arbitragem nas relações de consumo: uma proposta concreta. *Revista de Arbitragem e Mediação,* São Paulo, Revista dos Tribunais, 2006, v. 9, abr-jun., p. 13-21. Versão digital.

AZEVEDO, Antonio Junqueira de. A arbitragem e o direito do consumidor. Disponível em: <https://www.revistas.usp.br/rfdusp/article/download/67337/69947>. Acesso em: 13 jun. 2021.

BRASIL. Constituição da República Federativa do Brasil de 1988. Disponível em: <http://www.planalto.gov.br/ccivil_03/constituicao/constituicaocompilado.htm>. Acesso em: 24 jun. 2021.

_____. *Lei n. 8.078, de 11 de setembro de 1990.* Dispõe sobre a proteção do consumidor e dá outras providências. Disponível em: <http://www.planalto.gov.br/ccivil_03/leis/l8078compilado.htm>. Acesso em: 24 jun. 2021.

_____. *Lei n. 9.307, de 23 de setembro de 1996.* Disponível em: <http://www.planalto.gov.br/ccivil_03/LEIS/L9307.htm>. Acesso em: 24 jun. 2021.

_____. *Lei n. 10.406, de 10 de janeiro de 2002.* Institui o Código Civil. Disponível em: <http://www.planalto.gov.br/ccivil_03/leis/2002/l10406compilada.htm>. Acesso em: 24 jun. 2021.

_____. *Lei n. 13.129, de 26 de maio de 2015.* Disponível em: <http://www.planalto.gov.br/ccivil_03/_ato2015-2018/2015/lei/l13129.htm>. Acesso em: 24 jun. 2021.

_____. *Lei n. 13.140, de 26 de junho de 2015.* Dispõe sobre a mediação entre particulares como meio de solução de controvérsias e sobre a autocomposição de conflitos no âmbito da administração pública; altera a Lei nº 9.469, de 10 de julho de 1997, e o Decreto nº 70.235, de 6 de março de 1972; e revoga o § 2º do art. 6º da Lei nº 9.469, de 10 de julho de 1997". Disponível em: <http://www.planalto.gov.br/ccivil_03/_ato2015-2018/2015/lei/l13140.htm>. Acesso em: 24 jun. 2021.

das vicissitudes burocráticas características do Estado brasileiro63; (iii) a irrecorribilidade como regra; (iv) a informalidade do procedimento arbitral, nos limites da lex arbitri, no que se refere à escolha dos árbitros e ao direito material e processual aplicáveis; (v) a confidencialidade da arbitragem diante do dever de discrição do árbitro, e no próprio fato dos autos não serem públicos" (OLIVEIRA FILHO, João Glicério de; TEIXEIRA, Rafael Carneiro D'Ávila. Limites e possibilidades da arbitragem nas relações de consumo. Revista de Direito Civil Contemporâneo, São Paulo, Revista dos Tribunais, 2018, v. 16, jul-set. Versão digital. p. 8-9).

[99] Porque, não raro, o que se verifica é a interposição de recursos com caráter protelatório, voltados a postergar a satisfação do direito do consumidor.

_____. *Mensagem n. 162, de 26 de maio de 2015.* Presidência da República. Disponível em: <http://www.planalto.gov.br/ccivil_03/_Ato2015-2018/2015/Msg/VEP-162.htm>. Acesso em: 24 jun. 2021).

BUJOSA VADELL, Lorenzo. *Manual básico de protección de los consumidores y usuários.* Salamanca: Caja Duero, 2006.

CARMONA, Carlos Alberto. Julgamento por equidade em arbitragem. *Revista de Arbitragem e Mediação*, São Paulo, Revista dos Tribunais, 2011, v. 30, jul-set, p. 229-244. Versão digital.

CAVALIERI FILHO, Sergio. *Programa de direito do consumidor.* 3. ed. São Paulo: Revista dos Tribunais, 2011.

CONSELHO DAS COMUNIDADES EUROPEIAS. Directiva 93/13/CEE do Conselho de 5 de abril de 1993 relativa às cláusulas abusivas nos contratos celebrados com os consumidores. Disponível em: <https://eur-lex.europa.eu/legal-content/PT/TXT/?uri=celex%3A31993L0013>. Acesso em: 24 jun. 2021.

_____. *Tratado da União Europeia.* Luxemburgo: Serviço das Publicações Oficiais das Comunidades Europeias, 1992. Disponível em: <https://europa.eu/european-union/sites/default/files/docs/body/treaty_on_european_union_en.pdf>. Acesso em: 24 jun. 2021.

CREMADES, Bernardo M. El arbitraje en la doctrina constitucional española, *Revista de Arbitragem e Mediação*, São Paulo, Revista dos Tribunais, v. 8. 2006, pp. 143-172.

ESPANHA. *Constitución Española.* 1978. Disponível em: <https://www.tribunalconstitucional.es/es/tribunal/normativa/Normativa/CEportugu%C3%A9s.pdf>. Acesso em: 24 jun. 2021.

_____. *Exposición de motivos da Ley 44/2006.* Disponível em: <https://www.boe.es/buscar/doc.php?id=BOE-A-2006-22950>. Acesso em: 24 jun. 2021.

_____. *Ley de Enjuiciamiento Civil.* Disponível em: <https://www.boe.es/buscar/act.php?id=BOE-A-2000-323>. Acesso em: 24 jun. 2021.

_____. *Ley 26/1984.* General para la defensa de los consumidores y usuarios. Disponível em: <https://www.boe.es/buscar/doc.php?id=BOE-A-1984-16737>. Acesso em: 24 jun. 2021.

_____. *Ley 44/2006.* Mejora de la protección de los consumidores y usuarios. Disponível em: <https://www.boe.es/buscar/doc.php?id=BOE-A-2006-22950>. Acesso em: 24 jun. 2021.

_____. *Real Decreto 231/2008.* Disponível em: <https://www.boe.es/buscar/doc.php?id=BOE-A-2008-3527>. Acesso em: 24 jun. 2021.

_____. *Real Decreto 636/1993.* Disponível em: <https://www.boe.es/buscar/doc.php?id=BOE-A-1993-13181>. Acesso em: 24 jun. 2021.

_____. *Real Decreto Legislativo 1/2007.* Disponível em: <https://www.boe.es/buscar/act.php?id=BOE-A-2007-20555&tn=5&bj=a2#>. Acesso em: 24 jun. 2021.

Etcheverry, Carlos Alberto. A nova lei de arbitragem e os contratos de adesão: algumas considerações. Revista de Direito do Consumidor, São Paulo, Revista dos Tribunais, 1997, v. 21, p. 51-60, jan-mar. Versão digital.

Gama Junior, Lauro. Arbitragem em relações de consumo: custo menos para toda a sociedade. Comentários à decisão Aturcom Telecomunicações SL vs. Cristina Rodríguez Nogueira do Tribunal de Justiça da União Europeia e uma opinião sobre o tema. *Revista de Arbitragem e Mediação*, São Paulo, Revista dos Tribunais, v. 28, jan-mar/2011, p. 327-354. Versão digital.

Gonçalves, Carlos Roberto. *Direito civil brasileiro:* contratos e atos unilaterais. 7. ed. São Paulo: Saraiva, 2010.

Lemes, Selma M. Ferreira. Arbitragem e direito do consumo. Disponível em: <http://selmalemes.adv.br/artigos/arbitragem%20e%20direito%20do%20consumo.pdf>. Acesso em: 13 jun. 2021.

Montoliú, Miguel Ángel Esbrí. *El convenio arbitral en el Derecho Español.* Universidad Jaume I, Castellón (tese), 2015.

Oliveira Filho, João Glicério de; Teixeira, Rafael Carneiro D'Ávila. Limites e possibilidades da arbitragem nas relações de consumo. *Revista de Direito Civil Contemporâneo,* São Paulo, Revista dos Tribunais, 2018, v. 16, jul-set. Versão digital.

Parada, Francisco Javier Carrion Garcia de. La tutela cautelar de los derechos en el arbitraje, 29. *Revista Juridica de Castilla y Leon.* 1/18. 2013.

Paula, Adriano Perácio de. Da arbitragem nas relações de consumo. *Revista de Direito do Consumidor,* São Paulo, Revista dos Tribunais, 1999, v. 32, out.-dez, p. 55-73. Versão digital.

Pereira, Caio Mário da Silva. Instituições de direito civil. 11. ed. Rio de Janeiro: Forense, 2003. v. III.

Rodrigues, Silvio. *Direito civil.* 28. ed. São Paulo: Saraiva, 2002. v. 3.

Sica, Heitor Vitor Mendonça. A nova legislação espanhola em matéria de arbitragem. *Revista de Processo,* São Paulo, Revista dos Tribunais, v. 132, 2006, pp. 141-153, n. 2.

Soares, Dennis Verbicaro. A arbitragem de consumo no direito comparado: um modelo possível para o Brasil? Revista de Processo, São Paulo, Revista dos Tribunais, 2016, b. 106, jul-ago. Versão digital.

Soares, Dennis Verbicaro. A arbitragem de consumo no direito comparado: um modelo possível para o Brasil? Revista de Processo, São Paulo, Revista dos Tribunais, 2016, b. 106, jul-ago. Versão digital.

CAPÍTULO 13
ARBITRAGEM NO DIREITO DO CONSUMIDOR: UMA ANÁLISE COMPARATIVA

Mariana de Araújo Mendes Lima di Pietro

1. Introdução

A sociedade organizada precisa de soluções para a pacificações dos conflitos de interesses oriundos da vida em comunidade, de modo que atualmente existem diferentes opções disponíveis para partes que se encontram em conflito.

Um desses mecanismos é a arbitragem, a qual pode ser definida, tal como propõem Redfern e Hunter, como "um método privado de solução de disputas, escolhido pelas próprias partes como um meio eficaz para pôr fim às suas disputas sem que seja necessário recorrer às cortes estatais. É conduzida em diferentes países e com pouco apego a diferentes contextos legais e culturais, com uma notável falta de formalidade. Não há bandeiras nacionais ou quaisquer outros símbolos de autoridade estatal" (tradução livre)[1].

[1] No original: "It is a private method of dispute resolution, chosen by the parties themselves as an effective way of putting an end to disputes between them, without recourse to the courts of law. It is conducted in different countries and against different legal and cultural backgrounds, with a striking lack of formality. There are no national flags or other symbols of state authority." (Redfern, Alan; Hunter, Martin; Blackaby, Nigel; et. al. **Law and**

No entanto, essa escolha das partes em submeter suas disputas a um método privado de solução de controvérsias as afasta da jurisdição estatal sendo que, quando tal opção ocorre antes mesmo da instauração do conflito, uma das partes não poderá voltar atrás e buscar socorro junto ao Poder Judiciário sem a anuências das demais envolvidas[2].

Essa limitação de acesso às cortes estatais, a qual poder ocorrer muito antes do próprio surgimento do conflito, levou, historicamente, diversos Estados até mesmo a proibirem tal estipulação[3]. No entanto, nos ordenamentos modernos, costuma-se reconhecer a validade de cláusulas contratuais que estipulem previamente a obrigatoriedade das partes de resolver eventuais controvérsia pela arbitragem.

É comum, contudo, que ordenamentos jurídicos façam ressalvas quanto à admissibilidade da cláusula compromissória em determinados tipos de contrato, tais como aqueles cuja natureza já pressupõe desequilíbrio entre as partes no momento de sua pactuação.

Esse é justamente o caso das relações de consumo, as quais, em razão da disparidade entre partes, compreender-se-ia maior preocupação do legislador em limitar o acesso das partes às cortes estatais, ao menos pelo consumidor. Nesse cenário, é válida a comparação entre a arbitragem de consumo em diferentes jurisdições para identificar aspectos semelhantes e divergentes, buscando as melhores alternativas para se endereçar a questão.

Para tanto, será feito um esforço inicial com o propósito de identificar características do direito do consumidor em quatro países levados em consideração para efeitos comparativos (Brasil, Espanha, França e Estados Unidos da América) para, então, realizar uma análise breve das características gerais da arbitragem e da arbitragem de consumo nesses mesmos países, identificando as principais semelhanças e diferenças entre eles.

Practice of International Commercial Arbitration. 4. ed. London: Sweet & Maxwell, 2004. p. 1.).

[2] Redfern, Alan; Hunter, Martin; Blackaby, Nigel; et. al. **Law and Practice of International Commercial Arbitration**. 4. ed. London: Sweet & Maxwell, 2004. p. 9.

[3] A vedação às cláusulas compromissórias em determinado momento histórico é tratada de forma bastante didática pelo professor Giovanni Bonato em artigo publicado na Revista Brasileira de Arbitragem (Bonato, Giovanni. Panorama da Arbitragem na França e na Itália. Perspectiva de Direito Comparado com o Sistema Brasileiro. In: **Revista Brasileira de Arbitragem**. v. 43. pp. 59-92.)

Ao fim, esse artigo propõe, observadas as limitações do estudo proposto, identificar soluções adequadas os problemas enfrentados pelos diferentes ordenamentos com base em suas similaridades e diferenças.

2. Direito do consumidor e suas características

As relações de consumo são aquelas que, conforme previsto no Código de Defesa do Consumidor brasileiro, se estabelecem entre o fornecedor de algum produto ou serviço e o seu consumidor final, assim entendido aquele que não utilizará o bem ou serviço contratado para os propósitos de sua própria atividade[4].

Os conceitos de consumidor e fornecedor, segundo o direito brasileiro, encontra paralelos nas figuras de consumidor e empresário previstas no direito espanhol[5].

O direito francês[6], por sua vez, se utiliza de dois critérios para tratar das relações de consumo: a existência de personalidade jurídica e a utilização de algum produto ou serviço para os propósitos de sua atividade econômica. Faz, assim, a distinção entre (i) consumidor, assim entendida a pessoa física que não empregará o produto ou serviço contratado para a persecução de atividades empresariais; (ii) não-profissional, que, assim como o consumidor, será o destinatário final do produto ou serviços, porém sem fazer *jus à mesma proteção por se tratar de pessoa jurídica,* mas que recebe a tutela jurídica em alguns casos específicos, previstos expressamente em lei; e (iii) profissional, cujo conceito se assemelha bastante ao fornecedor para o direito brasileiro.

Finalmente, o direito do consumidor nos Estados Unidos da América é marcado por uma vasta multiplicidade de normas e agências, em nível federal e estadual, cada uma com atribuições específicas de proteção aos consumidores[7]. Desse modo, perde-se a simplicidade decorrente de se

[4] BRASIL. Lei nº 8.078, de 11 de setembro de 1990, que dispõe sobre a proteção do consumidor e dá outras providências.

[5] ESPANHA. Real Decreto Legislativo 1/2007, de 16 de noviembre, por el que se aprueba el texto refundido de la Ley General para la Defensa de los Consumidores y Usuarios y otras leyes complementarias.

[6] FRANÇA. Code de la consommation.

[7] BARKATULLAH, Abdul Halim; DJUMADI. Does self-regulation provide legal protection and security to e-commerce consumers? In: Electronic Commerce Research and Applications. v. 30, 2018. p. 96. Disponível em https://reader.elsevier.com/reader/sd/pii/S15674223183

adotar um código único de proteção aos consumidores, porém ganha-se na especificidade das normas e sua melhor adequação aos diferentes casos concretos[8].

O principal documento que trata da proteção aos direitos dos consumidores, nos Estados Unidos da América, é o *Federal Trade Commission Act ("FTCA"), que cria a Comissão Federal de Comércio (Federal Trade Commission – "FTC"), principal agência responsável pela investigação e persecução de atos lesivos ao consumo*[9].

De forma diversa ao que se observa nos demais países levados em consideração para fins comparativos, o FTCA não estabelece qualquer conceito de consumidor, adotando uma estrutura centrada na descrição de condutas a serem praticadas que poderiam causar danos a pessoas – denominadas "vítimas" – em um ambiente de comércio[10].

No entanto, um aspecto comum a todos os sistemas jurídicos levados em consideração para fins de comparação é a existência de leis que objetivam a proteção de determinados indivíduos a partir da premissa de que as relações comerciais podem envolver desequilíbrio econômico, técnico e informacional que justifica a intervenção estatal a fim de tutelar o lado mais fraco da balança.

3. Limites à arbitrabilidade de consumo no direito comparado

Conforme mencionado, a opção pela arbitragem, principalmente se realizada por meio da previsão de uma cláusula compromissória, inviabiliza o recurso à jurisdição estatal pelas partes contratantes. Essa impossibilidade

00565?token=1CC7D34D076A36C96EDF92AB902EEB0F35A3A57DAC708138B67299 53D4178BD06808B29038A56CCCC97E6A40D85ED229&originRegion=us-east-1&originCreation=20210613203233. Acesso em 13/06/2021.

[8] WALLER, Spencer Weber; BRADY, Jillian G.; ACOSTA, R.J. Consumer Protection in the United States: An Overview. Disponível em https://www.researchgate.net/publication/228208216_Consumer_Protection_in_the_United_States_An_Overview. Acesso em 13/06/2021.

[9] SANNEY, Kenneth J. **Cyberjacking, Mousetrapping, and the FTC Act:** Are Federal Consumer Protection Laws Helping or Hurting Online Consumers? Disponível em https://www.researchgate.net/publication/235760911_Cyberjacking_Mousetrapping_and_the_FTC_Act_Are_Federal_Consumer_Protection_Laws_Helping_or_Hurting_Online_Consumers. Acesso em 13/06/2021.

[10] ESTADOS UNIDOS DA AMÉRICA. Federal Trade Commission Act Incorporating U.S. SAFE WEB Act amendments of 2006.

é particularmente delicada em se tratando de conflitos decorrentes de uma relação de consumo, hipótese em que o consumidor possui menores condições ou conhecimento para negociar cláusulas contratuais, as quais, na maior parte das vezes, lhes são impostas pelo fornecedor.

Nesse cenário, a questão que se coloca diz respeito à possibilidade de impedir o acesso à jurisdição estatal pelo consumidor diante da previsão de uma cláusula compromissória em contrato de adesão em um contexto em que a opção pela via arbitral é imposta unilateralmente pelo fornecedor.

3.1. Arbitragem e disputas de consumo no Brasil

No Brasil, por exemplo, o Código de Defesa do Consumidor prevê, em seu artigo 51, VII, a nulidade de cláusulas compromissórias em contratos de fornecimento de bens e serviços[11].

A posterior criação da lei de arbitragem, contudo, previu a possibilidade de se incluir cláusulas compromissórias em contratos e adesão, desde que pactuadas em documento anexo ou em negrito e conte com uma assinatura específica[12].

Uma análise superficial de ambas as leis, então, levaria à conclusão de que haveria antinomia de normas ao se tratar da arbitragem em relações de consumo no Brasil. No entanto, mesmo a lei de arbitragem não regula qualquer cláusula de arbitragem obrigatória, uma vez que condiciona sua eficácia à instauração da arbitragem pelo consumidor ou sua autorização expressa para que seja iniciada um procedimento contra si.

Assim, conforme entendimento pacífico do Superior Tribunal de Justiça, a previsão de cláusula compromissória em contrato de consumo por adesão é possível, porém requer a observâncias às limitações previstas tanto na lei de arbitragem quanto no Código de Defesa do Consumidor, o que significa que, além de cumprir as formalidades previstas em lei quanto ao instrumento anexo ou negrito, bem como assinatura em separado, a cláusula compromissória inserida nesse tipo de contrato não será obrigatória[13].

[11] BRASIL. Lei nº 8.078, de 11 de setembro de 1990, que dispõe sobre a proteção do consumidor e dá outras providências.

[12] BRASIL. Lei nº 9.307, de 23 de setembro de 1996, que dispõe sobre a arbitragem.

[13] BRASIL. Superior Tribunal de Justiça. REsp 1.753.041/GO. Relatora Min. Nancy Andrighi. Brasília, 18 de setembro de 2018.

Em outras palavras, quando inserida cláusula compromissória em contrato de consumo, a instauração da arbitragem pelo consumidor vincula o fornecedor, mas a recíproca não se mostra verdadeira, de modo que o consumidor mantém sua faculdade para optar pela jurisdição estatal se assim preferir[14].

3.2. Arbitragem e disputas de consumo na Espanha

Diferentemente do que ocorre em outros países, a Espanha, desde 1993, prevê a via arbitral como um mecanismo adequado para a solução de conflitos de consumo[15], aproveitando-se de algumas características típicas deste mecanismo de solução de controvérsias, tal como a flexibilidade e a celeridade[16].

De modo geral, conforme se verifica já no Texto Refundido da *Ley General para la Defesa de los Consumidores y Usuarios y Otras Leyes Complementarias*, a arbitragem de consumo na Espanha, tal como na brasileira, prevê que a cláusula compromissória (entendida como a convenção de arbitragem firmada pelas partes antes do surgimento do conflito) não vincula o consumidor, mas apenas o fornecedor. Desse modo, em caso de inclusão de cláusula compromissória em contrato de consumo, o consumidor mantém sua faculdade de se socorrer à jurisdição estatal.

No que diz respeito à arbitragem na Espanha, vale mencionar que seu Tribunal Constitucional já se pronunciou no sentido de que a arbitragem possui função jurisdicional, tal como juízes e tribunais, de modo que os árbitros devem observar as mesmas garantias processuais aplicáveis à jurisdição estatal[17]. Tal entendimento, além de conferir importante segurança jurídica, promove a cultura arbitral e afasta possíveis questionamentos quanto à adequação da arbitragem para a solução de conflitos em que há desequilíbrio entre as partes, tal como ocorre em diversos outros países.

[14] BRASIL. Superior Tribunal de Justiça. REsp 1.189.050/SP. Relator Min. Luis Felipe Salomão. Brasília, 14 de março de 2016.

[15] ESPANHA, Real Decreto 636/1993, de 3 de mayo, por el que se regula el sistema arbitral de consumo.

[16] FALCÃO, David; LUÍS, Rui; Falcão, Marta. Arbitraje de Consumo en España. Una Alternativa Extrajudicial. In: **Julgar Online**. Disponível em http://julgar.pt/arbitraje-de-consumo-en-espana-una-alternativa-extrajudicial/. Acesso em 14/06/2021.

[17] ESPANHA, Tribunal Constitucional, SENTENCIA 1/2018, de 11 de enero de 2018.

Outra característica interessante do sistema arbitral espanhol é a classificação, pelo Tribunal Constitucional espanhol, da arbitragem de consumo em duas espécies – voluntária e obrigatória. A arbitragem voluntária é aquela que decorre das partes, por exemplo, com a celebração de uma cláusula compromissória ou compromisso arbitral. Já a arbitragem obrigatória decorreria de lei. Um exemplo de arbitragem obrigatória seria em caso de disputadas em matéria de seguro, prevista pela Diretiva 2009/138/CEE, norma de harmonização oriunda da Comissão Europeia, internalizada na Espanha pela inclusão do artigo 76 "e" na Lei nº 50/1980, que regula o contrato de seguro.

Referida norma prevê que em disputas envolvendo contrato de seguro, cabe ao segurado decidir ajuizar uma ação junto aos Tribunais nacionais ou iniciar um procedimento arbitral, independente do consentimento da seguradora.

Considerando que, nessa hipótese, não haveria consentimento da seguradora quanto à instauração da arbitragem, se trataria de uma "arbitragem obrigatória", de modo que seria possível à empresa requerer uma revisão pela justiça estatal da matéria de fundo submetida à arbitragem[18].

Superadas tais considerações gerais sobre a arbitragem de consumo na Espanha, cabe situá-la no ordenamento jurídico espanhol.

O atual modelo de sistema de arbitragem de consumo ("SAC") se estrutura a partir do Real Decreto 231/2008[19], que regula a arbitragem de consumo. De modo geral, o Real Decreto 231/2008 veio para compatibilizar a Lei 60/2003[20], sobre arbitragem, elaborada com forte influência da Lei Modelo UNCITRAL, ao modelo de arbitragem de consumo já existente na Espanha, marcada por regras específicas, tais como a primazia do julgamento por equidade, a gratuidade e o informalismo[21].

Desse modo, as controvérsias envolvendo direito de consumo na Espanha são resolvidas por meio de arbitragens públicas, administradas

[18] ESPANHA, Tribunal Constitucional, SENTENCIA 1/2018, de 11 de enero de 2018.

[19] ESPANHA, Real Decreto 231/2008, de 15 de febrero, por el que se regula el Sistema Arbitral de Consumo.

[20] ESPANHA, Ley 60/2003, de 23 de diciembre, de Arbitraje.

[21] FALCÃO, David; LUÍS, Rui; Falcão, Marta. Arbitraje de Consumo en España. Una Alternativa Extrajudicial. In: **Julgar Online**. Disponível em http://julgar.pt/arbitraje-de-consumo-en-espana-una-alternativa-extrajudicial/. Acesso em 14/06/2021.

pelas Juntas Arbitrais de Consumo ("JAC"), que se submetem à Comissão das Juntas Arbitrais de Consumo, órgão colegiado do Instituto Nacional do Consumo, e à Junta Arbitral Nacional, com competência para garantir homogeneidade junto ao sistema nacional de consumo[22].

Assim, as empresas podem aderir ao sistema de arbitragem de consumo por meio de um mecanismo chamado "oferta pública de adesão", em que já aderem à instituição de uma arbitragem contra si por qualquer consumidor para o qual tenha vendido algum produto ou prestado serviço. Nessas ofertas públicas de adesão, o empresário define as condições em que se sujeitaria à arbitragem.

A opção pela arbitragem por equidade ou de direito e o interesse em participar de uma mediação prévia são condições indicadas pelo empresário que devem constar em sua oferta pública de adesão, a ser enviada para a Junta Arbitral Territorial (órgão administrativo constituído por convênio de colaboração entre a administração pública e o Instituto Nacional do Consumo). A partir do recebimento da oferta pública de adesão, a Junta Arbitral Territorial decide por conceder o selo de adesão ao SAC (Sistema de Arbitragem de Consumo). Também cabe à Junta Arbitral Territorial a decisão de cassar tal prerrogativa.

A partir do momento em que uma empresa é participante do SAC, o consumidor pode submeter qualquer controvérsia à arbitragem, observado os termos da oferta pública de adesão. Essa possibilidade gera confiança junto ao mercado e, de modo geral, o selo de oferta pública de adesão tende a servir de vantagem competitiva para as empresas aderentes ao SAC[23].

Vale mencionar que a arbitragem iniciada por um consumidor com base na oferta pública de adesão não se confunde com a arbitragem obrigatória, já mencionada. A primeira decorre da vontade expressa do empresário de se submeter a arbitragens que observem determinadas condições. A segunda decorre de pura previsão legal e não há, necessariamente, uma oportunidade para que o fornecedor estipule os termos aos quais estaria disposto a se submeter a um procedimento arbitral.

[22] Falcão, David; Luís, Rui; Falcão, Marta. Arbitraje de Consumo en España. Una Alternativa Extrajudicial. In: **Julgar Online**. Disponível em http://julgar.pt/arbitraje-de-consumo-en-espana-una-alternativa-extrajudicial/. Acesso em 14/06/2021.

[23] Idem.

Inobstante a inovação das ofertas públicas de adesão, é possível ao consumidor levar uma controvérsia à JAC independente da adesão prévia do fornecedor. No entanto, nessa hipótese, será necessária a aceitação pelo fornecedor para que o procedimento arbitral tenha início.

Finalmente, vale mencionar que o SAC prevê inclusive a possibilidade de arbitragem *online*, as quais devem tramitar eletronicamente sem o prejuízo de alguma diligência arbitral ser realizada fisicamente[24]. Apesar de, até recentemente, nem todas as JACs realizarem alguns atos eletronicamente, como, por exemplo, a audiência arbitral, com o início da pandemia de COVID-19, muitas passaram a prever o uso de videoconferências para atos que antes eram realizados presencialmente – o que já era autorizado pelo Real Decreto 231/2008[25].

Todos esses aspectos tornam a arbitragem de consumo espanhola um sistema bastante desenvolvido e dotado de grande segurança jurídica.

3.3. Arbitragem e disputas de consumo na França

A França, por sua vez, adota um sistema dualista, trazendo tratamento diverso para as arbitragens domésticas e internacionais.

Nesse sentido, o Código de Processo Civil francês estipula que a arbitragem internacional é aquela que diz respeito aos interesses do comércio internacional. Assim, embora esse próprio conceito traga dificuldades práticas para a definição quanto à natureza doméstica ou internacional de determinada disputa, a Corte de Cassação já definiu que o critério para a apuração quanto à internacionalidade da relação comercial é a transferência de bens, serviços ou investimento através de fronteiras nacionais[26].

[24] ESPANHA, Real Decreto 231/2008, de 15 de febrero, por el que se regula el Sistema Arbitral de Consumo.

[25] Palacios, José Jesús. Arbitraje (Virtual) de Consumo en Tiempos de Covid-19. In: **Cuerpo Nacional de Ingenieros Peritos Judiciales**. Disponível em: https://cnipj.es/arbitraje-virtual-covid-19/. Acesso em 18/06/2021.

[26] Para compreensão dos critérios cabíveis para determinação da internacionalidade de um contrato, vale mencionar a evolução jurisprudencial. Inicialmente, a partir do julgamento do caso Pelissier du Besset (FRANÇA, Cour de Cassation, Arrêt Pelissier du Besset, Chambre civile, du 17 mai 1927), desenvolve-se a doutrina Matter pelo então advogado-geral P. Matter, segundo a qual um contrato seria internacional quando houvesse a convergência de dois requisitos: (i) a introdução de qualquer valor ou mercadoria em um país e (ii) a exportação, a partir desse país, de valores destinados a pagar pelo preço da operação. No entanto,

Assim, em caso de arbitragem doméstica, aplicam-se os dispositivos da lei francesa. Já na arbitragem internacional, a jurisprudência reconhece a autonomia da cláusula compromissória em relação ao direito nacional, o que impede a referência a dispositivos normativos internos para discutir sua validade[27].

Desse modo, em se tratando de uma relação de consumo puramente doméstica, ou seja, que não produz efeitos econômicos no exterior da França, aplica-se o artigo 2.061, o qual dispõe que a cláusula compromissória deve ter sido aceita pela parte contra a qual ele se opõe, bem como a seus sucessores. Tal artigo determina, ainda, que a cláusula compromissória apenas vincula partes que a tenham contratado no âmbito de suas atividades profissionais[28].

Desse modo, é possível interpretar a regra do artigo 2.061 tanto no sentido de que não se admite, pelo direito interno francês, a celebração de cláusulas compromissórias em contratos de consumo, quanto de que tal cláusula não vincula o consumidor[29].

com o objetivo de superar a regra então vigente da nulidade das cláusulas compromissórias em contratos domésticos, a Corte de Cassação passou a entender como internacional qualquer contrato que diz respeito aos interesses do comércio internacional (Vide: Gaillard, Emmanuel. La jurisprudence de la Cour de cassation en matière d'arbitrage international. Disponível em https://edisciplinas.usp.br/pluginfile.php/301824/mod_resource/content/0/EMMANUEL%20GAILLARD%20-%20La%20jurisprudence%20de%20la%20Cour%20de%20cassation%20en%20mati%C3%A8re%20d%E2%80%99arbitrage%20international.pdf. Acesso em 13/06/2021). De acordo com tal conceito, bastante elástico, bastaria o movimento de bens, serviços ou valores através das fronteiras nacionais para se constatar o caráter internacional do contrato, dispensando a necessidade de comprovação da existência de um fluxo e contrafluxo de bens ou serviços e valores (FRANÇA, Cour de Cassation, Arrêt Mardelé c. Muller & Cie., Chambre civile, du 18 février 1930). Posteriormente, o caso Hecht (FRANÇA, Cour de Cassation, Arrêt Hecht, Chambre civile 1, du 4 juillet 1972, 70-14.163) também fez menção aos critérios jurídicos, tais como local da assinatura, objeto do contrato e nacionalidade das partes, para determinação quanto à internacionalidade de um contrato, reconhecendo, no entanto, a necessidade de análise conjunta dos aspectos jurídico e econômico. Posteriormente, a Corte de Cassação pacificou o entendimento de que a arbitragem internacional é aquele que envolve os interesses do comércio internacional segundo uma perspectiva puramente econômica, ou seja, seus efeitos econômicos não se restringem a um único Estado (FRANÇA, Cour de Cassation, Arrêt INSERM, Chambre civile 1, du 26 janvier 2011, 09-10.198).

27 FRANÇA, Cour de Cassation, Arrêt Hecht, Chambre civile 1, du 4 juillet 1972, 70-14.163.

28 FRANÇA. Code Civil.

29 Lachambre, Élodie. Arbitrage International et Droit de la Consommation. Mémoire d'admission au Magistère Juriste d'affaires à l' Université Panthéon- Assas (Paris II). Paris,

No entanto, interpretando tal dispositivo legal em consonância com o artigo R212-2 do Código de Consumo, o qual determina a nulidade de cláusulas que obriguem o consumidor a adotar a arbitragem ou qualquer mecanismo alternativo de solução de controvérsias como maneira de limitar seu acesso à jurisdição estatal[30], chega-se a uma solução semelhante à adotada pelo Superior Tribunal de Justiça brasileiro.

Compreende-se, portanto, que em matéria de direito interno francês, é possível a estipulação de cláusulas compromissórias, as quais vincularão apenas o fornecedor. O consumidor, por seu turno, poderá optar pela via arbitral ou judicial a partir do surgimento do conflito[31], tal como ocorre no direito brasileiro.

A solução é diversa em se tratando de arbitragem internacional, âmbito em que a jurisprudência francesa reconhece a autonomia da cláusula compromissória em relação ao direito nacional.

Nesse caso, a validade da cláusula compromissória deve ser analisada no caso concreto, porém a competência para fazê-lo é do tribunal arbitral, conforme preconiza o princípio da competência-competência[32]. Caso o tribunal arbitral venha a compreender que a cláusula compromissória foi estipulada, por exemplo, de modo abusivo com o intuito de impedir o acesso à justiça pelo consumidor, poderá reconhecer sua nulidade por violação da ordem pública internacional[33].

2005. p. 27. Note que tal dissertação foi desenvolvida antes da alteração introduzida pela lei nº 2016-1547 de 18 novembro de 2016. No entanto, tal alteração manteve a limitação da cláusula compromissória aos contratos celebrados no âmbito do desenvolvimento de atividades profissionais, motivo pelo qual as observações se mantêm relevantes para a análise da validade de cláusulas compromissórias nos contratos de consumo.

30 FRANÇA. Code de la Consommation.

31 Betto, Jean-Georges. L'arbitrage, nouvelle arme du consommateur? In: La Semaine Juridique. n. 15. Disponível em http://www.tendancedroit.fr/larbitrage-nouvelle-arme-consommateur/#:~:text=Dor%C3%A9navant%2C%20les%20contrats%20de%20consommation,acceptation%20ult%C3%A9rieure%20par%20le%20consommateur.&text=Le%20consommateur%20pourra%20activer%20cette,une%20fois%20le%20litige%20n%C3%A9. Acesso em 14/06/2021.

32 FRANÇA, Cour de Cassation, Arrêt Jaguar, Chambre civile 1, du 21 mai 1997, 95-11.429; FRANÇA, Cour de Cassation, Arrêt Rado, Chambre civile 1, du 30 mars 2004, 02-12.259

33 Lachambre, Élodie. Arbitrage International et Droit de la Consommation. Mémoire d'admission au Magistère Juriste d'affaires à l' Université Panthéon- Assas (Paris II). Paris, 2005. pp. 27-28.

Assim, em se tratando de relação cujos efeitos econômicos sejam restritos à França, é possível a inclusão de cláusula compromissória em contrato de consumo, hipótese em que o fornecedor permanecerá vinculado enquanto o consumidor terá a possibilidade de escolher pela via arbitral ou jurisdicional após o surgimento da controvérsia. No entanto, em caso de arbitragem internacional, o fato de se tratar de relação de consumo não obsta a produção dos efeitos negativos do princípio da competência-competência, sujeitando o consumidor à obrigatoriedade de instauração da arbitragem.

3.4. Arbitragem e disputas de consumo nos Estados Unidos

O primeiro aspecto que deve ser levado em consideração em qualquer análise que tenha por objeto o direito dos Estados Unidos é o fato de se tratar de uma federação que prevê alto grau de autonomia para os estados.

Em nível federal, a arbitragem é regulada pelo *Federal Arbitration Act* (FAA), lei promulgada em 1925 como reação à posição até então vigente de grande resistência ao mecanismo. Em razão do contexto de sua promulgação, que envolvia grandes esforços para o reconhecimento e fortalecimento da arbitragem, a Suprem Corte passou a adotar o entendimento de que a arbitrabilidade só pode ser restringida se demonstrado que o legislador que promulgou alguma lei específica (e.g. lei consumerista, trabalhista, propriedade intelectual) que venha a restringí-la, o fez de forma intencional[34].

Particularmente no que diz respeito à arbitragem de consumo[35], a Suprema Corte dos Estados Unidos acabou por trazer limitação a disposições em leis de arbitragem estadual que criem obstáculos à arbitragem[36] ou que impeçam a instauração da arbitragem em contratos interestaduais que contenham convenção de arbitragem[37].

[34] Lachambre, Élodie. Arbitrage International et Droit de la Consommation. Mémoire d'admission au Magistère Juriste d'affaires à l' Université Panthéon- Assas (Paris II). Paris, 2005. pp. 31-32.

[35] Schmitz, Amy J. American Exceptionalism in Consumer Arbitration. In: **Loyola University Chicago International Law Review.** v.10. Disponível em https://scholarship.law.missouri.edu/cgi/viewcontent.cgi?article=1607&context=facpubs. Acesso em 18/06/2021.

[36] ESTADOS UNIDOS DA AMÉRICA. Supreme Court. Doctor's Associates, Inc. v. Casarotto, 517 U.S. 681 (1996).

[37] ESTADOS UNIDOS DA AMÉRICA. Supreme Court. Allied-Bruce Terminix Cos. v. Dobson, 513 U.S. 265 (1995)

Desse modo, no momento, a liberdade para a celebração de cláusulas compromissórias em contratos de consumo é ampla, apesar de tramitarem no Congresso norte americano diversas propostas legislativas no sentido de proibir cláusulas compromissórias que restrinjam o direito do consumidor (e de outros setores vulneráveis, como empregados e devedores de crédito estudantil) levar suas controvérsias junto à jurisdição estatal[38]. A mais ampla de todas é a proposta do *FAIR Act (Forced Arbitration Injustice Repeal Act)*, que pretende proibir que a cláusula compromissória seja obrigatória em casos envolvendo direito do trabalho, consumo, concorrencial ou direitos civis[39].

A limitação à celebração de cláusulas compromissórias, por outro lado, sofre grande resistência por alguns setores que enxergam na arbitragem uma alternativa para reduzir sua exposição a ações coletivas, muito comuns naquela jurisdição[40], motivo pelo qual a aprovação do *FAIR Act* pela Câmara gerou bastante repercussão, ainda que a proposta ainda esteja pendente de aprovação pelo Senado.

Apesar de não haver ainda qualquer lei que impeça a pactuação de cláusulas compromissórias que vinculem o consumidor, no entanto, a proteção à parte hipossuficiente é garantida majoritariamente em regulamentos específicos de grandes instituições arbitrais, os quais buscam sopesar a diferença de poder de barganha entre as partes, bem como, em alguns casos, por decisões judiciais.

Nesse sentido, a AAA, mais conhecida instituição dos Estados Unidos, tem um regulamento específico para regular procedimentos arbitrais envolvendo direito de consumo[41].

Em seu regulamento, a AAA prevê a possibilidade de pagamento diferido ou redução da taxa de administração do procedimento em caso

[38] SAUVET, Vincent. New Push Coming for Familiar Arbitration Bills? In: **CPR SPEAKS – The Blog of The CPR Institute.** Disponível em https://blog.cpradr.org/tag/arbitration-fairness-act/ Acesso em 22/06/2021.

[39] ESTADOS UNIDOS DA AMÉRICA. H.R.1423 – 116th Congress (2019-2020). Forced Arbitration Injustice Repeal Act or the FAIR Act.

[40] BRADLEY, Neil L. Letter from the Chamber of Commerce of the United States of America. Destinatário: Membros do Congresso dos Estados Unidos. Disponível em https://www.uschamber.com/sites/default/files/210308_s._505_h.r._963_fairact_congress.pdf. Acesso em 22/06/2021.

[41] AMERICAN ARBITRATION ASSOCIATION. **AAA Consumer Arbitration Rules**. New York, 2014.

de dificuldade econômica do consumidor, de modo viabilizar o início do procedimento. Outro dispositivo muito interessante do regulamento AAA é seu artigo R.9, que prevê a possibilidade de o consumidor optar por levar a controvérsia a um tribunal de pequenas causas (jurisdição estatal) ao invés de instaurar a arbitragem, desde que o valor da causa esteja dentro do limite para esse tipo de procedimento.

Em todo caso, a distribuição das custas da arbitragem entre as partes prevê ônus menor ao consumidor, que deve arcar apenas com a taxa de registro, arcando a empresa com as despesas da administração e honorários de árbitro.

Outro importante aspecto das arbitragens consumeristas regidas pelas regras da AAA é a existência de um Protocolo de garantia ao devido processo legal que procura estabelecer limites para impedir que a opção pela via arbitral seja abusiva. Segundo tal Protocolo, qualquer fornecedor que tenha a intenção de incluir uma cláusula compromissória indicando as regras da AAA em seus contratos deve enviar seu modelo de cláusula compromissória aos cuidados da própria AAA para uma análise prévia. Caso a cláusula seja considerada abusiva, a AAA não aceitará qualquer arbitragem originada do contrato que a previu, podendo qualquer uma das partes levar o caso à jurisdição estatal, nos termos do artigo R.1(d).

Mesmo na hipótese de o fornecedor não apresentar a cláusula para esse controle prévio da AAA, a análise é realizada na ocasião da apresentação do primeiro pedido de instauração de arbitragem.

Outra instituição de prestígio nos Estados Unidos é o JAMS, que, embora não tenha um regulamento próprio para arbitragem de consumo[42], prevê disposições específicas que se aplicam nesse tipo de procedimento para garantir o direito de o consumidor levar sua pretensão ao conhecimento de um árbitro.

Nesse sentido, os padrões mínimos aplicáveis às arbitragens envolvendo consumidores do JAMS[43] preveem uma distribuição dos custos da arbitragem de maneira semelhante à AAA, limitando as despesas do

[42] JAMS Mediation, Arbitration and ADR Services. **Comprehensive Arbitration Rules & Procedures.** Los Angeles, 2021; JAMS Mediation, Arbitration and ADR Services. JAMS **Streamlined Arbitration Rules & Procedures.** Los Angeles, 2021.

[43] JAMS Mediation, Arbitration and ADR Services. **Consumer Arbitration Minimum Standards.** Los Angeles, 2021.

consumidor a US$250,00 (duzentos e cinquenta dólares americanos), enquanto o fornecedor deve arcar com as demais custas. Além disso, a cláusula compromissória deve ser bilateral e não pode impedir o acesso do consumidor aos tribunais de pequenas causas (jurisdição estatal) ou jurisdições específicas.

Nesse sentido, no caso Smartpay Leasing[44], o 11º circuito da Justiça Federal dos Estados Unidos concedeu acesso à jurisdição estatal ao consumidor que havia celebrado um contrato de *leasing* de um aparelho telefônico Samsung Galaxy S5 que previa uma cláusula de arbitragem obrigatória seguindo o regulamento do JAMS ou da AAA imposta pela empresa Smartpay Leasing. Posteriormente, o consumidor decidiu acionar a Smartpay Leasing em razão de ligações automáticas incessantes para seu número.

Após o consumidor iniciar uma arbitragem junto ao JAMS, a Smartpay Leasing se recusou a pagar o valor integral das despesas de arbitragem, argumentando que a cláusula compromissória previa divisão de todas as custas entre ela e o consumidor, o que prevaleceria sobre as disposições do JAMS. A instituição arbitral, por sua vez, se recusou a cobrar o consumidor, entendendo que, por se tratar de arbitragem de consumo, os padrões mínimos aplicáveis às arbitragens com consumidores do JAMS prevaleceriam sobre a disposição contratual, a qual seria abusiva.

Diante da insistência pela Smartpay Leasing de que não arcaria com as custas da arbitragem caso não fossem rateadas equanimemente com o consumidor, bem como da recusa da instituição arbitral em prosseguir com a arbitragem a não ser que o fornecedor aceitasse renunciar à disposição contratual que previa a divisão das custas igualmente entre ele e o consumidor, o processo foi extinto por falta de pagamento.

Então o consumidor ajuizou uma ação requerendo a autorização para acesso à jurisdição estatal junto à Corte Distrital, a qual concedeu o pedido formulado pelo consumidor, decisão que foi mantida pela Corte do 11º Circuito.

Então, apesar de a Suprema Corte ter um posicionamento que tende a vincular o consumidor à cláusula compromissória[45], ele obtém um grau

[44] ESTADOS UNIDOS DA AMÉRICA. 11th District Court. Freeman v. Smartpay, No. 18-10380 (2019).

[45] SCHMITZ, Amy J. American Exceptionalism in Consumer Arbitration. In: **Loyola University Chicago International Law Review.** v.10. Disponível em https://scholarship.law.missouri.edu/cgi/viewcontent.cgi?article=1607&context=facpubs. Acesso em 18/06/2021.

mínimo de proteção conferido pelas regras das instituições arbitrais, principalmente quando elas dispõem de mecanismos específicos para lidar com a hipossuficiência de uma das partes[46].

Um grande problema resulta do fato de, na maioria dos casos, a instituição arbitral ser imposta pelo fornecedor em suas cláusulas compromissórias e, apesar do trabalho sério realizado por algumas câmaras como a AAA e o JAMS, existem diversas outras que não têm qualquer preocupação com a diferença de forças entre as partes envolvidas.

Um exemplo relativamente recente é o caso *National Arbitration Forum* (NAF), instituição arbitral indiciada pelo Ministério Público do Minnesota por ter se associado a uma agência de cobrança de créditos de modo a garantir que seus árbitros adotassem um viés contrário ao consumidor. O NAF entrou em acordo com o Ministério Público e encerrou suas atividades em 2009[47], mas gerou descrédito em relação à arbitragem de consumo junto a diversos setores da sociedade.

Assim, nos casos em que a instituição arbitral escolhida não traz limitações à redação da cláusula compromissória, as situações de abuso apenas poderiam ser combatidas pelo Poder Judiciário.

Embora as cortes distritais sejam mais favoráveis a liberar o consumidor da obrigação de levar o litígio à arbitragem, a Suprema Corte, como já mencionado, tem um viés muito favorável à manutenção da cláusula compromissória.

Assim, no caso *Rent-A-Center v. Jackson*, a Suprema Corte determinou a aplicabilidade do princípio competência-competência para casos envolvendo desequilíbrio de forças entre as partes[48], de modo que consumidores passaram a ser obrigados a instaurar a arbitragem para que, então, o árbitro entenda pela nulidade da cláusula compromissória.

Já no caso *Stolt-Nielsen S.A. v. Animalfeeds Int'l Corp.*, a Suprema Corte determinou que as arbitragens coletivas apenas são possíveis

[46] SHELDON, Jon; SELIGMAN, David. Getting Into Court by Initiating Arbitration. In: **National Consumer Law Center Library**. Disponível em https://library.nclc.org/getting-court-initiating-arbitration. Acesso em 25/06/2021.

[47] NATIONAL CONSUMER LAW CENTER. **Consumer Arbitration Agreements**: Enforceability of Arbitration Agreements and Conduct of Arbitration Proceedings. 8 ed. Disponível em https://library.nclc.org/arb/01040402 Acesso em 25/06/2021.

[48] ESTADOS UNIDOS DA AMÉRICA. Supreme Court. Rent-A-Center v. Jackson, 561 U.S. 130 S.Ct. 2772 (2010).

quando houver previsão expressa nesse sentido na sua cláusula compromissória[49].

Do mesmo modo, embora cortes distritais já tenham autorizado o acesso à jurisdição estatais por consumidores que alegavam que os custos envolvidos inviabilizavam o pleito[50], no caso *Green Tree Financial Corp. -Ala. v. Randolph* compreendeu-se que, além de indicar os valores elevados da instituição, tal argumento apenas é válido se comprovada a impossibilidade da parte de arcar com tal despesa, bem como a ausência de qualquer previsão no regulamento arbitral que autorize o pagamento diferido ou reduzido das custas[51].

Desse modo, embora exista esforço legislativo para impedir cláusulas compromissórias que obriguem o consumidor, retirando-lhe a faculdade de recorrer à jurisdição estatal, a arbitragem de consumo nos Estados Unidos ainda preserva a autonomia da vontade de maneira ampla, mesmo que, no caso de relações de consumo, muitas vezes os termos contratuais não representem a vontade do consumidor.

4. Uso da arbitragem em conflitos de consumo no direito comparado

A partir da análise da arbitragem de consumo nesses 4 (quatro) países, foi possível identificar, de um lado, uma tendência à preservação do consumidor, ainda que restringindo a autonomia da vontade das partes, no Brasil, Espanha e na arbitragem doméstica da França.

Em todos os três casos, existe a autorização legal para a arbitragem de consumo, no entanto a cláusula compromissória serve como um "pré-compromisso" arbitral no sentido de que o fornecedor deixa uma autorização para, em casos de conflitos, o consumidor optar pela arbitragem ou pela jurisdição estatal.

Já nos Estados Unidos, tal como nas disposições que regem a arbitragem internacional francesa, a autonomia das partes é ampla, de modo que o consumidor se encontra vinculado à cláusula compromissória.

[49] ESTADOS UNIDOS DA AMÉRICA. Supreme Court. Stolt-Nielsen S.A. v. Animalfeeds Int'l Corp., 559 662, 130 S.Ct. 1758 (2010).

[50] ESTADOS UNIDOS DA AMÉRICA. United States District Court. N.D. New York. Ball v. SFX Broad., Inc.

[51] ESTADOS UNIDOS DA AMÉRICA. Supreme Court. Green Tree Financial Corp. -Ala. v. Randolph, 531 U.S. 79 (2000).

Em ambos os casos, a autonomia ampla se justifica pela aplicação de dispositivos previstos para conflitos em que há equilíbrio entre as partes, como nas relações de comércio internacional tradicional. Nesse cenário, seria possível defender a criação de dispositivos específicos para trazer maior equilíbrio às arbitragens de consumo e evitar abusos por parte de fornecedores.

No caso dos Estados Unidos, instituições como a AAA e o JAMS têm desempenhado um papel importante no desenvolvimento da arbitragem de consumo, buscando, por meio de regras procedimentais, lidar com o desequilíbrio natural nesse tipo de relação. No entanto, diante de abusos cometidos por meio da previsão de cláusulas de arbitragem obrigatória em contratos consumeristas, existe a possibilidade de o legislador americano as proibir por completo, hipótese em que caberá ao consumidor optar pela via arbitral ou estatal apenas na ocasião da instauração da controvérsia. Caso isso ocorra, o modelo estadunidense se assemelhará ao brasileiro.

Conclusões

Tendo em vista a preocupação, em certa medida, com a impossibilidade de consumidores levarem suas demandas à jurisdição estatal quando tenham assinado algum contrato contendo cláusula compromissória, conclui-se que a produção dos efeitos negativos da competência-competência em contratos dessa natureza pode não ser a solução mais adequada a relações marcadas pelo desequilíbrio entre as partes.

As leis do Brasil e da Espanha admitem a estipulação de cláusula compromissória em contratos de consumo, desde que não vinculem o consumidor no sentido de impedir seu acesso à jurisdição estatal, solução adotada também pelos franceses em relação aos contratos domésticos. É possível encontrar preocupações nesse sentido também nas principais instituições arbitrais dos Estados Unidos da América.

Vale também considerar que o FAA foi promulgada antes mesmo da Convenção de Nova Iorque, em um contexto em que não se cogitava a eleição da via arbitral em contratos de consumo. Na realidade, considerando que o conceito de relações consumeristas é relativamente recente, não haveria sequer como o legislador prever tal efeito quando da promulgação do FAA.

Já as disposições que tratam da arbitragem internacional francesa têm como propósito regular procedimentos arbitrais oriundos de contratos de comércio internacional. Novamente, a existência de relações de consumo transnacionais é um fenômeno muito recente, dinamizado pelas plataformas de *e-commerce*, de modo que as disposições que tratam da arbitragem internacional não foram desenvolvidas considerando as particularidades das relações de consumo.

Nesse contexto, a flexibilização dos efeitos da cláusula compromissória em contratos consumeristas, de modo que ela vincule apenas o fornecedor, pode ser muito benéfica. Os efeitos positivos poderiam inclusive fortalecer a arbitragem de consumo, a qual deixaria de ser usada para impedir o acesso à justiça pela parte mais fraca da relação e, então, passaria a ser vista, de fato, como uma possível solução adequada às circunstâncias de determinados casos concretos.

Referências

AMERICAN ARBITRATION ASSOCIATION. **AAA Consumer Arbitration Rules.** New York, 2014.

APRIGLIANO, Ricardo de Carvalho. Cláusulas compromissórias: aspectos contratuais. In: **Revista do Advogado.** n. 116, São Paulo, 2012. pp. 174 -191.

BONATO, Giovanni. Panorama da Arbitragem na França e na Itália. Perspectiva de Direito Comparado com o Sistema Brasileiro. In: **Revista Brasileira de Arbitragem.** v. 43. pp. 59-92.

BORN, Gary. **International Arbitration: Law and Practice.** Kluwer Law International: The Netherlands, 2012.

BARKATULLAH, Abdul Halim; DJUMADI. Does self-regulation provide legal protection and security to e-commerceconsumers? In: **Electronic Commerce Research and Applications.** v. 30, 2018. p. 96. Disponível em https://reader.elsevier.com/reader/sd/pii/S1567422318300565?token=1CC7D34D076A36C96EDF92AB902EEB0F35A3A57DAC708138B6729953D4178BD06808B29038A56CCCC97E6A40D85ED229&originRegion=us-east-1&originCreation=20210613203233. Acesso em 13/06/2021.

BETTO, Jean-Georges. L'arbitrage, nouvelle arme du consommateur? In: **La Semaine Juridique.** n. 15. Disponível em http://www.tendancedroit.fr/larbitrage-nouvelle-arme-consommateur/#:~:text=Dor%C3%A9navant%2C%20les%20contrats%20de%20consommation,acceptation%20ult%C3%A9rieure%20par%20le%20consommateur.&text=Le%20consommateur%20pourra%20activer%20cette,une%20fois%20le%20litige%20n%C3%A9. Acesso em 14/06/2021.

BRADLEY, Neil L. Letter from the Chamber of Commerce of the United States of America. Destinatário: Membros do Congresso dos Estados Unidos. Disponível em https://www.uschamber.com/sites/default/files/210308_s._505_h.r._963_fairact_congress.pdf. Acesso em 22/06/2021.

BRASIL. Lei nº 8.078, de 11 de setembro de 1990, que dispõe sobre a proteção do consumidor e dá outras providências.

_________. Lei nº 9.307, de 23 de setembro de 1996, que dispõe sobre a arbitragem.

_________. Superior Tribunal de Justiça. REsp 1.189.050/SP. Relator Min. Luis Felipe Salomão. Brasília, 14 de março de 2016.

_________. Superior Tribunal de Justiça. REsp 1.753.041/GO. Relatora Min. Nancy Andrighi. Brasília, 18 de setembro de 2018.

CARAMELO, Antonio Sampaio. Critérios de Arbitrabilidade dos litígios. Revisitando o tema. In: **Revista de Arbitragem e Mediação**. n. 27, 2010. pp. 129-161.

CARMONA, Carlos Alberto. Arbitragem e Jurisdição. In: **Revista de Processo**. v. 58. São Paulo: Revista dos Tribunais, 1990.

_________, Carlos Alberto. Das boas relações entre os juízes e os árbitros. In: **Revista do Advogado**. n. 51. São Paulo, 1997.

CASADO FILHO, Napoleão. **Acesso à Justiça e Arbitragem: o novo paradigma do Third Party Funding**. São Paulo: Saraiva, 2017.

DINAMARCO, Cândido Rangel; GRINOVER, Ada Pellegrini; CINTRA, Antonio Carlos de Araújo. **Teoria Geral do Processo**. 23. ed. São Paulo: Malheiros, 2007.

EICHIN-AMARAL, Pedro. Arbitragem Internacional em Propriedade Intelectual. In: **Revista Brasileira de Arbitragem**. n. 13, 2007. p. 7-23.

ESPANHA, Ley 60/2003, de 23 de diciembre, de Arbitraje.

_________, Tribunal Constitucional, SENTENCIA 1/2018, de 11 de enero de 2018.

_________, Tribunal Constitucional, SENTENCIA 352/2006, de 14 de diciembre de 2006.

_________, Tribunal Constitucional, SENTENCIA 17/2008, de 31 de enero de 2008.

_________. Real Decreto Legislativo 1/2007, de 16 de noviembre, por el que se aprueba el texto refundido de la Ley General para la Defensa de los Consumidores y Usuarios y otras leyes complementarias.

_________, Real Decreto 231/2008, de 15 de febrero, por el que se regula el Sistema Arbitral de Consumo.

ESTADOS UNIDOS DA AMÉRICA. Federal Arbitartion Act.

_________. Federal Trade Commission Act Incorporating U.S. SAFE WEB Act amendments of 2006.

_________. Forced Arbitration Injustice Repeal Act Bill

_________. Supreme Court. Allied-Bruce Terminix Cos. v. Dobson, 513 U.S. 265 (1995)

_________. Supreme Court. Doctor's Associates, Inc. v. Casarotto, 517 U.S. 681 (1996)

_________. Supreme Court. Green Tree Financial Corp. -Ala. v. Randolph, 531 U.S. 79 (2000)

_________. Supreme Court. Rent-A-Center v. Jackson, 561 U.S. 130 S.Ct. 2772 (2010)

_________. Supreme Court. Stolt-Nielsen S.A. v. Animalfeeds Int'l Corp., 559 662, 130 S.Ct. 1758 (2010)

_________. United States District Court. N.D. New York. Ball v. SFX Broad., Inc.

FALCÃO, David; LUÍS, Rui; Falcão, Marta. Arbitraje de Consumo en España. Una Alternativa Extrajudicial. In: **Julgar Online**. Disponível em http://julgar.pt/arbitraje-de-consumo-en-espana-una-alternativa-extrajudicial/. Acesso em 14/06/2021.

FINKELSTEIN, Cláudio. A Questão da Arbitrabilidade. In: **Revista Brasileira de Arbitragem**. n. 13, 2007.

FRANÇA, Cour de Cassation, Arrêt Hecht, Chambre civile 1, du 4 juillet 1972, 70-14.163.

_________, Cour de Cassation, Arrêt INSERM, Chambre civile 1, du 26 janvier 2011, 09-10.198.

_________, Cour de Cassation, Arrêt Jaguar, Chambre civile 1, du 21 mai 1997, 95-11.429; FRANÇA, Cour de Cassation, Arrêt Rado, Chambre civile 1, du 30 mars 2004, 02-12.259.

_________, Cour de Cassation, Arrêt Mardelé c. Muller & Cie., Chambre civile, du 18 février 1930.

_________, Cour de Cassation, Arrêt Pelissier du Besset, Chambre civile, du 17 mai 1927.

_________. Code Civil.

_________. Code de la Consommation.

_________. Code de la Procédure Civil.

GAILLARD, Emmanuel. **La jurisprudence de la Cour de cassation en matière d'arbitrage international**. Disponível em https://edisciplinas.usp.br/pluginfile.php/301824/mod_resource/content/0/EMMANUEL%20GAILLARD%20-%20La%20jurisprudence%20de%20la%20Cour%20de%20cassation%20en%20mati%C3%A8re%20d%E2%80%99arbitrage%20international.pdf. Acesso em 13/06/2021.

GUERRERO, Luis Fernando. **Os métodos de solução de conflitos e o processo civil**. São Paulo: Atlas, 2015.

JAMS Mediation, Arbitration and ADR Services. **Comprehensive Arbitration Rules & Procedures**. Los Angeles, 2021.

__________. JAMS **Streamlined Arbitration Rules & Procedures**. Los Angeles, 2021.

__________. **Consumer Arbitration Minimum Standards**. Los Angeles, 2021.

KESSLE, Gladys; FINKELSTEIN, Linda J. The Evolution of a Multi-Door Courthouse. In: **Catholic University Law Review**. v.37. Disponível em: https://scholarship.law.edu/lawreview/vol37/iss3/2 . Acesso em 11/06/2021.

LACHAMBRE, Élodie. **Arbitrage International et Droit de la Consommation.** Mémoire d'admission au Magistère Juriste d'affaires à l' Université Panthéon-Assas (Paris II). Paris, 2005.

MENKEL-MEADOW, Carrie. From Legal Disputes to Conflict Resolution and Human Problem Solving: Legal Dispute Resolution in a Multidisciplinary Context. In: **Journal of Legal Education**. v. 54, 2004. pp. 4-29.

NATIONAL CONSUMER LAW CENTER. **Consumer Arbitration Agreements:** Enforceability of Arbitration Agreements and Conduct of Arbitration Proceedings. 8 ed. Disponível em https://library.nclc.org/arb/01040402 Acesso em 25/06/2021.

PALACIOS, José Jesús. Arbitraje (Virtual) de Consumo en Tiempos de Covid-19. In: Cuerpo Nacional de Ingenieros Peritos Judiciales. Disponível em: https://cnipj.es/arbitraje-virtual-covid-19/ . Acesso em 18/06/2021.

REDFERN, Alan; HUNTER, Martin; BLACKABY, Nigel; et. al. **Law and Practice of International Commercial Arbitration**. 4. ed. London: Sweet & Maxwell, 2004.

SANNEY, Kenneth J. **Cyberjacking, Mousetrapping, and the FTC Act: Are Federal Consumer Protection Laws Helping or Hurting Online Consumers?**. Disponível em: https://www.researchgate.net/publication/235760911_Cyberjacking_Mousetrapping_and_the_FTC_Act_Are_Federal_Consumer_Protection_Laws_Helping_or_Hurting_Online_Consumers. Acesso em 13/06/2021.

SAUVET, Vincent. New Push Coming for Familiar Arbitration Bills? In: **CPR SPEAKS – The Blog of The CPR Institute**. Disponível em https://blog.cpradr.org/tag/arbitration-fairness-act/ Acesso em 22/06/2021.

SCHMITZ, Amy J. American Exceptionalism in Consumer Arbitration. In: **Loyola University Chicago International Law Review**. v.10. Disponível em https://scholarship.law.missouri.edu/cgi/viewcontent.cgi?article=1607&context=facpubs. Acesso em 18/06/2021.

SHELDON, Jon; SELIGMAN, David. Getting Into Court by Initiating Arbitration. In: **National Consumer Law Center Library**. Disponível em https://library.nclc.org/getting-court-initiating-arbitration. Acesso em 25/06/2021.

SCALETSCKY, Fernanda Sirotsky. Arbitragem e "Parte Fraca": a Questão das Relações de Consumo. In: **Revista Brasileira de Arbitragem**. n. 41, 2013.

WALLER, Spencer Weber; BRADY, Jillian G.; ACOSTA, R.J. **Consumer Protection in the United States: An Overview.** Disponível em https://www.researchgate.net/publication/228208216_Consumer_Protection_in_the_United_States_An_Overview . Acesso em 13/06/2021.

CAPÍTULO 14
VINCULAÇÃO DO ÁRBITRO A PRECEDENTES PERSPECTIVAS EM DIREITO COMPARADO

Mario Vitor M. Aufiero

1. Introdução

De acordo com as disposições gerais constantes na Lei n. 9.307/96 (arts. 1º e 2º), a arbitragem pode ser instituída para dirimir litígios que versem sobre direitos patrimoniais disponíveis, podendo ser resolvível por matéria de direito ou por equidade. Na primeira hipótese, as partes podem convencionar as regras de direito aplicáveis, podendo se basear inclusive nos princípios gerais do direito, nos usos e nos costumes ou nas regras internacionais de comércio, sempre observando o que for compatível com a ordem pública e os bons costumes.

A lei de arbitragem brasileira não traz dispositivos expressos quanto a existência de precedentes em arbitragem ou sobre o dever de sua observância, devendo se avaliar de que modo as regras de direito brasileiras, caso assim convencionadas pelas partes, implicam nesta temática, sobretudo com o advento do Código de Processo Civil de 2015, que trouxe importantes mudanças nos precedentes brasileiros.

Aliás, quando se fala em arbitragem e precedentes, imagina-se o enfrentamento da matéria sobre dois prismas, notadamente quanto ao aspecto de vinculação do árbitro ou não: precedentes arbitrais e sua observância pelo juízo arbitral, bem como precedentes estatais e o dever de os árbitros considerá-los no momento do julgamento da demanda, cujas hipóteses já comportam boas discussões.

A redação conferida pelo legislador no artigo 927 do Código de Processo Civil de 2015 pode trazer mais dúvidas quanto à aplicação de precedentes e sua observância a determinado caso de arbitragem, na medida em que as hipóteses ali dispostas podem constituir fonte de Direito brasileiro e, se isso é verdade, consequentemente regra de direito brasileiro, o que implicaria na vinculação ao juízo arbitral.

Mais a fundo, se é aceito o entendimento de que os árbitros devem se vincular a precedentes, tal premissa pode impactar nos demais institutos disponíveis às partes para controle da sentença arbitral, tal como a ação anulatória, prevista nos arts. 32 e 33 da Lei n. 9.307/06.

O tema vem sendo debatido intensamente ao longo dos anos pela doutrina pátria[1], havendo posições bem fundamentadas em todos os estudos, alguns focando na natureza dos precedentes, naqueles formados em decorrência de controle abstrato de constitucionalidade e outros nas consequências práticas à arbitragem em si, sendo possível encontrar ainda alguns acenos ao direito comparado.

É evidente nos últimos tempos que há uma tendência na aproximação ou até mesmo adoção de regras de *common law* em países tradicionalmente do tronco de *civil law* e vice-versa[2], de modo que

[1] Cf., sem intenção de esgotamento: Salomão, Luis Felipe; Fux, Rodrigo. Arbitragem e precedentes: possível vinculação do árbitro e mecanismos de controle. In: *Revista de Arbitragem e Mediação*. São Paulo: Revista dos tribunais, v. 66, 2020, versão *e-pub*; Macêdo, Lucas Buril de. Os precedentes obrigatórios vinculam o tribunal arbitral? In: *Revista de Processo*. São Paulo: Revista dos Tribunais, v. 305, 2020, versão *e-pub*; Nasser, Paulo Magalhães. *Vinculações Arbitrais*. Rio de Janeiro: Lumen Juris, 2019; Temer, Sofia. Precedentes judiciais e arbitragem: reflexões sobre a vinculação do árbitro e o cabimento da ação anulatória. In: *Revisa de Processo*. São Paulo: Revista dos Tribunais, v. 278, 2018, versão *e-pub*; Fioravanti, Marcos Serra Netto. *A arbitragem e os precedentes judiciais: observância, respeito ou vinculação?* Rio de Janeiro: Lumen Juris, 2018; Amaral, Guilherme Rizzo. Judicial precedent and arbitration – are arbitrators bound by judicial precedent? A comparative study among England, Scotland, the United States and Brazil. In: *Revista Brasileira de Arbitragem*, v. 16, 2017; Bellocchi, Márcio. *Precedentes vinculantes e a extensão da expressão "aplicação do direito brasileiro" na convenção de arbitragem*. São Paulo: Revista dos Tribunais, 2017; Abboud, Georges. Jurisdição constitucional vs. arbitragem: os reflexos do efeito vinculante na atividade do árbitro. In: *Revista de Processo*. São Paulo: Revista dos Tribunais, v. 214, 2012, versão *e-pub*.

[2] Cf. Barbosa Moreira, José Carlos. Correntes e contracorrentes no processo civil contemporâneo. In: *Doutrinas Essenciais de Processo Civil*. São Paulo: Revista dos Tribunais,

sua importação pode trazer riscos para a aplicação no sistema. Talvez a análise de sistemas tradicionalmente do *common law* possam fornecer algumas premissas ou observações para, ao menos em alguma medida, entender melhor a temática de precedentes e sua vinculação aos árbitros.

O presente estudo pretende enfrentar tais questionamentos, focando mais em sentenças arbitrais proferidas de acordo com a legislação de cada país (sentenças domésticas), embora possam existir alguns pontos de contato com as sentenças arbitrais internacionais. De igual modo, não se pretende uma pesquisa pormenorizada sobre a temática precedentes, em virtude de ser incompatível com os limites do presente estudo, sendo relevante aqui apenas a sua apresentação em um caso concreto hipoteticamente considerado.

2. Breves considerações sobre a sistemática brasileira de precedentes

O Código de Processo Civil de 2015 estabelece um novo parâmetro para a temática de precedentes no direito brasileiro, buscando a necessária previsibilidade[3] e estabilidade[4] da jurisprudência, trazendo maior segurança jurídica aos seus cidadãos. É o que se verifica a partir da leitura conjunta dos seus artigos 926 a 928.

Como advertência inicial, de acordo com o entendimento sobre países de berço romano-germânico, como aqui é o caso, o ordenamento

2011, v.1, pp. 1.079-1.090; Dinamarco, Cândido Rangel. Processo civil comparado. In: *Revista de Processo*. São Paulo: Revista dos Tribunais, v. 90, 1998, versão *e-pub*; Damaška, Mirjan. *The Uncertain Fate of Evidentiary Transplants: Anglo-American and Continental Experiments*. Faculty Scholarship Series. Paper 1576, 1997, pp. 839-852. Disponível em: <https://pdfs.semanticscholar.org/db01/ae8418f5af16d277755ba92150dd3baed732.pdf?_ga=2.37439078.714755240.1592588684-1552689784.1592588684> Acesso em 21-06-2021.

[3] As partes saberão as condutas a serem tomadas no processo e, a partir delas, como se portar, cientes das consequências que dela decorrerão. Nesse sentido: Canotilho, José Joaquim Gomes. *Direito constitucional e teoria da constituição*. 7. ed. 14. reimp. Coimbra: Almedina, 2014, p. 257.

[4] Rodrigo Ramina de Lucca sustenta que: "o respeito aos precedentes proporciona estabilidade na interpretação do Direito ao tornar a jurisprudência sólida e concreta, diante da qual o indivíduo passa a ter condições de saber como deve compreender os dispositivos legais e pode moldar a sua vida confiando que o entendimento jurídico em que pautou suas condutas não será abruptamente mudado ou ignorado". (*O dever de motivação das decisões judiciais*. Salvador: Juspodivm, 2015, p. 259)

jurídico brasileiro trata os precedentes sob o aspecto persuasivo, como regra geral[5]. Difere, portanto, do sistema de *common law*, em que o precedente possui clara eficácia vinculante, sendo considerado, como se verá em tópico infra, verdadeira fonte primária de direito.

A tentativa do legislador é dar homogeneidade à jurisprudência brasileira, buscando uma jurisprudência íntegra, estável e coerente, tal como ditado no artigo 926 do Código de Processo Civil. Com isso, busca-se a segurança jurídica no sistema, de acordo com critérios de previsibilidade e estabilidade, como já apontado.

Em dispositivo inédito, o legislador brasileiro trouxe critério de observância fechada e obrigatória, rompendo com o entendimento de precedentes em caráter meramente persuasivo, isto é, estabelecendo eficácia vinculante em alguns casos, razão pela qual a doutrina passou a denominar tais precedentes de diversos modos, tais como precedentes obrigatórios[6], superprecedentes[7], entre outras expressões sinônimas.

Os magistrados (em composição singular ou colegiada), assim, devem observar/aplicar obrigatoriamente (artigo 927, CPC): i) precedentes exarados pelo Supremo Tribunal Federal em controle concentrado de constitucionalidade; ii) as súmulas vinculantes; iii) precedentes formados em incidente de assunção de competência ou de resolução de demandas repetitivas e em julgamento de recursos extraordinário e especial repetitivos; iv) as súmulas do Supremo Tribunal Federal em matéria constitucional e do Superior Tribunal de Justiça em matéria infraconstitucional; e v) as decisões do plenário ou do órgão especial aos quais estiverem vinculados.

[5] A doutrina alerta sobre a análise rígida em considerar o precedente sempre vinculante em países de *common law* e meramente persuasivo nos de *civil law*, identificando algumas exceções. Nesse sentido, Cf. Taruffo, Michele. Precedente e Jurisprudência. In: *Revista de Processo*. São Paulo: Revista dos Tribunais, v. 199, 2011, pp. 139 e ss.

[6] Cf., entre outros, Marinoni, Luiz Guilherme. *Precedentes obrigatórios*. 6ª Ed., São Paulo: Revista dos Tribunais, 2019, *passim*.

[7] Cf. Salles, Carlos Alberto de. Precedentes e jurisprudência no Novo CPC: Novas técnicas decisórias? In: *O novo Código de Processo Civil: questões controvertidas*. São Paulo: Atlas, 2015. p. 77-88.

Para além de eventuais discussões sobre a obrigatoriedade[8] ou a inconstitucionalidade[9] de tais precedentes, é inegável que empregam – ou ao menos visam empregar – maior coerência e estabilidade ao ordenamento jurídico brasileiro, impactando sobremaneira a observância dos precedentes.

Ainda é importante para o presente estudo a distinção de precedentes em seu aspecto vertical e horizontal.

Precedentes verticais são aqueles que guardam relação em seu viés hierárquico superior para inferior[10], isto é, geram o dever de observância pelo juiz vinculado a determinado tribunal na hora de sua aplicação. Nesse sentido, tem-se que um precedente do Superior Tribunal de Justiça é vertical em relação aos Tribunais de Justiça dos estados.

De outra banda, um precedente horizontal mira na observância dos próprios julgados existentes em um tribunal considerado, ou seja, em mesmo nível hierárquico[11]. Logo, a título de exemplificação, uma decisão proferida por um órgão fracionário do Supremo Tribunal Federal serve de precedente horizontal a este próprio tribunal, em qualquer das turmas.

3. Fontes do direito e precedentes

Fontes do direito podem ser entendidas como "os canais pelos quais as normas vêm ao mundo jurídico, oriundas da vontade do ente capaz de ditá-las e impô-las ou de exigir sua observância"[12], sendo de importância ímpar o seu estudo para identificação e conhecimento do ordenamento jurídico[13]. Quando se fala, portanto, em fontes de direito processual, buscam-se as normas atinentes a tal temática, como Cons-

[8] Entendem que os precedentes dispostos no artigo 927 do Código de Processo Civil não seriam necessariamente vinculantes: CÂMARA, Alexandre Freitas. *O novo processo civil brasileiro.* São Paulo: Atlas, 2015, pp. 434-435; MEDINA, José Miguel Garcia. *Novo Código de Processo Civil comentado.* 4ª Ed., São Paulo: Revista dos Tribunais, 2016, p. 1.324.

[9] É a reflexão trazida por: BUENO, Cássio Scarpinella. *Curso sistematizado de direito processual civil.* 9ª Ed., São Paulo: Saraiva, v. 2, 2020, versão *e-pub.*

[10] Cf. TARUFFO, Michele. *Precedente e jurisprudência....*

[11] Cf. TARUFFO, Michele. *Precedente e jurisprudência....*

[12] DINAMARCO, Cândido Rangel; LOPES, Bruno Vasconcelos Carrilho. *Teoria geral do novo processo civil.* São Paulo: Malheiros, 2016, p. 40.

[13] Cf. BOBBIO, Norberto. *Teoria do ordenamento jurídico.* 2ª Ed., São Paulo: Edipro, 2017, p. 55.

tituição Federal, Código de Processo Civil, Código de Processo Penal, Regimentos Internos de tribunais, leis extravagantes, entre outras.

Se isso é verdade, à exceção de quando a arbitragem é instituída para julgamento por equidade, as regras de direito constantes no art. 2º da Lei n. 9.307/96 serão ditadas de acordo com as fontes do direito brasileiro, sendo o aplicável à demanda arbitral existente. Daí se depreende que devem ser observadas a Constituição Federal – esta sempre de forma primordial – e demais leis de acordo com o existente na demanda, tais como o Código Civil, a Lei de Sociedade Anônimas, o Decreto-Lei n. 4.657/42, entre outras, na forma convencionada pelas partes.

Não há grandes dificuldades em entender a lei como fonte de direito brasileiro e, por isso, ser o direito aplicável a uma eventual demanda arbitral, até porque a lei é tradicionalmente a fonte primária[14] do direito em países de tradição romano-germânica, como é o caso brasileiro. A temática passa a ficar espinhosa a partir da análise dos precedentes e a função que desempenham no ordenamento jurídico brasileiro, notadamente ao considerar que a jurisprudência é entendida tradicionalmente como fonte secundária de direito brasileiro[15].

De plano, é possível realizar a seguinte operação mental: se o precedente é considerado fonte de direito, estaria este incluído como o direito aplicável em eventual demanda arbitral e, por esta razão, admitiria a vinculação do árbitro. Mais que isso, também se raciocina que se há a diferenciação – ou ao menos o Código de Processo Civil de 2015 quis assim disciplinar – entre precedentes e precedentes ditos obrigatórios[16], faria sentido a acomodação ao menos de um deles como fonte de direito e, novamente, ocasionaria a vinculação o árbitro.

Daí a extrema pertinência em se enquadrar a natureza do precedente na sistemática brasileira enquanto fonte (primária ou secundária) de direito, na medida em que o seu entendimento pode impactar sobremodo na demanda de arbitragem, com efeitos práticos latentes.

[14] Para um estudo mais aprofundado sobre fontes do direito, inclusive sobre precedentes como fonte, Cf. Ferraz Jr., Tércio Sampaio. *Introdução ao estudo do direito: técnica, decisão, dominação.* São Paulo: Atlas, 2018, versão *e-pub*, pp. 233 e ss.; Tucci, José Rogério Cruz e. *Precedente judicial como fonte de direito.* São Paulo: Revista dos Tribunais, 2004, pp. 18-22.

[15] Cf. Zaneti Jr., Hermes. Precedentes (treat like cases alike) e o novo Código de Processo Civil. In: *Revista de Processo.* São Paulo: Revista dos Tribunais, v. 235, 2014, versão *e-pub*.

[16] Vide tópico 3, infra.

Como se pontuou introdutoriamente, há certa tendência na importação e adoção de técnicas e institutos do tronco anglo-saxônico ao romano germânico e vice-versa. Isso se torna relevante, em um primeiro momento, para compreender a dinamicidade do Direito, não podendo ser observado de forma engessada e estática, comportando novos ares de acordo com o tempo.

Em um país de *common law*, tradicionalmente há maior relevância e força aos precedentes lá gerados, não se verificando uma riqueza, ao menos como é no país brasileiro, na produção legislativa. Há, todavia, uma tendência em crescimento de normas positivadas em tais países, em nítida adoção ou influência de famílias ditas de *civil law*. Do mesmo modo, o Brasil tem conferido, ao longo de sua evolução histórica processual, maior força aos precedentes gerados, afastando-os, em alguns casos, de um caráter tão somente persuasivo.

É o que se verifica, mesmo ainda na vigência do código processual civil de 1973, com a criação de súmulas vinculantes, inserida pela Emenda Constitucional n. 45/2004, que acresceu o artigo 103-A da Constituição Federal, com as regras constantes na Lei n. 11.417/06, cuja inobservância autorizava imediata proposição de reclamação ao Supremo Tribunal Federal. Além disso, houve a inserção de recursos repetitivos do código de 1973, conforme se verifica em seus artigos 543-B e 543-C, conferindo maior previsibilidade e estabilidade à jurisprudência brasileira, em inegável fomento à observância de precedentes.

Essa evolução legislativa, aliada à importância dos precedentes reclamada pela doutrina, fez com que o Código de Processo Civil de 2015 inserisse em seu artigo 927 um novo parâmetro de observância de precedentes, parecendo ultrapassar o limite de mera influência, para inseri-los em verdadeira obrigatoriedade aos magistrados em sua aplicação, tal como se dá aparentemente com as normas positivadas[17].

Quando se observa um país da tradição *common law*, como é o caso dos Estados Unidos, os precedentes historicamente são encarados de maneira totalmente distinta do que é aplicável no direito brasileiro, verificando-se, como regra, a obrigatoriedade no respeito aos precedentes (regra do *stare decisis*)[18]. Dentro de tal sistemática, é razoável

[17] Vide tópico 2, supra.

[18] Cf. Lucca, Rodrigo Ramina de. *O dever de motivação das decisões judiciais*. Salvador: Juspodivm, 2015, pp. 277-281.

entender o precedente como verdadeira fonte de direito, significando que o magistrado ou o árbitro, em tais casos, devem observar o precedente, por ser a aplicação pura do direito material[19].

A existência do precedente é ínsita a todo e qualquer sistema jurídico, da mesma forma como o são as leis. Vale dizer, os precedentes constituem elemento estrutural de determinado país, cabendo ao operador verificar se este é considerado meramente persuasivo ou obrigatório, de acordo com o sistema jurídico analisado[20].

Portanto, o avanço no presente estudo deve passar, primeiramente, no conhecimento e definição do modelo brasileiro[21].

As influências trocadas entre os países de *civil law* e *common law* permitiram à doutrina identificar, em alguns aspectos, características que não possibilitariam mais determinado país se enquadrar como exemplo de *common law* ou de *civil law*, tornando a dualidade obsoleta.

Tal pensamento foi muito bem construído por Rolf Sturner e Cristoph A. Kern, que embora não tenham sido os primeiros a identificar tal fenômeno, sistematizaram os tipos de modelos de estruturas de procedimento após pesquisa comparada entre os sistemas de vários países, encontrando três formas principais em que os países se organizam[22].

Evidente que estruturas de procedimento não necessariamente refletem a sistemática de precedentes, mas o debate promovido pelos autores estrangeiros põe luz na tradicional dicotomia de países de família anglo-saxã e romano germânica, estudadas há milênios, revisitando

[19] Cf. Tucci, José Rogério Cruz e Tucci. *Direito processual civil: entre comparação e harmonização.* Salvador: Juspodivm, 2021, p. 277; Marques, Ricardo Dalmaso. Inexistência de vinculação do árbitro às decisões e súmulas judiciais vinculantes do STF. In: *Revista Brasileira de Arbitragem*, v. 1, jul-out/2013, p. 121.

[20] Cf. Macêdo, Lucas Buril de. *Os precedentes obrigatórios vinculam o tribunal arbitral...*, versão *e-pub*, p. 2.

[21] Alguma parte da doutrina, aliás, debruça-se sobre o estudo do direito comparado visando, através das conclusões ali tomadas, encontrar pontos de harmonização nos sistemas processuais e a identificação desta tendência dos países. Sobre a temática, cf. Caponi, Remo. Harmonizing civil procedure: initial remarks. In: *From common rules to best practices in European Civil Procedure.* Germany: Nomos, 2017, pp. 43-62; Tucci, José Rogério Cruz e Tucci. *Direito processual civil: entre comparação e harmonização..., passim.*

[22] Cf. Sturner, Rolf; Kern. Cristoph. Processo civil comparado – tendências recentes e fundamentais. In: *Revista de Processo.* São Paulo: Revista dos Tribunais, v. 36, n. 200, 2011, pp. 208-213.

a temática sob um novo enfoque e trazendo a provocação se a distinção dicotômica ainda resiste frente aos fenômenos atuais, notadamente em razão de comprovadas confluências entre os países quanto a determinados institutos e técnicas[23].

Mesmo com as influências de direito estrangeiro, o Brasil ainda parece ter bem definidas, ao menos de forma predominante, as bases de um tronco romano-germânico quanto à sistemática de precedentes, em que a sua observância permeia o campo meramente persuasivo, sendo a lei, em uma primeira análise, a fonte formal primária de direito.

Não é que o precedente seja incompatível com a existência conjunta com leis a nível de fonte de direito, mas o ordenamento jurídico brasileiro bem estabelece a criação das normas jurídicas mediante leis, continuando os precedentes como mera declaração de tais normas já existentes de acordo com as situações fáticas apresentadas[24]. Diferentemente é o que ocorre com os Estados Unidos, por exemplo, em que a decisão judicial é propriamente a criação do direito, razão pela qual se fala aqui em normas jurídicas.

Não parece adequado, dessa forma, entender todo e qualquer precedente como fonte do direito brasileiro, tendo em vista que ainda é predominante as regras de *civil law*, não se desnaturando o seu sistema. Isso, por si só, faz eliminar todo e qualquer precedente meramente persuasivo como fonte primária do direito e apta a enquadrar regras de direito em arbitragem, na forma legal.

Hipótese mais intricada surge, contudo, ao se considerar os precedentes formados de acordo com o artigo 927 do Código de Processo Civil. A inegável existência de uma eficácia vinculante ao magistrado afasta o entendimento do precedente como fonte secundária do direito brasileiro, tal como tradicionalmente é entendido, de modo que, mesmo não sendo totalmente desnaturada a estrutura romano-germânica no Brasil, é possível, a partir da inserção de tal dispositivo legal, encontrar certo temperamento na sistemática brasileira.

[23] Ao longo do tempo, José Rogério Cruz e Tucci observou inclusive que a eficácia vinculante dos precedentes não ocorreu de forma uniforme, havendo enfraquecimento na vinculação mesmo em países historicamente exemplares de *common law*, como é o caso da Inglaterra (Cf. *Precedente judicial como fonte de direito...*, p. 307).

[24] Cf. Lucca, Rodrigo Ramina de. *O dever de motivação das decisões judiciais...*, p. 281.

Aqui, parece haver certo rompimento com a ideia de a lei ser a única e insuperável fonte primária do direito, concedendo agora espaço aos precedentes que tenham eficácia vinculante (obrigatórios) como criadores de norma jurídica e, portanto, também fontes de direito. Em último caso, isso significa que o ordenamento jurídico brasileiro passa a criar normas jurídicas não somente por leis, mas também mediante precedentes obrigatórios, de eficácia vinculante, devendo o magistrado decidir de acordo com tais fontes.

Esse entendimento parece distanciar o sistema brasileiro dos demais países de *common law* e *civil law*, enquadrando em uma proposta de certo modo híbrida[25], ainda que a essência do tronco romano-germânica não se perca, notadamente ao se considerar que apenas uma parcela específica de precedentes formados (os de eficácia vinculante) passa a integrar fonte de direito[26].

Considerada tal premissa, seria razoável aceitar que um precedente obrigatório, por constituir fonte de direito brasileiro, tal como as leis, possa vincular o árbitro no momento de sua sentença em determinada arbitragem instituída.

4. Vinculação de árbitros a precedentes: possibilidade e algumas consequências para a arbitragem

Quando se utiliza arbitragem, a rigor, a sentença arbitral não estará sujeita a uma reanálise ou devolução da matéria a uma segunda instância, tal como ocorre com uma sentença estatal, em que há a garantia do duplo grau de jurisdição.

A ideia de um dever a observância aos precedentes perpassa por aquilo decidido em uma instância *ad quem* para aplicação em tribunal ou

[25] Em sentido semelhante, Cf. Costa Neto, José Wellington Bezerra da. Precedentes no Código de Processo Civil de 2015: somos ainda civil law? In: *Revista de Processo*. São Paulo Revista dos Tribunais, v. 258, 2016, versão *e-pub*.

[26] Nesse sentido, Cf. Salomão, Luis Felipe; Fux, Rodrigo. *Arbitragem e precedentes: possível vinculação do árbitro e mecanismos de controle...*, pp. 9-10; Macêdo, Lucas Buril de. *Os precedentes obrigatórios vinculam o tribunal arbitral...*; Fux, Luiz. *Teoria geral do processo civil.* 3ª Ed., Rio de Janeiro: Forense, 2019, p. 11 (utilizando o termo "jurisprudência); Temer, Sofia. *Precedentes judiciais e arbitragem: reflexões sobre a vinculação do árbitro e o cabimento da ação anulatória...*, p. 2; Dinamarco, Cândido Rangel; Lopes, Bruno Vasconcelos Carrilho. *Teoria geral do novo processo civil...*, pp. 41-44.

ao juízo a ele vinculado, razão pela qual a primeira dificuldade de um árbitro observar determinado precedente reside em o quê seguir, na medida em que não haveria, ao menos em tese, qualquer recurso sobre eventual sentença arbitral anterior[27].

Além disso, os árbitros não fazem parte do poder estatal, sendo integrantes, quando instituídos, a uma jurisdição própria (jurisdição arbitral)[28], pelo que seria incorreto indicar hierarquia entre os precedentes estatais com as sentenças arbitrais. Dentro de tal sistemática, sequer faria muito sentido a distinção entre precedentes sob as perspectivas horizontal e vertical apontada em tópico antecedente.

Um primeiro ponto a ser considerado, dessa forma, é que não há como existir um dever de observância do árbitro a determinado precedente arbitral, ainda que proferido por esse mesmo em demanda anterior, tendo em vista que não há na arbitragem doméstica[29] a organicidade, coerência e hierarquia necessária e desejada em um processo estatal.

Também não é razoável que o árbitro tenha o dever de observar, de forma obrigatória, todo e qualquer precedente existente nos tribunais estatais pátrios, aplicando-lhes somente, se assim desejar, como embasamento para sua sentença. Aqui, no máximo, há o aspecto persuasivo de um precedente na decisão arbitral.

Todavia, como discorrido em tópico 3, supra, entende-se como premissa que os precedentes obrigatórios, conforme hipóteses disciplinadas no artigo 927 do Código de Processo Civil, constituem fonte de direito pátrio e, por isso, podem impactar nas regras de direito brasileiro escolhidas pelas partes no momento da convenção arbitral. Quer isso

[27] Cf. Amaral, Guilherme Rizzo. *Judicial precedent and arbitration...*, p. 51.

[28] Cf. Bellocchi, Márcio. Uma visão – no tempo – da jurisdição. A natureza do procedimento arbitral (parte 3). In: *Revista de Processo*. São Paulo: Revista dos Tribunais, v. 311, 2021, versão *e-pub*.

[29] Alguma parte da doutrina estrangeira se anima com a utilidade no uso de precedentes arbitrais, sobretudo na área comercial e em arbitragem internacional, embora reconheça alguns entraves para efetivação da medida. Cf. Kaufmann-Kohler, Gabrielle. Arbitral Precedent: Dream, Necessity or Excuse? In: *Arbitration International*, Oxford University Press, Volume 23, Issue 3, 2007, pp. 357-378; Spotorno, Agustin. *Arbitral Precedent in England and Wales: Mission (Im)possible?* Disponível em <http://arbitrationblog.kluwerarbitration.com/2019/09/22/arbitral- precedent-in-england-and-wales-mission-impossible/> Acesso em 23/06/2021. Vide ainda tópico 5, infra.

dizer que o árbitro deve considerar eventual precedente obrigatório sobre a demanda arbitral proposta e, segundo as regras de direito brasileiro, aplicá-lo, pois a ele está vinculado[30]-[31].

Guardadas as devidas proporções, a discussão se assemelha com aquela sobre as súmulas vinculantes e o dever de vinculação dos árbitros a elas em determinada demanda arbitral. A velha polêmica mantém ainda vivos e atuais os argumentos existentes à época. Para os autores que sustentavam a impossibilidade de vinculação dos árbitros às súmulas vinculantes no momento decidir, indicavam ter a arbitragem um rito totalmente distinto daquele estatal, não sendo integrante a um sistema hierárquico ou uniforme[32].

Parecendo partir também de tal ideia, Carlos Alberto Carmona e José Augusto Bittencourt entendem que a função do árbitro é específica em comparação àquela do magistrado estatal, que deve se preocupar com a coerência do ordenamento jurídico e com a observância aos julgados pelos tribunais – hipótese inaplicável ao árbitro – de modo que não haveria se falar em má aplicação do direito[33]. A premissa aqui explicitada parece tentar vencer a necessidade de vinculação de precedente ao

[30] Entendendo que o precedente obrigatório também vincula o árbitro, Cf. Salomão, Luis Felipe; Fux, Rodrigo. *Arbitragem e precedentes: possível vinculação do árbitro e mecanismos de controle...*, pp. 9-10; Macêdo, Lucas Buril de. *Os precedentes obrigatórios vinculam o tribunal arbitral...*; Fux, Luiz. *Teoria geral do processo civil.* 3ª Ed., Rio de Janeiro: Forense, 2019, p 11 (utilizando o termo "jurisprudência); Temer, Sofia. *Precedentes judiciais e arbitragem: reflexões sobre a vinculação do árbitro e o cabimento da ação anulatória...*, p. 2; Amaral, Guilherme Rizzo. *Judicial precedent and arbitration..., passim*; Tucci, José Rogério Cruz e. Comentários ao Código de Processo Civil: artigos 485 ao 538. In: *Coleção Comentários ao Código de Processo Civil.* São Paulo: Editora Revista dos Tribunais, v. 8, 2016. p. 112;

[31] Em sentido contrário, Cf. Beraldo, Leonardo de Faria. Os precedentes judiciais na arbitragem. In: *Direito internacional e arbitragem: estudos em homenagem ao prof. Cláudio Finkelstein.* São Paulo: Quartier Latin, 2019, pp. 195-214; Faria, Marcela Kohlbach de. *Vinculação do árbitro aos precedentes judiciais após a vigência do CPC/2015.* Disponível em <https://processualistas.jusbrasil.com.br/artigos/412259718/vinculacao-do-arbitro-aos-precedentes-judiciais-apos-a-vigencia-do-cpc-2015> Acesso em 23/06/2021; Talamini, Eduardo. Arbitragem e precedentes: cinco premissas, cinco conclusões, um epílogo (e um vídeo). In: *Informativo Justen, Pereira, Oliveira e Talamini*, Curitiba, n. 138, 2018. Disponível em <www.justen.com.br/informativo> Acesso em 23/06/2021.

[32] Cf. Marques, Ricardo Dalmaso. *Inexistência de vinculação do árbitro às decisões e súmulas judiciais vinculantes do STF...*, pp. 117-121.

[33] Cf. Carmona, Carlos Alberto; Machado Filho, José Augusto Bittencourt. Arbitragem: jurisdição, missão e justiça. *In Constituição da República 30 anos depois: uma análise prática da*

árbitro para além da barreira de precedente como norma jurídica e, portanto, fonte do direito.

A arbitragem possui como tônica a autonomia das partes, que podem definir o modo de ser da arbitragem. Se isso é verdade, uma vez escolhidas as regras de direito brasileiro, evidente que o árbitro fica a elas vinculado, devendo ser necessariamente observadas no procedimento arbitral[34]; não é que o árbitro esteja vinculado ao precedente obrigatório em razão do disposto no Código de Processo Civil, mas sim porque as partes, em sua autonomia, escolheram as regras direito que estão dispostas no diploma processual para pautar a arbitragem instituída.

Uma vez considerados os precedentes como fonte de direito, também se raciocina que estes são partes integrantes das regras de direito brasileiro, ainda que o procedimento arbitral seja único e não integrante de uma hierarquia ou sistema estatal. De fato não é, mas isso em nada retira que as "regras do jogo" devem seguir, caso assim convencionado pelas partes, o direito brasileiro.

Além disso, é sempre pertinente ao árbitro ponderar no momento de sentenciar os precedentes existentes em direito pátrio em determinada demanda, por ser relativo à teoria do direito em si, não se importando com a consequência procedimental que ocorreria em determinado processo estatal pela sua aplicação, que toca no próprio direito processual civil[35].

Se o árbitro deve seguir regras do direito brasileiro e as regras estabelecidas no código processual civil é uma delas, parece correto o entendimento de ser dever do árbitro a análise de precedentes como método de fundamentação das decisões, de acordo com o seu art. 489, § 1º, IV e VI, considerando ainda o dever constitucional de motivação, previsto no art. 93, IX, CF/88.

Alguma parte da doutrina analisa a temática sob o ponto de vista do controle judicial em si. Nesse sentido, não haveria que se falar em vincu-

eficiência dos direitos fundamentais. Estudos em homenagem ao Ministro Luiz Fux. Belo Horizonte: Fórum, 2019, p. 225.

[34] Cf. LUCON, Paulo Henrique dos Santos; BARIONI, Rodrigo; MEDEIROS NETO, Elias Marques de. A causa de pedir das ações anulatórias de sentença arbitral. In: *Revista de Arbitragem e Mediação.* São Paulo: Revista dos Tribunais, v. 46, 2015, pp. 266-267.

[35] Cf. TEMER, Sofia. *Precedentes judiciais e arbitragem: reflexões sobre a vinculação do árbitro e o cabimento da ação anulatória...*, versão *e-pub*, p. 2.

lação do árbitro a um precedente obrigatório, pois a sua não aplicação significaria, ao fim e ao cabo, mera utilização errônea do direito, isto é, *error in judicando*[36].

A linha de raciocínio aqui formada é que, se um árbitro interpreta mal a lei, impactando em um mérito errôneo na sentença arbitral, a parte prejudicada não poderia reclamar – seja para anular ou modificar – na justiça estatal o lá definido, já que ao Estado é defeso ingressar no mérito da demanda arbitral. Da mesma forma ocorreria com um precedente obrigatório, isto é, se o árbitro o aplicou mal, isso apenas toca no mérito da demanda, não significando que haveria violação as regras de direito convencionadas pelas partes e, portanto, impassível de anulação pela via estatal.

O paralelo traçado, no entanto, parece não ser o mais correto.

A não observância a um precedente obrigatório, reconhecido neste estudo como fonte de direito brasileiro, está mais para a (não) utilização da lei brasileira em si pelo árbitro ou mesmo a aplicação de uma lei estrangeira no caso concreto, do que efetivamente aplicar a legislação de forma equivocada[37], traduzindo-se em *error in judicando*. Se isso é verdade, a anulação de uma sentença arbitral por violar os limites da convenção de arbitragem seria medida adequada ou possível.

Se as partes elegem o direito brasileiro como a forma pela qual a arbitragem deve se pautar e os precedentes obrigatórios dele são integrantes, o árbitro tem o dever de observá-los, pois, se assim não for,

[36] Cf. Talamini, Eduardo. Arbitragem e precedentes: cinco premissas, cinco conclusões, um epílogo (e um vídeo). In: *Informativo Justen, Pereira, Oliveira e Talamini*, Curitiba, n. 138, 2018. Disponível em <www.justen.com.br/informativo> Acesso em 23/06/2021; Nunes, Thiago Marinho. *Árbitro e precedentes judiciais: vinculação ou observância?* Disponível em <https://www.migalhas.com.br/coluna/arbitragem-legal/339419/arbitro-e-precedentes-judiciais-vinculacao-ou-observancia> Acesso em 23/06/2021; Tucci, José Rogério Cruz e. *Os árbitros não são estouvados! (sobre as jornadas de Direito Processual Civil)*. Disponível em <https://www.conjur.com.br/2018-ago-28/paradoxo-corte-arbitros-nao-sao-estouvados-jornadas-direito-processual-civil> Acesso em 23/06/2021.

[37] Quanto a tal ponto, Guilherme Rizzo Amaral traz o seguinte (pertinente) questionamento: "It is widely accepted that arbitral awards cannot be set aside due to ordinary errors of law; in other words, ordinary arbitral mistakes while applying the law are immune to judicial review. Yet what about disregard of the law? What if the arbitrator, confronted with the applicable law – be it statutory law or a precedent – decides to ignore it? In what instance would that differ from a decision in equity and, therefore, not be authorised by the parties when the arbitration is in law? (*Judicial precedent and arbitration...*, p. 56)

estaria decidindo fora dos limites da convenção de arbitragem, por não aplicar o direito brasileiro e, talvez por isso mesmo, julgar conforme o seu senso de justiça ou conveniência, aproximando-lhe de um julgamento por equidade que, como se sabe, exige autorização expressa pelas partes[38].

Adotada a possibilidade de vinculação de árbitros aos precedentes judiciais obrigatórios, conforme disciplinado no art. 927 do Código de Processo Civil, é possível antever consequências práticas, notadamente se o árbitro não os considerar no momento da prolação da sentença arbitral.

Há espaço para algumas considerações, sem a intenção de esgotamento do tema[39].

Como já ventilado, uma vez não observado o precedente obrigatório pelo árbitro e escolhidas as regras de direito brasileiro para arbitragem, há claro desrespeito ao que as partes convencionaram. Logo, estaria autorizada a ação anulatória de arbitragem, na forma do art. 33 da Lei n. 9.307/96, por violação ao art. 32, IV, da referida lei, podendo ser possível ainda a análise da matéria em sede de impugnação ao cumprimento da sentença arbitral, tal como previsto no seu art. 33, § 3º.

O dever de observância ao precedente obrigatório, é oportuno pontuar, não significa necessariamente aplicação irrestrita, imediata e talvez às cegas da *ratio decidendi* à demanda arbitral, podendo o árbitro utilizar técnicas inerentes aos precedentes em si, como a distinção, a nível exemplificativo. Assim, se o árbitro considera o precedente vinculante existente no momento de decidir, realizando eventual distinção, não há que se falar em nulidade da sentença arbitral e tampouco em revisão de seu mérito na via judicial.

Nessa perspectiva, alguns autores defendem o *iura novit curia* arbitral (*arbiter*), em que o árbitro deve conhecer de toda a matéria apresentada dentro do ordenamento jurídico brasileiro, se essa for a regra de direito

[38] Nesse sentido, Cf. Amaral, Guilherme Rizzo. *Vinculação dos árbitros aos precedentes judiciais.* Disponível em <https://www.conjur.com.br/2017-out-03/guilherme-amaral-vinculacao-arbitros-aos-precedentes-judiciais> Acesso em 23/06/2021.

[39] Aprofundaram-se em tais consequências: Macêdo, Lucas Buril de. *Os precedentes obrigatórios vinculam o tribunal arbitral...*; Temer, Sofia. *Precedentes judiciais e arbitragem: reflexões sobre a vinculação do árbitro e o cabimento da ação anulatória...*

estipulado pelas partes[40]. Na linha do que aqui se adota e seguindo tal premissa, o precedente obrigatório, caso não invocado pelas partes da demanda de arbitragem, pode ser objeto de conhecimento do árbitro, implicando também em eventual ação anulatória, se deixar de ser analisado.

Situação mais complexa parece ocorrer ao se encarar o precedente, obrigatório ou não, e sua (possível) existência na arbitragem com relação ao dever de motivação, o que faria surgir a hipótese, ao menos em tese, de se requerer a anulação da sentença arbitral com fundamento nos arts. 32, III, e 26, II, da Lei n. 9.307/96 c/c 489, § 1º, VI, do Código de Processo Civil. Em tal quadro, busca-se a anulação da sentença arbitral por ausência de fundamentação.

Já se pontuou que o dever de motivação vem desde a Constituição Federal (art. 93, IX), sendo aperfeiçoado pelo art. 489, § 1º, do Código de Processo Civil. Para fins de aplicação de regras de direito brasileiro, a temática já era possível ao menos a partir da carta 1988. Do mesmo modo que o árbitro deve enfrentar eventuais precedentes sobre a matéria debatida, também o tem de fazer com os argumentos trazidos pelas partes ou naqueles que poderiam ser conhecidos de ofício; é do próprio dever de motivação[41].

Daí porque não se pode considerar o precedente como dissociado da aplicação da lei ou como uma hipótese de controle maior do que as outras existentes. Se há fundamentação suficiente pelo árbitro capaz de resolver a demanda e que eventual precedente não tenha o condão de modificar a conclusão adotada, não se justifica a ação anulatória, sob pena de o estado ingressar indevidamente no mérito da arbitragem.

É oportuno pontuar também que as partes possuem à sua disposição a técnica prevista no art. 30 da Lei de Arbitragem, em que podem solicitar esclarecimentos ao árbitro ou ao tribunal arbitral quanto a determinado ponto da sentença prolatada, o que pode dirimir eventuais dúvidas/vícios de fundamentação e, em último caso, eventual ação anulatória.

[40] Quanto ao tema, Cf. Fichtner, José Antônio. A atualidade do princípio iura novit curia no CPC e na arbitragem. In: *Revista de Arbitragem e Mediação*. São Paulo: *Revista dos tribunais*, v. 53, 2017, versão e-pub.; Lucca, Rodrigo Ramina de. Iura novit curia nas arbitragens. In: *Revista Brasileira de Arbitragem*, v. 50, 2016, pp. 54-78.

[41] Cf. Temer, Sofia. *Precedentes judiciais e arbitragem: reflexões sobre a vinculação do árbitro e o cabimento da ação anulatória...*, p. 5.

5. Experiência estrangeira

Em uma breve retomada, relembre-se que nos países de *common law* há a rigor a regra de *stare decisis*, em que o precedente deve ser obrigatoriamente considerado pelo magistrado, sendo encarado como fonte de direito. Em países mais relacionados ao *civil law*, por outro lado, a lei deve ser analisada e observada antes de tudo, servindo o precedente, em regra, como fonte secundária, capaz apenas de ter o aspecto persuasivo[42].

Tendo em mente tais considerações, a análise em países como Inglaterra e Estados Unidos, por exemplo, é inversa ao que se fez até então na experiência brasileira, pois o próprio precedente teria a eficácia vinculante.

Se o país estabelece o precedente como fonte do direito e a arbitragem é ditada conforme tais regras, os requisitos para anulação de uma sentença arbitral podem talvez ser distintos. Vale dizer, uma vez considerado o precedente como fonte normativa em determinado país, como ocorre naqueles tradicionalmente de *common law*, deve o árbitro estar a ele vinculado[43].

Na Inglaterra, existe o *English Arbitration Act*, de 1996, cuja *Section* 68 disciplina algumas hipóteses em que a sentença arbitral pode ser contestada, em razão de "serious irregularity", parecendo aqui haver um caminho para eventual discussão sobre a não aplicação de precedente no caso concreto. A doutrina informa que são encontrados casos em que sentenças arbitrais foram anuladas pelo fato de o árbitro não ter seguido precedente, como se verifica, por exemplo, em *Carboex SA vs. Louis Dreyfus Commodities Suisse AS* e *Ocean Marine Navigation Ltd. Vs. Koch Carbon Inc*[44].

Os Estados Unidos da América, por sua vez, possuem as *Federal Arbitration Act*, de 1925. Em sua *Section* 10, "a", estão previstas as hipó-

[42] Um país curioso a se analisar é o Canadá, que historicamente sofreu influências dos sistemas francês, inglês e norte-americano. A depender da província analisada, há maior influência do *common law* e vice-versa, impactando até na eficácia dos precedentes lá gerados. Quanto ao tema, Cf. Tucci, José Rogério Cruz e. *Direito processual civil: entre comparação e harmonização...*, pp. 163-205 e 259-261.

[43] Cf. Born, Gary B. *International commercial arbitration*. 2ª Ed., The Netherlands: Wolters Kluwer, v. 1, 2014.

[44] Cf. Amaral, Guilherme Rizzo. *Judicial precedent and arbitration...*, pp. 63-66. As *English Arbitration Act*, aliás, possuem a *appeal* de sentença arbitral para *point of law*, conforme previsto na *Section* 69.

teses em que uma sentença arbitral pode ser desafiada, destacando o número 4, que prevê a anulação/revogação da sentença arbitral quando "*the arbitrators exceeded their powers, or so imperfectly executed them that a mutual, final, and definite award upon the subject matter submitted was not made*", o que poderia trazer dúvidas quanto a vinculação do árbitro a precedentes, tendo em vista a dificuldade em interpretar a hipótese de "exceder seus poderes".

A partir da década de 50, o país norte-americano teve uma guinada jurisprudencial quanto ao tema de arbitragem, que até então tinha em suas cortes comum interferência estatal na sentença arbitral, revisando-as por erro de fato ou de direito. Foi o caso *Wilko vs. Swan*, exarado pela Suprema Corte, que possibilitou o entendimento de que a sentença arbitral só poderia ser anulada quando constatada *"manifest disregard of the law"* [45], abrindo um campo maior de interpretação de vinculação a precedente e possível anulação da sentença arbitral pela via judicial, de acordo com as *FAA*, *Section* 10, "a", n. 4.

Como contraponto aos dois países acima citados e até mesmo ao Brasil, que parece possuir um sistema agora híbrido, a Alemanha tem dificuldades em vincular obrigatoriamente o árbitro (e, evidentemente, juízes estatais) a precedentes, como é esperado de um país tradicional do tronco de *civil law*, de modo que estes possuem caráter apenas persuasivo[46].

Em um último ponto de análise, há uma tendência por parte da doutrina estrangeira em considerar os precedentes arbitrais em arbitragem internacional, notadamente nos casos comerciais, esportivos e de investimento. Há o argumento que a previsibilidade e consistência (coesão) deve também existir – e é desejável que assim o seja – em tais casos, tendo em vista o alargamento do uso da arbitragem em várias áreas e a configuração de um regime multipolar no mundo[47].

[45] Cf. AMARAL, Guilherme Rizzo. *Judicial precedent and arbitration...*, pp. 58-63. O mesmo autor aleta que a doutrina do "manifest disregard" tem se tornado vacilante na jurisprudência estadounidense, causando incerteza no sistema.

[46] Cf. BERGER, Klaus Peter. *To What Extent Should Arbitrators Respect Domestic Case Law? – The German Experience regarding the Law on Standard Terms.* France: ICC Digital Library, 2014, versão *e-pub*. O autor, aliás, traz alguns casos em que o tribunal arbitral considerou precedentes formados na corte federal de justiça alemã (*Bundesgerichtshof* – BGH), avaliando se o árbitro deve ou não se vincular a tais precedentes.

[47] Cf. KAUFMANN-KOHLER, Gabrielle. *Arbitral Precedent: Dream, Necessity or Excuse...*, *passim* e, principalmente, p. 378. Pela terminologia utilizada no texto, os precedentes são entendidos como vinculantes.

Também há quem sustente um verdadeiro intercâmbio entre sentenças arbitrais e sentenças estatais utilizadas como precedentes persuasivos. É o que ocorreu no caso *Seatrade Group N.V* vs. *Hakan Agro D.M.C.C*, em que o magistrado inglês fez referência a um precedente arbitral para julgar um caso que interpretava um termo contratual, embora tenha discordado da conclusão do árbitro. De todo modo, mesmo com as dificuldades para sua efetivação (notadamente a publicidade das sentenças), os precedentes arbitrais devem sim ser fomentados, ainda que pelo aspecto meramente persuasivo[48].

Conclusões

A possibilidade de vinculação do árbitro a um precedente passa primeiro pela autonomia das partes, convencionando as regras pela qual a arbitragem será instituída e, se for de direito, com o existente em determinado país quanto a tal ponto.

Uma vez definido o ordenamento jurídico aplicável à arbitragem, os conceitos de *civil law* e *common law* se apresentam como extremamente relevantes, pois daí se consegue delimitar o modo pelo qual determinado país cria suas normas jurídicas; se for de tradição romano-germânica, há na lei verdadeira fonte de direito, a que todos os magistrados e árbitros estarão vinculados no momento de decidir, ao passo que, sendo *common law*, o precedente assume papel de protagonismo como norma jurídica aplicável e, portanto, vinculante aos julgadores.

O Brasil, sobretudo a partir do Código de Processo Civil de 2015, mescla a forma que produz as normas jurídicas, tendo como fontes de direito não só a lei, mas também os precedentes obrigatórios, conforme disciplinado no art. 927 da referida legislação. Isso significa uma nova forma de vinculação ao árbitro de acordo com as regras de direito brasileiro, sendo pertinente o estudo dos países de tradição do *common law* como troca de experiências para essa (nova?) hipótese de fonte primária de direito.

Como uma última conclusão, há certo receio aqui que o(s) desafio(s) apresentado(s) e perguntas que o estudo tentou responder não se pro-

[48] Cf. Spotorno, Agustin. *Arbitral Precedent in England and Wales: Mission (Im)possible?* Disponível em <http://arbitrationblog.kluwerarbitration.com/2019/09/22/arbitral- precedent-in-england-and-wales-mission-impossible/> Acesso em 23/06/2021.

jetem efetivamente na prática arbitral, de modo que a temática alcança apenas o ambiente acadêmico e puramente teórico[49].

Talvez mais valha, para fins práticos, a discussão sobre a utilização de precedentes arbitrais em outras demandas de arbitragem, ainda que possuam eficácia meramente persuasiva, sinalizando alguma parte da doutrina a utilidade e viabilidade em alguns casos de arbitragem internacional.

Referências

ABBOUD, Georges. Jurisdição constitucional vs. arbitragem: os reflexos do efeito vinculante na atividade do árbitro. In: *Revista de Processo*. São Paulo: Revista dos Tribunais, v. 214, 2012, versão *e-pub*.

AMARAL, Guilherme Rizzo. Judicial precedent and arbitration – are arbitrators bound by judicial precedent? A comparative study among England, Scotland, the United States and Brazil. In: *Revista Brasileira de Arbitragem*, v. 16, 2017, pp. 49-68.

_________. *Vinculação dos árbitros aos precedentes judiciais*. Disponível em <https://www.conjur.com.br/2017-out-03/guilherme-amaral-vinculacao-arbitros-aos--precedentes-judiciais> Acesso em 23/06/2021.

BARBOSA MOREIRA, José Carlos. Correntes e contracorrentes no processo civil contemporâneo. In: *Doutrinas Essenciais de Processo Civil*. São Paulo: Revista dos Tribunais, 2011, v.1, pp. 1.079-1.090.

BELLOCCHI, Márcio. *Precedentes vinculantes e a extensão da expressão "aplicação do direito brasileiro" na convenção de arbitragem*. São Paulo: Revista dos Tribunais, 2017.

____________. Uma visão – no tempo – da jurisdição. A natureza do procedimento arbitral (parte 3). In: *Revista de Processo*. São Paulo: Revista dos Tribunais, v. 311, 2021, versão *e-pub*.

BERALDO, Leonardo de Faria. Os precedentes judiciais na arbitragem. In: *Direito internacional e arbitragem: estudos em homenagem ao prof. Cláudio Finkelstein*. São Paulo: Quartier Latin, 2019, pp. 195-214.

[49] Tucci esclarece que "sob o prisma da praxe arbitral, o debate acerca da questão acima suscitada deixa de ter maior relevância, sobretudo se considerarmos um importante aspecto: a qualidade, a formação e a experiência da esmagadora maioria dos nossos árbitros, que, além de todos esses predicados, têm de ultrapassar duplo escrutínio: das partes e da respectiva câmara!" Disponível em <https://www.conjur.com.br/2018-ago-28/paradoxo-corte-arbitros-nao-sao-estouvados-jornadas-direito-processual-civil> Acesso em 23/06/2021.

BERGER, Klaus Peter. *To What Extent Should Arbitrators Respect Domestic Case Law? – The German Experience regarding the Law on Standard Terms.* France: ICC Digital Library, 2014, versão e-pub.

BOBBIO, Norberto. *Teoria do ordenamento jurídico.* 2ª Ed., São Paulo: Edipro, 2017.

BORN, Gary B. *International commercial arbitration.* 2ª Ed., The Netherlands: Wolters Kluwer, v. 1, 2014.

BUENO, Cássio Scarpinella. *Curso sistematizado de direito processual civil.* 9ª Ed., São Paulo: Saraiva, v. 2, 2020.

CÂMARA, Alexandre Freitas. *O novo processo civil brasileiro.* São Paulo: Atlas, 2015.

CANOTILHO, José Joaquim Gomes. *Direito constitucional e teoria da constituição.* 7. ed. 14. reimp. Coimbra: Almedina, 2014.

CAPONI, Remo. Harmonizing civil procedure: initial remarks. In: *From common rules to best practices in European Civil Procedure.* Germany: Nomos, 2017, pp. 43-62.

CARMONA, Carlos Alberto; MACHADO FILHO, José Augusto Bittencourt. Arbitragem: jurisdição, missão e justiça. In: *Constituição da República 30 anos depois: uma análise prática da eficiência dos direitos fundamentais: Estudos em homenagem ao Ministro Luiz Fux.* Belo Horizonte: Fórum, 2019, pp.

COSTA NETO, José Wellington Bezerra da. Precedentes no Código de Processo Civil de 2015: somos ainda civil law? In: *Revista de Processo.* São Paulo Revista dos Tribunais, v. 258, 2016, versão *e-pub.*

DAMAŠKA, Mirjan. *The Uncertain Fate of Evidentiary Transplants: Anglo-American and Continental Experiments.* Faculty Scholarship Series. Paper 1576, 1997, pp. 839-852. Disponível em: <https://pdfs.semanticscholar.org/db01/ae8418f5af16d277755ba92150dd3baed732.pdf?_ga=2.37439078.714755240.1592588684-1552689784.1592588684> Acesso em 21-06-2021.

DINAMARCO, Cândido Rangel. Processo civil comparado. In: *Revista de Processo.* São Paulo: Revista dos Tribunais, v. 90, 1998, versão *e-pub.*

DINAMARCO, Cândido Rangel; LOPES, Bruno Vasconcelos Carrilho. *Teoria geral do novo processo civil.* São Paulo: Malheiros, 2016.

FARIA, Marcela Kohlbach de. *Vinculação do árbitro aos precedentes judiciais após a vigência do CPC/2015.* Disponível em <https://processualistas.jusbrasil.com.br/artigos/412259718/vinculacao-do-arbitro-aos-precedentes-judiciais-apos-a-vigencia-do-cpc-2015> Acesso em 23/06/2021.

FERRAZ JR., Tércio Sampaio. *Introdução ao estudo do direito: técnica, decisão, dominação.* São Paulo: Atlas, 2018, versão *e-pub.*

FICHTNER, José Antônio. A atualidade do princípio iura novit curia no CPC e na arbitragem. In: *Revista de Arbitragem e Mediação.* São Paulo: Revista dos tribunais, v. 53, 2017, versão *e-pub.*

FIORAVANTI, Marcos Serra Netto. *A arbitragem e os precedentes judiciais: observância, respeito ou vinculação?* Rio de Janeiro: Lumen Juris, 2018.

Fux, Luiz. *Teoria geral do processo civil.* 3ª Ed., Rio de Janeiro: Forense, 2019.

Kaufmann-Kohler, Gabrielle. Arbitral Precedent: Dream, Necessity or Excuse? In: *Arbitration International*, Oxford University Press, Volume 23, Issue 3, 2007, pp. 357-378.

Lucca, Rodrigo Ramina de. Iura novit curia nas arbitragens. In: *Revista Brasileira de Arbitragem*, v. 50, 2016, pp. 54-78.

_______. *O dever de motivação das decisões judiciais.* Salvador: Juspodivm, 2015,

Lucon, Paulo Henrique dos Santos; Barioni, Rodrigo; Medeiros Neto, Elias Marques de. A causa de pedir das ações anulatórias de sentença arbitral. In: *Revista de Arbitragem e Mediação.* São Paulo: Revista dos Tribunais, v. 46, 2015, pp. 265-276.

Macêdo, Lucas Buril de. Os precedentes obrigatórios vinculam o tribunal arbitral? In: Revista de Processo. São Paulo: *Revista dos Tribunais,* v. 305, 2020, versão *e-pub.*

Marinoni, Luiz Guilherme. *Precedentes obrigatórios.* 6ª Ed., São Paulo: Revista dos Tribunais, 2019.

Marques, Ricardo Dalmaso. Inexistência de vinculação do árbitro às decisões e súmulas judiciais vinculantes do STF. In: *Revista Brasileira de Arbitragem,* v. 1, jul--out/2013, pp. 96-137.

Medina, José Miguel Garcia. *Novo Código de Processo Civil comentado.* 4ª Ed., São Paulo: Revista dos Tribunais, 2016.

Nasser, Paulo Magalhães. *Vinculações Arbitrais.* Rio de Janeiro: Lumen Juris, 2019.

Salles, Carlos Alberto de. Precedentes e jurisprudência no Novo CPC: Novas técnicas decisórias? In: *O novo Código de Processo Civil: questões controvertidas.* São Paulo: Atlas, 2015, p. 77-88.

Salomão, Luis Felipe; FUX, Rodrigo. Arbitragem e precedentes: possível vinculação do árbitro e mecanismos de controle. In: *Revista de Arbitragem e Mediação.* São Paulo: Revista dos tribunais, v. 66, 2020, versão *e-pub.*

Spotorno, Agustin. *Arbitral Precedent in England and Wales: Mission (Im)possible?* Disponível em <http://arbitrationblog.kluwerarbitration.com/2019/09/22/arbitral-precedent-in-england-and-wales-mission-impossible/> Acesso em 23/06/2021.

Sturner, Rolf; Kern. Christoph. Processo civil comparado – tendências recentes e fundamentais. *In: Revista de Processo.* São Paulo: Revista dos Tribunais, v. 36, n. 200, 2011, pp. 203-234.

Talamini, Eduardo. Arbitragem e precedentes: cinco premissas, cinco conclusões, um epílogo (e um vídeo). In: *Informativo Justen, Pereira, Oliveira e Talamini*, Curitiba, n. 138, 2018. Disponível em <www.justen.com.br/informativo> Acesso em 23/06/2021.

Taruffo, Michele. Precedente e Jurisprudência. In: *Revista de Processo.* São Paulo: Revista dos Tribunais, v. 199, 2011, pp. 139-155.

TEMER, Sofia. Precedentes judiciais e arbitragem: reflexões sobre a vinculação do árbitro e o cabimento da ação anulatória. In: *Revisa de Processo*. São Paulo: Revista dos Tribunais, v. 278, 2018, versão *e-pub*.

TUCCI, José Rogério Cruz e. *Direito processual civil: entre comparação e harmonização*. Salvador: Juspodivm, 2021.

______. *Os árbitros não são estouvados! (sobre as jornadas de Direito Processual Civil)*. Disponível em <https://www.conjur.com.br/2018-ago-28/paradoxo-corte-arbitros-nao-sao-estouvados-jornadas-direito-processual-civil> Acesso em 23/06/2021.

______. *Precedente judicial como fonte de direito*. São Paulo: Revista dos Tribunais, 2004.

ZANETI JR., Hermes. Precedentes (treat like cases alike) e o novo Código de Processo Civil. In: *Revista de Processo*. São Paulo: Revista dos Tribunais, v. 235, 2014, versão *e-pub*.

CAPÍTULO 15
ARBITRAGEM E ADMINISTRAÇÃO PÚBLICA: VISÕES ENTRE BRASIL, PORTUGAL, ESPANHA E ITÁLIA

Pedro Siqueira de Pretto

1. Introdução

A arbitragem constitui-se como importante método de solução de conflitos. Por meio dessa espécie de heterocomposição de resolução de controvérsias, uma ou mais pessoas – denominadas árbitros – irão julgar a demanda que lhes foi submetida voluntariamente pelas partes, notadamente conforme estipulado em uma convenção de arbitragem.

Dentre as discussões que envolvem a arbitragem, é possível afirmar aquela atinente ao limite da jurisdição que pode ser exercida pelos árbitros. Nesse descortino, o estudo a ser desenvolvido no presente trabalho tem por finalidade aquilatar discussões acerca da utilização desse método de resolução de conflitos envolvendo entidades da Administração Pública. Malgrado, no mais das vezes, a arbitragem possa ser utilizada por particulares, não se pode olvidar que a participação dessas entidades de direito público em um dos polos também deve receber ênfase, em virtude de diversos negócios que podem envolvê-la.

Para o desenvolvimento do estudo, inicialmente, será abordada a relevância da arbitragem e seu enlace com a participação da Administração. Passo seguinte, serão analisados pontos relacionados ao progresso e aos contornos desse tema no direito interno. Em seguida, haverá exame de questões importantes do mesmo assunto em relação a outros países, em especial Portugal, Espanha e Itália, a fim de se verificarem pontos de convergência e divergência.

A seleção por referidos países não foi a esmo. Justifica-se no fato de que importantes e interessantes disposições que poderão ser encontradas na análise da matéria nas aludidas localidades fundamentarão reflexões em comparação ao tratamento do assunto no direito brasileiro. Ademais, não se desconhece, de maneira geral, pontos de relevo entre matérias processuais civis com esses países europeus, ressaltando-se serem sistemas relacionados ao *civil law*[1]. A pesquisa, ainda, possibilitará revelar eventuais congruências e dissonâncias de países vizinhos do mesmo continente[2].

2. Importância da arbitragem e sua utilização pela administração pública

A arbitragem não foi criada de maneira recente na história, consubstanciando-se em um meio antigo para definição do resultado de litígios. Constata-se sua presença na antiguidade no povo hebreu, onde se verificaram disputas resolvidas por árbitros. Os romanos também dela se valiam, e estimulavam a arbitragem voluntária e facultativa; a obrigatória também existiu durante certo período[3].

[1] Hodiernamente, fala-se em um amálgama dos sistemas jurídicos de *civil law* e *common law*. Sobre esse ponto, conferir: Taruffo, Michele. *Aspetti Fondamentali del Processo Civile di Civil Law e di Common Law*. *Revista da Faculdade de Direito UFPR*, Curitiba, v. 36, p. 27-48, 2001. Outrossim, sobre a mesma temática – e entendendo ser promissor o "efeito harmonizador da arbitragem internacional": Stürner, R.; Kern, C. Processo civil comparado: tendências recentes e fundamentais. *Revista de Processo*, v. 36, n. 200, p. 203-234, out. 2011.

[2] Não se desconhece que o tema é abrangente e também é estudado em outros países. Nessa linha: Ferreira, Kaline. Arbitragem e os litígios envolvendo entes públicos no Brasil e na França. *In*: Pinho, H. D. B. D.; Rodrigues, R. D. A. R. R. (org.). *Mediação e arbitragem na administração pública*. Curitiba: CRV, 2018. p. 145-162. Santos, Mauricio Gomm Santos; Hlavnicka, Karin. Arbitragem e mediação na Administração Pública: um aceno sobre a realidade no Brasil e nos Estados Unidos da América. *In*: Moreira, António Júdice et al. (coord.). *Mediação e Arbitragem na Administração Pública*. São Paulo: Almedina, 2020. p. 419-445.

[3] Scavone Junior, Luiz Antonio. *Manual de arbitragem: mediação e conciliação*. 8. ed. rev. e atual. Rio de Janeiro: Forense, 2018, p.1.

Entre nós[4], a arbitragem fora mencionada no CC/16, nos arts. 1.037 a 1.048, em capítulo denominado "do compromisso". O CPC/39 também previu o "Juízo Arbitral" nos arts. 1.031 e seguintes. Igualmente o fez o CPC/73, ao regulá-la nos arts. 1.072 e seguintes. Todavia, os arts. 1.045, 1.041 e 1.097, respectivamente dos citados diplomas, previram a necessidade de homologação do laudo arbitral, circunstância que acarreta prejuízos a sua utilização, notadamente por quem havia o interesse de não se valer das vias jurisdicionais estatais. Frise-se que, atualmente, a matéria é regulada na Lei nº 9.307/96 (Lei de Arbitragem – "LA"), que, aliás, revogou as disposições do assunto no CPC/73.

A arbitragem é dotada de grande relevância para a solução dos conflitos, inclusive, no mais das vezes, com força de definitividade. São diversos os fatores que apontam para as vantagens na utilização desse método que está à disposição das partes. Deve-se ressaltar, anteriormente, que ela é reconhecida como jurisdição, ou seja, os árbitros, juízes privados, ao lado dos magistrados estatais, também expressam o direito de maneira definitiva[5].

Embora haja quem defina a jurisdição como "*a atividade pela qual o Estado, com eficácia vinculativa plena, elimina a lide, declarando e/ou realizando o direito em concreto*"[6], a LA, em seu art. 18, estipula que "[o] árbitro é juiz de fato e de direito, e a sentença que proferir não fica sujeita a recurso ou a homologação pelo Poder Judiciário". Na mesma linha são os arts. 31 da LA e 515, VII e VIII, do CPC/15, que conferem força de título executivo judicial às sentenças arbitrais e às sentenças estrangeiras homologadas pelo STJ.

[4] Sem olvidar que a "Constituição Politica do Imperio do Brazil" de 1824 também continha previsão em seu art. 160. Da mesma forma o Código Comercial de 1850 (Lei nº 556/1850) em seu art. 294.

[5] Embora não seja questão totalmente unânime na doutrina, assim leciona Carlos Alberto Carmona, antes mesmo da edição da Lei nº 9.307/96: Carmona, Carlos Alberto. Arbitragem e Jurisdição. Revista de Processo, São Paulo, Revista dos Tribunais, v. 58, p. 33-40, abr./jun. 1990, p. 38.

[6] Carneiro, Athos Gusmão. *Jurisdição e competência: exposição didática: área do direito processual civil*. 18. ed. São Paulo, Saraiva, 2012, p. 28. O mesmo saudoso estudioso, posteriormente (Carneiro, 2012, p. 80), apoiado em processualistas como Carlos Alberto Carmona, Nelson Nery Junior, Humberto Theodoro Júnior, José Carlos Barbosa Moreira, J. E. Carreira Alvim e Ada Pellegrini Grinover, reconhece que a arbitragem, no atual sistema, é dotada de caráter jurisdicional.

Observa-se, portanto, que se atribuiu força de definitividade às decisões arbitrais, sendo prescindível a homologação judicial para que as sentenças dos árbitros possuam natureza jurídica de título executivo judicial. Tais fundamentos corroboram a natureza jurídica de jurisdição desse método de heterocomposição, notadamente porque a atividade desenvolvida vincula as partes, eliminando a lide e declarando o direito no caso que lhes foi submetido. Ademais, o CPC/2015 determina a extinção sem resolução do mérito quando acolher a alegação de existência de convenção de arbitragem (art. 485, VII), e, em adição ao CPC/73 (art. 267, VII), também deverá assim proceder se o juízo arbitral reconhecer sua competência. As particularidades de as sentenças arbitrais serem suscetíveis de revisão pelo Poder Judiciário em caso de existência de alguma nulidade prevista em lei (arts. 32 e 33 da LA), ou do limite da jurisdição (ausente etapa de execução) que é atribuída aos árbitros, não possuem o condão de afastar seu caráter jurisdicional, ante os contornos que esse instituto recebeu no direito pátrio. E, em que pese o princípio da inafastabilidade do controle jurisdicional (art. 5º, XXXV, CR), deve-se atentar para o fato de que são as próprias partes que, voluntariamente, submetem seus conflitos à arbitragem, dispensando a via resolutiva pelo Poder Judiciário. Não bastasse isso, este Poder de Estado permanece sendo possível de ser acessado[7] nas hipóteses em que a legislação indica nulidades para o procedimento arbitral[8]-[9].

Nessa compreensão também indica ser o caminho pretendido pelo CPC/2015. O *caput* do art. 3º aduz que "[n]ão se excluirá da apreciação jurisdicional ameaça ou lesão a direito", enquanto que o §1º reza que "[é] permitida a arbitragem, na forma da lei". Observa-se que a principal Lei Adjetiva já reconhece a importância dessa forma de resolução de conflitos, inclusive de maneira mais firme do que fez o Código anterior de 1973.

Vistas estas características iniciais a respeito da arbitragem, torna-se imperioso ressaltar que ela tem sido um meio muito – e cada vez maior

[7] Sobre o tema, relevantes considerações: YARSHELL, Flávio Luiz. Ainda sobre o caráter subsidiário do controle jurisdicional estatal da sentença arbitral. Revista de Arbitragem e Mediação, v. 50, p. 155-164, jul.-set. 2016.

[8] FIGUEIRA JR., Joel Dias. *Arbitragem*. 3. ed. Rio de Janeiro: Forense, 2019, p. 117-129.

[9] A constitucionalidade da Lei de Arbitragem foi reconhecida pelo STF no processo de homologação de sentença Estrangeira SE 5206, do Reino da Espanha, em julgamento ocorrido em 12/12/2001.

– buscado para que discussões (principalmente contratuais) sejam tratadas de forma extrajudicial[10], mas com o necessário aspecto de definitividade que se exige para a solução de um litígio. Isso justamente em razão das características que ela ostenta frente ao processo judicial.

O primeiro ponto que pode ser destacado nessa linha é o julgamento dos conflitos por árbitros, que podem ser qualquer pessoa capaz e que tenha confiança das partes, sendo possível a estas que o nomeiem (art. 13, LA). É cediço que, por vezes, pode haver árbitros que as partes não tenham escolhido (a título de exemplo, art. 13, §3º, LA). Tal regramento, contudo, não impede o benefício que referido fator acarreta às partes: a análise e decisão da lide por pessoas capazes de melhor entender e analisar a controvérsia que lhes é submetida. Com efeito, os litigantes tenderão a escolher pessoas mais capacitadas e com maior experiência na área da controvérsia. Isso representa um fator de destaque no que se refere ao processamento da demanda perante os órgãos estatais, porquanto, nessas ocasiões, por vezes, o Magistrado é um julgador ao qual são submetidas diversas questões, das mais variadas espécies e, por isso, a escolha dos árbitros pode recair sobre pessoas que tendem a trabalhar com a área do debate há mais tempo, representando alguém com conhecimentos específicos no assunto[11].

Não bastasse isso, ao árbitro, via de regra, não são inúmeras e diversas as demandas que lhe são submetidas, tal qual ocorre nas varas do Poder Judiciário. Estas, em razão do número insuficiente de funcionários e juízes, por vezes não solucionam de modo satisfatoriamente tempestivo todos os processos que estão em curso. Dessa forma, a arbitragem surge como alternativa às partes de que seus conflitos sejam solucionados de maneira mais célere[12], entregando a prestação jurisdicional rápida e efetivamente.

[10] Importantes são as lições de BONATO, Giovanni, ao explicar que, quanto mais democrático e pluralista for o Estado, maior a participação dos cidadãos na justiça haverá. (Panorama da arbitragem na França e na Itália. Perspectiva de direito comparado com o sistema brasileiro. *Revista Brasileira de Arbitragem*, Comitê Brasileiro de Arbitragem CBAr & IOB, v. 43, jul.-set. 2014, p. 69-70).

[11] Cf SANTOS, Ricardo Soares Stersi dos. As Vantagens da Arbitragem. *Revista do Instituto de Pesquisas e Estudos. Divisão Jurídica, Bauru*, Instituição Toledo de Ensino, n. 22, 1998. p. 273.

[12] Acerca da importância da razoável duração do processo: CRUZ E TUCCI, José Rogério. Ações concorrentes, arbitragem, conexão e chamamento ao processo. *Revista do Advogado*, São Paulo, n. 119, abr. 2013, p. 59.

Ainda sobre sua utilidade, releva-se registrar que cabe aos litigantes eleger o procedimento que será seguido (art. 21 da LA). Sempre, porém, devem ser observados os princípios do contraditório, da igualdade das partes, da imparcialidade do árbitro e de seu livre convencimento (art. 21, §2º), isto é, o devido processo legal, até mesmo pela previsão constitucional[13]. Conquanto seja o árbitro ou tribunal arbitral que irá disciplinar o procedimento na ausência de estipulação pelas partes, a regra definida pelo *caput* do preceptivo consagra importante forma de melhor adequar o processo ao direito material sobre o qual ele versa[14].

Outro ponto que também pode ser importante para os envolvidos para a escolha da arbitragem é a confidencialidade. Nada impede que, preferindo as partes, não seja dada publicidade a terceiros do painel arbitral, de forma que a contenda fique restrita aos litigantes, seus patronos, árbitros e possíveis auxiliares que nele atuarão. Por diversas razões, tais como valor da controvérsia ou discussão acerca de alguma propriedade intelectual, esse fator pode ser mais interessante em comparação ao processo judicial, ao qual se aplica, em regra, a publicidade, em razão do art. 93, IX, CR, e do art. 189 do CPC. Aliás, o §4º deste preceptivo (em consonância com o art. 22-C da LA) excepciona para tramitação em segredo de justiça os processos que envolvem a arbitragem. Destarte, ao menos conforme previsão legal[15], conquanto as partes se valham do Judiciário para discutir eventuais questões afetas à arbitragem, será observada a privacidade[16].

[13] Baptista, Luiz Olavo. Constituição e arbitragem: dever de revelação, devido processo legal. *Revista do Advogado*, São Paulo, n. 119, abr. 2013, p. 104 e 108.

[14] O formalismo excessivo do rito procedimental previsto no CPC, por vezes, pode ser prejudicial, de maneira, então, que se reforça a escolha pela arbitragem em razão do melhor procedimento que pode ser previsto pelas partes ante o objeto tutelado na jurisdição privada, consoante alerta Bedaque, José Roberto dos Santos. (*Efetividade do processo e técnica processual*. 3 ed. São Paulo: Malheiros, 2010, p. 45).

[15] Analisando inconstitucionalidade da previsão legal citada, e informando a existência de acórdão do Tribunal de Justiça do Estado de São Paulo sobre a questão: Cruz e Tucci, José Rogério. Inconstitucionalidade do sigilo e processo judicial sobre arbitragem. *Revista Consultor Jurídico*, 13 de abr. de 2021. Disponível em: <https://www.conjur.com.br/2021-abr-13/paradoxo-corte-inconstitucionalidade-sigilo-processo-judicial-arbitragem>. Acesso em: 24 de abr. 2021.

[16] Sintetizando: "É a arbitragem uma solução de conflito rápida e especializadíssima, pois os árbitros têm formação técnica profunda em sua área de atuação. Ademais, é a arbitragem

Diante desse cenário posto em relação à arbitragem, verifica-se que nada impediria que o Poder Público também se valesse desse método de resolução de conflito. Utilizando-se do método ora estudado, também poderia a Administração auferir diversas das vantagens.

Em primeiro lugar, as demandas podem ser analisadas por pessoas que detêm melhor expertise no direito submetido a juízo. As questões em análise podem ser altamente específicas, a depender da matéria que envolve discussões atinentes à Fazenda Pública, sendo preferível de ser atribuído o julgamento a quem guarda experiência e técnica no assunto. A título de argumentação, verifica-se a Arbitragem nº 78/2016/SEC7, que abrangeu, como entes públicos, a União e a CODESP, na qual o respectivo termo, de 04 de setembro 2017, previu que a demanda arbitral abarcaria discussões em curso em 9 processos judiciais, que tramitavam ao menos desde 2002, e que teve como valor fixado em R$ 2.651.271.653,36. Consta que a sentença final foi proferida em 02 de setembro de 2019, ou seja, num período de cerca de 02 anos se resolveu uma discussão que tramitava no Poder Judiciário há aproximadamente 15 anos (com a ressalva de futura possível impugnação à sentença arbitral)[17].

Por esta perspectiva, a Administração Pública se vale da celeridade do procedimento arbitral. Havendo precisa estipulação do objeto da controvérsia, os árbitros, não sobrecarregados pelos inúmeros processos que diariamente são distribuídos ao Poder Judiciário, concentram seus trabalhos para a solução de referidos procedimentos, de maneira expedita[18].

Ademais, faz-se possível o estabelecimento do procedimento a ser seguido no painel arbitral, com fixação de calendário, regras de pro-

atividade sigilosa, absolutamente imparcial [...]" (Calmon, Eliana. A Arbitragem Internacional. *Informativo Jurídico da Biblioteca Ministro Oscar Saraiva*, v. 16, n1., jan./jul. 2004, p. 11).

17 Casos de Arbitragem. *Advocacia-Geral da União*, 2021. Disponível em: <https://www.gov.br/agu/pt-br/composicao/consultoria-geral-da-uniao-1/nucleo-especializado-em-arbitragem/casos-de-arbitragem>. Acesso em: 24 de abr. de 2021.

18 "*Celeridade* e *segurança* são valores concorrentes para um resultado *justo e équo*, colocados em relação de proporcionalidade inversa: a *celeridade* a todo custo é também um mal para o processo civil, porque afeta claramente a qualidade dos julgamentos; do mesmo modo, a segurança jurídica, alcançada por um processo lento e moroso, constitui de clara denegação da justiça". (Lucon, Paulo Henrique dos Santos. Relação entre demandas. 2. ed. Brasília, DF: Gazeta Jurídica, 2018, p. 297-298).

dução de provas, meios de comunicação, formas de disponibilização de documentos, contagem de prazos, tudo de modo a melhor adaptar a formalidade do procedimento ao objeto da lide.

É certo que a efetividade de o Poder Público se valer desse meio deverá ser analisada caso a caso, a depender dos contornos da controvérsia. Entretanto, não se notam, genericamente, aspectos que não indiquem a viabilidade do uso da arbitragem pelo Poder Público.

Impende frisar que a resolução das controvérsias pela Administração Pública mediante o meio arbitral caminha no sentido de possibilitar a melhor solução do litígio, com atenção para o caso concreto a ser objeto de litígio. Esse meio, por vezes, pode ser mais interessante e econômico do que a resolução pelo Poder Judiciário, de forma que a via representará melhor adequação e atenção para o interesse público, atentando-se para um sistema multiportas de resolução de conflitos, com efetiva participação das partes para o retorno à pacificação[19].

A arbitragem, outrossim, pode representar melhor recepção de empresas estrangeiras no país. Investidores de outros países podem não preferir a via estatal para a resolução das controvérsias, em razão de eventual pensamento acerca de tendência de os órgãos públicos acolherem as teses ventiladas pela Administração local. Então, os árbitros significam, para tais empresas, que futuros possíveis litígios serão examinados por quem não deteria qualquer influência acerca do ambiente em que está radicada a Administração. Logo, a via arbitral poderá viabilizar um chamariz para pessoas jurídicas não constituídas no Brasil, também interessadas em aqui desenvolverem atividades[20]. E, por outro lado, o Poder Público nacional pode não se mostrar adepto à jurisdição em outros Estados, servindo a arbitragem, nesse ponto, como um caminho que ambas as partes podem entender como imparcial[21].

[19] SALVO, Sílvia Helena Picarelli Gonçalves Johonson di. Arbitragem de conflitos na Administração Pública brasileira e o sistema multiportas de resolução de disputas: um olhar revisitado e uma perspectiva para o futuro. In: MOREIRA, António Júdice et al. (coord.). *Mediação e Arbitragem na Administração Pública*. São Paulo: Almedina, 2020. p. 357-358.

[20] HINOJOSA, Álvaro Soriano. *La inmundad del Estado y el arbitraje administrativo internacional. Arbitraje*, vol. IX, nº 1, 2016, p. 100.

[21] ACCIOLY, João Pedro. Arbitragem e Administração Pública: um panorama global. *Revista de Arbitragem e Mediação*, v. 56, mar. 2018. p. 148. Também: SALLES, Carlos Alberto de. Palestra: Alguns aspectos fundamentais da arbitragem envolvendo a administração pública. *Revista da Procuradoria Geral do Estado de São Paulo*, São Paulo, n. 79, jan./jun. 2014, p. 53-54.

Nessa senda, reconhecendo a importância da análise do tema, a Convenção Europeia de Arbitragens Comerciais Internacionais[22], formalizada em 1961, trata da possibilidade de arbitragem envolvendo o Poder Público em seu art. II.

Portanto, a arbitragem envolvendo a Administração Pública é um tema que desperta interesse e deve ser melhor analisado. Neste aspecto, o passo seguinte do trabalho é verificar sua incidência no direito brasileiro e, após, em Portugal, Espanha e Itália.

Frise-se que a visão desenvolvida tem por escopo examinar aspectos semelhantes e divergentes da matéria, em relação ao Brasil e aos países propostos, para possível melhora do tema na questão interna[23]. Sempre se deve ter em vista a lição de Dinamarco, para quem o estudo do direito comparado "[...] enriquece as pesquisas históricas e sociológicas relativas ao direito [...] contribui para o melhor conhecimento e aprimoramento do direito nacional [...] facilita a compreensão dos povos estrangeiros e melhor regime das relações internacionais"[24].

3. Arbitragem envolvendo a administração pública no Brasil

Pela atual redação da LA, admite-se que a Administração se valha da arbitragem. Não obstante não tenha havido tratativa do tema com a redação original da LA, de 1996, a Lei nº 13.129/2015 incluiu os parágrafos 1º e 2º no art. 1º, e o parágrafo 3º no art. 2º, que versam a respeito da matéria. Destarte, a legislação atual é expressa em admitir que o Poder Público também resolva seus conflitos de interesse por meio da arbitragem.

A celeuma, todavia, era maior antes dessa legislação. Isso porque, ausente tal previsão, havia quem entendesse que era vedado que a Fazenda Pública participasse de arbitragem, em razão, dentre outros motivos, da ausência de jurisdição que não seja a exercida pelo Estado, além da violação ao princípio da legalidade[25]. Aliás, mesmo com menções em nor-

[22] Conforme lembrado por Accioly, João Pedro. Ob. Cit., p. 155.

[23] Coelho, Luiz Fernando. O direito comparado. *Revista da Faculdade de Direito UFPR*, Curitiba, v. 15, n. 0, jan. 1972, p. 263.

[24] Dinamarco, Cândido Rangel. *Fundamentos do processo civil moderno*. 6. ed. São Paulo: Malheiros, 2010, p. 166.

[25] Arruda Junior, Demerval Ferraz de. NÃO: O Estado, a Jurisdição e a Arbitragem: para começo de conversa. *Revista da Procuradoria Geral do Estado de São Paulo*, São Paulo, n. 75, p. 21-31, jan./jun.2012.

mas esparsas, o entendimento de Celso Antônio Bandeira de Mello era pela inconstitucionalidade das previsões legais, em razão da indisponibilidade do interesse público e do objeto sobre o qual recairia a atividade arbitral, questionando a atividade do árbitro em comparação ao juiz estatal[26].

Por outro lado, também havia quem entendesse pela viabilidade desse método antes da reforma legislativa de 2015, sustentando não existir as máculas alegadas pelo grupo opositor. Nessa linha, a disposição do art. 1º já seria suficiente para ser aplicável à Administração, considerando ser ela competente para contratar e dispor de direitos patrimoniais[27]. Salientava-se, ademais, que não teria havido qualquer reserva de jurisdição ao Estado no ponto dos direitos disponíveis, bem como porque, ao fazer parte de convenção de arbitragem, não há significado imediato de que o Estado esteja dispondo do objeto questionado, mormente por este fazer parte do direito material, e não do campo processual[28]. Outrossim, tratando-se de litígio especializado, de complexidade elevada, seria natural buscar alguém com capacidade técnica de igual jaez; aliás, acerca da confidencialidade, incompatível com o artigo 37 da CR, bastava que o caso concreto a afastasse para que se prosseguisse validamente o painel arbitral[29]. Em todo esse descortino, "a arbitragem pode ser vista, também, como um mecanismo de redução de riscos e de custos que acabam sendo pagos pelo Estado nos seus próprios contratos"[30].

[26] MELLO, Celso Antônio Bandeira de. *Curso de direito administrativo*. 30. ed. São Paulo: Malheiros, 2013, p. 732.

[27] PESSOA, João Paulo; Silva, Leonardo Toledo da. A Evolução Legislativa e Jurisprudencial, no Brasil, da Arbitragem nos Contratos Administrativos. *In*: FERREIRA, O. A. V. F.; LUCON, P. H. S. (coord.). *Arbitragem: 5 anos da Lei nº 13.129, de 26 de maio de 2015*. Ribeirão Preto, SP: Migalhas, 2020, p. 47.

[28] BONICIO, Marcelo José Magalhães. SIM: Breve análise sobre a arbitragem em conflitos que envolvem o Estado. *Revista da Procuradoria Geral do Estado de São Paulo*, São Paulo, n. 75, jan./jun.2012, p. 15 e 17.

[29] AMARAL, Paulo Osternack. Palestra: arbitragem e estado. *Revista da Procuradoria Geral do Estado de São Paulo*, São Paulo, n. 79, jan./jun. 2014, p. 41 e 48.

[30] SALLES, Carlos Alberto de. Palestra: Alguns aspectos fundamentais da arbitragem envolvendo a administração pública. *Revista da Procuradoria Geral do Estado de São Paulo*, São Paulo, n. 79, jan./jun. 2014, p.55.)

Certo, outrossim, que normas[31], antes mesmo da de 2015, já autorizavam a arbitragem em litígios que envolviam o Estado, como as Leis nº 8.987/95, nº 11.079/04, nº 9.478/97, nº 10.233/01, nº 11.909/09, nº 8.630/93, além de outras também lembradas pela doutrina[32].

Aliás, a possibilidade, no Brasil, de a Administração se valer da arbitragem para a resolução de conflitos é objeto de confirmação pelo STJ[33], inclusive ponderando acerca de harmônica convivência entre direito patrimonial disponível do Poder Público com o princípio da indisponibilidade do interesse público, bem como que o recurso à arbitragem representa o próprio atendimento ao interesse público, "preservando a boa-fé dos atos praticados pela Administração Pública, em homenagem ao princípio da segurança jurídica"[34].

A doutrina, outrossim, também aponta para o primeiro precedente judicial brasileiro que trata da arbitragem em que uma das partes é a Administração Pública, qual seja, o julgamento do STF no Agravo de Instrumento nº 52.181, de 1973 ("Caso Lage"). Tratava-se de uma discussão em que a Fazenda Pública, por meio do Decreto-lei nº 4.648/42, incorporou ao patrimônio nacional bens da Organização Lage e do espólio de Henrique Lage. Submetidos à avaliação, houve edição de novo Decreto-Lei, nº 7.024/44, em que fora indicado o valor a ser pago ao espólio. Pelo Patrono deste, então, fora sugerido ao Presidente a constituição de um juízo arbitral, que foi possibilitada mediante autorização do Decreto nº 9.521/46, estipulando-se que não seria cabível

[31] Cf. Bonicio, Marcelo José Magalhães. SIM: Breve análise sobre a arbitragem em conflitos que envolvem o Estado. *Revista da Procuradoria Geral do Estado de São Paulo*, São Paulo, n. 75, jan./jun.2012, p. 16-17.

[32] Pessoa, João Paulo; Silva, Leonardo Toledo da. A Evolução Legislativa e Jurisprudencial, no Brasil, da Arbitragem nos Contratos Administrativos. *In*: Ferreira, O. A. V. F.; Lucon, P. H. S. (coord.). *Arbitragem: 5 anos da Lei nº 13.129, de 26 de maio de 2015*. Ribeirão Preto, SP: Migalhas, 2020, p. 49-50. Também apontando outras fontes normativas: Muniz, J. D. P.; Mota, M. C. B. Arbitragem na Administração Pública: onde estamos e para onde vamos. In: Moreira, António Júdice et al. (coord.). *Mediação e Arbitragem na Administração Pública*. São Paulo: Almedina, 2020. p. 75-77. Acrescente-se a Lei nº 14.133/2021, que trata de licitações e contratos administrativos e que determinou a revogação da Lei nº 8.666/93. No âmbito estadual paulista, pode-se citar o Decreto nº 64.356/2019.

[33] Mais recentemente: STJ, CC 151130 / SP, Relª. Ministra Nancy Andrighi, Rel. para acórdão Ministro Luis Felipe Salomão, Segunda Seção, julgado em 27/11/2019, DJE 11/02/2020.

[34] STJ, CC 139519/RJ, Rel. Ministro Napoleão Nunes Maia Filho, Relª. para acórdão Ministra Regina Helena Costa, Primeira Seção, julgado em 11/10/2017, DJE 10/11/2017.

recurso da sentença e que a decisão final seria possível de ser executada de maneira prescindível de homologação. O tribunal arbitral foi instalado e houve prolação de sentença reconhecendo o valor devido pela União; esta, todavia, apenas indenizou nos limites do Decreto-lei nº 7.024/44. Não tendo sido efetivada a complementação necessária, a questão foi submetida ao Judiciário. Após decisões favoráveis acerca da validade do juízo arbitral em primeiro e segundo graus na Justiça Federal, houve recurso de agravo de instrumento ao STF, interposto pela União contra decisão que não admitiu o recurso extraordinário, também por ela aviado. Em suma, o ente público federal postulou pelo reconhecimento da invalidade do juízo arbitral, pela incompatibilidade do Decreto-Lei nº 9.521 com a Constituição de 1946, pela irregularidade da cláusula de irrecorribilidade da decisão arbitral, além de nulidade do pronunciamento dos árbitros em razão da inexistência de créditos especiais para a cobertura da condenação. Contudo, não foi dado provimento ao recurso. Entendeu-se que o próprio governo causou a ausência da existência de crédito para cobertura, tendo em vista mensagem adrede enviada ao Senado para seu cancelamento. Sedimentou-se, outrossim, que não haveria incompatibilidade com as Constituições de 1937 e 1946 quanto ao Decreto nº 9.521/46, porquanto elas não possuíam vedação à utilização do instituto[35]. Em parecer acostado aos autos, fundamentou-se que a Fazenda também possuiria autonomia contratual, podendo resolver litígios pela via da transação, o que conferia supedâneo à regularidade da jurisdição privada para a hipótese em questão. Não bastasse isso, repeliu-se violação às fundamentações de existência de tribunal de exceção ou de violação ao acesso ao Judiciário[36]. Ao final, foi negado provimento ao recurso, por unanimidade[37]:

[35] Fundamento interessante, aliás, que também funcionaria como arrimo para reconhecimento da validade da utilização de arbitragem pelo Poder Público antes da Lei nº 13.129/15 – para as hipóteses não previstas expressamente em leis esparsas –, já que também não há menção à proibição de decisão arbitral envolvendo a Administração Pública na Constituição de 1988.

[36] Relato realizado por, e para quem também apontou: “Em que pese o precedente ser de período anterior ao da Constituição atual (1988), sua discussão teórica constitui importante referencial de estudo, além de ser sempre mencionado nos julgados recentes sobre o tema”. (Pessoa, João Paulo; Silva, Leonardo Toledo da. A Evolução Legislativa e Jurisprudencial, no Brasil, da Arbitragem nos Contratos Administrativos. *In*: Ferreira, O. A. V. F.; Lucon, P. H. S. (coord.). *Arbitragem: 5 anos da Lei nº 13.129, de 26 de maio de 2015*. Ribeirão Preto, SP: Migalhas, 2020, p. 53-56).

Aliás, é importante também analisar que a alegação da Fazenda Pública ao postular a anulação do procedimento arbitral por ausência de arbitrabilidade atentaria contra a boa-fé objetiva. Se ela adota uma postura analisando a questão da arbitragem, e com ela concordando, mormente quando o exame é realizado por advogados públicos – dotados de elevado conhecimento jurídico –, seria irregular que, posteriormente, pretendessem a anulação de uma vontade livremente emitida por ela própria. A fundamentação poderia ser entendida como *venire contra factum proprium* e, assim, realmente não ser aceita para acolhimento de sua pretensão perante o Poder Judiciário[38_39].

Logo, verifica-se que não são recentes entendimentos doutrinários e jurisprudenciais que reconhecem a higidez da via arbitral pela Administração Pública, mormente considerando sua capacidade de realizar contratos e da importância dessa via de resolução de conflitos.

Outro ponto que merece destaque é a previsão do art. 2º, §3º, da LA. Por este dispositivo, a arbitragem envolvendo a Administração Pública será sempre de direito (não será admitido o uso da equidade), bem como deverá respeitar o princípio da publicidade. Diferentemente das demais arbitragens, inclusive em atenção ao artigo 93, IX, CR, é exigência que o procedimento não seja confidencial quando uma das partes seja ente público. Pelo que se infere da doutrina de Carmona, o preceptivo não deveria ser interpretado como um modo de publicidade total e absoluta, mas permitindo o acesso aos atos mais relevantes do painel[40].

[37] STF, AI 521181, Relator Ministro Bilac Pinto, Tribunal Pleno, julgado em 14/11/1973, publicado em 15/02/1974.

[38] A doutrina italiana, embora não exatamente para o caso específica, também tem reconhecido a importância da boa-fé objetiva em questões arbitrais: "'buona fede oggetiva' come dovere di protezione della controparte nell'esecuzione del contratto o come fonte di integrazione dello stesso [...]" (Gradi, Marco, L'intervento e la chiamata in causa dei terzi nel processo arbitrale, *In Rivista dell'arbitrato*, 2010, p. 306-307).

[39] O STJ também já não reconheceu a possibilidade de alegação de vício apenas após o painel:STJ, SEX 856/GB, Relator Ministro Carlos Alberto Menezes Direito, Corte Especial, julgado em 18/05/2005, DJ 27/06/2005.

[40] Carmona, Carlos Alberto. Arbitragem e administração pública – primeiras reflexões sobre a arbitragem envolvendo a administração pública. *Revista Brasileira de Arbitragem*, Ano XIII, nº 51, jul./set. 2016, p. 20.

Então, é possível verificar um aumento da utilização da arbitragem pelo poder público brasileiro. Em levantamentos realizados[41], é possível verificar que, em 2016, era de 52 o número de arbitragens em que uma das partes se caracterizava como ente da administração. Em 2018, o número era quase o dobro: 100. E o tema também tem chamado a atenção de jornais[42].

Após a análise das nuances gerais acerca da arbitragem em solo nacional, importa, para a continuidade do estudo, sua análise em outros ordenamentos. A se iniciar por Portugal.

4. Portugal

O ordenamento lusitano, ao menos até o final do século XX, não franqueava a realização de arbitragens em relações administrativas. Entendia-se que a via negocial não poderia afastar a competência de tribunais administrativos[43]. Apenas seria possível se houvesse uma lei que assim autorizasse, o que ocorreu em 1984, havendo previsão expressa para que tribunais arbitrais julgassem questões decorrentes de contratos administrativos e atinentes à responsabilidade civil por prejuízos decorrentes de atos de gestão pública. Todavia, em que pese o caráter genérico da previsão legal, a arbitragem se baseava em situações particulares apresentadas por leis específicas. Após, a Lei de Arbitragem Voluntária de 1986 (Lei nº 31/86), por sua vez, estipulou no seu art. 1º, nº 4, a possibilidade de o Estado e outras pessoas de direito público celebrarem convenções de arbitragem, se houver lei específica autorizando ou se tiver por objeto litígio referente a relações de direito privado. Constata-se, outrossim, que o Supremo Tribunal Administrativo português já havia

[41] ANUÁRIO DA ARBITRAGEM NO BRASIL. *Centro de Estudos das Sociedades de Advogados.* Disponível em: <http://www.cesa.org.br/anuario_da_arbitragem_no_brasil.html>. Acesso em: 26 de abr. de 2021.

[42] BACELO, Joice. Pesquisa mostra que triplicou número de arbitragens com o poder público. *Valor econômico*, Rio de Janeiro, 08 de jan. de 2021. Disponível em: <https://valor.globo.com/legislacao/noticia/2021/01/08/pesquisa-mostra-que-triplicou-numero-de-arbitragens-com--o-poder-publico.ghtml>. Acesso em: 26 de abr. de 2021.

[43] Sobre "jurisdição arbitral administrativa" e "arbitragem administrativa": CARVALHAL, Ana Paula Z. A arbitragem administrativa em Portugal, *Revista FMU Direito*. São Paulo, v. 24, n. 33, 2010, p. 04.

confirmado a higidez de cláusulas compromissórias insertas em contratos de concessão de serviço público[44].

Hodiernamente, a arbitragem em Portugal é regulada pela Lei nº 63/2011 (Lei de Arbitragem Voluntária - LAV), que revogou a norma anterior. Em seu art. 1º, nº 1, dispõe: "Desde que por lei especial não esteja submetido exclusivamente aos tribunais do Estado ou a arbitragem necessária, qualquer litígio respeitante a interesses de natureza patrimonial pode ser cometido pelas partes, mediante convenção de arbitragem, à decisão de árbitros". O nº 5 do mesmo preceptivo permite a participação do Estado, também se houver lei ou se tiver por objeto litígios de direito privado.

Ladeando a referida disposição, o CPC lusitano discorre sobre a arbitragem, mas especificamente no que se refere ao tribunal arbitral necessário[45]. Consoante se infere do art. 1136: "Se o julgamento arbitral for prescrito por lei especial, atende-se ao que nesta estiver determinado; na falta de determinação, observa-se o disposto nos artigos seguintes". Os arts. seguintes regulam questões sobre os árbitros, bem como a aplicação subsidiária da LAV.

A Constituição da República Portuguesa, outrossim, contém expressa disposição acerca de tribunais arbitrais. Ao tratar da organização dos tribunais, mormente no que se refere a categorias de tribunais, aduz em seu art. 209, nº 2: "Podem existir tribunais marítimos, tribunais arbitrais e julgados de paz". O texto constitucional, apresentado da referida forma, permite concluir o reconhecimento do caráter jurisdicional da arbitragem[46].

Em acréscimo, e de modo ainda mais específico, a arbitragem envolvendo a Administração Pública pode ser extraída do Código de Processo nos Tribunais Administrativos (CPTA), apresentado pela Lei nº 15/2002. Interessante é a disposição do art. 180, que revela quando esse método de solução pode ser utilizado. Nessa linha (e sem olvidar

[44] *Ibidem*, p. 07-08.

[45] Para uma análise mais aprofundada de arbitragem necessária em Portugal: CARDOSO, A. D. M.; NAZARÉ, S. A arbitragem necessária: natureza e regime: breves contributos para o desbravar de uma (também ela necessária discussão. In: MIRANDA, Agostinho Pereira de et al. (org.). *Estudos de Direito da Arbitragem em Homenagem a Mário Raposo*. Lisboa: Universidade Católica Editora, 2015. p. 33-55.

[46] CARVALHAL, Ana Paula Z. Ob. Cit., p. 03.

outras leis específicas), viabiliza-se a utilização da solução por árbitros para matérias relativas a contratos, responsabilidade civil, que envolvem atos administrativos que podem ser revogados sem fundamento na sua invalidade, além de hipóteses de relações de emprego público – com exceção das que versem sobre direitos indisponíveis, bem como quando resultarem de acidente de trabalho ou de doença profissional. Frise-se, que, considerando a viabilidade para responsabilidade civil extracontratual, permite-se a arbitragem para hipóteses não contratuais.

Acerca do mesmo tema, importa mencionar que o art. 185 exclui da via arbitral questões afetas à "[...] responsabilidade civil por prejuízos decorrentes de actos praticados no exercício da função política e legislativa ou da função jurisdicional" (art. 185).

Interessante disposição está contida no art. 182 do CPTA, referente ao "Direito à outorga de compromisso arbitral", aduzindo que o interessado poderia exigir da Administração a celebração de compromisso arbitral nos casos do art. 180. Pela leitura do preceptivo, seria possível se entender que haveria um direito potestativo à perfectibilização da arbitragem com a Administração Pública. Todavia, é importante que se mencione que, a princípio, não caberia a realização de uma arbitragem sem o consenso do Poder Público, tendo em vista que um de seus pressupostos é justamente a vontade das partes. Além disso, a utilização desse direito estaria condicionada a uma outra lei, segundo dicção do próprio dispositivo[47].

Outro ponto que merece destaque na análise da arbitragem envolvendo o Poder Público no ordenamento português é que, por vezes, em duvidosa constitucionalidade por violação ao acesso à justiça, estabelece-se a resolução de determinado litígio pela via arbitral (sem olvidar casos em que determina a tentativa de resolução de conflitos, antes de ingresso ao Judiciário, pelas vias da mediação ou conciliação). Nessa linha, por exemplo, é o Decreto Regulamentar nº 14/2003, em que, em seu art. 93, consta determinação de que contendas acerca de interpretação, integração ou execução do contrato gestão e seus anexos, ou atrelados à validade e eficácia das disposições, devem ser resolvidos pela arbitragem. E mais: o nº 2 exige, adrede, que se tente um acordo por meio da mediação, só podendo iniciar a arbitragem (nº 3) se não

[47] CARVALHAL, Ana Paula Z. Ob. Cit., p. 14.

chegarem a um acordo sobre a entidade mediadora ou se tal tentativa restar infrutífera[48].

Decorrem, de disposições legais como estas, questionamentos acerca da constitucionalidade[49], notadamente em razão da garantia do acesso à justiça, prevista no art. 20 da Constituição Portuguesa. Pondera-se, na mesma linha, se o direito de acesso aos tribunais envolve, também, os arbitrais, hipótese na qual se reconheceria harmonia da legislação com a Lei Maior. Isto além da discussão se, realmente, estaria vedado o caminho do Poder Judiciário para recurso; ao se entender negativamente, não haveria duplo grau de jurisdição[50].

Outro tema que merece importante destaque é o fato de, em Portugal, haver previsão para a utilização da arbitragem para matérias tributárias, prevista pelo Decreto-Lei nº 10/2011. Pela explicação de motivos da norma, inferem-se três principais objetivos: conferir tutela eficaz aos interesses dos sujeitos passivos, valer-se da celeridade na resolução dos conflitos e a redução de processos. Acresça-se que a resolução das controvérsias dessa maneira também foi alvo de recomendações por organismos internacionais, em especial da OCDE e da ONU[51].

O art. 2º do diploma legal prevê a competência dos tribunais arbitrais nas situações em que elenca, consistindo, basicamente, em discussões sobre a ilegalidade de pagamentos ou retenções tributárias, abrangendo questões de fato e de direito. A arbitragem tributária funciona perante os tribunais arbitrais no Centro de Arbitragem Administrativa (art. 4º, nº 2).

[48] Fonseca, Isabel C. M. A arbitragem na contratação pública em Portugal: uma realidade com futuro? *In: Los retos del poder judicial ante la sociedad globalizada. Actas del IV Congreso Gallego de Derecho Procesal*, Corunha, 2011, p. 362-363.

[49] *Ibidem*, p. 367-370.

[50] Interessante apontar, neste tema, que o Código dos Contratos Públicos, Decreto-Lei nº 18/2008, aduz que, em litígios de valor superior a 500.000 euros, caberá recurso da decisão para tribunal administrativo. Bonizzi, M. J. M.; Alves, M. V. A. Breve análise dos meios alternativos de solução de conflitos envolvendo a Administração Pública no Brasil e em Portugal. *In*: Moreira, António Júdice et al. (coord.). *Mediação e Arbitragem na Administração Pública*. São Paulo: Almedina, 2020. p. 255.

[51] Realmente, "[e]ssa alternativa para resolução de conflitos, segundo Lídia Maria Ribas, apresenta resultados imediatos no sentido de combater a morosidade dos sistemas tradicionais (judiciais)". (Valle, M. D. T. D.; Pasinatto, A. P. Arbitragem tributária: breve análise luso-brasileira. *In: Revista Jurídica Luso-Brasileira*, Ano 3, n 6, p. 1041-1073, 2017, p. 1054).

O art. 30, ao tratar de disposições transitórias, parece refletir um impulso por considerar, desde logo, eficiente a resolução pela trajetória que autorizou. Permitiu-se, no ínterim de 01 ano da vigência do decreto-lei, que, em certos casos, fosse viabilizada a apreciação de questões aos tribunais arbitrais, notadamente na hipótese em que haja pendência de decisão em primeira instância da jurisdição estatal há mais de 02 anos, inclusive com pagamento de custas judiciais.

Benefícios podem ser visualizados por esta lei. Com a maior celeridade e expertise no tratamento da questão, diminuem-se os custos para a litigância do Estado e para os contribuintes. A consequência é uma estabilização mais célere da situação para as partes, além, se for o caso, de antecipação das arrecadações do fisco. E se rememore aqui um fundamento já apresentado para que seja reconhecida a via arbitral, qual seja, a atração de investidores, que assim podem escolher determinado país em virtude dessa forma de solução das controvérsias[52].

Não se olvide, ademais, a elevada expertise na resolução dos conflitos, conforme a referida lei portuguesa, principalmente em seu art. 7, nº 2. De acordo com a previsão normativa, os árbitros "devem ser juristas com pelo menos 10 anos de comprovada experiência profissional na área do direito tributário"[53]. Reflete-se, desta forma, a preocupação da legislação no sentido de que as questões afetas à referida lei sejam, deveras, examinadas por pessoas especializadas.

Mencione-se que não há previsão expressa de ser possível, em solo brasileiro, a arbitragem tributária. Porém, atentando-se para a regulação da matéria e os objetivos estipulados pela lei lusitana, é possível refletirmos para a incorporação, com as devidas adequações, das questões no ordenamento jurídico pátrio. Nas palavras de Roberto Pasqualin: "Podemos aprender com a experiência portuguesa e incluir a arbitragem tributária entre o que já é admitido na administração pública. [...] Será talvez a inovação mais relevante na história ainda recente da arbitragem privada no Brasil"[54].

[52] VALLE, M. D. T. D.; PASINATTO. Ob. Cit., p. 1055-1056.

[53] Requisito este semelhante ao previsto no artigo 4º, §9º, inciso II, do Projeto de Lei nº 4468/2020, do Senado Federal, em que se discute a instituição da arbitragem especial tributária.

[54] PASQUALIN, Roberto. Arbitragem tributária no Brasil: aprendendo com a experiencia pioneira em Portugal. *In*: MOREIRA, António Júdice et al. (coord.). *Mediação e Arbitragem na Administração Pública*. São Paulo: Almedina, 2020. p. 283.

O estudo e a comparação entre a arbitragem permitem concluir, consoante Bonizzi e Alves: "[...] os mecanismos multiportas, bem como o uso de MASCs são aplicáveis inclusive à administração pública e podem ser utilizados na busca de uma justiça administrativa mais célere e eficiente com um maior grau de participação social e ganhos múltiplos"[55].

Vistos, portanto, aspectos importantes acerca da arbitragem em Portugal, impõe-se, agora, proceder ao estudo do tema na Espanha.

5. Espanha

Na Espanha, a *artibraje* é regulada pela Lei nº 60, de 23 de dezembro de 2003, que, em seu art. 46, revogou a Lei nº 36/1998, até então o diploma que a disciplinava. Em sua exposição de motivos, ponderou-se que a Espanha se mostrou sensível às postulações de harmonização do regime jurídico da arbitragem e, com a intenção de produzir um salto qualitativo, teve como principal critério de inspiração a Lei Modelo Uncitral. Interessante anotar, ademais, que o mesmo texto considera importante que a legislação de um país deve oferecer incentivos ou benefícios para as pessoas físicas ou jurídicas optarem por essa forma de resolução de conflitos, consoante a própria exposição de motivos.

Essa consideração caminha no sentido do que a doutrina espanhola trata acerca da arbitragem. A via judicial não realiza todas as expectativas para os conflitos de interesse que lhe são designados. Por tal motivo, organismos internacionais têm reconhecido a importância de métodos alternativos de solução de conflitos, ambiente em que se fazem viáveis a mediação e a arbitragem[56], de maneira que esta tem se mostrado cada vez mais marcante[57]. Saliente-se que a arbitragem também pode surgir

[55] Ob. Cit., p. 256.

[56] Picón, Antonio Dorado. *El arbitraje y la mediación em España. Revista Jurídica de Castilla y León*, n. 29, fev. 2013. Disponível em: <https://www.jcyl.es/web/jcyl/AdministracionPublica/es/Plantilla100Detalle/1215245063566/_/1284253339728/Redaccion>. Acesso em: 29 de abr. de 2021, p. 4.

[57] Carlos, Alberto Doretto de. *El arbitraje em los contratos públicos. Revista Jurídica de Castilla y León*, n. 29, fev. 2013. Disponível em: <https://www.jcyl.es/web/jcyl/AdministracionPublica/es/Plantilla100Detalle/1215245063566/_/1284253339728/Redaccion>. Acesso em: 29 de abr. de 2021. p. 3.

de uma desconfiança dos Poderes instituídos, porquanto há uma maior incidência de âmbito privado para a solução de controvérsias[58].

Acerca da lei mencionada, em seu art. 2º, dispõe-se que as matérias suscetíveis de resolução por arbitragem seriam aquelas de "livre disposição" conforme o direito. A princípio prevendo a hipótese de ocorrer uma arbitragem em que haja a possibilidade de presença da Administração Pública em um dos polos, aduziu que, no caso de ser internacional e envolver Estado ou pessoa jurídica controlada por um Estado, não será possível invocar as prerrogativas de seu próprio direito para se esquivar das obrigações decorrentes da convenção de arbitragem.

Pelo art. 14 do mesmo diploma, observa-se que as partes podem confiar a administração da arbitragem e a nomeação de árbitros para pessoas jurídicas de direito público e entidades públicas que possam desempenhar funções arbitrais, conforme suas normas regulamentadoras. Em compasso com essa determinação, o art. 21 veicula obrigação dos árbitros de responsabilidade por danos e prejuízos que causarem por "*mala fe, temeridade o dolo*", e, ainda, o prejudicado poderá mover diretamente a instituição na hipótese de arbitragens a ela confiadas, independentemente de demanda ressarcitória em face dos juízes privados. Exige-se dos árbitros e das instituições um seguro de responsabilidade civil, excepcionando-se as entidades públicas e os sistemas arbitrais integrados ou dependentes das administrações públicas.

Portanto, verifica-se que, ao menos na principal normativa da arbitragem na Espanha, não se observa elastecida possibilidade de o Poder Público se valer desse método para composição dos litígios. E assim parece ocorrer de maneira geral nesse país.

A fundamentação para o maior receio da utilização da arbitragem nessa seara decorre da tradição oriunda do direito francês, que sujeita a administração aos princípios da legalidade e da indisponibilidade do interesse público e que decorreriam, nos termos da Constituição da Espanhola, do disposto em seu art. 103. Portanto, tais argumentos, além de questões próprias do país atinentes ao controle da Administração que também seria realizado pelos tribunais[59], têm impedido a juris-

[58] Hijelmo, Ignacio Granado. *El arbitraje em derecho administrativo: algunas reflexiones sobre su fundamentación. Revista jurídica de Navarra*, nº 39, 2005, p. 40.

[59] Cf. artigo 106 da Constituição da Espanha.

dição privada envolvendo a Administração, com ressalva de questões muito excepcionais; tal vedação, aliás, decorreria desde o Decreto Real de 1852[60].

Legislações seguintes (*Ley de Administración y Contabilidade de la Hacienda Pública* de 1911 e o *Reglamento General de Contratación del Estado* de 1975) contemplaram a solução de litígio da Administração Pública por arbitragem quando houvesse expressa autorização legal. Posteriormente, o RDL 1091/1988 e as Leis 33/2003 e 47/2003 suavizaram a condição, estipulando a necessidade de deliberação do Conselho de Ministros. Estabeleceu-se, contudo, um regime dual no que atine a contratações com empresas estrangeiras, autorizando a arbitragem quando as circunstâncias assim aconselharem, nos termos do art. 117, nº 3, do RD Legislativo 2/2000. Passo contínuo[61], a Lei 30/2007 (art. 39) e o Decreto Legislativo 3/2011 (art. 50)[62], que trataram dos contratos do setor público, passaram a permitir a arbitragem em matéria de contratos públicos, mas relativamente a entes, organismos e entidades que não tenham o caráter de Administração Pública, vale dizer, ainda assim excluiu a arbitragem nos contratos administrativos propriamente ditos[63].

Insta destacar, porém, que o mencionado Decreto Legislativo foi revogado pela *Ley* nº 9/2017, que também trata dos contratos do setor público. O ato normativo superveniente, que abordou a arbitragem na *Disposición adicional primeira. Contratación em el extranjero*, dispôs – assim como se verificou acima, em relação ao RD Legislativo 2/2000 – que, em contratos com empresas estrangeiras, será buscada a resolução das controvérsias pelos tribunais espanhóis e, não sendo possível, mediante arbitragem[64]. Conclui-se, dessa maneira, que o legislador espanhol, em

[60] Carlos, Alberto Doretto de. Ob. Cit., p. 3-4.

[61] *Ibidem*, p. 4-7.

[62] Sobre entidades consideradas de Administração Pública, há a regulação do art. 3º do Decreto Legislativo 3/2011.

[63] Barona, Carla Esplugues. *Mediación y arbytraje em derecho administrativo español. Revista Boliviana de Derecho*, nº 27, p. 248-271, fev. 2019, p. 268.

[64] Conforme se observa da doutrina, "[...] [e]l legislador distingue, por tanto, según la nacionalidad de la empresa con quien contrate la Administración la procedencia o no de incorporar fórmulas arbitrales" (*Ibidem*, p. 269).

2017, deu um passo atrás na aceitação da arbitragem em matéria de direito administrativo, fator que é alvo de críticas da doutrina[65]_[66].

Verifica-se, então, nesse contexto todo do Estado espanhol, que se tem reconhecido a arbitragem como importante método de resolução de conflitos, inclusive com uma lei que dela trata já sedimentada há anos, no que se refere a disputas entre particulares. Aliás, a própria exposição de motivos da referida lei, conforme se verificou, reconhece os benefícios da solução das controvérsias por árbitros, salientando a efetividade da prestação jurisdicional (privada).

Caminho diverso, porém, tem-se enveredado no que atine à idêntica via de discussão quando se trata da administração pública, mormente pela tradição dos pensamentos de direito público e administrativo. Ainda que a doutrina entenda que seria favorável sua viabilização para os entes públicos, a legislação espanhola foi tímida na única possibilidade que teria admitido certa utilização do instituto. E mais: tempos depois retrocedeu, de modo, então, que se pode dizer que há, praticamente, uma versão oposta ao que se infere do que ocorre com Portugal.

Destarte, analisado o cenário na Espanha, é de rigor, neste átimo, passar-se ao mesmo tempo no que atine à Itália.

6. Itália

A arbitragem, como sói ocorrer, não foi desde sempre prestigiada na Itália. Nessa linha, o CPC do Reino da Itália, de 1865, não prestigiou o instituto, tal qual ocorria com o CPC francês de 1806. Assim também ocorreu com a redação original do CPC italiano de 1940, em que se atribuiu a atividade jurisdicional exclusivamente aos juízes estatais. As reformas francesas de 1980 e 1981 acerca desse método refletiram na Itália, pois ocasionaram as alterações no ordenamento jurídico italiano em 1983 e 1994, para o fim de valorizar a autonomia do laudo arbitral. A última reforma ocorreu no ano de 2006, por meio do Decreto Legislativo nº 40/2006, que também perfectibilizou o modelo monista no

[65] *Ibidem.*

[66] A Lei nº 11/2011 veicula a possibilidade da realização de uma "arbitragem" (não jurisdicional) no âmbito da Administração Pública: Barona, Carla Esplugues. *Arbitraje como cauce de resolución de los conflictos administrativos: ¿Evolución o revolución?. Cuadernos de Derecho Transnacional,* vol. 11, nº 2, out. 2019, p. 94.

referido país. Destarte, atualmente a matéria se encontra tratada, principalmente, nos artigos 806 e 840 do *Codice de Procedura Civile*[67].

Dois pontos merecem destaque. O primeiro é que, na Itália, tal sistema de resolução de conflitos possui duas formas, a saber, a ritual e a não ritual. A primeira é a jurisdição privada, conforme comumente se analisam em outros países e no Brasil, findando-se com o laudo arbitral. A segunda, por sua vez, decorre de decisão da Corte de Cassação de Torino de 1904 e, com as alterações de 2006, é regulada pelo artigo 808-*ter* do CPC italiano, ostentando natureza única e eminentemente contratual, encerrando-se, inclusive, com o *lodo contrattuale*[68_69].

Ademais, apesar de o art. 824-*bis* do CPC italiano discorrer que o laudo arbitral terá, desde a data de sua última assinatura, os mesmos efeitos da sentença proferida por autoridade judiciária, ressalva justamente a previsão do art. 825 da mesma lei, preceptivo que determina sua análise pelo Poder Judiciário para que, homologado, passe a ter eficácia de título executivo[70]. Citada exigência, de fato, pode levar a uma maior morosidade e se pensar numa maior desatenção em relação a este instituto, considerando que, então, haverá a necessária incursão ao Poder Judiciário, esfera em que outras discussões poderão ser ventiladas e tempo poderá ser despendido para o efetivo cumprimento do conteúdo da decisão dos árbitros.

De modo geral, a teor do art. 806 do CPC italiano, podem ser decididas por arbitragem as controvérsias que não versam sobre direitos indisponíveis. No que atine especificamente aos conflitos envolvendo a Administração Pública, insta destacar, em primeiro lugar, que a trajetória se fez possível, conquanto paulatinamente, em razão de entendimento da Corte Constitucional. Com efeito, considerando suas vantagens, re-

[67] CORAPI, Diego. A arbitragem no direito italiano. In: ZUFELATO, Camilo et al. (coord.). *I Colóquio Brasil-Itália de Direito Processual Civil*. Salvador: Juspodivm, 2015. p. 101-103.

[68] *Ibidem*, p. 103-104.

[69] Sobre arbitragem irritual, conferir: CAVALLINI, Cesare. *Arbitrato irrituale. Treccani*, 2013. Disponível em: <https://www.treccani.it/enciclopedia/arbitrato-irrituale_%28Diritto-on-line%29/>. Acesso em: 01 mai. 2021.

[70] Cf BONATO, Giovani. As reformas da execução no processo civil italiano. In: ZUFELATO, Camilo et al. (coord.). *I Colóquio Brasil-Itália de Direito Processual Civil*. Salvador: Juspodivm, 2015, p. 271.

conheceu-se que a arbitragem era um instituto de direito comum, que encontraria incidência também no direito administrativo[71].

Como decorrência, a Lei nº 205/2000, pelo seu art. 6º, previu que as controvérsias de direito subjetivo envolvendo a jurisdição do juiz administrativo poderiam ser resolvidas mediante a arbitragem ritual (ressaltando-se, então, a não possibilidade pela irritual). Outrossim, estabeleceu-se a necessidade de que a análise jurídica fosse de direito (e não de equidade)[72]. Após, o Decreto Legislativo 104/2010 – Código de processo administrativo –, revogou aludido preceptivo, mas estabelecendo conteúdo semelhante em seu art. 12, deixando clara a utilização da espécie ritual e na forma dos arts. 806 e seguintes do CPC[73].

A par das citadas legislações, em 2006, sobreveio Decreto-Legislativo 163/2006, que apresentou o Código de contratos públicos relativos a obras, serviços e fornecimentos em atenção às diretivas 2004/17/CE e 2004/18/CE. No âmbito de contratos públicos, então, insta destacar que o seu art. 241 tratou da possibilidade de resolução de controvérsias pela vereda arbitral. Mencionada legislação foi revogada 10 anos após, pelo Decreto Legislativo 50/2016. O cerne da matéria está centrado no art. 209, que, dentre outras situações, autoriza a decisão dos árbitros nos contratos públicos relativos a obras, serviços, fornecimentos, concessões e aquisições públicas de obras. Consoante o parágrafo 2º da mesma regra, o edital deverá dispor se o contrato conterá ou não cláusula compromissória, sendo que o licitante vencedor a ela poderá se opor, vedando-se o compromisso. O parágrafo §3º inquina de nulidade a cláusula com-

[71] Torregrossa, Marcello di Francesco. *Il nuovo codice dei contratti pubblici e l'arbitrato amministrato da parte dell'autoritá nazionale anticorruzione. Nomos*, nº 3, p. 2018, p. 4-5. Disponível em: <https://www.nomos-leattualitaneldiritto.it/nomos/marcello-di-francesco-torregrossa-il-nuovo-codice-dei-contratti-pubblici-e-larbitrato-amministrato-da-parte-dellautorita-nazionale-anticorruzione/>. Acesso em: 01 mai. 2021.

[72] "[...] : la norma, come si è poc'anzi detto, consente l'arbitrato solo per le controversie attribuite al giudice amministrativo che vertano su diritti soggettivi [...], e consente solo l'arbitrato rituale di diritto (non anche l'arbitrato irrituale e quello secondo equità). Conseguentemente è nulla una clausola contrattuale che preveda un arbitrato irrituale su diritti soggettivi in materie rientranti nella giurisdizione esclusiva del giudice amministrativo" (Scaramuzza, Francesca. *La pubblica amministrazione e la giustizia alternativa Mediazione e arbitrato nei contratti pubblici. Rassegna Avvocatura dello Stato*, n. 2, 2011, p. 341).

[73] Torregrossa, Marcello di Francesco. Ob. Cit., p. 5, onde também informa e explica discussão doutrinária mais profunda acerca da arbitrabilidade objetiva.

promissória inserida sem prévio anúncio no edital, sendo mister a autorização do órgão de direção da entidade para essa forma de resolução de conflitos.

As disposições seguintes tratam da escolha (cujo desrespeito, pelo parágrafo 7º do art. 209, leva à nulidade do laudo) e dos poderes dos árbitros, dos meios de prova, além de outros procedimentos específicos, determinando-se, em certos casos, a aplicação subsidiária do que dispõe o CPC. Merece destaque o parágrafo 4º do art. 209, que determina que os árbitros deverão ser escolhidos entre pessoas com comprovada experiência e independência em relação ao objeto do contrato discutido, revelando, também aqui, a expertise que deterão as pessoas incumbidas de julgar, demonstrando-se vantagem desse instituto. Logo, verifica-se que, diferentemente da forma como prevista na LA brasileira, em que há poucas disposições expressas e específicas para a Administração Pública em razão da superveniência da legislação de 2015, a regulação analisada é mais exaustiva e traça pormenores quando as controvérsias envolvem entes públicos.

De modo geral, as normas previstas na referida legislação constituem um rito especial no que atine à arbitragem regulada pelo CPC. De fato, em que pese o Decreto Legislativo nº 50/2016 estipule a aplicação subsidiária da Lei Adjetiva, suas próprias normas revelam uma maneira diferente de tratamento do instituto. Nessa senda, aliás, é o parágrafo 10 do mesmo art. 209, rezando que são as disposições do CPC que se aplicam às sentenças arbitrais, mas com as exceções do aludido decreto[74].

Importante ponderar que, com o escopo de publicizar as matérias envolvendo a Administração Pública, e para evitar casos de corrupção, o art. 213 da referida legislação previu que a fiscalização e o controle dos contratos públicos e respectivas atividades serão atribuídas à *Autorità Nazionale Anticorruzione* (ANAC). De fato, essa medida permite melhor vigilância sobre as condutas do Poder Público no âmbito também da legislação em destaque.

Quanto à arbitragem, e em atenção ao aludido escopo, fixou-se que junto à ANAC funcionaria a câmara arbitral para os contratos públicos relativos a questões de obras, serviços e fornecimentos, sendo que é sua competência a constituição e manutenção do cadastro de árbitros para

[74] Torregrossa, Marcello di Francesco. Ob. Cit., p.11.

as matérias que envolvem os contratos públicos. Outrossim, a relação das arbitragens deve estar publicada em sítio eletrônico da ANAC, regra que também caminha no sentido de conferir maior publicidade e transparência, de modo geral, às condutas e aos conflitos em que está envolvido o Poder Público (segundo art. 210). Realmente, por sítio eletrônico na rede mundial de computadores[75], constatam-se os painéis arbitrais em andamento e findos, relacionando, inclusive, quais são as entidades envolvidas.

Por fim, insta asseverar que a arbitragem envolvendo a Administração Pública, na Itália, então, tem se mostrado objeto de intervenções legislativas, conforme ressalta a doutrina, em razão da tecnicidade dos julgadores e da celeridade no procedimento, sem perder de vista a necessária atenção que deve ser dispensada aos custos do procedimento e à imparcialidade dos árbitros[76]-[77].

Conclusões

Examinados, então, pontos específicos acerca da arbitragem envolvendo a Administração Pública no Brasil, Portugal, Espanha e Itália, algumas observações podem ser realizadas à guisa de conclusão. Frise-se que, conquanto países do mesmo continente e vizinhos, são consideráveis as diferenças da regulação da matéria em todos eles. Na Espanha, o tema não tem recebido notável destaque no ordenamento jurídico, em que pese se possa reconhecer diversas vantagens à utilização da arbitragem para conflitos privados. Isso notadamente pela oriunda tradição francesa, bem como pelo próprio modo de controle dos atos do Poder Público. A jurisdição privada desenvolvida avançou timidamente para entes que

[75] AUTORITÀ NAZIONALE ANTICORRUZIONE. *Arbitrati*. Disponível em: <https://www.anticorruzione.it/portal/public/classic/Autorita/CameraArbitrale/Arbitrati>. Acesso em: 02 de mai. de 2021.

[76] PERFETTI, Luca R. *Sull'arbitrato nelle controversie di cui sia parte l'amministrazione pubblica. La necessaria ricerca dei presupposti teorici e dei profili problematici. Rivista dell'arbitrato*, v. 19, p. 589-640, 2009. Disponível em: <https://www.judicium.it/wp-content/uploads/saggi/70/Perfetti.pdf>. Acesso em: 01 de mai. de 2021. p. 38).

[77] A discussão acerca da imparcialidade dos árbitros recebe análise também na doutrina nacional, por exemplo: LEMES, Selma Maria Ferreira. O dever de revelação do árbitro, o conceito de dúvida justificada quanto a sua independência e imparcialidade (art. 14, § 1.º, da Lei 9.307/1996) e a ação de anulação de sentença arbitral (art. 32, II, da lei 9.307/1996). *Revista de Arbitragem e Mediação*, vol. 36, p. 231-251, jan. 2013.

não possuíam caráter de Administração Pública em 2011; todavia, em 2017 a disposição foi revogada, não se podendo mais dizer que no âmbito interno essa é uma via aberta aos órgãos públicos. Portugal, por outro lado, apresenta-se como um contraste com o vizinho da península ibérica. A arbitragem envolvendo entidades públicas já se desenvolveu, de maneira consideravelmente ampla, inclusive para conflitos tributários. Estudos acerca deste específico ponto revelam-se significativamente importantes para o Brasil, a fim de se verificar se, dentro do nosso sistema jurídico, a ideia poderia ser implementada com sucesso, com as adaptações necessárias, mormente se considerando o portentoso número de discussões tributárias e a complexidade das causas que existem nesta seara no âmbito do Poder Judiciário nacional. A Itália, acerca do objeto de estudo, parece se enquadrar entre os dois Estados acima mencionados. Por um lado, não se assemelha ao regime espanhol, mais restritivo na matéria; por outro, não se pode concluir que se equipara integralmente à regulação portuguesa, que possibilita a solução de controvérsias por árbitros em questões tributárias. E se acredita que é razoavelmente nessa linha em que se inclui o Brasil, também com uma regulamentação intermediária. Assevere-se que poderia nosso país, atentando-se para a regulação da matéria na Itália, também refletir sobre a possibilidade de as leis esmiuçarem outros aspectos atinentes a escolhas de árbitros ou câmaras arbitrais específicas, com o fulcro, outrossim, de mitigar e evitar a corrupção. De qualquer forma, de uma maneira geral, pode-se observar que a tendência das reformas legislativas nesses locais – e até mesmo em solo pátrio – é a de conferir maior aceitação do instituto.

Referências

ACCIOLY, João Pedro. Arbitragem e Administração Pública: um panorama global. *Revista de Arbitragem e Mediação*, vol. 56, p. 143-178, mar. 2018.

AMARAL, Paulo Osternack. Palestra: arbitragem e estado. *Revista da Procuradoria Geral do Estado de São Paulo*, São Paulo, n. 79, p. 41-49, jan./jun. 2014.

ANUÁRIO DA ARBITRAGEM NO BRASIL. *Centro de Estudos das Sociedades de Advogados*. Disponível em: <http://www.cesa.org.br/anuario_da_arbitragem_no_brasil.html>. Acesso em: 26 de abr. de 2021.

ARRUDA JUNIOR, Demerval Ferraz de. NÃO: O Estado, a Jurisdição e a Arbitragem: para começo de conversa. *Revista da Procuradoria Geral do Estado de São Paulo*, São Paulo, n. 75, p. 21-31, jan./jun.2012.

BACELO, Joice. Pesquisa mostra que triplicou número de arbitragens com o poder público. *Valor econômico*, Rio de Janeiro, 08 de jan. de 2021. Disponível em: <https://valor.globo.com/legislacao/noticia/2021/01/08/pesquisa-mostra-que-triplicou-numero-de-arbitragens-com-o-poder-publico.ghtml>. Acesso em: 26 de abr. de 2021.

BAPTISTA, Luiz Olavo. Constituição e arbitragem: dever de revelação, devido processo legal. *Revista do Advogado*, São Paulo, n. 119, p. 103-109, abr. 2013.

BARONA, Carla Esplugues. *Mediación y arbytraje em derecho administrativo español. Revista Boliviana de Derecho*, nº 27, p. 248-271, fev. 2019.

______. *Arbitraje como cauce de resolución de los conflictos administrativos: ¿Evolución o revolución?. Cuadernos de Derecho Transnacional*, vol. 11, nº 2, p. 85-99, out. 2019.

BEDAQUE, José Roberto dos Santos. *Efetividade do processo e técnica processual*. 3 ed. São Paulo: Malheiros, 2010.

BONATO, Giovani. As reformas da execução no processo civil italiano. *In*: ZUFELATO, Camilo et al. (coord.). *I Colóquio Brasil-Itália de Direito Processual Civil*. Salvador: Juspodivm, 2015. p. 265-291.

______. Panorama da arbitragem na França e na Itália. Perspectiva de direito comparado com o sistema brasileiro. *Revista Brasileira de Arbitragem*, Comitê Brasileiro de Arbitragem CBAr & IOB, v. 43, jul.-set. 2014, p. 59-92.

BONICIO, Marcelo José Magalhães. SIM: Breve análise sobre a arbitragem em conflitos que envolvem o Estado. *Revista da Procuradoria Geral do Estado de São Paulo*, São Paulo, n. 75, p. 13-19, jan./jun.2012.

BONIZZI, M. J. M.; ALVES, M. V. A. Breve análise dos meios alternativos de solução de conflitos envolvendo a Administração Pública no Brasil e em Portugal. *In*: MOREIRA, António Júdice et al. (coord.). *Mediação e Arbitragem na Administração Pública*. São Paulo: Almedina, 2020. p. 237-258.

CALMON, Eliana. A Arbitragem Internacional. *Informativo Jurídico da Biblioteca Ministro Oscar Saraiva*, v. 16, n1., p. 11-18, jan./jul. 2004.

CARDOSO, A. D. M.; NAZARÉ, S. A arbitragem necessária: natureza e regime: breves contributos para o desbravar de uma (também ela necessária discussão. *In*: MIRANDA, Agostinho Pereira de et al. (org.). *Estudos de Direito da Arbitragem em Homenagem a Mário Raposo*. Lisboa: Universidade Católica Editora, 2015. p. 33-55.

CARLOS, Alberto Doretto de. *El arbitraje em los contratos públicos. Revista Jurídica de Castilla y León*, n. 29, fev. 2013. Disponível em: <https://www.jcyl.es/web/jcyl/AdministracionPublica/es/Plantilla100Detalle/1215245063566/_/1284253339728/Redaccion>. Acesso em: 29 de abr. de 2021.

CARMONA, Carlos Alberto. Arbitragem e Jurisdição. *Revista de Processo*, São Paulo, Revista dos Tribunais, v. 58, p. 33-40, abr./jun. 1990.

______. Arbitragem e administração pública – primeiras reflexões sobre a arbitragem envolvendo a administração pública. *Revista Brasileira de Arbitragem*, Ano XIII, nº 51, p. 7-21, jul./set. 2016.

CARNEIRO, Athos Gusmão. *Jurisdição e competência: exposição didática: área do direito processual civil.* 18. ed. São Paulo, Saraiva, 2012.

CARVALHAL, Ana Paula Z. A arbitragem administrativa em Portugal, *Revista FMU Direito.* São Paulo, v. 24, n. 33, p. 01-18, 2010.

CAVALLINI, Cesare. *Arbitrato irrituale. Treccani,* 2013. Disponível em: <https://www.treccani.it/enciclopedia/arbitrato-irrituale_%28Diritto-on-line%29/>. Acesso em: 01 de mai. 2021.

COELHO, Luiz Fernando. O direito comparado. *Revista da Faculdade de Direito UFPR,* Curitiba, v. 15, n. 0, p. 261-274, jan. 1972. Disponível em: https://goo.gl/fBK2Uw. Acesso em: 25 de abr. de 2021.

CORAPI, Diego. A arbitragem no direito italiano. *In:* ZUFELATO, Camilo et al. (coord.). *I Colóquio Brasil-Itália de Direito Processual Civil.* Salvador: Juspodivm, 2015. p. 101-114.

CRUZ E TUCCI, José Rogério. Ações concorrentes, arbitragem, conexão e chamamento ao processo. *Revista do Advogado,* São Paulo, n. 119, p. 58-67, abr. 2013.

______. Inconstitucionalidade do sigilo de processo judicial sobre arbitragem. *Revista Consultor Jurídico,* 13 de abr. de 2021. Disponível em: <https://www.conjur.com.br/2021-abr-13/paradoxo-corte-i/nconstitucionalidade-sigilo-processo-judicial-arbitragem>. Acesso em: 24 de abr. 2021.

DINAMARCO, Cândido Rangel. *Fundamentos do processo civil moderno.* 6. ed. São Paulo: Malheiros, 2010.

FERREIRA, Kaline. Arbitragem e os litígios envolvendo entes públicos no Brasil e na França. *In:* PINHO, H. D. B. D.; RODRIGUES, R. D. A. R. R. (org.). *Mediação e arbitragem na administração pública.* Curitiba: CRV, 2018. p. 145-162.

FIGUEIRA JR., Joel Dias. *Arbitragem.* 3. ed. Rio de Janeiro: Forense, 2019.

FONSECA, Isabel C. M. A arbitragem na contratação pública em Portugal: uma realidade com futuro? *In: Los retos del poder judicial ante la sociedad globalizada. Actas del IV Congreso Gallego de Derecho Procesal,* Corunha, 2011.

GRADI, Marco, *L'intervento e la chiamata in causa dei terzi nel processo arbitrale, In Rivista dell'arbitrato,* 2010, p. 283-313.

HIJELMO, Ignacio Granado. *El arbitraje em derecho administrativo: algunas reflexiones sobre su fundamentación. Revista jurídica de Navarra,* nº 39, 2005, p. 39-56.

HINOJOSA, *Álvaro Soriano. La inmundad del Estado y el arbitraje administrativo internacional. Arbitraje,* vol. IX, nº 1, p. 97-104, 2016.

LEMES, Selma Maria Ferreira. O dever de revelação do árbitro, o conceito de dúvida justificada quanto a sua independência e imparcialidade (art. 14, § 1.º, da Lei 9.307/1996) e a ação de anulação de sentença arbitral (art. 32, II, da lei 9.307/1996). *Revista de Arbitragem e Mediação,* vol. 36, p. 231-251, jan. 2013.

LUCON, Paulo Henrique dos Santos. *Relação entre demandas.* 2. ed. Brasília, DF: Gazeta Jurídica, 2018.

MELLO, Celso Antônio Bandeira de. *Curso de direito administrativo*. 30. ed. São Paulo: Malheiros, 2013.

MUNIZ, J. D. P.; MOTA, M. C. B. Arbitragem na Administração Pública: onde estamos e para onde vamos. *In*: MOREIRA, António Júdice et al. (coord.). *Mediação e Arbitragem na Administração Pública*. São Paulo: Almedina, 2020. p. 75-101.

PASQUALIN, Roberto. Arbitragem tributária no Brasil: aprendendo com a experiencia pioneira em Portugal. *In*: MOREIRA, António Júdice et al. (coord.). *Mediação e Arbitragem na Administração Pública*. São Paulo: Almedina, 2020. p. 277-294.

PESSOA, João Paulo; Silva, Leonardo Toledo da. A Evolução Legislativa e Jurisprudencial, no Brasil, da Arbitragem nos Contratos Administrativos. *In*: FERREIRA, O. A. V. F.; LUCON, P. H. S. (coord.). *Arbitragem: 5 anos da Lei nº 13.129, de 26 de maio de 2015*. Ribeirão Preto, SP: Migalhas, 2020, p. 46-73.

PERFETTI, Luca R. *Sull'arbitrato nelle controversie di cui sia parte l'amministrazione pubblica. La necessaria ricerca dei presupposti teorici e dei profili problematici. Rivista dell'arbitrato*, v. 19, p. 589-640, 2009. Disponível em: <https://www.judicium.it/wp-content/uploads/saggi/70/Perfetti.pdf>. Acesso em: 01 de mai. de 2021.

PICÓN, Antonio Dorado. *El arbitraje y la mediación em España. Revista Jurídica de Castilla y León*, n. 29, fev. 2013. Disponível em: <https://www.jcyl.es/web/jcyl/AdministracionPublica/es/Plantilla100Detalle/1215245063566/_/1284253339728/Redaccion>. Acesso em: 29 de abr. de 2021.

SALLES, Carlos Alberto de. Palestra: Alguns aspectos fundamentais da arbitragem envolvendo a administração pública. *Revista da Procuradoria Geral do Estado de São Paulo*, São Paulo, n. 79, p. 51-63, jan./jun. 2014.

SANTOS, Mauricio Gomm Santos; HLAVNICKA, Karin. Arbitragem e mediação na Administração Pública: um aceno sobre a realidade no Brasil e nos Estados Unidos da América. *In*: MOREIRA, António Júdice et al. (coord.). *Mediação e Arbitragem na Administração Pública*. São Paulo: Almedina, 2020. p. 419-445.

SANTOS, Ricardo Soares Stersi dos. As Vantagens da Arbitragem. *Revista do Instituto de Pesquisas e Estudos*. Divisão Jurídica, Bauru, Instituição Toledo de Ensino, n. 22, p. 271-277, 1998.

SALVO, Sílvia Helena Picarelli Gonçalves Johonson di. Arbitragem de conflitos na Administração Pública brasileira e o sistema multiportas de resolução de disputas: um olhar revisitado e uma perspectiva para o futuro. *In*: MOREIRA, António Júdice et al. (coord.). *Mediação e Arbitragem na Administração Pública*. São Paulo: Almedina, 2020. p. 341-359.

SCAVONE JUNIOR, Luiz Antonio. *Manual de arbitragem*: mediação e conciliação. 8. ed. rev. e atual. Rio de Janeiro: Forense, 2018.

SCARAMUZZA, Francesca. *La pubblica amministrazione e la giustizia alternativa Mediazione e arbitrato nei contratti pubblici. Rassegna Avvocatura dello Stato*, n. 2, p. 339-360, 2011.

STÜRNER, R.; KERN, C. Processo civil comparado: tendências recentes e fundamentais. *Revista de Processo*, v. 36, n. 200, p. 203-234, out. 2011.

TARUFFO, Michele. *Aspetti Fondamentali del Processo Civile di Civil Law e di Common Law*. *Revista da Faculdade de Direito UFPR*, Curitiba, v. 36, p. 27-48, 2001.

TORREGROSSA, Marcello di Francesco. *Il nuovo codice dei contratti pubblici e l'arbitrato amministrato da parte dell'autoritá nazionale anticorruzione*. *Nomos*, nº 3, 2018. Disponível em: <https://www.nomos-leattualitaneldiritto.it/nomos/marcello-di-francesco-torregrossa-il-nuovo-codice-dei-contratti-pubblici-e-larbitrato-amministrato-da-parte-dellautorita-nazionale-anticorruzione/>. Acesso em: 01 mai. 2021.

VALLE, M. D. T. D.; Pasinatto, A. P. Arbitragem tributária: breve análise luso-brasileira. *In: Revista Jurídica Luso-Brasileira*, Ano 3, n 6, p. 1041-1073, 2017.

YARSHELL, Flávio Luiz. Ainda sobre o caráter subsidiário do controle jurisdicional estatal da sentença arbitral. *Revista de Arbitragem e Mediação*, v. 50, p. 155-164, jul.-set. 2016.

CAPÍTULO 16
ARBITRAGEM SOCIETÁRIA: COMPARAÇÃO ENTRE BRASIL E ITÁLIA[1]

Rafael Ribeiro Rodrigues

1. Primeiras considerações

No Brasil – e também em outros países, a exemplo da Itália, cuja legislação estudaremos adiante –, tem-se notado nas últimas décadas um movimento social tendente a fomentar a utilização da arbitragem para a resolução de conflitos, com o anseio de que estes sejam dirimidos de maneira mais célere, com maior especificidade técnica e, na maioria dos casos, de forma sigilosa, ao contrário do que ordinariamente ocorre perante o Poder Judiciário, no qual em regra o processo é público, não se pode antever um prazo para a solução definitiva do conflito *sub judice* e nem sempre o magistrado responsável pelo processo terá conhecimento técnico aprofundado sobre a matéria a ser julgada.

[1] O presente artigo foi escrito como requisito parcial para a conclusão da disciplina DPC5919 (Arbitragem no Brasil e no Direito Comparado), ministrada no curso de Pós-graduação da Faculdade de Direito da Universidade de São Paulo, pelo Prof. Titular Flávio Luiz Yarshell e Prof. Associado Paulo Henrique dos Santos Lucon, com a participação do Docente convidado Prof. Dr. Giovanni Bonato, bem como dos Professores assistentes Fábio Peixinho Gomes Corrêa, Luis Fernando Guerrero, Rodolfo da Costa Manso Real Amadeo e Viviane Siqueira Rodrigues.

Os litígios envolvendo o direito societário não fogem a esta regra, notadamente diante da necessidade de existirem mecanismos e estruturas jurídicas aptas a fomentar o cumprimento dos deveres e das responsabilidades assumidas pelos sócios e pelas sociedades (*enforcement*), como medida necessária para a manutenção e o desenvolvimento da economia de mercado.

Nesse cenário, destacamos a criação, por meio da Lei nº 6.385/1976, da Comissão de Valores Mobiliários – CVM, autarquia federal específica que tem por objeto a fiscalização, a normatização, a disciplina e o desenvolvimento do mercado de valores mobiliários brasileiro.

Não se pode negar a importância da CVM para fins de regulação do mercado, inclusive atendendo a padrões internacionais, bem como sua atuação para fins de proteger o investidor, desenvolver e gerar eficiência ao funcionamento do mercado e, no tocante ao que nos interessa, "fiscalizar permanentemente as atividades e os serviços do mercado de valores mobiliários" (art. 8º, III, Lei nº6.385/76), inclusive com a relevante competência de instauração de processo administrativo destinado a aplicar penalidades aos infratores (art. 11, Lei nº6.385/76).

Sobre este ponto, o processo administrativo sancionador da CVM se destaca por ser mais simples, mais célere e menos oneroso do que um processo judicial, cabendo ainda destacar o maior grau de conhecimento técnico dos julgadores sobre a matéria em litígio, garantindo mais previsibilidade no resultado da decisão.

Em que pese a importante função da CVM para o mercado, não se pode ignorar a limitação da sua competência, pois esta poderá fiscalizar e sancionar os infratores das regras de direito societário, mas não poderá condená-los a reparar eventuais prejuízos causados em razão dos mesmos fatos apurados, ainda que constatado o dever de indenizar no curso do processo administrativo, o que antigamente deveria ser pleiteado pelo interessado apenas perante o Poder Judiciário.

Entretanto, conforme abordaremos adiante, em atendimento ao clamor dos agentes de mercado – em especial de investidores internacionais – a legislação brasileira caminhou para a abertura de novas portas destinadas a resolver este tipo de litígio, com especial destaque para a arbitragem.

De todo modo, não se pode ignorar que alguns entes do Poder Judiciário passaram a incluir em sua estrutura órgãos com competência material para dirimir conflitos empresariais e societários, a exemplo do Tribunal de Justiça de São Paulo, que atualmente possui em sua Comarca da Capital 3 (três) Varas de Falências e Recuperações Judiciais, 2 (duas) Varas Empresariais e de Conflitos Relacionados à Arbitragem (criadas pela Resolução nº 763/16 do TJSP), contando também com 2 (duas) Varas Regionais Empresariais, Falências, Recuperações Judiciais e de Conflitos relacionados à Arbitragem (criadas pela Resolução nº 824/19 do TJSP). Já em Segunda Instância, o Tribunal de Justiça de São Paulo possui 2 (duas) Câmaras Reservadas de Direito Empresarial[2].

Inegável que referida medida, adotada por alguns órgãos do Poder Judiciário, se presta para trazer mais tecnicidade e uniformidade para as decisões proferidas em litígios envolvendo conflitos societários, mas ainda assim não afasta questões como a necessidade de estimativa de um prazo para a resposta e nem contemplam a possibilidade de sigilo consensual entre as partes, razão pela qual, ainda assim, a arbitragem permanece sendo uma via atrativa para as sociedades empresariais dirimirem seus conflitos.

2. Brasil e a arbitragem societária

O instituto da arbitragem não é novidade no sistema normativo brasileiro, a exemplo do que dispunha os revogados arts. 1.031 a 1.046, do CPC/1939 (Decreto-lei nº 1.608/1939) e também os igualmente revogados arts. 1.072 a 1.102 do CPC/1973 (Lei nº 5.869/1973), os quais previam a figura do juízo arbitral.

No entanto, a arbitragem, tal como conhecemos atualmente, só foi concebida na legislação brasileira com o advento da Lei nº 9.307/1996, a qual revogou os dispositivos que tratavam do tema no CPC/1973, garantindo mais autonomia e eficiência à sentença arbitral e, por conseguinte, maior credibilidade para a sua adoção como meio de resolução de conflitos.

No que se refere aos litígios existentes no campo societário, a Lei nº 10.303/2001 incluiu o §3º no art. 109 da Lei nº 6.404/1976 (Lei das Sociedades por Ações), segundo o qual "O estatuto da sociedade pode estabelecer que as divergências entre os acionistas e a companhia, ou

[2] Consultado em: https://www.tjsp.jus.br/Especialidade/Especialidade/FalenciasRecuperacoesJudiciaisConflitos – Acessado em: 24/06/2021.

entre os acionistas controladores e os acionistas minoritários, poderão ser solucionadas mediante arbitragem, nos termos em que especificar".

Como regra, a arbitragem utilizada para a resolução de conflitos societários tende a ser mais célere do que as disputas levadas ao Poder Judiciário, o qual não tem nenhuma previsão de prazo para a resolução do conflito.

Ademais, outra vantagem da arbitragem é a possibilidade de se nomear árbitros com conhecimento especializado na matéria *sub judice*. Não obstante o processo administrativo sancionador da CVM também ser conduzido por profissionais conhecedores da matéria a ser decidida, conforme já salientado, o âmbito de atuação na seara administrativa é limitado, tornando relevante a existência da arbitragem sobre matéria societária para fins de dirimir a integralidade do conflito.

De todo modo, não se pode perder de vista que o §3º do art. 109 da Lei nº 6.404/1976 foi o primeiro sinal de que os litígios societários poderiam ser dirimidos pela via arbitral, mas a sua sintética redação foi omissa sobre pontos relevantes no que diz respeito à adoção da arbitragem em âmbito societário, remetendo os litigantes ordinariamente para a previsão geral da Lei nº 9.307/1996, sem prejuízo de serem instituídos regramentos próprios pelas partes na sua convenção de arbitragem.

Não se pode ignorar que a arbitragem ainda se mostra financeiramente mais onerosa do que o litígio perante o Poder Judiciário, fato que acaba sendo um fator de desestímulo aos sócios e acionistas minoritários que tiverem interesse em demandar individualmente em face da pessoa jurídica da qual fazem parte do quadro societário.

Outro ponto a ser levado em consideração se refere a confidencialidade que, como regra, é adotada no procedimento arbitral. Ao tratarmos de litígios societários ou envolvendo mercado de capitais, não obstante a possibilidade de se manter o sigilo no bojo da arbitragem, incontestavelmente se faz necessária adoção de mecanismos tendentes a cientificar todos os interessados sobre a existência da arbitragem em curso, permitindo a estes o direito de participarem do procedimento arbitral.

Ressalte-se que a ciência dos interessados sobre a existência da arbitragem é de suma importância, notadamente para que a eficácia da sentença arbitral incida não só sobre as partes da arbitragem – o que efetivamente não se mostraria adequado – mas sim em face de todos aqueles que igualmente poderiam demandar sobre o litígio societário tratado na arbitragem.

Sobre o tema, interessante também ressaltar o debate a respeito da vinculação ou não de todos os sócios ou acionistas à convenção de arbitragem (arbitrabilidade subjetiva), geralmente tratando-se de cláusula compromissória prevista no estatuto social da pessoa jurídica.[3] Se por um lado a voluntariedade é característica marcante da arbitragem, não podendo o indivíduo ser compelido a renunciar o acesso ao Poder Judiciário, por outro lado, não se mostra razoável que apenas os sócios ou acionistas da companhia que votaram a favor da convenção de arbitragem sejam submetidos ao que vier a ser decidido em eventual arbitragem.

Diante da relevância do tema, sobreveio a Lei nº 13.129/2015, a qual incluiu o art. 136-A no bojo da Lei nº 6.404/1976 (Lei das Sociedades por Ações), segundo o qual: "A aprovação da inserção de convenção de arbitragem no estatuto social, observado o quórum do art. 136, obriga a todos os acionistas, assegurado ao acionista dissidente o direito de retirar-se da companhia mediante o reembolso do valor de suas ações, nos termos do art. 45".

Saliente-se que o art. 136 – que trata do "quórum qualificado" – prevê ser necessária a aprovação de acionistas que representem metade, no mínimo, das ações com direito a voto, para deliberação sobre determinadas matérias, incluindo-se atualmente a aprovação da inserção de convenção de arbitragem no estatuto social.

Logo, a convenção de arbitragem será incluída no estatuto social não em razão da quantidade de acionistas que vierem a anuir com referida previsão, mas sim considerando se no conclave prevaleceu a votação da maioria das ações com direito a voto, pouco importando a quantidade de acionistas votantes em sentido contrário. Dito de outro modo, quem decide é a maioria das ações com direito a voto e não necessariamente a maioria dos acionistas.

Como decorrência lógica, "A convenção somente terá eficácia após o decurso do prazo de 30 (trinta) dias, contado da publicação da ata da assembleia geral que a aprovou" (art. 136-A, §1º, Lei nº 6.404/1976), permitindo assim aos acionistas que forem contrários à inclusão da con-

[3] Meyer. Antonio Correa; Carvalho; Eliane Cristina. *Cláusula compromissória e o administrador das sociedades anônimas*. Revista do Advogado. São Paulo, v. 119, Abr/2013, p. 27-34.

venção de arbitragem no estatuto social que decidam se permaneceram ou não na companhia.

Findo o prazo descrito acima, todos os acionistas deveram submeter seus eventuais futuros litígios à arbitragem. O acionista que não aquiescer com a convenção de arbitragem poderá exercer o seu direito de retirada com a operação de reembolso, para proceder o recebimento do valor de suas ações, nos termos do art. 45, da Lei nº 6.404/1976.

Entretanto, nos termos do art. 136-A, §2º, I e II, da Lei nº 6.404/1976, referida regra comporta exceções ao direito de retirada – e, consequentemente, ao reembolso do valor das ações –, tornando-o inaplicável ao acionista (i) caso a inclusão da convenção de arbitragem no estatuto social represente condição para que os valores mobiliários de emissão da companhia sejam admitidos à negociação em segmento de listagem de bolsa de valores ou de mercado de balcão organizado que exija dispersão acionária mínima de 25% (vinte e cinco por cento) das ações de cada espécie ou classe; ou (ii) caso a inclusão da convenção de arbitragem seja efetuada no estatuto social de companhia aberta cujas ações sejam dotadas de liquidez e dispersão no mercado, nos termos das alíneas "a" e "b" do inciso II do art. 137 desta Lei nº 6.404/1976[4].

Sendo assim, o dispositivo em questão sedimentou o comando segundo o qual todos os acionistas devem se vincular à convenção de arbitragem, mesmo que tenham votado de maneira contrária à sua inclusão no estatuto social, observando-se seu direito de retirada, exceto quando houver vedação na lei.

E para finalizar a análise do art. 136-A, da Lei nº 6.404/1976, apenas para fins de sintonia fina, necessário destacar o equívoco terminológico do legislador, o qual fez constar no referido dispositivo que em assembleia os acionistas irão deliberar sobre a inserção de "convenção

[4] "Art. 137. A aprovação das matérias previstas nos incisos I a VI e IX do art. 136 dá ao acionista dissidente o direito de retirar-se da companhia, mediante reembolso do valor das suas ações (art. 45), observadas as seguintes normas: (...)
II – nos casos dos incisos IV e V do art. 136, não terá direito de retirada o titular de ação de espécie ou classe que tenha liquidez e dispersão no mercado, considerando-se haver:
a) liquidez, quando a espécie ou classe de ação, ou certificado que a represente, integre índice geral representativo de carteira de valores mobiliários admitido à negociação no mercado de valores mobiliários, no Brasil ou no exterior, definido pela Comissão de Valores Mobiliários; e
b) dispersão, quando o acionista controlador, a sociedade controladora ou outras sociedades sob seu controle detiverem menos da metade da espécie ou classe de ação;"

de arbitragem" no estatuto social, quando na verdade o correto seria mencionar a inserção de "cláusula compromissória" no estatuto social.

Como se sabe, convenção de arbitragem é gênero, do qual são espécies a cláusula compromissória (instituída entre as partes em negócio jurídico e antes do conflito) e o compromisso arbitral (instituído entre as partes após o conflito, para fins de deliberar pela sua resolução perante a arbitragem).

3. Itália e a arbitragem societária

Conforme destacado acima, mesmo diante da inclusão do art. 109, §3º e do art. 136-A, na Lei nº 6.404/1976, ainda assim muito se discute no Brasil a respeito da arbitragem em matéria societária, tendo em vista que referidos dispositivos não se prestam para elucidar a integralidade de questões inerentes as especificidades do referido tipo de arbitragem, bem como pela lei geral de arbitragem (Lei nº 9.307/1996) não se prestar para tal fim.

Entretanto, evidente que referidos debates não se limitam ao Brasil, sendo possível identificá-los em outros países, dentre os quais destacamos no presente estudo a Itália, país com legislação mais aprofundada acerca da arbitragem societária do que o Brasil, a qual, salvo melhor juízo, se presta para dirimir diversos problemas práticos a respeito do tema, tais como a arbitrabilidade subjetiva, a arbitrabilidade objetiva, a intervenção de terceiros, entre outras, conforme veremos adiante.

No ordenamento jurídico italiano, a arbitragem tem suas regras gerais previstas no Codice di Procedura Civile, mais precisamente no "Titolo VIII: Dell'arbitrato (arts. 806–840)"[5].

Já no Decreto Legislativo nº 5/2003, o legislador italiano definiu regras específicas a respeito da arbitragem societária, mais precisamente em seus arts. 34 a 37. Referida norma, hoje quase com duas décadas, ainda se mostra atual e merecedora de comentários, dado o seu pioneirismo na abordagem do tema ao qual se dedica a regular.

De certo que os arts. 34 a 37 do Decreto Legislativo nº 5/2003, por mais inovadores que tenham sido ao seu tempo, não trataram de todas as questões que gravitam em torno da arbitragem societária, possivel-

[5] Consultado em: https://www.altalex.com/documents/codici-altalex/2015/01/02/codice-di-procedura-civile – Acessado em: 23/06/2021.

mente para fins de permitir que as partes da arbitragem possam manter parcela da flexibilidade procedimental, tal como usualmente ocorre na arbitragem, mas isso não afasta a sua contribuição para a arbitragem societária e o estudo do direito comparado, notadamente em paralelo com sistema brasileiro, cuja abordagem inicial foi anteriormente apresentada.

Sendo assim, nos tópicos seguintes passaremos para a análise detida de cada um dos dispositivos da legislação italiana, destacados anteriormente, sempre que possível traçando um paralelo com o sistema brasileiro e apresentando eventuais propostas de implementação de melhorias no nosso ordenamento pátrio.

4. Objeto e efeitos da cláusula compromissória em matéria societária

O Decreto Legislativo nº 5/2003 inicia a tratativa da arbitragem societária com o art. 34, intitulado "Oggetto ed effetti di clausole compromissorie statutarie", o qual prevê no art. 34.1 que os atos constitutivos das sociedades, com exceção das que fazem uso do mercado de capital de risco nos termos do art. 2325-bis do Código Civil italiano, podem, por meio de cláusulas compromissórias, prever a competência à árbitros de parte ou de todos os litígios que surjam entre os sócios ou entre os sócios e a sociedade que tenham por objeto direitos relativos à relação societária.[6]

Iniciando a leitura pela exceção, o art. 2325-bis do Código Civil italiano[7] trata das empresas que utilizam o mercado de capital de risco, mais precisamente as sociedades que recorrem ao mercado de capital de risco, as sociedades que emitem ações cotadas em mercado regulamentado ou amplamente distribuídas ao público, aplicando-se também, em

[6] Art. 34.1. Gli atti costitutivi delle societa', ad eccezione di quelle che fanno ricorso al mercato del capitale di rischio a norma dell'articolo 2325-bis del codice civile, possono, mediante clausole compromissorie, prevedere la devoluzione ad arbitri di alcune ovvero di tutte le controversie insorgenti tra i soci ovvero tra i soci e la societa' che abbiano ad oggetto diritti disponibili relativi al rapporto sociale. (Consultado em: https://www.camera.it/parlam/leggi/deleghe/03005dl.htm – Acessado em: 22/06/2021)

[7] Consultado em: https://www.altalex.com/documents/news/2014/12/05/societa-per-azioni – Acessado em: 23/06/2021.

regra, às sociedades com ações cotadas em mercados regulamentados, salvo disposição em contrário.[8]

De todo modo, interessante notar que, a bem da verdade, referido dispositivo excluiu a possibilidade de se instituir arbitragem societária multipartes, sobre o pretexto de que a grande pulverização das ações das empresas que utilizam o mercado de capital de risco acabaria por inviabilizar a arbitragem ou, ao menos, diminuiria alguns dos seus escopos, tal como a celeridade.

Não se pode negar que o ingresso de excessiva quantidade de acionistas em uma mesma arbitragem teria verdadeiro potencial de gerar tumulto e tornar demasiadamente complexa a condução do procedimento arbitral. Entretanto, também nada obsta que haja na cláusula compromissória a previsão de representante(s), os quais poderiam atuar na arbitragem mediante procuração e visando tutelar os interesses da coletividade de acionistas.

De mais a mais, não se pode necessariamente defender que a existência de uma quantidade substancial de sócios ou acionistas seja argumento para afastar a arbitragem societária, sob pena de retirar a sua aplicação de importantes players do mercado, o que não parece ser a ideia.

Sendo assim, o art. 34.1 apresenta hipótese específica na qual as regras de arbitragem societária previstas no Decreto Legislativo nº 5/2003 não serão aplicadas, ao menos não de forma automática, pois nada obsta que se convencione pela inclusão de cláusula compromissória no estatuto da companhia em sentido contrário, dispondo sobre a aplicação da referida norma em caso de litígios entre os acionistas.

Por outro lado, diante da vedação legal expressa, também nada obsta que os acionistas deste tipo de sociedade formulem demandas perante o Poder Judiciário, notadamente com o escopo de desconstituir a cláusula compromissória e afastar a arbitragem societária, devendo, sobre o tema, ser analisado o disposto no art. 36.1, o que faremos adiante.

[8] "(...) a nosso ver, nada deveria impedir a utilização da arbitragem societária em relação às sociedades abertas e nesse ponto filiamos-nos a acertada lição de destacados doutrinadores." (BONATO, Giovanni. Arbitragem societária italiana: análise comparativa sobre a abrangência subjetiva da cláusula compromissória e a nomeação dos árbitros. Revista de Arbitragem e Mediação. vol. 46. Jul-Set/2015. p. 337-358)

Avançando no estudo, no campo da arbitrabilidade objetiva, o art. 34.1 é expresso ao prever a sua aplicação aos litígios entre os sócios ou entre os sócios e a sociedade que tenham por objeto direitos relativos à relação societária.

De acordo com Diego Corapi, inicialmente referida norma suscitou debate na doutrina e na jurisprudência, pois se discutia sobre a possibilidade ou não de os sócios submeterem à arbitragem eventuais controvérsias relativas a nulidade de deliberações das assembleias da companhia, o que teria sido superado após o Decreto legislativo nº 40/2006, que realizou alterações no Código de Processo Civil italiano, notadamente na parte que trata das regras de arbitragem[9].

Deste modo, o art. 34.1 deixa expressa a permissão de que direitos disponíveis dos sócios ou da sociedade, inerentes às relações societárias, sejam dirimidos em sede de arbitragem, desde que haja prévia conversão de arbitragem entre os sócios, o que usualmente ocorre por meio de aprovação e inclusão de cláusula compromissória no estatuto.

Em que pese a importância do art. 34.1 para fins de reafirmar a arbitragem societária, fato é que a regra geral sobre convenção de arbitragem (art. 806 do Código de Processo civil italiano), se bem interpretada, já permitia concluir pela possibilidade de que as partes submetessem suas disputas para a arbitragem, desde que estas não versassem sobre direitos indisponíveis ou não fosse expressamente proibida por lei, o que já amparava a arbitragem societária, a qual não era proibida, mas tão somente não regulamentada expressamente pelo ordenamento jurídico italiano.

Sendo assim, não foi por meio do Decreto Legislativo nº 5/2003 que a arbitragem societária foi instituída na Itália, mas, por outro lado, referida norma regulamentou o ingresso de referido tipo de litígio em sede

[9] "Isto porque a reforma eliminou a aplicação às arbitragens do art. 1972 do Código Civil relativo a intransigibilidade dos litígios sobre negócios ilícitos, e também porque a recente decisão ("ordinanza") da Corte de Cassação, Sessões Unidas, n. 24153 de 08.10.2013 confirmou o caráter de plena jurisdição da arbitragem ao lado do Poder Judiciário. É possível agora afirmar que na lei italiana, todas as controvérsias societárias podem ser objeto de arbitragem, mesmo as controvérsias relativas a decisões que interessarem diretamente os terceiros (como impugnações das deliberações sobre o balanço e as contas da sociedade)." (CORAPI, Diego. *Arbitragem no direito societário italiano.* Revista de Arbitragem e Mediação. vol. 43. Out-Dez/2014. p. 285-296.).

arbitral e, por via reflexa, serviu como estímulo para que as sociedades passassem a enxergar a arbitragem como meio possível de resolução de disputas ocorridas no bojo de suas operações.

Ainda sobre a arbitrabilidade objetiva, nada obsta que na arbitragem societária se aplique o disposto no art. 819 do Código de Processo Civil italiano, segundo o qual os árbitros resolvem sem coisa julgada todas as questões relevantes para a decisão da controvérsia objeto do procedimento arbitral, mesmo sobre as questões que não possam ser objeto de convenção de arbitragem, a menos que devam ser decididas com coisa julgada por lei e, caso haja pedido das partes, as questões preliminares serão decidas com efeito de coisa julgada se versarem sobre matéria que possa ser objeto de convenção de arbitragem[10].

Importante também destacar posicionamento da Corte de Cassação italiana[11] sobre os limites da arbitrabilidade objetiva em arbitragem societária, em julgamento de data anterior ao Decreto Legislativo nº 5/2003, mas cujo teor não se mostra prejudicado pela vigência da referida norma, pois o que se buscou com referida decisão foi afastar do âmbito da arbitragem as cláusulas compromissórias estatutárias que gerem efeitos sobre terceiros.

Passando para a leitura do art. 34.2, este dispõe que a cláusula compromissória deve prever o número e as modalidades de designação dos árbitros, conferindo em qualquer caso, sob pena de nulidade, o poder de designar todos os árbitros a pessoa alheia à sociedade. Caso a pessoa designada não o faça, a nomeação é solicitada ao presidente do tribunal do lugar onde a sociedade tem a sua sede.[12]

Interessante notar que, sob pena de nulidade, em caso de litígio o procedimento arbitral será composto por árbitros eleitos por pessoa que

[10] Ressalte-se que o art. 25, caput e parágrafo único, da Lei nº 9.307/1996, que tratava de questões prejudiciais na arbitragem, foi revogado pela Lei nº 13.129/2015.

[11] Tribunal de Cassação, Seção 1, Julgamento n. 9.022 de 06/07/2000) (Consultado em https://www.foroeuropeo.it/aree-sezioni/cassazione-massime-materie/510-arbitrato/27065-arbitrato-compromesso-e-clausola-compromissoria-in-genere-corte-cassazione-sez-1-sentenza-n-9022-del-06-07-2001 – Acessado em: 23/06/2021)

[12] Art. 34.2. La clausola deve prevedere il numero e le modalita' di nomina degli arbitri, conferendo in ogni caso, a pena di nullita', il potere di nomina di tutti gli arbitri a soggetto estraneo alla societa'. Ove il soggetto designato non provveda, la nomina e' richiesta al presidente del tribunale del luogo in cui la societa' ha la sede legale. (Consultado em: https://www.camera.it/parlam/leggi/deleghe/03005dl.htm – Acessado em: 22/06/2021)

não faça parte da sociedade. Ou seja, os árbitros não são escolhidos pelas partes, pois as partes apenas escolhem quem irá escolher os árbitros.

Trata-se de medida que visa reafirmar a confiança das partes na arbitragem e no árbitro, bem como resguardar a imparcialidade deste. A bem da verdade, referido dispositivo antecipa a provável inviabilidade de se escolherem os árbitros em caso de litígio societário, dada a potencialidade do conflito não ser binário, mas sim de existirem diversas partes com interesses antagônicos.

O art. 34.2 mantém a isonomia dos sócios ao determinar que estes devem indicar na cláusula compromissória o terceiro que escolherá os árbitros em caso de litígio, tratando-se também de importante mecanismo que, ao fim e ao cabo, viabiliza a própria instauração da arbitragem societária, a qual não poderia seguir seu curso se tivesse como antecedente lógico o litígio das partes a respeito da escolha dos árbitros, sendo este o motivo pelo qual se justifica a nulidade da cláusula compromissória que desatente referido comando.

No tocante a nulidade, não se ignora opinião em sentido contrário, segundo a qual eventual cláusula compromissória instituída no estatuto social sem atender ao disposto no art. 34.2 não seria nula, pois haveria a possibilidade de, em caso de litígio, as partes posteriormente firmarem compromisso arbitral. Na teoria, referida proposta se mostra factível, mas na prática dificilmente seria levada a efeito[13].

Na sequência, o art. 34.3 tem previsão de que a cláusula compromissória inserida no estatuto social vincula a sociedade e todos os acionistas, incluindo aqueles cuja qualidade é o objeto da controvérsia.[14]

[13] "Com relação à sanção de nulidade da cláusula compromissória que não dispuser sobre o número e a modalidade de escolha dos árbitros, conforme disposto também no § 2º do art. 34, parece-nos que houve um retrocesso, uma vez que tal sanção havia sido excluída da redação do art. 809 do CPC (LGL\1973\5) italiano, 8com a reforma de 1994. Nada obsta a que a forma de instituir a arbitragem seja prevista em compromisso arbitral firmado em momento posterior ao surgimento da contenda societária, conforme permitido pela legislação brasileira, por exemplo, quando se depara com uma 'cláusula compromissória vazia'." (Makant, Barbara. *Comentários à nova lei sobre arbitragem societária italiana Dec. 5, de 17.01.2003*. Revista de Arbitragem e Mediação. vol. 3. Set-Dez/2004. p. 293-309).

[14] Art. 34.3. La clausola e' vincolante per la societa' e per tutti i soci, inclusi coloro la cui qualita' di socio e' oggetto della controversia. (Consultado em: https://www.camera.it/parlam/leggi/deleghe/03005dl.htm – Acessado em: 22/06/2021)

Trata-se de evidente medida tendente a assegurar a arbitrabilidade subjetiva na arbitragem societária, com a obrigação de que a sociedade e todos os seus sócios, estejam eles direta ou indiretamente vinculados ao litígio, ou não, se submetam a decisão que vier a ser proferida no procedimento arbitral.

Mesmo o sócio cuja "qualidade de sócio" é o objeto da controvérsia deve se submeter à cláusula compromissória e a decisão a ser proferida no procedimento arbitral. Não seria factível que a titularidade de um sócio fosse levada para o Poder Judiciário, pois, até decisão em contrário, a qualidade de sócio deve ser mantida para todos os efeitos.

De certo que a qualidade de sócio pode ser considerada de forma positiva (quando o indivíduo afirma ser sócio) ou negativa (quando o indivíduo defende não ser sócio), mas em ambas as hipóteses, salvo melhor juízo, a via da arbitragem deverá ser adotada para dirimir referido conflito.[15]

Sobre este ponto, conforme já tratado, no Brasil o art. 136-A no bojo da Lei nº 6.404/1976 dispõe de igual modo que a inserção de cláusula compromissória no estatuto gera a submissão de todos os sócios à arbitragem societária, ressalvada a regra do direito de retirada aos sócios não concordes.

Na mesma linha, o art. 34.4 determina que os atos constitutivos podem determinar que a cláusula compromissória diga respeito à litígios intentados por administradores, liquidatários e auditores ou contra eles e, neste caso, o aceite ao encargo os vincula à cláusula compromissória.[16]

Sendo assim, aos administradores, liquidatários e auditores da sociedade que aceitarem o encargo, a reboque estarão se sujeitando à cláusula compromissória do estatuto da sociedade, não podendo, em caso de futuro litígio, demandar perante o Poder Judiciário. Trata-se de pre-

[15] "(...) além dos sócios originários, os novos sócios supervenientes (aqueles que vieram a adquirir as ações durante a vida da sociedade) estarão automaticamente vinculados pela cláusula compromissória, sem que seja necessária uma aprovação desta avença de maneira expressa e formal" (Bonato, Giovanni. Arbitragem societária italiana: análise comparativa sobre a abrangência subjetiva da cláusula compromissória e a nomeação dos árbitros. Revista de Arbitragem e Mediação. vol. 46. Jul-Set/2015. p. 337-358)

[16] Art. 34.4. Gli atti costitutivi possono prevedere che la clausola abbia ad oggetto controversie promosse da amministratori, liquidatori e sindaci ovvero nei loro confronti e, in tale caso, essa, a seguito dell'accettazione dell'incarico, e' vincolante per costoro. (Consultado em: https://www.camera.it/parlam/leggi/deleghe/03005dl.htm – Acessado em: 22/06/2021)

sunção de que o administrador, liquidatário e auditor da sociedade teve a diligência de tomar ciência do teor do estatuto da sociedade, antes de assumir o encargo e, com isso, o seu aceite configura a adesão a todo o teor do estatuto, incluindo a cláusula compromissória.

Sendo assim, em que pese o Decreto Legislativo nº 5/2003 não ter previsto expressamente a arbitrabilidade objetiva para a arbitragem societária, por outro lado, os seus arts. 34.3 e 34.4 foram expressos e categóricos ao tratar da arbitrabilidade subjetiva e definir os sujeitos submetidos à cláusula compromissória, com o potencial de encerrar qualquer debate a respeito do tema.[17]

Salvo melhor juízo, trata-se de posicionamento salutar, pois no campo da arbitrabilidade objetiva não se mostraria adequada a edição de norma tendente a engessar sobremaneira o escopo da arbitragem societária. Mas, no tocante a arbitrabilidade subjetiva, considerando o caráter vinculante da cláusula compromissória inserida no estatuto, inclusive para os sócios que votarem contra a sua inserção, mostra-se fundamental que a norma positivada determine de forma categórica a extensão subjetiva da cláusula compromissória estatutária, para fins de evitar futuros debates sobre o tema.

O art. 34.5 determina que não pode ser objeto de cláusula compromissória os litígios em que a lei prever a intervenção obrigatória do Ministério Público.[18] As hipóteses de intervenção obrigatória do Ministério Público estão previstas no art. 70 do Código de Processo Civil italiano, quais sejam (i) as demandas nas quais o Ministério Público tenha legitimidade para propor; (ii) nos casos matrimoniais, incluindo os de separação pessoal dos cônjuges; (iii) nos casos relativos ao estado e capacidade das pessoas; (iv) nos demais casos previstos na lei; e (v) em qualquer outra causa para a qual for considerada a existência de interesse público. Para referidos casos o Ministério Público deve intervir, sob pena de nulidade passível de ser alegada de ofício.

[17] Sobre o tema, vide: Aprigliano, Ricardo de Carvalho. *Extensão da cláusula compromissória a partes não signatárias no Direito Societário.* Revista do Advogado. São Paulo, v. 119, Abr/2013, p. 140-152.

[18] Art. 34.5. Non possono essere oggetto di clausola compromissoria le controversie nelle quali la legge preveda l'intervento obbligatorio del pubblico ministero. (Consultado em: https://www.camera.it/parlam/leggi/deleghe/03005dl.htm – Acessado em: 22/06/2021)

Retornando um pouco na leitura, uma reflexão possível seria de que o art. 34.1, ao excluir da arbitragem societária as empresas que utilizam o mercado de capital de risco e que emitem ações cotadas em mercado regulamentado ou amplamente distribuídas ao público (art. 2325-bis do Código Civil italiano), teria como justificativa a sua não viabilidade por ensejar um possível interesse do Ministério Público em participar dos litígios envolvendo referidas sociedades, dada a potencial existência de dano coletivo.

Por último, o art. 34.6 dispõe que a alteração do estatuto constitutivo, que tiver por objeto introduzir ou suprimir cláusula compromissória, deve ser aprovada pelos acionistas que representem, pelo menos, dois terços do capital social. Os membros ausentes ou dissidentes podem, nos noventa dias seguintes, exercer o direito de retirada.[19]

Este dispositivo guarda relação direta com o teor do art. 136-A da Lei nº 6.404/1976, com exceção de algumas diferenças, dentre as quais destacamos (i) o quórum, pois enquanto a lei brasileira determina que deve ser de "metade, no mínimo, das ações com direito a voto", a norma italiana prevê "pelo menos, dois terços do capital social"; e (ii) a norma italiana não apresenta exceção para o direito de retirada, o que nos parece ser o mais adequado, pois o §2º do art. 136-A da Lei nº 6.404/1976 acaba por, em algumas hipóteses, retirar do sócio a faculdade de aderir, ou não, a cláusula compromissória. As hipóteses nas quais o direito brasileiro veda o direito de retirada, indiretamente, acaba por impor a arbitragem societária para todos os sócios, tratando-se de posicionamento questionável o adotado pela norma brasileira.

De igual modo, tanto no Brasil quanto na Itália, a cláusula compromissória incluída no estatuto da sociedade, por assembleia devidamente constituída e que obteve o quórum previsto na norma, terá como efeito a renúncia da Jurisdição Estatal para aquilo que ficou convencionado na cláusula compromissória.

[19] Art. 34.6. Le modifiche dell'atto costitutivo, introduttive o soppressive di clausole compromissorie, devono essere approvate dai soci che rappresentino almeno i due terzi del capitale sociale. I soci assenti o dissenzienti possono, entro i successivi novanta giorni, esercitare il diritto di recesso. (Consultado em: https://www.camera.it/parlam/leggi/deleghe/03005dl.htm – Acessado em: 22/06/2021)

5. O procedimento de arbitragem societária

O art. 35 do Decreto Legislativo nº 5/2003 traz a disciplina do procedimento de arbitragem societária, iniciando com o art. 35.1, pelo qual o pedido de arbitragem proposto pela sociedade ou em face desta ficará arquivado no registo das sociedades e estará à disposição dos acionistas.[20]

Trata-se de dispositivo que visa garantir a publicidade do procedimento arbitral para todos os interessados e não só para os acionistas, tal como menciona o dispositivo. Não se pode perder de vista que o administrador, o liquidatário e o auditor da sociedade podem ter interesse em tomar ciência da arbitragem (art. 34.4).

Referida regra não está contemplada na legislação brasileira, sem prejuízo de que nas arbitragens nacionais a cláusula compromissória contenha referida determinação, ou ainda que o futuro termo de arbitragem possua previsão análoga, visando assim assegurar a ciência dos demais sócios não incluídos no litígio.

Cumpre apenas indagar de quem é a responsabilidade para realizar referido arquivamento, se seria da própria sociedade ou se esta poderia delegar à terceiro, tal como a Câmara Arbitral. Ao que parece, ambas as hipóteses são factíveis, podendo inclusive existir de maneira concomitante.

Além disso, interessante refletir sobre a consequência do não arquivamento da notícia sobre a instauração da arbitragem no registo das sociedades. Ao que tudo indica, a resposta mais acertada é a de que houve vício na instauração do procedimento arbitral, inclusive passível de anulação, a ser arguida pelo indivíduo que suscitar a existência de prejuízo ou do vício.

Com interessante abordagem, o art. 35.2 prevê que nos procedimentos arbitrais que versem sobre arbitragem societária, a intervenção de terceiros (art. 105 do Código de Processo Civil italiano) e a intervenção de outros acionistas (arts. 106 e 107 do Código de Processo Civil italiano) é permitida até a primeira audiência[21].

[20] Art. 35.1. La domanda di arbitrato proposta dalla societa' o in suo confronto e' depositata presso il registro delle imprese ed e' accessibile ai soci. (Consultado em: https://www.camera.it/parlam/leggi/deleghe/03005dl.htm – Acessado em: 22/06/2021)

[21] Art. 35.2. Nel procedimento arbitrale promosso a seguito della clausola compromissoria di cui all'articolo 34, l'intervento di terzi a norma dell'articolo 105 del codice di procedura civile nonche' l'intervento di altri soci a norma degli articoli 106 e 107 dello stesso codice e'

Sendo assim, cada sócio pode pedir seu ingresso no procedimento arbitral e, também, todo sujeito interessado poderá formular requerimento.

No tocante ao sócio, este poderá requerer seu ingresso ou poderá ingressar por determinação do juiz (respectivamente arts. 106 e 107, do Código de Processo Civil italiano). Já ao terceiro é permitido formular pedido de ingresso para fazer valer, face a todas as partes ou a alguma delas, direito relativo ao objeto ou dependente do título deduzido no mesmo processo. Pode também intervir para fundamentar as razões de qualquer das partes, quando for de interesse próprio (art. 105, do Código de Processo Civil italiano).

Com relação ao ingresso de sócios, trata-se decorrência lógica do art. 34.4, comentado anteriormente. E no Brasil, mesmo não havendo dispositivo análogo, inegável que o teor do art. 136-A da Lei nº 6.404/1976 deve ser concebido tanto passivamente ("obriga a todos os acionistas") quanto ativamente (permite que todos os acionistas participem da arbitragem). Mesmo silente o art. 35.2, diante da sua leitura conjunta com o art. 34.4, parece adequado aplicar a mesma regra dos sócios aos administradores, liquidatários e auditores.

Já em relação a intervenção de terceiros, o sistema normativo brasileiro não possui dispositivo similar e, mesmo na Itália, se questiona sobre a necessidade de prévia aquiescência dos sócios para a admissão da intervenção de terceiros no procedimento arbitral.[22]

ammesso fino alla prima udienza di trattazione. Si applica l'articolo 820, comma secondo, del codice di procedura civile. (Consultado em: https://www.camera.it/parlam/leggi/deleghe/03005dl.htm – Acessado em: 22/06/2021)

[22] "Sobre mais esta inovação do direito italiano, temos a comentar que o caráter consensual sobre o qual se funda a arbitragem pressupõe a necessidade do consentimento das partes envolvidas para que efetivamente se realize a intervenção de terceiro. A este respeito se manifestou Giuseppe Tarzia: "È chiaro que che la norma prevista prescinde dall'accordo delle parti sull'intervento – mediante apposito compromesso – richiesto da uma risalente dottrina, per la quale l'intervento di un terzo è assoggettato 'all'osservanza dei requisiti di forma estrinseca e di contenuto forma del compromesso o della clausola compromissoria'" (cf. ad es. Andrioli. Commento al CPC (LGL\1973\5) italiano, IV, sub art. 807, p. 770 e anche per ulteriore riferimenti Punzi. Disegno sistematico dell'arbitrato. Padova: Cedam, 2000. I, p. 567)." (Makant, Barbara. *Comentários à nova lei sobre arbitragem societária italiana Dec. 5, de 17.01.2003.* Revista de Arbitragem e Mediação. vol. 3. Set-Dez/2004. p. 293-309).

Com todo respeito ao posicionamento diverso, não se mostra adequada a necessidade de consentimento da sociedade e dos sócios para que o terceiro possa pedir seu ingresso no procedimento arbitral, pois (i) o art. 35.2 não criou referida condição e, igualmente, os arts. 106 e 107, ambos do Código de Processo Civil italiano, também não apresentam referida barreira e, além disso, (ii) defender que seria necessário o consentimento implicaria na aprovação pelos acionistas que representam, pelo menos, dois terços do capital social, em respeito ao art. 34.6, o que também não encontra previsão na lei.

Em sua parte final o art. 35.2 menciona ser aplicável o art. 820, parágrafo segundo, do Código de Processo Civil italiano, o qual trata do prazo para a entrega da sentença na arbitragem e, salvo disposição em contrário das partes, permite que o prazo seja prorrogado por 180 (cento e oitenta dias), o que se justifica diante do pedido de intervenção de sócios ou de terceiros no bojo do procedimento arbitral.

De acordo com o art. 35.3, o art. 819, primeiro parágrafo, do Código de Processo Civil italiano não se aplica aos procedimentos arbitrais; entretanto, a sentença é sempre passível de impugnação, mesmo em derrogação ao disposto no artigo 838 do Código de Processo Civil italiano, conforme arts. 829, parágrafo primeiro, e 831 do Código de Processo Civil italiano.[23]

Em síntese, a primeira parte do art. 35.3 permite aos árbitros decidirem sobre questões incidentais não arbitráveis por lei, como decorrência lógica da não aplicação do art. 819 do Código de Processo Civil italiano, permitindo aos árbitros da arbitragem societária que decidam questões incidentais, sem que haja a necessidade de sua remessa ao Poder Judiciário para decisão sobre referido ponto, sendo este um importante instrumento para potencializar a arbitragem e tornar o procedimento mais célere, para que em menor prazo se obtenha a decisão de mérito quanto ao objeto litigioso.[24]

[23] Art. 35.3. Nel procedimento arbitrale non si applica l'articolo 819, primo comma, del codice di procedura civile; tuttavia il lodo e' sempre impugnabile, anche in deroga a quanto previsto per l'arbitrato internazionale dall'articolo 838 del codice di procedura civile, a norma degli articoli 829, primo comma, e 831 dello stesso codice. (Consultado em: https://www.camera.it/parlam/leggi/deleghe/03005dl.htm – Acessado em: 22/06/2021)

[24] Ressalte-se que o art. 25, caput e parágrafo único, da Lei nº 9.307/1996, que tratava de questões prejudiciais na arbitragem, foi revogado pela Lei nº 13.129/2015.

Na segunda parte do art. 35.3 o legislador apresentou a contrapartida à possibilidade de os árbitros decidirem questões incidentais, pois prevê que o laudo arbitral é sempre passível de impugnação pelos motivos elencados nos arts. 829, parágrafo primeiro, e 831 do Código de Processo Civil italiano.

Adiante, o art. 35.4 determina que as decisões da sentença são vinculativas para a empresa[25], sendo certo que a vinculação igualmente se aplica também para todos os sócios e outros interessados[26] e, por óbvio, desde que todo o procedimento anteriormente descrito e as regras gerais de arbitragem, previstas no Código de Processo Civil italiano, tenham sido observados.

Encerrando este dispositivo, o art. 35.5 versa sobre os poderes conferidos ao árbitro para conceder tutela cautelar tendente a suspender a eficácia das deliberações assembleares impugnadas no pedido arbitral.[27]

A regra prevista no art. 818 do Código de Processo Civil italiano é a de que os árbitros não podem conceder apreensões ou outras medidas cautelares, salvo disposição em contrário da lei, sendo o art. 35.5 do Decreto Legislativo nº 5/2003 uma destas exceções.

[25] Art. 35.4. Le statuizioni del lodo sono vincolanti per la societa'. (Consultado em: https://www.camera.it/parlam/leggi/deleghe/03005dl.htm – Acessado em: 22/06/2021)

[26] "O compromisso, acordos de acionistas e contratos para venda de ações não podem prever a resolução dos conflitos por meio de arbitragem, pois esses atos, ao contrário da cláusula compromissória, podem ser de interesse apenas de alguns membros. Isso significa que atos separados não são adequados para a aplicação dos artigos 34 e seguintes do Decreto, mas apenas o artigo 806 e seguintes do Código de Processo Civil Italiano (arbitragem ordinária). (...) Assim, para o sistema italiano, uma sentença arbitral somente poderá produzir seus efeitos a todos os interessados caso haja (i) a adesão de todos os sócios à cláusula estatutária compromissória; e (ii) a possibilidade de que todos os terceiros interessados participem do procedimento." (CAVALCANTE, Andressa M. R. Arbitragem societária no direito brasileiro: questões práticas sob perspectiva comparada. Revista de Arbitragem e Mediação. vol. 64. Jan-Mar/2020, p. 102–142).

[27] Art. 35.5. La devoluzione in arbitrato, anche non rituale, di una controversia non preclude il ricorso alla tutela cautelare a norma dell'articolo 669-quinquies del codice di procedura civile, ma se la clausola compromissoria consente la devoluzione in arbitrato di controversie aventi ad oggetto la validita' di delibere assembleari agli arbitri compete sempre il potere di disporre, con ordinanza non reclamabile, la sospensione dell'efficacia della delibera. (Consultado em: https://www.camera.it/parlam/leggi/deleghe/03005dl.htm – Acessado em: 22/06/2021)

De fato, se mostraria contraproducente impedir que o árbitro suspendesse os atos assembleares impugnados, quando estivessem presentes os requisitos para a adoção de tal medida, não se mostrando racional a cisão do procedimento arbitral para que o Poder Judiciário decidisse sobre tal ponto.

O art. 136-A, da Lei nº 6.404/1976, por não tratar do procedimento da arbitragem societária, igualmente não versa sobre o poder cautelar do árbitro. De todo modo, os arts. 22-A e 22-B, incluídos na Lei nº 9.307/1996 (por meio da pela Lei nº 13.129/2015) tratam sobre o tema, determinando que antes de instituída a arbitragem, as partes podem recorrer ao Poder Judiciário para pleitear a concessão de medida cautelar ou de urgência, mas, após instituída a arbitragem, caberá aos árbitros manter, modificar ou revogar a medida cautelar ou de urgência concedida pelo Poder Judiciário e, no curso da arbitragem, compete aos árbitros apreciar referido pleito cautelar ou de urgência, formulado pelas partes.

6. Decisão de acordo com a lei

Encerrando a presente análise, o art. 36.1 determina que mesmo se a cláusula compromissória autorizar os árbitros a decidirem por equidade, ainda assim a decisão deverá ser de acordo com a lei, podendo a sentença arbitral ser contestada nos termos do art. 829, parágrafo segundo, do Código de Processo Civil italiano, quando decidir ter conhecido questões diversas do compromisso arbitral ou quando o objeto do julgamento for a validade das deliberações dos acionistas.[28]

Sendo assim, em se tratando de arbitragem societária há vedação expressa de arbitragem por equidade, devendo ser sempre de direito, por expressa previsão legal e independentemente da vontade das partes. Não se pode perder de vista que os litígios societários têm potencial para afetar não só a sociedade e seus sócios, como também

[28] Art. 36.1. Anche se la clausola compromissoria autorizza gli arbitri a decidere secondo equita' ovvero con lodo non impugnabile, gli arbitri debbono decidere secondo diritto, con lodo impugnabile anche a norma dell'articolo 829, secondo comma, del codice di procedura civile quando per decidere abbiano conosciuto di questioni non compromettibili ovvero quando l'oggetto del giudizio sia costituito dalla validita' di delibere assembleari. (Consultado em: https://www.camera.it/parlam/leggi/deleghe/03005dl.htm – Acessado em: 22/06/2021)

terceiros interessados, sendo a adoção do direito uma garantia para todos os envolvidos.

No mais, a sentença arbitral é passível de revisão pelo Poder Judiciário, para fins de aferição sobre a adequada aplicação dos dispositivos legais incidentes na hipótese *sub judice*.

Se por um lado referida medida assegura as partes a (adequada) aplicação do direito, inclusive com a possibilidade de submeter a questão ao Poder Judiciário, por outro, fragiliza a sentença arbitral, na medida em que esta pode ser revisitada pelo Poder Judiciário para fins de confirmar a aplicação do direito da maneira que este entender adequada.

No Brasil, em que pese o art. 2º da Lei nº 9.307/1996 permitir que a arbitragem poderá ser de direito ou de equidade, a critério das partes, o art. 136-A da Lei nº 6.404/1976 não trata do tema e, diante da ausência de vedação legal, nada obsta que a arbitragem societária seja decidida por equidade.

De certo que, no exercício das atividades societárias, os sócios exercem suas deliberações com base no direito e não na equidade, sendo este motivo suficiente para que, mesmo no Brasil, a arbitragem societária seja sempre de direito, por se mostrar o método mais adequado para o direito material a ser decidido.

Por fim, o art. 36.2 versa que a uma sentença proferida em uma arbitragem internacional também deve ser de direito e não por equidade.[29] Sobre este ponto, necessário apenas refletirmos se seria adequado impor a arbitragem de direito a um país que permite a arbitragem societária por equidade. Salvo melhor juízo, a resposta parece ser negativa, tendo o legislador andado mal sobre este ponto.

Conclusões

Diante deste breve estudo foi possível constatar que no tocante a arbitragem societária, a legislação do Brasil tem muito a evoluir, se comparada à prevista no sistema normativo italiano, o qual possui regra específica sobre o tema, desde o Decreto Legislativo nº 5/2003. O Brasil passou a tratar do tema com a inserção do §3º no art. 109 e do art. 136-A

[29] Art. 36.2. La presente disposizione si applica anche al lodo emesso in un arbitrato internazionale. (Consultado em: https://www.camera.it/parlam/leggi/deleghe/03005dl.htm – Acessado em: 22/06/2021).

no corpo da Lei nº 6.404/1976, mas, ainda assim, sem apresentar direcionamento sobre muitos pontos – em especial procedimentais – a respeito da arbitragem societária.

Em que pese a carência legislativa, nada obsta que no Brasil as sociedades regulem o tema no bojo da cláusula compromissória a ser inserida em seu estatuto, bem como recomenda-se às Câmaras Arbitrais traçarem normas abstratas sobre referido procedimento, visando, assim, garantir maior segurança para as companhias que decidirem tratar seus litígios em sede arbitral. Nesse sentido, certamente que a experiência italiana será de grande valia para a implementação da arbitragem societária no Brasil.

Referências

APRIGLIANO, Ricardo de Carvalho. *Extensão da cláusula compromissória a partes não signatárias no Direito Societário*. Revista do Advogado. São Paulo, v. 119, Abr/2013, p. 140-152.

BARBOSA, Henrique Cunha. *Caso Petrobras: consolidação ou encruzilhada da arbitragem societária coletiva como instrumento de enforcement no Brasil?* Revista de Arbitragem e Mediação. vol. 68. Jan-Mar/2021. p. 169-195.

BLOK, Marcella. *A nova lei de arbitragem (Lei 13.129/2015) e suas implicações no direito societário*. Revista de Direito Privado. vol. 68. Ago/2016. p. 183-208.

BONATO, Giovanni. *Arbitragem societária italiana: análise comparativa sobre a abrangência subjetiva da cláusula compromissória e a nomeação dos árbitros*. Revista de Arbitragem e Mediação. vol. 46. Jul-Set/2015. p. 337-358.

CARRARA, Bernardo Vieira Klüppel. *Os efeitos do artigo 136-A da Lei das S.A. sobre a cláusula compromissória estatutária*. Monografia (Graduação) – Faculdade de Direito Universidade de Brasília (UnB), 2017.

CAVALCANTE, Andressa M. R. *Arbitragem societária no direito brasileiro: questões práticas sob perspectiva comparada*. Revista de Arbitragem e Mediação. vol. 64. Jan-Mar/2020, p. 102–142.

COELHO, Fábio Ulhoa. *Pequena reflexão sobre a boa-fé em arbitragens de direito societário*. Revista de Arbitragem e Mediação. vol. 38. Jul-Set/2013. p. 21-23.

CORAPI, Diego. *Arbitragem no direito societário italiano*. Revista de Arbitragem e Mediação. vol. 43. Out-Dez/2014. p. 285-296.

CUKIER, Daniel Ber. *A arbitragem aplicada ao direito societário*. Revista de Arbitragem e Mediação. vol. 41. Abr-Jun/2014. p. 225-241.

DIAS, Rui Pereira. *Alguns problemas práticos da arbitragem de litígios societários (e uma proposta legislativa)*. Revista de Arbitragem e Mediação. vol. 37. Abr-Jun/2013. p. 457-471.

FREITAS, Rafael Guarilha P. de. *As implicações do Projeto de Lei 406/2013 na arbitragem societária.* Revista de Direito Bancário e do Mercado de Capitais. vol. 64. Abr--Jun/2014. p. 285-301.

LEITE, Amanda Kalil Soares; PEREIRA; Guilherme Setoguti J. *Confidencialidade e transparência nas arbitragens coletivas societárias.* Revista de Arbitragem e Mediação. vol. 69. Abr-Jun/2021. p. 145-167.

MAKANT, Barbara. *Comentários à nova lei sobre arbitragem societária italiana Dec. 5, de 17.01.2003.* Revista de Arbitragem e Mediação. vol. 3. Set-Dez/2004. p. 293-309.

MARTINS, Pedro A. Batista. *Arbitragem no direito societário.* Revista de Arbitragem e Mediação. vol. 39. Out-Dez/2013. p. 55-64.

MEYER. Antonio Correa; Carvalho; Eliane Cristina. *Cláusula compromissória e o administrador das sociedades anônimas.* Revista do Advogado. São Paulo, v. 119, Abr/2013, p. 27-34.

NERY JÚNIOR, Nelson. *Arbitragem e direito societário. Contrato de venda e compra de quotas sociais. Extensão da responsabilidade civil.* Soluções Práticas de Direito. vol. 5. Set/2014. p. 307-330.

SALLES, Marcos Paulo de Almeida. *Responsabilidade dos administradores: arbitragens societárias.* Revista de Arbitragem e Mediação. vol. 44. Jan-Mar/2015. p. 123-148.

SALOMÃO FILHO, Calixto. *Breves notas sobre transparência e publicidade na arbitragem societária.* Revista de Arbitragem e Mediação. vol. 52. Jan-Mar/2017. p. 63-69

SESTER, Peter Christian. *Desafios da arbitragem societária: do efeito erga omnes (extra partes) até a arbitragem coletiva.* Revista de Arbitragem e Mediação. vol. 62. Jul--Set/2019. p. 27-44.

VERÇOSA, Haroldo Malheiros Duclerc. *Aspectos da arbitragem no direito societário.* Revista de Direito Empresarial. vol. 6. Nov-Dez/2014. p. 251-259.

VIEIRA, Maíra de Melo. *Arbitragem nos conflitos societários, no mercado de capitais e a reforma do regulamento da Câmara de Arbitragem do Mercado (CAM) da BMFBOVESPA.* Revista de Arbitragem e Mediação. vol. 40. Jan-Mar/2014. p. 193-231.

WALD, Arnoldo. *A arbitragem, os grupos societários e os conjuntos de contratos conexos.* Revista de Arbitragem e Mediação. vol. 2. Maio-Ago/2004. p. 31-59.

______. *A arbitragem e o direito societário (II) casos práticos.* Revista de Arbitragem e Mediação. vol. 14/2007. Jul-Set/2007. p. 22-29.

______. *A crise e a arbitragem no direito societário e bancário.* Revista de Arbitragem e Mediação. vol. 20. Jan-Mar/2009. p. 9-24.

CAPÍTULO 17
A PRODUÇÃO ANTECIPADA DE PROVAS NA LEGISLAÇÃO PORTUGUESA, NO ÂMBITO DE COOPERAÇÃO EUROPEIA E NA LEI DE ARBITRAGEM VOLUNTÁRIA. O CONVITE À ARBITRAGEM INTERNACIONAL COM SEDE EM PORTUGAL

Viviane Siqueira Rodrigues

1. Introdução: o conceito de prova no direito processual português

Com este artigo[1] pretende-se demonstrar as características da produção antecipada de prova no direito processual português, à luz do art. 419º do Código de Processo Civil (CPC) português e de influxos europeus de harmonização, em comparação com a lei de arbitragem voluntária (LAV) portuguesa. Enquanto o CPC determina que a produção antecipada de provas pode ser autorizada quando houver justo receio com a demora, conforme o art. 419º, a LAV disciplina o instituto dentre as

[1] Este artigo é fruto de estudos e pesquisas realizados e que redundaram na dissertação de Mestrado intitulada "Prova para memória futura (*ad perpetuam rei memoriam*) no direito processual português", defendida em 2021 perante a Faculdade de Direito da Universidade do Porto. Parte do presente texto foi elaborada para a construção do artigo denominado "A produção antecipada de provas no direito processual português. Uma comparação com a produção antecipada de provas no direito processual brasileiro", ainda no prelo.

providências cautelares, possibilitando que o tribunal arbitral pondere outras circunstâncias para dispensar aquela exigência de justo receio de dano em caso de demora. Além disso, por integrar a União Europeia, o direito português se submete a influências regulamentares com vistas à cooperação com outros Estados-membros e que promovem comunicação entre os diversos sistemas nacionais e possíveis movimentos de harmonização.

O objetivo, ao final, é obter elementos para compreender por que a LAV tem aquela disposição e em que medida isso interfere no estudo do direito à prova no direito processual português.

Para começar o exame da produção antecipada de prova, convém perquirir sobre o conceito de prova naquele ordenamento.

Assim como no Brasil – e em função de tradições jurídicas semelhantes – em Portugal a palavra "prova" também encontra diferentes significados[2], podendo denotar *atividade, meio* ou *resultado*[3]. O primeiro sentido designa a ação ou operação destinada à demonstração em juízo dos fatos alegados[4]. O segundo, o instrumento empregado nessa atividade ou o mecanismo de introdução da fonte da prova no processo, sinônimo de elemento de prova[5]. Finalmente, o terceiro denota o produto da atividade e do uso dos meios, já passado pela valoração do juiz a gerar a formação de sua convicção sobre a ocorrência ou não de um dado fato.

Da doutrina processual portuguesa, mencione-se a lição de destaque de Castro Mendes, para quem o sentido correto para prova é o último (*resultado*), porque prova consiste em "um resultado juridicamente

[2] Michele Taruffo observa que a imprecisão da linguagem jurídica no conceito de prova não se repete nos sistemas de *common law* por causa da distinção fundamental entre *evidence* e *proof* (*A prova*. Tradução: João Gabriel Couto. São Paulo: Marcial Pons, 2014, p. 33).

[3] João de Castro Mendes aponta um quarto sentido, examinado por Manuel Rodrigues e Manuel de Andrade, consistente nos "motivos da prova, isto é, as razões por que o julgador chega a essa convicção" (*Do conceito da prova em processo civil*. Lisboa: Ática, 1961, p. 42).

[4] "[U]m acto simples, ou uma actividade, em qualquer das hipóteses uma conduta humana" (MENDES, João de Castro. *Do conceito da prova em processo civil*, cit., p. 51), embora o autor entenda que a palavra prova "não traduz uma atividade, actuação, acto ou conduta, mas um resultado" (p. 57) porque na verdade, prova é para ele "toda a atividade destinada a convencer o juiz, quaisquer que sejam os limites em que essa atividade se considere" (p. 59).

[5] Ibidem, p. 266.

relevante"[6] e ligado à perspectiva subjetiva de convencimento do juiz[7]. Em linha com isso, o art. 341º do Código Civil português enuncia que "As provas têm por função a demonstração da realidade dos fatos", o que dá ênfase à sua função de revelação e de esclarecimento do órgão jurisdicional.

No entanto, essa visão doutrinária do conceito de prova acaba por ser restritiva pois não contempla a sua importância fora do contexto de um processo judicial, muito embora (assim como no Brasil) também em Portugal seja amplamente aceita a ideia de que a prova tem relevância para a vida quotidiana das pessoas na medida em que a regulamentação sobre os meios e a eficácia da prova dita comportamentos, muito antes de surgirem conflitos de interesses e disputas judiciais. Tanto que se fala de um direito substantivo probatório, no qual "o que interessa é o facto de no comércio jurídico quotidiano dos cidadãos, estes terem necessidade de reconhecer e ter em conta, no momento da prática dos actos jurídicos, não só as condições de validade formal e substancial e os efeitos jurídicos respectivos, mas também de que meios de prova, e qual o seu valor jurídico, as partes interessadas se devem precaver para os demonstrar, a quem compete o ónus da prova"[8].

Nesse contexto, a doutrina destaca o importante papel da prova no comportamento e convicção das pessoas: "porque as provas desempenham, não só uma função judicial (formação da convicção do julgador), mas também uma função extrajudicial (formação da convicção de terceiros em caso de exercício inter-subjetivo dos direitos e garantia da segurança dos diversos interessados deles titulares ou não), possuem as mesmas assento privilegiado (e originário) no direito substantivo"[9].

[6] MENDES, João de Castro. *Do conceito da prova em processo civil*, cit., p. 274.

[7] MENDES, João de Castro. *Direito Processual Civil*. Vol. II. Lisboa: Associação Académica, 1987, p. 661/662. Mas não se pode desprezar que, da perspectiva de cada uma das partes, a prova pode produzir a demonstração das alegações feitas em suas petições (ou articulados) e, portanto, o resultado da prova pode ter um componente subjetivo prévio ao convencimento do juiz.

[8] BARROCAS, Manuel Pereira. *A prova no processo arbitral*. In IV Congresso do Centro de Arbitragem da Câmara de Comércio e Indústria Portuguesa (Centro de Arbitragem Comercial), Coimbra: Almedina, 2011, p. 154.

[9] FERREIRA DE ALMEIDA, Francisco Manuel Lucas. *Direito Processual Civil*. Vol. II. Coimbra: Almedina, 2015, p. 223.

Por causa dessa importância para a vida das pessoas, a prova tem também uma regulamentação substancial, hoje presente nos arts. 341º e seguintes do Código Civil português, que se justifica na necessidade de atribuir segurança no tráfego jurídico-material de direitos e bens, ainda que não se prescinda de uma disciplina processual sobre a produção da prova em juízo (de forma antecipada ou não). Assim, entende-se que "o direito probatório formal regula o modo de produção das provas em tribunal sendo, pois, o conjunto de normas que disciplinam o acionamento dos diversos meios de prova, indicando o modo de requerer, produzir e valorar as provas, ou seja, os atos processuais que veiculam a sua utilização em juízo"[10].

Nos tempos atuais em que muito do comércio jurídico se realiza com recurso a provas documentais ou que possam vir a ser de alguma forma transpostas para um suporte documental, com o uso corriqueiro da prova pré-constituída, existe, contudo, uma intersecção necessária entre a produção da prova antes de surgido um conflito e a eficácia da prova produzida em atendimento ao direito material. Essa intersecção do direito substantivo probatório com o direito processual probatório traduziu no Brasil um olhar diverso para o conceito tradicional de prova. Passou-se, então, a admitir que a atividade probatória está presente mesmo quando não se pretende concretamente o convencimento da pessoa ou do órgão incumbido do poder jurisdicional, e redundou no disposto no atual art. 381 do CPC brasileiro.

Mas o mesmo não ocorreu em Portugal – não ao menos de maneira explícita como no Brasil – pois ainda há um pêndulo na doutrina que pende fortemente para os poderes instrutórios do juiz para livremente examinar a prova que lhe é submetida, inclusive no contexto da produção antecipada de prova (o que, portanto, confirmaria a perspectiva de que a prova serve tão-somente para formar o convencimento do juiz), havendo ainda vozes na direção de negar a existência de um genérico direito à prova em sentido estrito[11].

[10] Ferreira de Almeida, Francisco Manuel Lucas. *Direito Processual Civil*, cit., p. 223.

[11] "O direito à prova em sentido estrito (tendo no instituto da exibição de documentos a sua ilustração mais importante) não se sobrepõe à necessidade de realização de um 'juízo de relevância e de oportunidade' por parte do juiz. Assim sendo (e em bom rigor), este direito não confere às partes o poder de obter os elementos de prova requeridos, mas vincula o tribunal a pronunciar-se, de forma fundamentada, sobre o requerimento da parte (colocando

2. A produção antecipada da prova no CPC português

A produção antecipada da prova no direito português atualmente está disposta no art. 419º do CPC, *verbis*: "Havendo justo receio de vir a tornar-se impossível ou muito difícil o depoimento de certas pessoas ou a verificação de certos factos por meio de perícia ou inspeção, pode o depoimento, a perícia ou a inspeção realizar-se antecipadamente e até antes de ser proposta a ação". No Código de 1961, o instituto estava previsto no art. 521º, enquanto no Código de 1939 se encontrava no artigo 525º, com disciplina bastante semelhante à atual. Assim, textualmente, a legislação sobre a matéria em Portugal quase nada se alterou no quase passado um século.

Por conta desse enquadramento legal, que sofreu poucas modificações ao longo do tempo, encontra-se consolidada doutrina asseverando que, em Portugal, a produção antecipada da prova tem "em comum com os procedimentos [cautelares] a falta de autonomia, a natureza incidental e o *periculum in mora*, diferenciando-se, todavia, destes pela ausência de provisoriedade, uma vez que a prova antecipadamente recolhida tem o mesmo valor que a produzida na fase processual apropriada"[12].

Isso porque, do texto legal, extrai-se que a produção antecipada trata da medida adequada para evitar o perecimento ou desaparecimento da fonte da prova, ou, ainda, como se cogita, para conservar a facilidade ou a utilidade na produção da prova. A providência pode ser necessária para diligências de inquirição de testemunhas ou de depoimento de parte "em situações em que a idade dos depoentes, o seu estado de saúde, a ausência iminente para o estrangeiro ou qualquer outra circunstância séria permita antever, com forte probabilidade, a impossibilidade ou grave dificuldade na obtenção do depoimento na fase

à disposição da mesma, no caso de deferimento, o seu *ius imperium*). Em vez disto, pode-se dizer que o direito à prova confere à parte o poder de obter a colaboração do tribunal (*i.e.* o direito a obter a prova requerida), embora esse poder esteja sujeito a determinados condicionalismos; ou que o direito à prova constitui um direito subjetivo processual com uma finalidade específica (a obtenção de uma prova judiciária legalmente admissível)" (PEREIRA, Fernando Silva. *A responsabilidade probatória das partes no atual modelo processual*. Coimbra: Almedina, 2019, p. 173/174).

[12] GERALDES, António Santos Abrantes. PIMENTA, Paulo, PIRES DE SOUSA. Luís Filipe. *Código de Processo Civil Anotado*. 2ª ed. vol. I – Parte geral e processo de declaração. Coimbra: Almedina, 2020, p. 514.

apropriada, ou seja, na audiência final"[13] ou ainda em que haja "risco de perecimento ou de erosão dos elementos materiais suscetíveis de sustentar o relatório pericial, risco também presente quando se trate de inspeção judicial (...), ou, por analogia, de verificação não judicial qualificada"[14].

Partindo do texto legal e dos exemplos normalmente citados para enquadramento na norma, encontra-se na doutrina processual portuguesa o entendimento de que a produção antecipada da prova pode não ser de uma ação admitida para um litígio hipotético[15], pois ela é dependente da uma ação já pendente ou a instaurar[16], o que a aproxima da disciplina das medidas cautelares, embora não venha regulada juntamente com elas no CPC português.

A aproximação é comum, mas, mesmo dentre os estudiosos que a aceitam, discute-se se o seu regime é idêntico ao regime das providências cautelares, notadamente no tocante à eventual caducidade (equivalente à perda de eficácia no direito brasileiro) da providência cautelar antecipada em caso de não propositura da ação. Sobre este tema, há quem afirme que, no que toca à produção antecipada da prova, "o incidente tem natureza cautelar" mas "ao invés do que ocorre quanto a determinados procedimentos cautelares, não é exigível a demonstração da probabilidade da existência do direito em causa"[17]. De outro lado, encontra-se a posição de que, muito embora se exija o *periculum in mora* tal como nos procedimentos cautelares, no direito português "permanece como figura autónoma" e "não está sujeita ao regime de caducidade da providência cautelar antecipada"[18].

[13] Ibidem, p. 515.

[14] Ibidem, p. 515.

[15] Pereira, Joel Timóteo Ramos. *Prontuário de formulários e trâmites.* 2ª ed. vol. II. Lisboa: Quid Juris, 2006, p. 176.

[16] Nesse sentido, Geraldes, António Santos Abrantes. Pimenta, Paulo. Pires de Sousa, Luís Filipe. *Código de Processo Civil Anotado,* cit., p. 515.

[17] Ibidem, p. 516.

[18] Lebre de Freitas, José. Alexandre, Isabel. *Código de Processo Civil Anotado,* cit., p. 231. De maneira semelhante: Pereira, Joel Timóteo Ramos. *Prontuário de formulários e trâmites,* cit., p. 177. No sentido de que, no direito português, a produção antecipada da prova no âmbito do processo civil não constitui uma providência cautelar: Teixeira de Sousa, Miguel. *Linhas gerais do Regulamento (CE) nº 1206/2001 relativo à obtenção de provas em matéria civil e comercial.* In Cadernos de Direito Privado, vol. I, n. 8, outubro/dezembro de 2004, Braga: CEJUR, p. 37.

Dessa forma, mesmo os autores que aceitam as semelhanças entre a produção antecipada da prova e as providências cautelares reguladas pelos arts. 362º e seguintes do CPC português, apontam a caducidade como distinção (presente nas providências cautelares e ausente na produção antecipada de prova).

A caducidade, no direito processual português, está prevista nas alíneas[19] do n. 1 do art. 373º do CPC e decorre da instrumentalidade das providências cautelares; é, assim, corolário do objetivo de conservação das providências cautelares[20]. Então, a caducidade só pode ser incompatível com as providências cautelares probatórias, as quais não possuem caráter provisório. Elas são irreversíveis no que diz respeito a sua produção, ainda que esta decorra de um objetivo de conservação e que a valoração possa ocorrer em um momento futuro e até incerto[21].

Ocorre que a prova antecipada sempre se exaurirá com a sua produção, razão pela qual se caracteriza justamente pelo contrário daquele adjetivo das medidas cautelares, a saber: a produção antecipada da prova é marcada pela ausência de provisoriedade, o que a aproxima das providências antecipatórias[22] e a afasta das medidas cautelares. Mas isso não

[19] "a) Se o requerente não propuser a ação da qual a providência depende dentro de 30 dias contados da data em que lhe tiver sido notificado o trânsito em julgado da decisão que a haja ordenado; b) Se, proposta a ação, o processo estiver parado mais de 30 dias, por negligência do requerente; c) Se a ação vier a ser julgada improcedente, por decisão transitada em julgado; d) Se o réu for absolvido da instância e o requerente não propuser nova ação em tempo de aproveitar os efeitos da proposição da anterior; e) Se o direito que o requerente pretende acautelar se tiver extinguido".

[20] Instrumentalidade em segundo grau ou "garantia da garantia" na expressão de Calamandrei, como anotam Lebre de Freitas e Isabel Alexandre (*Código de Processo Civil Anotado*, cit., p. 63). Sobre a caducidade ser inerente à instrumentalidade das cautelares: Lynce de FARIA, Rita. *A função instrumental da tutela cautelar não especificada*. Lisboa: Universidade Católica Editora, 2003, p. 240/243.

[21] Na doutrina brasileira, segundo Flávio Luiz Yarshell, "não se aceita, aqui, a distinção feita entre conservação (ou segurança) da prova, de um lado, e sua produção, de outro (...) ao se buscar a conservação, já se está produzindo a prova, ainda que ela não deva ser, desde logo, valorada pelo órgão judicial" (*Antecipação da prova sem o requisito da urgência e direito autônomo à prova*. São Paulo: Malheiros, 2009, item 87, p. 430/431).

[22] Pode ocorrer de a instauração da ação principal "revelar-se *inútil*, se, por ex., através da decretada providência, o requerente obtiver, desde logo, plena satisfação do objetivo pretendido. É, v.g., o caso das intimações para a não realização ou para o não prosseguimento de eventos culturais ou recreativos ofensivos do direito ao ambiente e à qualidade de vida nas

parece bastar para explicar se haveria ou não um direito à prova em sentido estrito no direito processual português.

É a potencial autonomia da produção antecipada de prova – isto é, a sua existência independentemente de um litígio – é que poderia distingui-la das medidas cautelares. A propósito disso, Francisco Manuel Lucas Ferreira de Almeida admite que a prova antecipada pode "funcionar como meio preventivo de litígios, já que a parte contrária tenderá a enveredar mais facilmente pela solução da lide por via autocompositiva ou negocial. Em todo o caso, o aproveitamento da prova antecipada não vincula o requerente (seu beneficiário) a propor a ação respetiva dentro de determinado prazo"[23], mesmo em se tratando de um "procedimento urgente"[24].

Tempos antes, Alberto dos Reis também defendia que "o juiz não deve ser exigente na apreciação da necessidade da antecipação"[25] e "seja qual for o lapso de tempo que medeia entre a produção da prova antecipada e a proposição da acção em que se pretende utilizá-la, é sempre lícita a utilização"[26], ideias que conferem uma grande amplitude ao instituto e parecem recusar uma perspectiva de que a produção antecipada da prova jamais poderia ter autonomia.

É que, mesmo sendo inegável que a produção antecipada de prova tem grande aproximação com as medidas cautelares, isso não impede que a ação de produção antecipada de prova se comporte de forma descompassada dessa natureza e cumpra objetivo diverso da mera conservação. O texto do art. 420º, n. 2 do CPC exige indicação de "o pedido e os fundamentos da demanda" e "a pessoa contra quem se pretende fazer uso da prova", mas nada impede que jamais venha a ser proposta a ação

datas para os mesmos pré-fixadas" (Ferreira de Almeida, Francisco Manuel Lucas. *Direito Processual Civil*. vol. I. Coimbra: Almedina, 2015, p. 215 e 217).

[23] Ferreira de Almeida, Francisco Manuel Lucas. *Direito Processual Civil*. Vol. II. Coimbra: Almedina, 2015, p. 255. Alinhada com essa ideia está a afirmação de que "as provas desempenham, não só uma *função judicial* (função da convicção do julgador), mas também uma *função extrajudicial*) (formação da convicção de terceiros em caso de exercício inter-subjetivo de direitos e garantia da segurança dos diversos interessados deles interessados ou não)", razão da previsão das normas sobre a admissibilidade da prova e a força probatória de diversos meios de prova no âmbito do direito substantivo (op. cit., p. 223).

[24] Ibidem.

[25] Alberto dos Reis, *Código de Processo Civil anotado*, cit., p. 341.

[26] Ibidem, p. 344.

para a qual a medida foi vislumbrada e, assim, a proteção terá ocorrido sem que se tenha consumado o objeto da proteção.

Nesses casos, o sistema não privaria do interessado os efeitos previstos no art. 421º do CPC[27], de garantir a eficácia da prova antecipada em futuro e eventual processo; o único requisito é que a prova tenha sido produzida preservado o contraditório do adversário, o que poderá ser assegurado no procedimento de produção antecipada da prova. Mais do que isso, não se encontra qualquer outro óbice no sistema processual português para que as coisas assim se passem, de modo que sustentamos que o texto do art. 420º do CPC não é explícito mas não inviabiliza o exercício de um direito autônomo à prova.

Por isso, existe uma correlação entre a produção antecipada da prova e a prevenção de um risco mas é possível e aceitável que a medida venha a ter finalidade autônoma quando, por alguma razão, a ação principal não seja proposta; nesses casos, o sistema jurídico português não usurpará do interessado a eficácia da prova produzida antecipadamente, desde que respeitado o contraditório.

3. O histórico e "engavetado" projeto *Storme* no âmbito da União Europeia

Nas décadas de 1980 e 1990, houve uma tentativa de eliminar as contradições no processo civil que poderiam prejudicar os interesses do mercado comum europeu. Foi formada uma comissão presidida por Marcel Storme, cuja missão era elaborar um Código Judiciário Europeu.

Umas das previsões do projeto então elaborado tinha clara inspiração inglesa[28] e consistia no art. 4-1, que permitia à parte exigir da outra uma lista de documentos relevantes que se encontrassem em seu poder.

[27] "Artigo 421º
Valor extraprocessual das provas
1 – Os depoimentos e perícias produzidos num processo com audiência contraditória da parte podem ser invocados noutro processo contra a mesma parte, sem prejuízo do disposto no nº 3 do artigo 355º do Código Civil; se, porém, o regime de produção da prova do primeiro processo oferecer às partes garantias inferiores às do segundo, os depoimentos e perícias produzidos no primeiro só valem no segundo como princípio de prova.
2 – Os disposto no número anterior não tem aplicação quando o primeiro processo tiver sido anulado, na parte relativa à produção da prova que se pretende invocar".

[28] Besso, Chiara. *La prova prima del processo*, cit. p. 132/133.

Contudo, o projeto ficou de lado juntamente com a ideia de se adotar uma disciplina europeia de produção da prova e de um Código Judiciário comum[29], muito embora se tenha vislumbrado logo em seguida a necessidade de criação de mecanismos de cooperação e simplificação especificamente da obtenção da prova entre Estados-membros, o que veio a concretizar-se com o Regulamento n. 1206/2001.

4. Regulamento (CE) n. 1206/2001 do conselho da União Europeia e regulamento (UE) n. 2020/1783 do Parlamento Europeu e do Conselho

O Regulamento (CE) n. 1206/2001 do Conselho da União Europeia foi editado para concretizar um dos mecanismos de cooperação judiciária em matéria civil e comercial com incidência transfronteiriça em matéria de obtenção de prova, em atenção ao art. 81º, n. 2, alínea d) do Tratado sobre o Funcionamento da União Europeia. A cooperação foi o instrumento que se verificou mais viável depois da tentativa frustrada de se estabelecer um Código Processual europeu.

Aquele diploma passou a permitir a obtenção de provas por um tribunal de Estado-membro por meio de comunicação direta entre o tribunal requerente e o tribunal requerido de outro Estado-membro, o que significou um avanço em relação ao que previa antes a Convenção sobre a obtenção de prova no estrangeiro em matéria civil ou comercial subscrita em Haia no ano de 1970 no decorrer da Conferência de Haia de Direito Internacional Privado[30].

O avanço decorre da circunstância de que a Convenção tratava da necessidade de expedição de carta rogatória. Segundo o art. 9º da Con-

[29] Sobre o projeto Storme, para ilustrar algumas de suas críticas e resistências, Taruffo afirmou que a ideia de uniformização era excessiva e que qualquer projeto de uniformização transnacional pode ser desnecessário, além de praticamente impossível: "non è necessario immaginare che tutti i paesi del mondo adottino lo stesso codice di procedura civil: è ben possibile che ogni singolo ordinamento nazionale disciplini secondo regole proprie e locali le controversie infra-nacionali, ma che un diverso tratamento venga riservato alle controversie transnazionale, proprio in virtù dei caratteri che definiscono e distinguono queste controversie" (Taruffo, Michele. *Note sulla dimensione transnazionale delle controversie civili*. In Essays on transnactional and comparative civil procedure/Scritti sul diritti processuale civile transnazionale e comparato, a cura di Federico Carpi e Michele Angelo Lupoi. Torino: G. Giappichelli Editore, 2001, p. 81).

[30] Aprovada para ratificação pelo Decreto nº 764/74.

venção, a autoridade executora da carta rogatória deve aplicar as leis do seu país, mas terá forma especial a pedido da autoridade requerente a não ser que tal procedimento seja incompatível com a lei do seu Estado ou seja impossível a sua execução; o art. 12º trata das hipóteses de recusa ao cumprimento da carta rogatória, ressalvando que: "[o] cumprimento não pode ser recusado pela simples razão de que a lei do Estado requerido reivindica uma competência judiciária exclusiva na matéria em causa ou de que ela não reconhece um direito de ação correspondente ao objeto da questão apresentada perante a autoridade requerente". Ainda, de acordo com o art. 23º da Convenção, "Os Estados contratantes podem, no momento da assinatura, ratificação ou adesão, declarar que não cumprirão cartas rogatórias que tenham por objeto um processo conhecido do Common Law pela designação de *pre-trial discovery of documents*", disposição que constitui grande barreira para a cooperação internacional em tema de obtenção de provas entre países de tradições jurídicas distintas.

O Regulamento 1206/2001 previu uma escolha para o tribunal requerente segundo sua discricionariedade: requisitar diretamente a um tribunal de outro Estado-membro a obtenção de provas (arts. 10º a 16º), valendo-se o tribunal requerente dos meios coercitivos à disposição do tribunal requerido e aplicados por este (art. 13º); ou obter diretamente no outro Estado-membro a própria prova (art. 17º), sem intermédio de um tribunal do Estado-membro requerido, o que ocorreria em uma base voluntária, sem recurso a quaisquer medidas coercivas, conforme disposto no art. 17º, n. 2 e 6 (o que daria ao tribunal do Estado-membro requerente as vantagens inerentes à imediação da prova e de aplicação do seu direito nacional[31]).

No entanto, o Regulamento estatuía que "Não será requerida a obtenção de provas que não se destinem a ser utilizadas exigia num processo judicial já iniciado ou previsto" (artigo 1º, n. 2)[32] e exigindo que o pedido fosse acompanhado da indicação da "natureza e o objeto da ação e uma exposição sumária dos fatos" (art. 4º, n. 1, alínea c). Ainda de

[31] Teixeira de Sousa, Miguel. *Linhas gerais do Regulamento (CE) nº 1206/2001 relativo à obtenção de provas em matéria civil e comercial*, cit., p. 35.

[32] No sentido de que deve ser impedida a cooperação com objetivo de mera *fishing expedition*: Bonatti, Roberto. *Il Regolamento CE n. 1206 del 2001 sulla cooperazione giudiziaria nell'assunzione delle prove civili*, cit. p. 161.

maneira semelhante à Convenção, o art. 10º, n. 2, estipulava que "O tribunal requerido executará o pedido de acordo com a legislação do seu Estado-Membro" e que "O tribunal requerente pode solicitar que se proceda à execução do pedido segundo um procedimento especial, previsto na lei do seu Estado-Membro, utilizando para o efeito o formulário A constante do anexo. O tribunal requerido atenderá a essa solicitação, a menos que tal procedimento seja incompatível com a lei do Estado-Membro do tribunal requerido, ou salvo importantes dificuldades de ordem prática". Dessa forma, encontra-se um terceiro e eventual regime: sob a discricionariedade do Estado requerido, é possível aplicar a legislação do Estado requerente que preveja procedimento especial para a obtenção da prova.

A doutrina chegou a se pronunciar sobre o âmbito de aplicação do Regulamento, apontando que estaria excluída desse regulamento "a *discovery* que é característica dos sistemas anglo-saxónicos e escandinavos e que se caracteriza por impor à parte contrária a revelação de documentos relevantes para a apreciação da causa"[33], embora houvesse no Regulamento uma janela para o estímulo à harmonização sobre o direito probatório dos Estados-membros[34]. Assim, na hipótese de exemplo em que um tribunal alemão seja requisitado por um juiz inglês[35] ou francês (neste último caso, sabendo-se que na França existe a *mesure d'instruction préventive* prevista no art. 145 do CPC francês[36], que estipula a autonomia da prova antecipada e cujo interesse se confina ao "interesse probatório"), que ordena a apresentação de documentos relevantes para a controvérsia, o juiz alemão não poderia objetar a execução da providência porque deveria seguir a legislação inglesa ou a legislação francesa, conforme o caso.

Ou, ainda, se um juiz francês requisitar provas a um tribunal português, segundo o regime de aplicação da lei do Estado-membro reque-

[33] Teixeira de Sousa, Miguel. *Linhas gerais do Regulamento (CE) nº 1206/2001 relativo à obtenção de provas em matéria civil e comercial*, cit., p. 37.

[34] Besso, Chiara. *La prova prima del processo*, cit., p. 136.

[35] Com o Brexit, o exemplo fica prejudicado mas certamente ainda poderá fazer sentido se o tribunal requerente for escandinavo que tenha regra análoga à *discovery*.

[36] "S'il existe un motif légitime de conserver ou d'établir avant tout procès la preuve de faits dont pourrait dépendre la solution d'un litige, les mesures d'instruction légalement admissibles peuvent être ordonnées à la demande de tout intéressé, sur requête ou en référé".

rido, a legislação portuguesa teria algum óbice para o cumprimento da medida? E na situação inversa, o juiz português poderia requisitar a um Tribunal francês ou mesmo produzir diretamente na França a produção de prova segundo prevê o art. 145 do CPC francês?

Segundo o Regulamento, a aplicação da lei francesa por um juiz português poderia ser recusada caso se entendesse que o procedimento seria incompatível com a lei portuguesa ou houvesse importantes dificuldades de ordem prática na produção da prova. No entanto, a incompatibilidade de procedimentos não se pode afirmar ser evidente, uma vez que, muito embora a legislação francesa tenha dispensado o requisito do *periculum in mora* para a *mesure d'instruction préventive*, o procedimento (isto é, o modo de produção da prova antecipada) não encontraria obstáculo na legislação portuguesa.

Além disso, na França, um juiz português poderia se valer do disposto no art. 145 do CPC francês, examinando antes a pertinência do pedido segundo a legislação portuguesa (art. 419º do CPC) e também neste caso não se encontraria incompatibilidade assinalável.

Estão aí as circunstâncias que a doutrina compreendeu como um possível efeito harmonizador daquele Regulamento, possibilitando a facilitação da obtenção de provas em territórios de Estados-membros, a pedido de um juiz de um desses Estados, sem subversão da legislação nacional.

A despeito de tudo isso, existia a noção de que o Regulamento 1206/2001 não abrangeria a arbitragem[37], de modo que competiria ao tribunal arbitral requisitar primeiro ao juiz estatal do Estado-membro a obtenção de provas.

Uma grande novidade é, enfim, o Regulamento (UE) 2020/1783 do Parlamento Europeu e do Conselho, de 25 de novembro de 2020, relativo à cooperação entre os tribunais dos Estados-Membros no domínio da obtenção de prova em matéria civil ou comercial, aplicável a partir de 1º de julho de 2022. Boa parte das regras do regulamento precedente são incorporadas a este novo regulamento, além de diversas medidas de modernização para esse tipo de cooperação, com instrumentos tecnológicos e aplicações informáticas descentralizadas que respeitam as normas

[37] Teixeira de Sousa, Miguel. *Linhas gerais do Regulamento (CE) nº 1206/2001 relativo à obtenção de provas em matéria civil e comercial*, cit., p. 37; Bonatti, Roberto. *Il Regolamento CE n. 1206 del 2001 sulla cooperazione giudiziaria nell'assunzione delle prove civili*, cit., p. 160.

sobre proteção de dados. De relevante o novo Regulamento estipula no seu alcance "outras autoridades (...) com funções judiciárias", conforme Considerando (5)[38] e art. 2º, n. 1[39], regras essas suficientes para afastar qualquer dúvida que poderia remanescer sobre a utilização desse mecanismo de cooperação por tribunais arbitrais.

5. A produção antecipada da prova segundo a LAV portuguesa

A revogada Lei de Arbitragem nº 31/86 não previa hipótese de medidas cautelares, o que, no entanto, não afastava a possibilidade de esse tipo de providência ser deferida pelo tribunal arbitral ou por um juiz. Conforme a doutrina portuguesa já esclarecia, "o simples recurso a um tribunal judicial para obter certa providência cautelar não significa uma renúncia à convenção de arbitragem"[40].

Essa orientação doutrinária foi acolhida no texto da lei atual (LAV, Lei nº 63/2011) que, no art. 7º, enuncia: "Não é incompatível com uma convenção de arbitragem o requerimento de providências cautelares apresentado a um tribunal estadual, antes ou durante o processo arbitral, nem o decretamento de tais providências por aquele tribunal", uma das grandes novidades trazidas pela nova lei ao ordenamento português. A LAV em vigor estabelece ainda que o tribunal arbitral pode "decretar as providências cautelares que considere necessárias em relação ao

[38] "Para efeitos do presente regulamento, deverá entender-se por *tribunal* também as autoridades que exerçam funções judiciárias, que atuem ao abrigo de uma delegação de poder efetuada por uma autoridade judiciária, ou que atuem sob o seu controlo, e que sejam competentes, ao abrigo do direito nacional, para obter provas no âmbito de processos judiciais em matéria civil ou comercial".

[39] "Para efeitos do presente regulamento, entende-se por: 1) *Tribunal*, os tribunais e outras autoridades dos Estados-Membros de acordo com a lista comunicada à Comissão nos termos do artigo 31º, nº 3, que exerçam funções judiciárias ou que atuem nos termos de uma delegação de poder efetuada por uma autoridade judiciária, ou que atuem sob o seu controlo, e que sejam competentes, nos termos do direito nacional, para obter provas para efeitos de processos judiciais em matéria civil ou comercial; (...)".

[40] Júdice, José Miguel. *As providências cautelares e a arbitragem: em que estamos?* In Estudos em Homenagem ao Professor Doutor Carlos Ferreira de Almeida. Coimbra: Almedina, 2011, vol. III, p. 657/679. No mesmo sentido: Costa e Silva, Paula. *A arbitrabilidade de medidas cautelares*. In Revista da Ordem dos Advogados, ano 63, vol. I/II, abr. 2003. E com referência ao período anterior da atual LAV: Martins, Sofia. Valério, João Vilhena. *A nova lei de arbitragem voluntária: principais alterações introduzidas*. In Actualidad Jurídica Uría Menéndez, n. 32/2012, p. 22.

objecto do litígio" (art. 20º, 1), "em qualquer altura antes de proferir a sentença", dentre elas ordens para que a parte: "a) Mantenha ou restaure a situação anteriormente existente enquanto o litígio não for dirimido; b) Pratique actos que previnam ou se abstenha de praticar actos que provavelmente causem dano ou prejuízo relativamente ao processo arbitral; c) Assegure a preservação de bens sobre os quais uma sentença subsequente possa ser executada; d) Preserve meios de prova que possam ser relevantes e importantes para a resolução do litígio" (art. 20º, 2).

Relativamente às alíneas a), b) e c), o art. 21º prevê pelo menos um requisito para o deferimento de providências cautelares bastante semelhante ao disposto nos arts. 362º, n. 1, e 419º do CPC[41]: "[que] a) haja probabilidade séria da existência do direito invocado pelo requerente e se mostre suficientemente fundado o receio da sua lesão" e na alínea seguinte acrescenta para a arbitragem voluntária: "b) o prejuízo resultante para o requerido do decretamento da providência não exceda consideravelmente o dano que com ela o requerente pretende evitar". Portanto, nos casos em que a lei portuguesa é a *lex arbitralis* (em razão da escolha das partes por essa lei e/ou pelo fato de a sede da arbitragem ser em Portugal), substancialmente não há diferença entre os requisitos exigidos para a produção antecipada de prova no processo arbitral e para a sua produção no processo judicial.

No entanto, especificamente para a hipótese da alínea d) do art. 20º, a LAV estipula que compete ao tribunal arbitral aplicar os demais requisitos se entender adequado: "os requisitos estabelecidos nas alíneas a) e b) do nº 1 do presente artigo aplicam-se apenas na medida que o tribunal arbitral considerar adequada" (art. 21º, n. 3), o que permite afirmar que no processo arbitral disciplinado por aquela lei, pode haver produção antecipada de prova com a dispensa do objetivo de manutenção ou restauração de situação existente antes do litígio e de evitar dano ou prejuízo ao processo arbitral.

Em arbitragem internacional, o deferimento de medidas cautelares é prática comum e está previsto em documentos de *soft law* naquele âmbito, bem como em Regulamentos de Câmaras de Arbitragens[42]. A Lei

[41] Isto é, o fundado receio de lesão grave ou dificilmente reparável a um direito.

[42] Por exemplo: artigos 28 e 29 do Regulamento da Câmara Internacional de Arbitragem da ICC, que versam sobre medidas cautelares e árbitro de emergência.

Modelo da UNCITRAL (que inspirou os artigos 20º a 29º da LAV atualmente em vigor) sobre arbitragem comercial internacional prevê regra similar sobre a possibilidade de o tribunal arbitral apreciar a adequação dos requisitos para concessão de providências cautelares no que diz respeito à produção de provas[43]. Disposição que também pode abranger essa possibilidade está prevista nas chamadas Regras de Praga, outro instrumento de *soft law*[44], sobre a condução da obtenção de provas em arbitragem internacional, cujo artigo 3.2 estatui que: "O Tribunal Arbitral poderá, após consulta com as Partes, em qualquer fase do processo e por sua própria iniciativa: i. solicitar a qualquer das Partes que produza provas documentais ou testemunhais relevantes de fatos identificados pelo Tribunal Arbitral e que essas testemunhas se apresentem para depor durante a audiência".

Tanto na LAV quanto na Lei Modelo da UNCITRAL, prevê-se que a parte requerente da providência cautelar é responsável por quaisquer prejuízos causados à outra parte pela providência, se o tribunal arbitral entender depois que a medida não deveria ter sido decretada (artigo 26º da LAV e artigo 17º-G da Lei Modelo).

Percebe-se, assim, que o regime aplicável às arbitragens domésticas e às internacionais tende a ser uniforme quanto à produção antecipada de provas (e a não ser que se constate regra diversa na convenção arbitral), mas é diverso ao regime previsto no CPC português. É interessante observar com esse panorama que já se sustentou o chamado "princípio da equiparação do processo arbitral e do processo judicial"[45] segundo

[43] Artigo 17º-A, n. 2: "No que diz respeito a um pedido de providência cautelar, ao abrigo do artigo 17º, parágrafo 2º, alínea d), os requisitos do parágrafo 1º, alíneas a) e b) do presente artigo, só se aplicam se o tribunal arbitral o considerar apropriado".

[44] Conforme consta de seu preâmbulo: "As Regras não pretendem substituir as regras de arbitragem fornecidas pelas várias instituições e destinam-se a complementar o procedimento a ser acordado pelas Partes ou de outra forma aplicado pelos Tribunais Arbitrais num litígio específico. As Partes e os Tribunais Arbitrais podem decidir aplicar as Regras como um documento vinculativo ou como diretrizes, no todo ou apenas em parte do processo".

[45] Barrocas, Manuel Pereira. *A prova no processo arbitral*. In IV Congresso do Centro de Arbitragem da Câmara de Comércio e Indústria Portuguesa (Centro de Arbitragem Comercial), Coimbra: Almedina, 2011, p. 148 (texto produzido, ainda, à luz da lei de arbitragem voluntária anteriormente vigente). O autor ainda observa em outra obra, no tocante à produção de provas, que: "Na verdade, no processo arbitral deve ser permitida a mesma amplitude de produção de prova que o CPC estabelece para os tribunais. A não ser assim, não se assegura-

o qual "o processo arbitral deve gozar da mesma eficácia de que goza o processo judicial"[46], pautado na perspectiva de que os poderes dos árbitros devem ser iguais aos poderes dos juízes estatais, exceção feita às medidas coercitivas que são de exclusiva competência dos últimos. Mas a situação que se encontra no tema da produção antecipada de provas atualmente é a inversa: os árbitros possuem explicitamente mais possibilidades e poderes do que os juízes estatais para dispensar a parte requerente do cumprimento de alguns requisitos para a produção antecipada de provas.

Antes de tudo, não se poderia estranhar uma diferença de disposições entre o CPC e a LAV pois, como nota Manuel Pereira Barrocas, é aceita a ideia de que "o árbitro pode inspirar-se no CPC" mas, "isso não só não é feito por via analógica, pois se tal fosse o caso ter-se-ia de admitir que o CPC era suscetível de aplicação à arbitragem, o que não é o caso, como ainda o árbitro tem sempre o poder de seguir solução diversa da apontada pela lei processual civil"[47]. No tema da prova, acrescenta o autor que "o árbitro é livre de melhor julgar o pedido de produção antecipada de prova que lhe seja feito, nomeadamente alargando ou reduzindo os fundamentos que o artigo 419º do CPC estabelece para o juiz"[48]. Já em termos gerais, é assente que não existe aplicação automática do CPC de forma subsidiária à arbitragem e que o critério de aplicabilidade é sempre o da adequação[49].

António Menezes Cordeiro indica que aquela distinção específica sobre a produção da prova na arbitragem e no processo civil tem fundamento nos seguintes fatores: "(a) a relativa iniquidade de medidas quanto à prova; (b) a imensa dificuldade em, subsequentemente, corrigir a falta de provas que se hajam perdido ou se tenham dificultado;

ria ao processo arbitral a mesma eficácia probatória de que dispõe o processo civil" (*Manual de Arbitragem*. Coimbra: Almedina, 2010, p. 421).

[46] Barrocas, *A prova no processo arbitral*, cit., p. 148.

[47] Barrocas, *A prova no processo arbitral*, cit., p. 152.

[48] Barrocas, Manuel Pereira. *Estudos de Direito e Prática Arbitral*. Coimbra: Almedina, 2017, p. 191.

[49] No sentido de não aplicação subsidiária do CPC à arbitragem, a não ser que as partes assim o queiram ou o tribunal determine, e desde que este entenda adequado e declare no momento próprio para tal, com fulcro no artigo 30º, n. 3 da LAV: Monteiro, António Pedro Pinto. Flamínio da Silva, Artur. Mirante, Daniela. *Manual de Arbitragem*. Coimbra: Almedina, 2019, p. 90/91.

(c) a necessidade de dignificar a arbitragem, dando, às partes, a sensação de que o tribunal se preocupa com a verdade material"[50], motivos que, respeitada essa respeitável convicção, não parecem efetivamente justificar a distinção. O autor anota que "esta medida, apresentada como tipicamente arbitral, corresponde à produção antecipada de prova, prevista nos 419º e 420º do CPC: um esquema já considerado como cautelar e ao qual a atual lei de processo deu uma especial autonomia"[51].

Armindo Ribeiro Mendes comenta que umas das providências cautelares ou provisórias mais comuns na prática da arbitragem internacional são "as destinadas à salvaguarda de provas", cujas finalidades "mostra-nos que o conceito é diverso do utilizado no processo civil português", em que a providência "tem a ver apenas com a preservação de meios de prova e que pode traduzir-se, por exemplo, na apreensão de documentos – ou na pura determinação de que não sejam destruídos – ou na prestação antecipada de depoimentos testemunhais, antes da audiência de produção de prova"[52].

Nesse contexto, é preciso recordar que, segundo a LAV, no art. 49º, n. 2, "Salvo o disposto no presente capítulo, são aplicáveis à arbitragem internacional, com as devidas adaptações, as disposições da presente lei relativas à arbitragem interna", distinguindo-se a arbitragem doméstica da internacional pelo critério econômico: a internacional "põe em jogo interesses do comércio internacional" (art. 49º, n. 1). Assim, a mesma lei deverá ser aplicada para a arbitragem internacional – aquela com sede em Portugal ou na qual houver escolha das partes pela *lex arbitralis* portuguesa – na qual, como se sabe, a diferença de cultura jurídica de árbitros de possíveis diferentes nacionalidades pode ditar abordagens bastante distintas no tocante à produção de provas[53]. A regra do art. 21º, n. 3, portanto, pode ser vista como uma forma de compatibilizar

[50] CORDEIRO, António Menezes. *Tratado da Arbitragem. Comentários à Lei 63/2011, de 14 de Dezembro.* Coimbra: Almedina, 2015, p. 238.

[51] Ibidem, p. 232.

[52] MENDES, Armindo Ribeiro. *Lei da Arbitragem Voluntária Anotada. et al.* Coimbra: Almedina, 2012, p. 48.

[53] "se se tratar de sistemas jurídicos acentuadamente diferentes, figure-se, por exemplo, o regime de 'discovery' ou o valor probatório das 'depositions' no sistema continental europeu, a situação agrava-se. Pode, por isso, ser diferente o tratamento jurídico da prova, na prática, entre a arbitragem doméstica e a arbitragem internacional. Esta é aliás, em regra, mais expedita no aproveitamento do tempo e menos formalista. A doméstica, tende, embora

a lei portuguesa com os conflitos internacionais, tornando o país mais atrativo a litígios internacionais no âmbito da arbitragem[54]. E esse parece ser o único fundamento que efetivamente explica a diferença entre o CPC e a LAV.

Mas, ainda assim, pode-se perguntar de onde advém então o poder dos árbitros de dispensar as partes no processo arbitral dos requisitos tradicionais para a produção antecipada de provas. Se essa autoridade de julgamento é oriunda das partes, e não do Estado, poder-se-ia afirmar que a possibilidade de produção antecipada de prova sem risco de dano ou prejuízo está na esfera de disponibilidade das partes (e, portanto, de seus direitos)? E somente enquanto está nessa esfera é que esse poder é atribuído aos árbitros?

Parte dessas respostas poderia ser encontrada no que se afirma ser o compromisso das partes em cooperar para obter a solução arbitral. A relação com esse compromisso pode ser feita na medida em que se reconheça que "se as partes preferiram a arbitragem ao tribunal judicial, tendo conhecimento prévio que o árbitro não dispõe dos meios cominatórios ou sancionatórios do juiz, contraria as regras da boa fé se não cooperarem com o árbitro naquele sentido. A isso estão elas obrigadas quer pela convenção de arbitragem, quer pelo contrato de árbitro e, ainda, pela lei que impõe às partes uma atuação consentânea com a boa fé"[55]. Mas então outra pergunta se coloca: em arbitragem, há um dever de cooperação das partes diferenciado ao processo estadual que acaba por conferir a contraparte um verdadeiro direito à prova?

Não se encontra na lei de arbitragem voluntária fundamento para um dever jurídico de cooperação geral e abstrato. A única referência à colaboração na lei está no art. 38º, pelo qual se estabelece que "[q]uando a prova a produzir dependa da vontade de uma das partes ou de terceiros e estes recusem a sua colaboração, uma parte, com a prévia autorização do tribunal arbitral, pode solicitar ao tribunal estadual competente que

não necessariamente, a aproximar-se dos métodos e usos judiciais de produção da prova" (Barrocas, Manuel Pereira. *Estudos de Direito e Prática Arbitral*, cit., p. 206).

[54] Com alusão a esse escopo na edição da LAV: Malheiro, Gonçalo. Pereira da Fonseca, André. *O potencial de Portugal e Lisboa como sede de arbitragem*. In Arbitragem: da experiência portuguesa ao futuro. In Coleção do Instituto do Conhecimento AB n. 1. Coordenação: Ricardo Costa. Coimbra: Almedina, 2018, p. 13.

[55] Barrocas, Manuel Pereira. *Estudos de Direito e Prática Arbitral*, cit., p. 192.

a prova seja produzida perante ele, sendo os seus resultados remetidos ao tribunal arbitral", o que tem relação com a ausência de poderes coercitivos do tribunal arbitral, e não com a existência de uma sujeição das partes a qualquer providência instrutória (por mais ampla ou ilegal que ela pudesse ser, por exemplo) determinada no processo arbitral.

Nada impede, porém, que as partes o estabeleçam em cláusula compromissória ou compromisso arbitral, o que tornaria tal dever de cooperação fundado na autonomia privada, potencializada pelo poder do tribunal arbitral que lhe daria atuação concreta em caso de resistência indevida de uma das partes.

Mas, a inexistência de um dever de cooperação geral e abstrato indica que o art. 21º, n. 3, da LAV efetivamente tem uma função pragmática: harmonizar a lei de arbitragem portuguesa com mecanismos probatórios mais amplos do que aqueles previstos explicitamente no CPC e fazer um enfático convite para que contratos do comércio internacional prevejam Portugal como sede de arbitragem.

Conclusões

Procuramos demonstrar que a produção antecipada da prova regulamentada pelo CPC português não elimina a possibilidade de que ela se desprenda do objetivo de conservação, nos casos em que a ação futura jamais venha a ser proposta, o que lhe garantiria uma potencial autonomia, sem resistência no sistema – pelo contrário, não foram identificados fundamentos no direito nacional para a recusa de um juiz português, por exemplo, em proceder com medidas de instrução requeridas por um juiz francês, alemão ou escandinavo, ou mesmo por um tribunal arbitral que venha a se socorrer do disposto no Regulamento (CE) n. 1206/2001 do Conselho da União Europeia ou do Regulamento (UE) n. 2020/1783 do Parlamento Europeu e do Conselho.

Vimos que, consoante a LAV, o sistema português já convive com providências probatórias desvinculadas de um justo receio. Encontramos como motivação para a regra contida na LAV – que possibilita ao tribunal arbitral dispensar, a seu critério, alguns dos requisitos exigidos para a produção de antecipada de prova – o interesse em tornar Portugal uma sede atrativa para arbitragens internacionais, sem que a legislação nacional apresente efetiva barreira, constituindo um enfático

convite a que as partes de contratos de comércio internacional assim formulem suas convenções.

Referências

BARROCAS, Manuel Pereira. *A prova no processo arbitral.* In IV Congresso do Centro de Arbitragem da Câmara de Comércio e Indústria Portuguesa (Centro de Arbitragem Comercial), Coimbra: Almedina, 2011.

______________________. *Manual de Arbitragem.* Coimbra: Almedina, 2010.

______________________. *Estudos de Direito e Prática Arbitral.* Coimbra: Almedina, 2017.

CORDEIRO, António Menezes. *Tratado da Arbitragem. Comentários à Lei 63/2011, de 14 de Dezembro.* Coimbra: Almedina, 2015.

COSTA E SILVA, Ana Paula. *A arbitrabilidade de medidas cautelares.* In Revista da Ordem dos Advogados, ano 63, vol. I/II, abr. 2003.

FERREIRA DE ALMEIDA, Francisco Manuel Lucas. *Direito Processual Civil.* Vols. I e II. Coimbra: Almedina, 2010 e 2015.

______________________________________. *Direito Processual Civil.* Vol. I. 2ª ed. Coimbra: Almedina, 2017.

GERALDES, António Santos Abrantes. PIMENTA, Paulo, PIRES DE SOUSA. Luís Filipe. *Código de Processo Civil Anotado.* 2ª ed. vol. I – Parte geral e processo de declaração. Coimbra: Almedina, 2020.

________________________________. *Temas da Reforma do Processo Civil. 5 – Procedimento cautelar comum.* Vol. III. 4ª ed. Coimbra: Almedina, 2010.

LEBRE DE FREITAS, José. ISABEL, Alexandre. *Código de Processo Civil Anotado.* Vol. 2º. Artigos 262º a 626º. 3ª e 4ª ed. Coimbra: Almedina, 2017 e 2021.

MALHEIRO, Gonçalo. PEREIRA DA FONSECA, André. *O potencial de Portugal e Lisboa como sede de arbitragem. In Arbitragem: da experiência portuguesa ao futuro.* In Coleção do Instituto do Conhecimento AB n. 1. Coordenação: Ricardo Costa. Coimbra: Almedina, 2018.

MARTINS, Sofia. VALÉRIO, João Vilhena. *A nova lei de arbitragem voluntária: principais alterações introduzidas.* In Actualidad Jurídica Uría Menéndez, n. 32/2012.

MENDES, João de Castro. *Direito Processual Civil.* Vol. II. Lisboa: Associação Académica, 1987.

____________________. *Do conceito da prova em processo civil.* Lisboa: Ática, 1961.

MONTEIRO, António Pedro Pinto. FLAMÍNIO DA SILVA, Artur. MIRANTE, Daniela. *Manual de Arbitragem.* Coimbra: Almedina, 2019.

PEREIRA, Fernando Silva. *A responsabilidade probatória das partes no atual modelo processual.* Coimbra: Almedina, 2019.

________________________. *Princípio da cooperação e dever jurídico de colaboração probatória: uma análise à luz do novo CPC.* In Revista da Faculdade de Direito da Universidade do Porto. Ano 10 (2013), p. 111/131.

PEREIRA, Joel Timóteo Ramos. *Prontuário de formulários e trâmites.* 2ª ed. vol. II. Lisboa: Quid Juris, 2006.

PIMENTA, Paulo. *Processo civil declarativo.* 3ª ed. Coimbra: Almedina, 2021.

TARUFFO, Michele. *A prova.* Tradução: João Gabriel Couto. São Paulo: Marcial Pons, 2014.

________________. *La prueba de los hechos.* Madrid: Editorial Trotta, 2002.

________________. *Note sulla dimensione transnazionale delle controversie civili.* In Essays on transnactional and comparative civil procedure/Scritti sul diritti processuale civile transnazionale e comparato, a cura di Federico Carpi e Michele Angelo Lupoi. Torino: G. Giappichelli Editore, 2001.

TEIXEIRA DE SOUSA, Miguel. *Linhas gerais do Regulamento (CE) nº 1206/2001 relativo à obtenção de provas em matéria civil e comercial.* In Cadernos de Direito Privado, vol. I, n. 8, outubro/dezembro de 2004, Braga: CEJUR.